한국 전통시기의
山神·城隍神과 지역사회

한국 전통시기의
산신·성황신과 지역사회

변 동 명 저

전남대학교출판부

책머리에

처음 산신에 관심을 가졌던 게 1990년 말엽의 일로 기억한다. 20년이 훌쩍 넘어선 옛일이거니와, 지방사가 중요하다며 낯선 주제를 내밀곤 하시던 고故 최영희崔永禧 선생님의 과제를 준비하는 과정에서였다. 자료를 찾느라 『신증동국여지승람』을 읽어가던 중 우연히 마주친 나주 금성산신에 관한 기록이 자못 흥미를 끌었다. 허나 그뿐이었다. 학위논문 및 그 후속 연구에 매달리느라 산신은 돌아볼 겨를이 없었다. 아니 그보다는, 이색적인 그 자료에 어찌 접근해야 할지 몰라서 그냥 미뤄뒀다는 게 보다 옳은 표현일 것이다.

그러던 중 10년가량이 흐른 어느 날 문득 실마리가 풀리는 느낌이 들었다. 광주 무등산신에 관한 『고려사』의 짧은 기록을 대하는 순간 섬광처럼 뇌리를 스치는 생각이 있었다. 그리하여 곧장 써내려 간 것이 이 책 본문의 첫머리에 실린 글이다. 처음 눈길을 준 것은 금성산신이었지만, 막상 글로 쓰기는 무등산신이 먼저였던 셈이다. 그렇지만 둘은 서로 긴밀하게 얽힌 관계였으므로, 굳이 양자를 구별하려던 것은 아니었다. 단지 자료가 적은 무등산신을 먼저 다뤄본 다음 금성산신을 본격적으로 검토하려는 게 본래의 계획이었고, 또한 실제로 그리 되었다.

이후 다른 고장의 경우를 살피고, 더불어 대상 시기를 앞뒤로 연장해가며, 성황신으로까지 눈길을 돌려 글을 쓰는 사이, 또 다시 10년여가 흘렀다. 짧지 않은 기간이건만 연구가 크게 진전되었다는 느낌은 들지 않는다. 세월만 허비했을 뿐, 빈약한 내용이 충실해지지도 않았고 그렇다고 분량이 크게 늘어난 것도 아니었다. 무능과 나태를 변명삼아 내세우기도 어려운 나이가 되었다. 참으로 부끄러운 일이다.

이제 지난 20년여 동안 머리에서 맴돌았던 산신과 성황신이라는 단어를 잠시 잊으려 한다. 부족한 대로, 그 사이 오갔던 상념을 정리하는 시간을 갖고자 한다. 더 이상 지체하다가는 마무리할 기회를 다시 찾기가 쉽지 않을지도 모르겠다. 기왕에 썼던 글들을 더듬으며 반성하는 기회로 삼는 것도, 한 권의 책으로 묶는 의의이지는 않을까 자위한다.

책으로 엮느라 이제까지 써온 글을 정리하는 동안, 고故 이기백李基白 선생님과 최영희崔永禧 선생님의 가르침을 받던 시절이 떠오르곤 하였다. 최영희 선생님의 과제를 준비하는 과정에서 예기치 않게 산신에 착목하였음은 앞서 이른 대로이다. 다만 이기백 선생님께는 전혀 말씀을 드린 적이 없었다. 그러다가 불쑥 금성산신을 발표하고는 그것이 실린 학술지 한 권을 보내드렸다. 다소 뜻밖이라 여기셨을 터인데, 시답잖은 내용임에도 용기를 북돋아주시던 그때의 기억이 아직도 생생하다. 혹여 어리석은 제자가 낙담하고 좌절할까봐 격려의 말씀을 내리신 것이라는 게 요즘의 생각이다. 학문의 엄정함을 생명보다 귀히 여기시던 선생님의 가르침에 멀리 미치지 못하여 송구스럽기 짝이 없다.

이 책을 엮기까지 많은 분들의 은혜를 입었다. 김당택金塘澤 선생님께는 차마 감사의 인사조차 드리기가 민망하다. 늘 곁에서 돌봐주시며 못난 제자가 의욕을 잃지 않도록 배려를 아끼지 않으셨다. 산신과 성황신 연구를 앞서 개척한 선학들과 그 뒤를 이어 새로운 국면을 열어가느라 분투 중인 동료 연구자들의 학은도 잊지 않으려 한다. 인문학공동체를 지향하며 늦은 만남을 아쉬워하는 무등공부방의 선배와 동료들을 비롯하여, 그 동안 저자에게 격려와 비판을 아끼지 않았던 모든 분들께도 이 자리를 빌어 감사를 드리고자 한다.

2013년 여름

운암서실에서 저자

목차

2부_ 성황신城隍神과 지역사회

서장

인간이 산악을 숭배하고 신앙한 것은 오랜 옛적 이래의 일이었다. 옛 사람들은 하늘 높이 솟은 산을 통하여, 인간이 하늘[天] 즉 신神의 세계에 보다 가까이 다가갈 수 있다고 생각하였다. 말하자면 높은 산을 매개삼아 인간이 신의 세계로 접근할 수가 있으며, 또한 신들이 인간의 세계로 내려올 때에도 마찬가지로 높은 산을 거칠 것이라고 상상하였다. 환인桓因의 아들 환웅桓雄이 처음 내려왔던 곳이 태백산太白山의 신단수神檀樹 아래이었다든지, 혹은 사로斯盧 6촌의 촌장들이 처음 알[卵]에 들어 있는 혁거세赫居世를 발견하였던 곳이 양산楊山 아래의 나정蘿井 곁이었다는 건국신화들은, 모두가 옛 사람들의 산에 대한 그러한 관념을 반영하는 설화였다. 그리하여 그처럼 인간의 세계와 신의 세계를 매개하는 존재라고 믿었던 산을, 옛 사람들은 마치 하늘을 섬기듯이 섬기게 되었던 것이다.

그런데 옛날 사람들의 산악에 대한 그와 같은 숭배 내지 신앙은, 곧 그 산악의 산신에 대한 숭배와 신앙에 다름이 아니었다. 자연에 존재하는 산악 자체에 대한 그것이라기보다는, 그 산악의 주재자라고 믿었던 산신에 대한 숭배와 신앙이었다. 곳곳의 크고 작은 산마다에는 하나같이 그곳을 지배하는 산신이 존재한다고 믿어 왔으며, 그리하여 사당을 짓거나 단을 쌓으며 그 산신을 모셔 왔다. 이른바 산악신앙이란 본시 그와 같은 산신에 대한 숭배와 신앙에 다름이 아니었다.

한편 성황신앙城隍信仰은 인공 구조물을 그 대상으로 삼는다는 점에서 산악신앙과 차이가 있었다. 여기에서 성城은 성벽城壁을, 황隍은 그 성벽을 둘러싼 공호空濠 즉 물이 담기지 않은 해자垓字를 뜻한다. 이 황隍에 물을 채운 것이 해자垓字 즉 지池인데, 그러므로 성황城隍은 곧 성지城池로서 외부에 의한 침입을 저지하기 위해 구축한 인공적인 방어시설을 가리키는 명칭이라 하여 좋을 것이다. 그런데 중국에서는 오래 전부터 이러한 방어시설에 그것을 주관하는 신神이 깃들여 고을을 수호해 주는 것으로 믿었다고 한다. 이른바 성황신城隍神과 성황신앙城隍信仰이 등장하게 된 유래이다.

한국의 성황신과 성황신앙은 대체로 중국에서의 그와 같은 습속이 전해져 뿌리를 내린 것으로 알려져 왔다. 신라 말에서 고려 초기의 즈음에 지방의 유력자인 호족豪族들이 지역 수호신으로서의 성황신에 주목하기 시작하였으며, 늦어도 고려 성종대(981~997) 무렵이면 한국에서도 성황신앙이 자리를 잡을 터전이 마련되기에 이르렀다는 것이다. 이후 성황신앙은 시간의 흐름과 함께 그 분포 범위를 확대해 갔으며, 고려 중엽의 인종대(1122~1146)와 의종대(1146~1170)를 거치면서는 개경을 비롯하여 널리 전국으로까지 확산되어 뿌리를 내렸다. 그리하여 고려 후기에 들어서면서는 대략 전국의 모든 고을에 성황사城隍祠가 설치되어 그 기능을 발휘하였을 것으로 짐작들을 하는 것이다.

그런데 산신과 성황신은 그 개념이라든지 유래 등에서 드러나는 위와 같은 차이에도 불구하고, 한국에서는 대체로 전통시기 지역의 토착세력과 깊은 관련을 맺은 가운데 그 숭배와 신앙이 전승되어 왔다는 점에서 공통점을 지닌 존재이기도 하였다. 제의祭儀와 같은 산신과 성황신 숭배에 수반되는 각종 의식이나 행사는 으레 저들 토착 유력계층에 의하여 주도되는 게 한국 전통시기의 관습이었다. 따라서 산신과 성황신은 그것이 소재하는 고장의 위상을 드러낼 뿐만 아니라, 더욱이 그 숭배와 신앙을 주도하는 해당 지역의 토착세력을 상징하는 사회적이며 문화적인 존재이기도 하였다. 토착세력을 대표하는 유력한 가문의 시조나 이름난 조상이 지역의 산신이나 성황신으로 추앙되는 거와 같은 산신과 성황신의 인격신화人格神化 현상도, 그러한 데에서 말미암은 일이었을 것임은 이를 나위가 없다.

나아가 중앙집권적인 체제가 정비되면서는, 각 지역을 단위로 민간에서 이뤄지던 그러한 산신과 성황신 숭배가 국가적인 차원으로 격상되기도 하였다. 나라에서는 왕경王京을 중심으로 하여 각 지역의 산신과 성황신을 그 비중에 따라 대大·중中·소사小祀로 구분해서 국가적인 사전체계祀典體系에 편입시키었다. 그리고는 왕경에서 파견한 관리 내지는 해당 지역의 지방관으로 하여금, 토착 사회세력을 대신하여 산신과 성황신에 관련된 각종 제의와 행사를 주관하도록 제도화하였다. 이로써 해당 지역의 독자성을 약화시키는 동시에, 토착세력을 회유·포섭하고 국가적인 위협 요소를 억제·진압하며, 그리하여 국가와 지역사회의 안녕과 발전을 기약하고자 도모하였던 것이다.[1)]

1) 개인적 차원에서의 산신·성황신 숭배와 신앙은 이 연구의 주된 고찰 대상이 아니다. 지역사회를 단위로 하는 공동의 행사가 아니고, 禳災祈福을 위해 개인이

이 연구에서는 위와 같은 전개를 보인 한국의 산신과 성황신을 지방 토착세력과의 연관 속에서 살피려 한다.[2]) 산신과 성황신의 개념이

각자 행하곤 하던 여러 토속적인 祭禮라든지 등은 별도로 논의하는 자리가 마련되어야 할 것으로 믿는다.

2) 기왕의 연구 성과는 개별 논문에서 상세히 언급할 예정이거니와, 이 연구와 관련된 주요한 논저들을 간략히 제시하면 다음과 같다.

① 山神 : 孫晋泰, 「朝鮮古代 山神의 性에 就하여」, 『震檀學報』 1 (1934). 柳洪烈, 「朝鮮의 山土神 崇拜에 對한 小考」, 『新興』 9 (1937). 金映遂, 「智異山聖母祠에 就하여」, 『震檀學報』 11 (1939). 李基白, 「新羅 五岳의 成立과 그 意義」, 『震檀學報』 33 (1972). 任東權, 「山神考」, 『黃希榮博士回甲紀念論叢』 (1983) ; 『韓國民俗文化論』 (集文堂, 1983). 洪淳昶, 「新羅 三山·五岳에 대하여」, 『新羅民俗의 新研究』 (書景文化社, 1991). 文暻鉉, 「新羅人의 山岳 崇拜와 山神」, 『新羅文化祭 學術發表會 論文集』 12 (東國大 新羅文化研究所, 1991). 姜英卿, 「新羅 山神信仰의 機能과 意義」, 『淑大史論』 16·17合 (1992). 金甲童, 「高麗時代의 山嶽信仰」, 『震山韓基斗博士華甲紀念 韓國宗教思想史의 再照明』(上) (1993). 李基白, 「新羅 三山의 의의」, 『韓國古代史論』(增補版, 一潮閣, 1995). 박호원, 「高麗의 山神信仰」, 『民俗學研究』 2 (1995). 林亨, 「錦城山祭에 對한 一考察」, 『향토문화』 15 (1996). 이해준·정승모, 「月出山 天皇峰 祭祀遺蹟의 性格과 變遷」, 『靈巖 月出山 祭祀遺蹟』 (靈巖郡·木浦大 博物館, 1996). 李基東, 「新羅人의 信仰과 宗教」, 『慶州史學』 16 (1997). 이욱, 「조선전기의 산천제」, 『종교학연구』 17 (1998). 이경엽, 「순천의 성황신앙·산신신앙과 역사적 인물의 신격화」, 『남도민속연구』 6 (2000). 姜英卿, 「韓國 古代 山神信仰에 나타난 理想人間型」, 『종교와 문화』 7 (2001). 강은경, 「고려시대 지방사회의 祭儀와 공동체 의식」, 『韓國思想史學』 21 (2003). 최종석, 「조선시기 鎭山의 특징과 그 의미 -읍치공간 구조의 전환의 관점에서-」, 『朝鮮時代史學報』 45 (2008). 김아네스, 「고려시대 산신 숭배와 지리산」, 『歷史學研究』 33 (2008). 왕밍커, 「山神과 神山」, 『南冥學研究』 27 (2009). 張正泰, 「삼국유사에 나타난 민간신앙—산신신앙을 중심으로—」, 『韓國思想과 文化』 52 (2010). 김아네스, 「조선시대 산신 숭배와 神祠」, 『歷史學研究』 39 (2012). 김아네스, 「고려시대 개경 일대 名山大川과 국가제장」, 『역사와 경계』 82 (2012). 김아네스, 「고려시대 명산대천과 祭場」, 『歷史學研究』 50 (2013).

② 城隍神 : 한국종교사연구회, 『성황당과 성황제』 (민속원, 1998). 徐永大 編, 『中國城隍關聯論文選』 (民俗苑, 1999). 金甲童, 「高麗時代의 城隍信仰과 地方統治」, 『韓國史研究』 74 (1991). 鄭勝謨, 「城隍祠의 民間化와 鄉村社

나 유래由來 내지 관련 의례儀禮나 혹은 산신사山神祠(堂)·성황사城隍祠(堂)의 위치와 같은 산신·성황신 내지 그를 향한 신앙 자체에 대한 것보다는, 그와 관련을 맺거나 혹은 그러한 신앙행위를 주도하던 인간들이 그것을 통하여 정치·사회적으로 획득하고자 도모하는 바가 무엇이었던가에 더욱 관심을 기울이고자 한다. 과연 어느 시기에, 어떠한 사람들이, 무슨 연유에서 산신과 성황신을 떠받들며 신앙하였고, 그 후의 추이는 어떠하였으며, 그리하여 그들이 얻고자 하는 바는 무엇이었는지, 말하자면 전통시기의 산신과 성황신 숭배와 신앙이 지니는 정치·사회적인 의미가 무엇이었는지를 더듬어, 그 역사적 의의를 헤아리려는 게 이 연구의 목표인 것이다.

또한 이 연구에서는 산신과 성황신을 전통시기 한국 지방사회의 내부로 이끌어주는 안내자로 활용하려 한다. 산악신앙과 성황신앙에 나타나는 지역 토착세력의 의지나 관련 활동을 검토함으로써, 지역사회 내부의 움직임을 들여다보는 계기로 삼고자 한다. 전통시기의 산신과 성황신은 흔히 지역사회의 수호신이자 상징이었던 것으로 알려져 있다. 지역의 유력자들이 자신을 중심으로 지역 주민의 결속을 추구하는 등 그 주도권을 공고히 하고자 내세운 것이 곧 산신이고 성황

會의 變動」, 『泰東古典硏究』 7 (1991). 이규대, 「강릉 국사성황제와 향촌사회의 변화」, 『역사민속학』 7 (1998). 송화섭, 「전주의 성황신앙과 견훤정권」, 『후백제 견훤정권과 전주』 (전북전통문화연구소 편, 주류성, 2001). 金澈雄, 「조선시대의 城隍祭」, 『史學志』 35 (2002). 유영숙, 「조선시대 향촌사회의 질서변동과 城隍祭」, 『江原文化史硏究』 7 (2002). 崔鍾奭, 「조선초기 城隍祠의 입지와 治所」, 『東方學志』 131 (2005). 崔鍾奭, 「조선시기 城隍祠 입지를 둘러싼 양상과 그 배경 -高麗 이래의 질서와 '時王之制' 사이의 길항의 관점에서-」, 『韓國史硏究』 143 (2008). 崔鍾奭, 「조선전기 淫祀的 城隍祭의 양상과 그 성격 -중화 보편 수용의 일양상-」, 『歷史學報』 204 (2009). 姜成福, 「大興 蘇都督祠와 邑治 城隍祠」, 『百濟硏究』 49 (2009).

신이었다. 따라서 지역의 주도적인 사회세력과 산신 · 성황신에 관한 연구는, 중앙과 지방의 관계나 혹은 지방에서의 주도권을 놓고 지역 간 내지 지역 내의 주도적인 사회세력 사이에 벌어지던 갈등과 같은, 생동하는 지방사회의 모습을 드러내는 데에도 도움을 줄 수가 있을 것으로 생각한다. 말하자면 이 연구를 통해 그동안 전체사全體史에 매몰되어 제대로 연구가 이루어지지 않던 지방사地方史에 대한 시각을 새롭게 하는 것은 물론이거니와, 중앙에 의해 일방적으로 지배를 받는 대상으로서가 아닌, 그 자체만으로 존재 의의를 지니는 가운데 독자적 단위로 한국 역사의 형성에 참여해 왔던, 지역사회의 역동적인 모습의 한 측면을 구체적으로 파악할 수 있는 기회가 제공되었으면 하는 바람인 것이다.

이 연구는 총 2부로 구성되었다. 1부에서는 산신을 그리고 2부에서는 성황신을 각각 지역사회와의 연관 속에서 검토하였다. 1부와 2부는 또한 각 4편의 글로 구성되었는데, 대체로 글을 끝마친 시기의 선후를 기준으로 배열하였다. 여러 지역의 산신과 성황신을 다룬 연구의 특성상, 고찰한 시기의 선후를 고려하여 논문을 배열하는 것이 읽는 이에게 한층 편의를 제공할 것으로 판단하였다. 글쓴이가 처음 산신과 성황신에 관심을 보였던 데서 출발하여, 점차 그 대상과 시기를 넓혀가던 경로를 따라 차근차근 논의에 접근함으로써, 더불어 호흡을 같이하기를 바라는 마음이다.

1부에서는 먼저 무등산신無等山神을 둘러싼 몇몇 움직임을 살피었다. 주로 고려 후기의 그것을 광주光州 등의 지역사회 움직임과 연결지어 해석해 보았다. 13세기 후반에 8년 간격으로 나타나는 두 기록에 주목한 결과인데, 원종 14년(1273)과 충렬왕 7년(1281)에 광주인光

州人들이 잇달아 무등산신앙의 우대를 조정에 요구한 게 그것이었다. 흔치 않은 경우로서 그리 된 배경과 의미가 궁금하거니와, 그것을 전남 지역사회 내에서의 주도권을 둘러싼 경쟁 및 토착 사회세력의 새로운 대두와 그들의 중앙 진출이라고 하는, 당시 지방사회에서 일던 변화의 바람에 초점을 맞추어 풀이하고자 시도하였다.

다음으로, 나주羅州의 금성산신앙錦城山信仰을 검토하였다. 고려시기 이래 금성산 일원에는 산신을 제향하기 위한 사당이 5곳이나 자리하였다고 한다. 왕경王京의 주산主山인 송악松嶽을 제외하고는 찾아보기 힘든 매우 이색적인 사례이다. 나주 고을의 독특한 위상을 반영한 현상이 아닐 수 없거니와, 그리하여 금성산이 처음 국제國祭에 오른 경위를 비롯하여, 나주에서 팔관회八關會가 개최되기에 이른 사정이라든지, 혹은 백제부흥운동 및 삼별초 난의 진압과 관련하여 언급되곤 하였던 금성산신을 둘러싼 논란 등을 하나하나 더듬어가며, 그것이 의미하는 바를 따져 보고자 시도하였다. 고려시기 중앙과 지방의 관계를 구체적으로 드러내며, 나아가 지역에서의 주도권을 두고 고을 혹은 고을을 대표하는 유력한 사회세력 사이에서 벌어지던 갈등과 같은, 살아 움직이는 지역사회의 모습을 들여다보려는 의도에서였다.

세 번째로, 순천順天의 산신과 성황신을 살피었다. 전통시기 순천지역에서는 3인의 역사상 실존 인물이 산신 혹은 성황신으로 섬겨져 왔다. 박영규朴英規와 김총金惣 및 박난봉朴蘭鳳이 그들이었다. 한 고장에서 3명이 그처럼 유사한 성격의 신神으로 떠받들어진 것은 좀처럼 보기 드문 현상이거니와, 저들 3인의 생애를 더듬으며 더불어 언제 그리고 어떠한 과정을 거쳐 저들이 신으로 좌정하기에 이르렀는지를 헤아려, 순천지역의 내부 사정과 함께 지역을 이끌었던 토착세력의 성쇠를 아울러 밝히려는 게 연구의 목적이었다. 그리하여 중앙과 지방의 관계는 물론, 지역 내에서 유력한 사회세력 사이에 벌어지던 주도권 다툼과 같은 생동하는 지방사회의 단면을 파악하고자 노력하였다.

1부의 마지막에서는, 경기도 감악산紺岳山의 산신山神에 얽힌 의문을 해명하려 하였다. 감악산은 한반도 중부의 전통적인 교통요지이던 적성현積城縣의 진산鎭山으로서, 이 고장은 삼국시기 이래 고구려부흥운동이 벌어지던 즈음에 이르도록 치열한 쟁탈의 대상이었다. 한데 그러한 감악산의 산신으로 신라인新羅人들이 당唐의 장수인 설인귀薛仁貴를 떠받들었다고 한다. 쉽사리 믿기지 않는 일로서, 현지인들 사이에서는 그리하여 설인귀가 본디 적성 출신이었다는 설화가 난무하였다고도 한다. 어찌 된 영문인지 궁금하기 짝이 없거니와, 그리하여 통일신라시기에 설인귀가 감악산신으로 추앙된 배경을 더듬는 데서 시작하여, 고려왕조에 들어 감악산신 설인귀가 지역과 국가의 수호신으로 공인되는 경위 및 조선朝鮮 유교사회의 전개 속에서 감악산신 설인귀가 민간신앙의 대상으로 살아남았다가 끝내 잊히기에 이르기까지를 추적하였다. 그로써 한국 고대의 쟁패전에 침략자로서 끼어든 외국인 장수가 산신으로 전화轉化하여 또 다른 모습으로 한국사에 흔적을 남긴 사실이 의미하는 바를 되새기고자 하였다. 아울러 그러는 과정에서, 왕경인과 지방인의 관계라든지 지역사회에 저류하던 삼국유민의식三國遺民意識의 추이, 지방관 및 향촌사족과 전통적인 토착세력 사이의 경쟁과 타협 등이 한층 생생하게 포착되리라는 기대도 또한 없지 않았다.

2부에서는 먼저, 곡성谷城과 그 고을의 성황신인 신숭겸申崇謙을 고찰하였다. 신숭겸은 궁예弓裔의 기장騎將으로 활동하던 중 왕건王建의 정변에 참여하여 고려의 개국공신에 올랐던 인물이다. 한데 황해도 평산平山을 본관으로 하는 그가 사후 언제인가 전라도 곡성의 성황신으로 추앙되었으며, 조선시기에는 다시 같은 고을의 덕양사德陽祠에 배향되었다고 한다. 그리 된 사정이 궁금하거니와, 그의 출신과 생애를 확인하고 더불어 사후에 그가 곡성의 성황신으로 좌정하기에 이른 과정 및 조선왕조에 들어 거듭 새로운 사우祠宇에 배향된 연유 등을 따져, 그 경위라든지 함축된 의미를 알아보고자 하였다. 그리하여 신숭겸의 출신이나 본관에 얽힌 몇몇 문제를 비롯해서, 곡성의 위상 변화 및 중앙의 지배력 강화에 대한 토착세력의 대응이나, 또는 향촌사족의 성장과 조상숭배의례의 유교화 현상 등을 더듬어, 전통시기의 곡성 지역사회를 들여다보는 기회로 삼고자 하였다.

다음으로, 김인훈金忍訓과 손긍훈孫兢訓을 각각 고을의 성황신으로 추앙한 양산梁山과 밀양密陽의 경우를 살피었다. 신라 말 고려 초의 인물인 두 사람의 출신이나 활동이라든지, 사후 언제인가 그들이 고을의 성황신으로 추앙된 경위 및 조선시기 들어 위상의 하락에도 불구하고 여전히 성황신으로서의 지위를 유지한 사실이 지닌 의미 등을 헤아리고자 하였다. 그리하여 양산과 밀양 고을의 위상 변화나 혹은 중앙의 지배체제 확립에 대한 지역 유력계층의 대응 양상을 밝혀, 중앙과 지방의 관계는 물론 지방에서의 주도권을 둘러싼 지역 내지 지역 내의 주도적인 사회세력 사이의 경쟁과 같은, 살아 움직이는 지방사회의 모습을 드러내고자 시도하였다.

세 번째로, 의성義城과 그 고을의 성황신으로 기록에 전하는 김홍술金洪術을 검토하였다. 진보성주眞寶城主이던 김홍술이 의성의 호족으로 등장하게 된 경위나 지역 내 다른 유력 호족과의 관계, 그리고 김홍술이 사후에 의성의 성황신으로 추앙되기에 이른 사정 및 조선후기 들어 충렬사忠烈祠에 배향된 의미 등을 밝히려는 게 목적이었다. 그로써 후삼국시기 호족의 존재 양상이라든지, 혹은 중앙의 체제정비에 따른 고을 위상의 변화를 둘러싼 토착세력의 고심과 대응, 유교적 예제의 시행을 두고 벌어진 전통적인 토착세력과 지방관 및 향촌사족 사이의 갈등과 타협, 씨족 내에서의 사회적 분화에 따른 파계별派系別 소장성쇠가 사우의 건립에 미친 영향 등을 파악할 수 있으리라는 기대에서였다.

마지막으로, 충청도 대흥현大興縣의 성황신이었다는 소정방蘇定方을 둘러싼 몇몇 의문을 해명하려 하였다. 대흥은 백제의 임존성任存城으로서, 백제부흥군이 처음 일어선 고장이자 또한 마지막까지 저항한 근거지였다. 한데 그러한 고을에서 당唐의 장수인 소정방을 성황신으로 모시었다고 한다. 아울러 대흥현의 대잠도大岑島에는 소정방사蘇定方祠 혹은 소도독사蘇都督祠라고 하여 소정방을 향사하는 사당이 하나 더 위치하였다고도 한다. 쉬이 납득되지 않는 현상이거니와, 소정방과 대흥현 사이의 연고를 더듬는 데서 시작하여 소정방사가 창건된 배경이라든지 혹은 소정방이 대흥현의 성황신으로 추앙되었다가 결국 잊혀가기까지의 경위 등을 검토함으로써, 고대 한반도의 쟁패전에 끼어든 외국의 한 장수가 지방의 자그만 고을에서 신격화되고, 또한 역사의 물결 속에서 전화轉化를 거듭한 끝에 마침내 사람들의 뇌리에서 사라지기에 이른 사실이 의미하는 바를 헤아리고자 하였다.

1부

산신山神과 지역사회

제1장 무등산신앙無等山信仰과 광주光州

머리말

무등산無等山은 광주光州를 상징한다. 과거에도 그랬으며 현재도 그러하다.[1)] 무등산은 오랜 옛적 이래로 신성시되어 인근 지역 주민들의 숭배를 받아 왔다.[2)] 나아가 중앙집권적인 정치체제가 정비되면서는 국가적인 제사의 대상으로 지목을 받기도 하였다.[3)] 통일신라시

---

1) 무등산에 관한 전반적인 설명은 다음의 글을 참고하라.
박선홍, 『無等山』 (도서출판 금호문화, 1976). 국립광주박물관, 『특별전 무등산』 (1993).

2) 우리나라에서 山岳을 신성시하며 숭배한 것은 오랜 옛적 이래로 이어져 온 관습이라고 한다. 하늘에 가까이 위치하는 높은 산이 人間의 세계와 하늘 즉 神의 세계를 매개하는 존재라고 믿어, 하늘을 섬기듯이 산악을 섬겼다는 것이다(金映遂, 「智異山 聖母祠에 就하여」, 『震檀學報』 11, 1939, 145~146쪽. 金甲童, 「高麗時代의 山嶽信仰」, 『震山韓基斗博士華甲紀念 韓國宗敎思想史의 再照明』 上, 1993, 42~43쪽 및 47~48쪽).

3) 이처럼 각 지역의 산악신앙을 祀典體系에 편입시켜 국가적인 제사의 대상으로 삼음으로써, 국가와 지역사회의 평안과 발전을 기원하며, 더욱이 해당 지역의 토착세력을 회유·포섭하고 또한 국가적 위협 요소를 억제·진압하고자 도모하였다고 한다(李基白, 「新羅 五岳의 成立과 그 意義」, 『震檀學報』 33, 1972 ; 『新羅政治社會史硏究』, 一潮閣, 1974, 196~210쪽. 姜英卿, 「新羅 山神信仰의 機能과

기에는 소사小祀, 고려시기에는 국제國祭 그리고 조선시기에 들어서는 본읍치제本邑致祭의 대상이 되어, 각각 광주에 파견된 중앙관리 내지는 지방관이 무등산신사無等山神祠에서의 제례를 주관하였던 것이다.4)

한편 위의 무등산에 대한 것과 같은 산악숭배신앙은 곧 그 산악의 산신山神에 대한 숭배와 신앙에 다름이 아니었다.5) 통일신라에서의 오악五岳 숭배가 산악 그 자체에 대한 그것이었다기보다는 산악의 주재자라고 여겨지던 산신에 대한 신앙의 표현이었듯이,6) 무등산에 대

意義」, 『淑大史論』 16·17合, 1992, 291~295쪽. 金甲童, 앞의 논문, 56~65쪽. 박호원, 「高麗의 山神信仰」, 『民俗學硏究』 2, 國立民俗博物館, 1995, 194~197쪽 및 206~208쪽).

4) 『世宗實錄』 151 地理志 全羅道. 『新增東國輿地勝覽』 35 光山縣 祠廟 無等山神祠

林 亨, 「錦城山祭에 對한 一考察」,『향토문화』 15 (향토문화개발협의회, 1996). 이해준·정승모, 「月出山 天皇峰 祭祀遺蹟의 性格과 變遷」, 『靈巖 月出山 祭祀遺蹟』 (木浦大博物館·靈巖郡, 1996),

5) 우리나라의 산악신앙에 관해서는 다음의 논문이 참고가 된다.

孫晉泰, 「朝鮮古代 山神의 性에 就하여」, 『震檀學報』 1 (1934). 柳洪烈, 「朝鮮의 山土神 崇拜에 對한 小考」, 『新興』 9 (1937). 金映遂, 「智異山 聖母祠에 就하여」, 『震檀學報』 11 (1939). 李基白, 「新羅 五岳의 成立과 그 意義」, 『震檀學報』 33 (1972) ; 『新羅政治社會史硏究』 (一潮閣, 1974). 任東權, 「山神考」, 『黃希榮博士回甲紀念論叢』 (1983) ; 『韓國民俗文化論』 (集文堂, 1983). 鄭勝謨, 「城隍祠의 民間化와 鄕村社會의 變動」, 『泰東古典硏究』 7 (1991). 金甲童, 「高麗時代의 城隍信仰과 地方統治」, 『韓國史硏究』 74 (1991). 洪淳昶, 「新羅 三山·五岳에 대하여」, 『新羅民俗의 新硏究』 (書景文化社, 1991). 姜英卿, 「新羅 山神信仰의 機能과 意義」, 『淑大史論』 16·17合 (1992). 金甲童, 「高麗時代의 山嶽信仰」, 『震山韓基斗博士華甲紀念 韓國宗敎思想史의 再照明』上 (1993). 박호원, 「高麗의 山神信仰」, 『民俗學硏究』 2 (1995). 林亨, 「錦城山祭에 對한 一考察」, 『향토문화』 15 (향토문화개발협의회, 1996). 이해준·정승모, 「月出山 天皇峰 祭祀遺蹟의 性格과 變遷」, 『靈巖 月出山 祭祀遺蹟』 (木浦大博物館·靈巖郡, 1996). 조경만·이경엽, 「天皇峰祭祀의 傳承過程과 月出山의 現行 民俗儀禮」(같은 책).

한 숭배와 제사도 또한 무등산신無等山神에 대한 신앙과 제사이었던 것이다.

이 글에서는 고려시기의 무등산신앙 그 중에서도 고려 후기의 무등산신앙을, 광주지역 토착 사회세력과의 관련 속에서 살피고자 한다. 고려시기의 무등산신앙에 관한 기록으로는 원종元宗 14년(1273)[7]과 충렬왕忠烈王 7년(1281)[8]의 것 등 둘만이 전해진다. 무등산신앙을 이해하는 데 필요한 기초 자료가 고려 후기에 집중되어 나타나는 셈이거니와, 이 글에서 검토의 시기를 고려 후기로 한정하고자 하는 까닭이 여기에 있다. 다음으로, 전근대시기의 산악신앙은 흔히 그 산악이 소재하는 지역의 토착 사회세력과 깊은 관련을 맺었던 것으로 알려져 왔다.[9] 광주지역에서의 무등산신앙도 거기에서 예외는 아니었을 터인데, 광주의 토착 유력세력과의 관련 속에서 고려 후기의 무등산신앙을 알아보고자 마음먹게 된 배경이 또한 여기에 있다. 신앙의 유래나 제사 시기라든지 제의祭儀 혹은 산신사山神祠의 위치 등과 같은 무등산신앙 그 자체에 대한 것보다는, 그와 관련을 맺었던 사람들이 그러한 신앙행위를 통하여 정치 사회적으로 획득하고자 도모하는 바가 무엇이었던가에 대하여, 이 글에서는 더욱 관심을 기울이고자 하는 것이다.

그와 관련하여 여기에서는 먼저, 충렬왕 7년(1281)에 광주지역 사

---

6) 李基白, 「新羅 五岳의 成立과 그 意義」, 『震檀學報』 33 (1972) ; 『新羅政治社會史硏究』 (一潮閣, 1974), 207~209쪽.

7) 『高麗史』 27 元宗 14年 5月 庚辰. 『高麗史』 63 禮 5 吉禮 雜祀

8) 『新增東國輿地勝覽』 35 光山縣 祠廟 無等山神祠. 『高麗史』 29 忠烈王 7年 5月 戊戌

9) 李基白, 「新羅 五岳의 成立과 그 意義」, 196~205쪽. 金甲童, 「高麗時代의 山嶽信仰」, 60~65쪽. 박호원, 「高麗의 山神信仰」, 206~208쪽.

람들이 무등산신앙을 우대해 주도록 중앙 조정에 요구하였던 사실에서[10] 시작해 문제의 실마리를 풀어갈까 생각한다. 무등산신앙에 관하여 제법 구체적인 내용을 전하는 이 자료를 분석함으로써, 고려 후기의 무등산신앙과 광주지역 토착세력의 동향을 이해하는 토대가 마련될 수 있을 것으로 믿는다. 다음으로, 그처럼 무등산신앙을 우대해 줄 것을 요구하게 되었던 배경에 대하여 살펴보도록 하겠다. 같은 시기에 광주와 이웃한 고을인 나주羅州에서도 그 진산鎭山인 금성산錦城山의 산신山神을 우대해 주도록 중앙 조정에 요구한 사실이 기록에 남아 전하거니와,[11] 그와 같은 시기의 비슷함을 반드시 우연으로만 치부하기에는 어려움이 있지 않을까 생각한다. 그러므로 이제 그 두 사건을 아울러서 함께 검토함으로써, 그 배경에 대한 궁금증을 풀어 보고자 하는 것이다. 마지막으로, 그와 같이 무등산신앙을 우대해 주도록 요구한 사실이 지니는 사회적 의미를 더듬어 보도록 하겠다. 무인정권시기 이래의 사회적인 변화와 무관하지만은 않았을 이 일을, 당시 광주지역 토착세력의 동향과 관련지어 음미해 보고자 하는 것이다. 이상에서와 같은 검토가 제대로 이루어짐으로써, 생동하던 고려 후기 지방 사회의 한 단면이나마 파악하는 데 도움이 되었으면 하는 바람이다.

---

10) 앞의 註 8)과 같음. 자세한 것은 다음의 제1절을 참조하라.

11) 『高麗史節要』 19 忠烈王 3년 5월. 『高麗史』 106 沈諹傳. 『新增東國輿地勝覽』 35 羅州牧 祠廟 錦城山祠

1. 광주인光州人의 무등산신앙無等山信仰 우대 요구

광주지역에 거주하던 사람들이 무등산신앙을 우대해 주도록 중앙 조정에 요구한 것은, 고려와 원元나라의 연합군이 제2차 일본日本 원정遠征에 나섰을 때(충렬왕 7, 1281)의 일이었다. 다음의 기록을 살펴보도록 하자.

> 무등산신사無等山神祠는 고을의 동쪽 10리에 위치한다. 신라新羅에서 소사小祀로 삼았고, 고려高麗에서는 국제國祭가 되었다. 동정원수東征元帥인 김주정金周鼎이 각 고을의 성황신에게 제사를 드리면서 신들의 이름을 차례대로 소리 내어 불러 그 신이함을 징험하였는데, 광주고을의 성황신이 깃발에 매달린 방울을 3번이나 울리었다. 김주정이 조정에 보고하여 (조정에서) 작위를 내렸으며, 지금 조정에서는 해당 고을로 하여금 봄과 가을마다 제사를 받들도록 하였다.[12)]

일본에 원정하던 당시 고려군의 지휘관이었던 김주정이[13)] 출전에 임하여 승리를 기원하는 제사를 올리자, 광주의 무등산신이 그에 응답을 하였다고 한다. 깃발에 달린 방울을 세 번이나 울리는 신통력을 보였다 이르거니와, 그리하여 김주정이 그러한 사실을 조정에 보고하여 무등산신을 봉작해 주도록 특별히 요청하였다는 것이다.[14)]

---

12) 無等山神祠 在縣東十里 新羅爲小祀 高麗致國祭 東征元帥金周鼎 祭各官城隍之神 歷呼神名 以驗神異 州城隍鳴纛鈴者三 周鼎報于朝 封爵焉 本朝 春秋令本邑致祭 (『新增東國輿地勝覽』 35 光山縣 祠廟)

13) 『高麗史』 29 忠烈王 7년 5월 戊戌

14) 본문의 자료에는 金周鼎의 戰勝 기원에 대하여 無等山神이 아니라 마치 光州의 城隍神이 신통력을 보인 것처럼 기록되어 전한다. 그렇지만 위 기록은 무등산신과 관련된 자료임이 분명하다. 이 무렵이면 산악신앙과 성황신앙 사이에 혼

김주정은 광주光州를 본관으로 하는 인물이었다.[15] 무등산이 소재하는 광주와 김주정이 보통의 단순한 관계를 넘어선 사이였음을 짐작할 수가 있다. 그런데 전국의 각 고을에 소재하는 산신 내지 성황신 가운데 유독 그러한 관계에 있던 광주의 무등산신만이 김주정의 제사에 응답을 하였다. 그리고 김주정은 그것을 빌미로 무등산신에게 작위爵位를 내려줄 것을 중앙 조정에 희망하였다고 한다. 일본 원정이라고 하는 국가적인 대사에 직면하여[16] 신통한 영험을 드러냄으로써 도움을 준 데 대한 보답으로, 무등산신에게 특별한 대우를 해 줄 것을 김주정이 앞장서 요구하였던 셈이다.

김주정이 위에서와 같이 행동한 것을 두고, 그가 개인적인 차원에서 홀로 추진한 일이었다고만 보기에는 어려움이 있지 않을까 싶다. 아마도 거기에는 그러한 조치가 취해지기를 기대하던 광주지역 주민 내지는 토착 사회세력의 희망이 들어 있지나 않을까 헤아려지는 것이다. 무등산신을 봉작하여 우대해 주도록 요청하는 것은, 곧 무등산신앙에 대한 우대를 요망하는 것이나 다름이 없다. 그리고 그러한 무등

효 현상이 나타나 상호 혼동이 일기도 한다는 사실이 알려져 주목되거니와(金甲童, 「高麗時代의 山嶽信仰」, 53~54쪽), 문제의 기록이 城隍祠가 아닌 無等山神祠의 항목에 수록된 것만 보아도 이해할 수가 있는 일이다. 본문의 자료가 실린 같은 책에 따르면, 無等山과 無等山神祠는 모두 光山縣 동쪽 10里의 동일한 지역에 소재하는 것으로 나오는 데 반해(『新增東國輿地勝覽』 35 光山縣 祠廟 無等山神祠. 같은 책, 山川 無等山), 城隍祠는 縣의 남쪽 5里 되는 지역에 따로 위치하였던 것으로 나타난다(『新增東國輿地勝覽』 35 光山縣 祠廟 城隍祠).

15) 『高麗史』 104 金周鼎傳

16) 당시 일본에 원정할 군사와 군량미를 징발하고 또한 그것을 운반할 선박을 건조하는 등, 人力을 포함한 원정 관련 제반 비용을 감당하고자 온 국력을 쏟아 부어야만 하였던 고려 정부의 고초는 이루 말할 수가 없었다(金庠基, 『新編 高麗時代史』, 서울대학교출판부, 1985, 492~512쪽).

산신앙 관련 제의祭儀에는, 광주 지역사회의 축전으로서, 앞서 언급하였듯이, 지역 토착세력의 주도 아래 치러지는 행사가 수반되게 마련이었다. 중앙 조정이 무등산신앙을 우대하는 조치를 취한다는 것은, 그러므로 진산鎭山인 무등산으로 상징되는 광주의 위상을 강화시켜 주는 일일 뿐만 아니라, 나아가 관련된 행사를 즐기며 또한 주도하던 광주지역민 및 토착 사회세력의 존재를 더욱 과시할 수 있는 기회를 거듭 공인받게 된다는 의미이기도 한 것이다. 광주 출신의 김주정이 무등산신앙의 우대를 요구하면서 그와 같은 사실을 염두에 두지 않았을 까닭이 없다고 믿는다. 그리고 거기에는 또한 그렇게 되기를 기대해 마지않던 지역민 내지는 그 대표자인 토착 사회세력의 열망이 반영되어 있다고 간주하여 무방하지 않을까 생각하는 것이다.

그렇다면 광주인光州人들이 김주정을 앞세워 그처럼 무등산신앙에 대한 우대를 요청하게 된 배경은 무엇이었을까? 광주의 위상 강화는 말할 것도 없으려니와 나아가 지역 주민 및 그 대표격인 토착 유력자들의 존재 과시에 그 목적이 있었음은 틀림없어 보이는데, 하필이면 충렬왕대 초반(충렬왕 7, 1281)에 그러한 요구가 나타나게 되었던 까닭이 궁금한 것이다. 사실 고려 조정에서는 그에 앞서 이미 한 차례 무등산신앙을 우대하는 조치를 취한 적이 있었다. 다음의 기록이 그것을 보여 준다.

① 광주의 무등산신이 반적叛賊을 토벌하는 데 드러나지 않는 도움을 줬다고 하여, 의례儀禮를 담당한 관서에 명해서 작호爵號를 올려 수여하고 봄과 가을이면 제사를 드리도록 하였다.

② 탐라耽羅에서 삼별초三別抄를 토벌하였다. 무등산신의 드러나지

않는 도움이 있었으므로 봄과 가을이면 제사를 드리도록 명하였다.[17]

원종 14년(1273)에 삼별초를 진압할 때 은밀한 가호를 베푼 데 대한 보답으로, 무등산신에게 작위를 더해 주고 또한 봄·가을로 제사를 받들도록 조처하였다는 것이다. 이 역시 광주지역에 거주하던 사람들의 희망에 따라 조정에서 취한 조치이었음이 거의 분명해 보이거니와, 제2차 일본 원정길에 나선 김주정이 무등산신을 봉작해 주도록 요청하기 바로 8년 전의 일이었다. 그러니까 광주사람들은 불과 8년 전에 이미 무등산신을 우대해 주도록 요청하여 그것이 달성되었음에도 불구하고, 이제 다시 김주정을 앞세워서 그에 더해 더욱 특별하게 우대해줄 것을 조정에 거듭 요구하였던 셈이다. 잡사雜祀에 해당하는 지방의 일개 산신에게[18], 그처럼 8년 사이에 두 차례나 거듭 특별한 조치를 취해 주도록 중앙에 요청하였다는 것은 상당히 이례적인 일이 아닌가 싶다. 거기에는 반드시 그럴 만한 곡절이 없지 않았을 터인데, 그에 관해서는 자리를 바꾸어 알아보도록 하겠다.

2. 무등산신앙無等山信仰 우대 요구의 배경

광주지역에 거주하던 사람들이 원종 14년(1273)과 충렬왕 7년(1281)

---

17) ① 以光州無等山神 陰助討賊 命禮司 加封爵號 春秋致祭 (『高麗史』 27 元宗 14年 5月 庚辰)
② 討三別抄于耽羅也 無等山神 有陰助之驗 命春秋致祭 (『高麗史』 63 禮 5 吉禮 雜祀 元宗 14년)

18) 『高麗史』 63 禮 5 吉禮 雜祀

의 두 차례에 걸쳐, 무등산신앙을 우대하는 특별한 조치를 취해 주도록 중앙 조정에 요구하였음을 알아보았다. 광주의 위상을 높이며, 나아가 자신들의 존재를 과시할 목적에서이었다. 그렇다면 당시 이들이 그처럼 광주의 위상을 강화하고 또한 자신의 존재를 드러내고자 도모한 까닭은 무엇이었을까? 여기에서 잠시 같은 시기에 광주의 이웃 고을인 나주羅州의 금성산신앙錦城山信仰을 둘러싸고 벌어졌던 한 사건을 검토하는 것도 도움이 될 듯 싶다. 다음의 자료를 살펴보도록 하자.

① 나주의 금성산신錦城山神을 책봉하여 정녕공定寧公으로 삼았다. 이에 앞서 나주사람들이 일컫기를, 신이 무당에게 강림하여 '진도珍島와 탐라耽羅의 사건에서 내가 힘을 쓴 게 있거늘 장수와 사졸들은 은상을 입었음에도 나는 녹祿을 받지 못함이 무슨 까닭인가. 반드시 나를 책봉하여 정녕공으로 삼아야 할 것이다'라 일렀다고 하였다. 고을 사람으로서 보문각寶文閣 대제待制인 정흥鄭興이 그 말에 현혹되어 국왕을 넌지시 설득하여 금성산신에게 (그처럼) 작위를 내렸는데, 또한 나주 고을의 녹미祿米 5석을 떼어내 해마다 그 사당에 귀속토록 하였다. 정흥은 곧 정가신鄭可臣이다.

② 탐라의 전투에서 금성산신의 드러나지 않는 도움이 있었다고 하여, 금성산이 위치하는 고을로 하여금 해마다 쌀 5석을 전달하여 산신에 대한 제사를 받들도록 하였다.[19)]

---

19) ① 封羅州錦城山神 爲定寧公 先是羅人稱 神降于巫言 珍島·耽羅之事 我有力焉 將士得賞 而不我祿何耶 必封我爲定寧公 邑人寶文閣待制鄭興 惑其言 諷王而爵之 且輟其邑祿米五石 歲歸其祠 (鄭)興卽(鄭)可臣也 (『高麗史節要』 19 忠烈王 3年 5月)

② 以耽羅之役 錦城山神 有陰助之驗 令所在官 歲致米五石 以奉其祀 (『高麗

삼별초의 난을 진압하는 데 힘을 보탰음에도 아무런 보답이 없다는 나주 금성산신의 불평이, 충렬왕 3년(1277) 5월에 산신을 받들던 무당의 입을 빌어 조정에 전해졌다. 그러자 나주 출신의 정가신鄭可臣이 충렬왕을 설득하여 금성산신에게 정녕공의 작위를 내리는 한편, 나주 고을로 하여금 매년 녹미 5석을 금성산신당에 보내어 그 제사 비용에 충당하도록 조처하였다는 것이다.[20]

삼별초가 진도珍島를 거점으로 왕성하게 세력을 확장해 가던 무렵, 나주의 금성산성錦城山城에서는 무려 7일 밤낮에 걸쳐 격렬한 전투가 벌어진 적이 있었다. 지역의 토착세력을 중심으로 뭉친 나주 사람들이 관군官軍과 힘을 합쳐 삼별초의 침입에 맞서 공방전을 벌인 것인데, 악전고투 끝에 나주를 지켜내는 데 성공함으로써 마침내 전라도 지역이 송두리째 삼별초의 손아귀에 떨어지는 것을 막아낼 수가 있었다고 한다.[21] 삼별초의 난과 관련하여 나주지역 주민들이 지녔을 긍지를 짐작할 만한 대목이 아닌가 한다. 위 기록에서 금성산신을 받들던 무당이 전하였다는 말도 사실은 나주인들의 바로 그러한 자부심을 반영한 표현임이 틀림없어 보이거니와, 나주를 본관지로 하던 정가신이[22] 지역 주민들의 그와 같은 심정을 헤아려 금성산신을 봉작해 주도록 국왕을 설득하는 일에 나섰던 것이다. 광주 사람들이 광주 출신의 김주정을 앞세웠듯이, 나주 사람들은 또한 나주 출신의 정가신을

史』 63 禮 5 吉禮 雜祀)

20) 같은 내용이 『高麗史』 105 鄭可臣傳에도 실려 있다.

21) 『高麗史』 103 金應德傳. 『高麗史節要』 18 元宗 11年 9月
洪承基, 「外來族의 侵入과 光州」, 『光州市史』 1 (光州市史編纂委員會, 1978), 365~367쪽. 邊東明, 「鄭可臣과 閔漬의 史書編纂活動과 그 傾向」, 『歷史學報』 130 (1991), 8~10쪽, 脚註16.

22) 『高麗史』 105 鄭可臣傳

내세워 금성산신앙을 우대해 주도록 조정에 요구하였던 셈이다.

그런데 여기에서 한 가지 가시지 않는 의문은, 삼별초의 난이 끝난 지 한참이 지난 후에야 새삼스럽게 위에서와 같은 나주지역민들의 요구가 나오게 된 까닭이 무엇이었을까라고 하는 점이다. 삼별초가 진압되던 당시(1273)에 제기해 마땅했을 법한 불만이, 4년이 지나서야(1277) 드러나게 되었던 이유가 궁금하다. 그리고 이와 관련하여 머리를 스치는 것이, 삼별초의 난이 진압되던 해에 있었던 나주의 이웃 고을인 광주에 소재하는 무등산신에 대한 봉작이다. 난을 진압하는 데 은밀한 가호가 있었다고 하여 원종 14년(1273)에 무등산신앙을 우대하는 조치가 내려졌었다 함은 이미 언급한 바가 있거니와, 금성산신앙을 우대하지 않는다고 하여 나주인들이 중앙 조정에 대해 품었던 불만은 그와 같은 무등산신앙에 대한 우대 조치에서 비롯된 소외감의 발로가 아니었을까 짐작된다. 삼별초의 난과 관련된 나주사람들의 자부심을 상기할 때, 난이 끝난 뒤의 논공행상에서 이웃 고을인 광주에 비해 차별대우를 받았다고 느끼는 지역민들이 적지 않았을 법하다. 그리고 시간이 흐름에 따라 그러한 불만은 점점 여러 사람들에게 번져갔을 것이며, 마침내 위와 같은 형식으로 표출되지 않았을까 여겨지는 것이다.

삼별초가 난을 일으켰을 적에 광주 내지는 무등산에서 무슨 일이 벌어졌던가를 알려 주는 기록은 쉽게 눈에 띄지를 않는다. 난을 진압하는 데 무등산 내지는 광주지역에서 어떠한 기여를 하였는지 파악할 수 있는 자료가 남아 전하지를 않는 것이다.[23] 반면에 삼별초의 난

23) 洪承基, 「外來族의 侵入과 光州」, 367쪽. 陰善赫, 「外寇의 侵入과 光州」, 『光州市史』 1 (光州市史編纂委員會, 1992), 485쪽.

당시 나주에서 있었던 일을 전하는 기록은, 앞서 살피었듯이 제법 풍부한 편이다.[24] 현재 전하는 자료에 의거하는 한, 그러므로 삼별초의 난을 진압하는 과정에서 광주보다는 나주지역이 훨씬 크게 공헌하였다고 하여 그다지 잘못이라고는 할 수가 없는 형편인 셈이다. 그런데 난이 진압되고 나서 막상 그 공적을 인정받은 쪽은 나주가 아니라 광주였다. 원종 14년(1273)에 있었던 광주 무등산신앙에 대한 우대 조치에서 미루어 짐작할 수가 있는 일이다.[25] 나주사람들이 금성산신을 받들던 무당의 입을 빌어 불만을 토로한 것은 그러한 상황에서의 일이었다. 자신들이 기여한 만큼의 차별 없는 처우를 조정에 희망하였던 셈인데, 그러한 사실을 누구보다 잘 파악하였을 나주 출신의 정가신이 지역민들의 요구를 관철시키고자 노력한 것은 너무도 당연한 일이었다고 할 수가 있을 것이다.

전통시기에 진산鎭山은, 그것이 소재하는 지역을 상징하는 존재였다. 자연히 그 진산을 주재하는 것으로 여겨지던 산신에 대한 신앙을 우대하는 것은, 곧 그 지역의 위상을 강화시키는 일이기도 하였다. 나아가 지역 주민 및 그 대표자라고 할 수 있는 토착세력의 존재를 과시하는 데 도움이 되는 일이기도 하였다. 따라서 원종 14년에 있었던 무등산신앙에 대한 우대 조치는, 곧 전남지역에서 광주에 비해 상대

24) 앞의 註 21)을 참조하라.

25) 삼별초의 난을 진압하는 것과 관련하여 굳이 광주지역을 부각시키고자 한다면, 삼별초의 침입에 저항하다 전사하였던 광주 출신의 金須를 언급할 수는 있지 않을까 생각한다. 光州 金氏 출신의 金須는 과거에 급제하여 관직에 나아갔던 인물로서, 삼별초의 난 당시 濟州島를 지키던 중 공격해 온 삼별초를 맞아 싸우다가 戰歿하였음이 史書에 特記되어 전한다. 金須는 이 글에서 수차 거명된 적이 있는 金周鼎의 親兄이자, 고려 후기에 재상을 역임한 金台鉉의 부친이었다(『高麗史節要』 18 元宗 11年 11月. 『高麗史』 110 金台鉉傳).

적으로 나주의 위상을 격하시킬 위험이 있는 것으로 나주지역민들에게는 받아들여졌을 가능성이 높았다고 생각된다.

잘 알려졌듯이, 고려시기에 현 전남지역을 대표하는 고을은 광주가 아니고 나주였다. 후백제와 고려가 치열하게 쟁패전을 벌이던 소용돌이 속에서 왕건王建의 편에 섰던 나주가, 고려의 후삼국 통합 이후 전남지역에서 유일한 주목主牧의 위치를 차지하게 되었다.[26] 백제시기에 발라군發羅郡으로 불리다가 통일신라시기 경덕왕대(742~764)에 금산군錦山郡(혹은 금성군錦城郡)으로 개칭되었던 나주는, 고려왕조에 들어 몇 번인가의 변동을 거친 끝에 현종 9년(1018)에 나주목羅州牧으로 자리매김 되었다.[27] 1지사부知事府와 4지사군知事郡 및 4현령관縣令官과 48속군현屬郡縣을 거느리는 계수관界首官으로서, 고려시기 내내 나주는 전남지역의 으뜸가는 행정치소였던 것이다.[28]

반면에 고려시기의 광주는 나주에 영속領屬된 일개 속군현屬郡縣 내지는 현령관縣令官에 지나지 않았다. 나주와 달리 후삼국시기에 끝까지 왕건에게 적대적이던 세력권에 속한 때문이었다.[29] 진성여왕 6년(892)에 견훤이 후백제를 개창하는 출발지였던 광주는, 그 수도가 전주全州로 옮겨진 후에도 여전히 후백제의 중요한 거점 지역이었다. 견

---

26) 洪承基, 「地方制度의 成立과 光州」, 『光州市史』 1 (1978), 313~315쪽. 陰善赫, 「地方制度의 整備와 光州」, 『光州市史』 1 (1992), 417~419쪽. 이중효, 「지방제도의 정비와 전남」, 『全羅南道誌』 3 (1993), 196쪽 및 204~205쪽.

27) 『高麗史』 57 地理 2 全羅道 羅州牧. 『新增東國輿地勝覽』 35 全羅道 羅州牧 建置沿革

28) 尹武炳, 「高麗時代 州府郡縣의 領屬關係와 界首官」, 『歷史學報』 17·18合 (1962), 339~349쪽. 陰善赫, 「地方制度의 整備와 光州」, 428~430쪽.

29) 洪承基, 「地方制度의 成立과 光州」, 313~315쪽 및 319쪽. 陰善赫, 「地方制度의 整備와 光州」, 418~419쪽 및 428~430쪽. 이중효, 앞 논문, 196쪽.

훤왕의 사위인 지훤池萱과 아들인 용검龍劍이 그 성주城主를 차지해 주둔한 가운데 경계를 맞대고 대치하던 나주지역의 왕건에게 완강히 저항함으로써, 후백제가 멸망할 때까지 전주와 더불어 손꼽히는 반고려세력反高麗勢力의 근거지였다. 늦어도 통일신라시기 즈음이면 무진주武珍州 혹은 무주武州라 불리면서 전남지역을 대표하는 정치·군사·경제·문화의 중심지였던 광주는, 그리하여 고려왕조의 통치 아래 들어서면서 읍격邑格의 강등을 감수해야만 하였다. 그러다가 성종 15년(996) 이후 어느 때인가, 아마도 현종대(1009~1031) 무렵[30] 마침내 속현으로까지 격하되는 운명을 맞이하고 말았다.[31] 그 후 언제인가 해양현령관海陽縣令官으로 승격되었던 광주는,[32] 무인정권 말기에 들

30) 顯宗 9년(1018)에 고려시기 지방통치제도의 대체적인 골격이 마련되었음을(邊太燮, 「高麗前期의 外官制」, 『高麗政治制度史研究』, 1971, 一潮閣, 129~130쪽. 河炫綱, 「高麗初期의 地方統治」, 『韓國中世史研究』, 1988, 一潮閣, 202~205쪽) 감안하여 그처럼 추정하였다.

31) 고려전기에 광주가 屬郡縣으로까지 격하된 적이 있었음은 다음의 자료를 통하여 알 수가 있다.

① 梁元俊 字用章 忠州人 起自胥吏 監光州務 … (『高麗史』 99 梁元俊傳)

② 公諱元俊 字用章 姓梁氏 忠州人也 … 庚子十二月 例受光州監務 … (『高麗墓誌銘集成』, 梁元俊 墓誌銘)

宣宗 6년(1089)부터 毅宗 12년(1158)까지 생존하였던 梁元俊의 傳記와 墓誌銘 중 일부이다. 위 기록에 따르면, 양원준은 睿宗 15년(1120)에 光州 監務로 임명되었다고 한다. 아마도 顯宗 9년(1018) 이래 屬縣에 머무르던 광주가 睿宗代에 이르러 監務를 맞이하게 되었던 것이 아닌가 헤아려지거니와, 위 양원준의 사례는 그것을 보여 주는 유력한 증거임이 거의 분명해 보인다(金東洙, 「고려 중·후기의 監務 파견」, 『全南史學』 3, 1989, 67쪽).

한편 그와 달리 成宗 11년(992) 내지 14년(995)에 광주가 海陽縣令官으로 격하되었다가, 同王 14년(995)에 刺史를 그리고 穆宗 8년(1005)에 다시 縣令을 守令으로 맞이하였으며, 그리하여 顯宗 9년(1018) 이후 高宗 46년(1259)까지 縣令官으로서의 지위를 계속 유지하였다는 견해도 있다(洪承基, 「地方制度의 成立과 光州」, 318~326쪽. 陰善赫, 「地方制度의 整備와 光州」, 425~428쪽).

어서야 다시 그 읍격을 상승시킬 수 있는 기회를 맞이하였다. 최씨 무인정권을 전복하고 정권을 장악하였던 무인집권자인 김준金俊의 외향外鄕이 광주라는 이유로 해서이었다. 최씨 무인집권자 집안의 노비奴婢 출신이었던 김준이 고종 45년(1258) 왕정복고를 기치로 최의崔竩를 제거한 다음 집권하자[33], 그의 외향이라 하여 고종 46년(1259)에 해양현海陽縣을 익주翼州로 승격시켰던 것이다. 고려 전기 이래 현령관에 머무르던 광주의 읍격이, 집권무인執權武人 덕택에 지사주知事州로 상승되는 순간이었다. 그 후 한때 광주는 목牧(광주光州 혹은 무진주武珍州)[34]으로까지 승격되기도 하였으나, 충선왕 2년(1310)에 다시 화평부化平府로 강등되는 등 몇 차례 읍격의 오르내리기를 거듭한 끝에, 공민왕 22년(1373)에 광주목光州牧이 되어 고려왕조가 끝날 때까지 목사 고을로서의 지위를 유지하였다.[35]

그런데 이상에서와 같은 고려시기 광주의 연혁 가운데 이 글과 관련하여 눈길을 끄는 것은, 고종 46년 이후 충선왕 2년 이전의 어느 시기에 광주가 목사주牧使州로까지 승격된 적이 있었다고 하는 사실이다. 고종 46년 해양현령관海陽縣令官에서 지익주사知翼州事로 승격되었던 광주가, 충선왕 2년에 화평부化平府로 다시 강등될 때에는 이미

---

32) 『高麗史』 57 地理 2 全羅道 海陽縣. 『新增東國輿地勝覽』 35 全羅道 光山縣 建置沿革

33) 野澤佳美, 「金俊의 政變에 대하여」, 『史正』 12 (1982). 鄭修芽, 「金俊勢力의 形成과 그 向背」, 『東亞研究』 6 (1985). 金塘澤, 「최씨정권의 붕괴」, 『高麗의 武人政權』 (國學資料院, 1999).

34) 『高麗史』 57 地理 2 全羅道 海陽縣條에는 光州로 그리고 『新增東國輿地勝覽』 35 全羅道 光山縣 建置沿革條에는 武珍州로 각각 기록되어 차이가 난다.

35) 『高麗史』 57 地理 2 全羅道 海陽縣. 『新增東國輿地勝覽』 35 全羅道 光山縣 建置沿革

광주光州(무진주武珍州)목牧에까지 올라 있었던 것이다.[36] 그렇다면 광주가 그처럼 목사주牧使州로 승격된 것은 언제쯤이었을까? 고종 46년 이후 충선왕 2년까지 이르는 동안에 그리 되었을 가능성이 가장 높았던 시기는 원종 14년(1273)이 아닌가 한다. 앞서 언급하였듯이, 원종 14년은 삼별초 진압에 공이 있었다고 하여 무등산신앙을 우대하는 조치, 다시 말하여 광주의 위상을 강화시켜 주는 조치가 내려진 해이었다. 따라서 만일 광주를 승격시키는 조치가 취해졌다고 한다면, 해당 기간 중에서 이때만큼 적절한 시기는 달리 찾아보기가 어렵지 않을까 싶다.

사실 무등산신앙을 우대하는 조치가 내려졌음을 전하는 원종 14년의 기록에서도,

> 광주光州의 무등산신이 반적을 토벌하는 데 드러나지 않는 도움을 줬다고 하여, 의례를 담당하는 관사에 명해서 작호爵號를 올려 수여하고 봄과 가을이면 제사를 드리도록 하였다.[37]

라고 하여, 이미 광주光州라는 명호를 사용하고 있기도 하다. 고종 46년(1259)의 승격 조치 이래 익주翼州라 불리어 왔을 지역 관부의 명호

---

36) ① … 成宗十四年 降爲刺史 後又降爲海陽縣令官 高宗四十六年 以金仁俊外鄕 陞知翼州事 後陞爲光州牧 忠宣王二年 復降爲化平府 …(『高麗史』57 地理 2 全羅道 海陽縣)
② … 成宗十五年 降爲刺史 後又降爲海陽縣令 高宗四十六年 以功臣金仁俊外鄕 陞知翼州事 後陞爲武珍州 忠宣王二年 降爲化平府 …(『新增東國輿地勝覽』35 全羅道 光山縣 建置沿革)

37) 以光州無等山神 陰助討賊 命禮司 加封爵號 春秋致祭(『高麗史』27 元宗 14年 5月 庚辰)

가, 14년 뒤인 원종 14년(1273)에는 광주로 변해 있었던 것이다. 무등산신앙을 우대하는 조치를 알리는 자료에, 이처럼 익주가 아닌 광주라는 명호가 사용된 것을 우연으로만 치부할 수는 없다고 생각한다. 거기에는 그만한 까닭이 있었다고 보는 것이 온당하지 않을까 여겨지거니와, 이때 광주의 위상을 강화시키는 의미가 있는 무등산신앙 우대 조치와 더불어 광주의 읍격도 동시에 지사주知事州에서 목牧으로 승격시켰던 것이 아닌가 헤아려지는 것이다.[38]

삼별초의 난이 진압된 지 4년이나 지났음에도 불구하고, 나주지역 민들이 새삼스레 당시의 논공행상에 이의를 제기한 것은 바로 여기에 그 까닭이 있었다고 믿는다. 무등산신앙을 우대함과 아울러 광주의 읍격을 목牧으로 승격시킴으로써, 그동안 나주가 누려 왔던 바 전남지역을 대표하는 유일한 주목主牧으로서의 지위가 흔들릴지도 모른다는 불안이, 나주사람들로 하여금 그처럼 행동하도록 만들지 않았을까 헤아려지는 것이다. 삼별초의 난 당시에 세웠던 공적을 내세우면서 금성산신앙을 우대해 주도록 중앙 조정에 요구하였던 것은, 그러므로

---

38) 그런데 본문에서의 그러한 추정을 의심하도록 만드는 "都兵馬使請 降號賊鄕尙州 · 淸州 · 海陽 · 珍島等州 且從賊入耽羅者禁錮 王只許禁錮"(『高麗史』 28 忠烈王 2年 8月 甲子)와 같은 기록이 있어 혼란스럽다. 忠烈王 2년(1276) 都兵馬使에서 三別抄의 亂에 개입한 인물들의 貫鄕을 강등시키자는 요청이 있었다고 하거니와, 그 중에 海陽이라는 지명이 나온다. 元宗 14년(1273)에 이미 光州牧으로 승격되었으리라는 앞서의 주장과 배치되는 자료인 것이다. 그렇지만 위에 나오는 海陽이라는 지명은 관행적인 표기에서 빗어진 착오가 아닌가 싶다. 만약 元宗 14년에 光州牧으로 승격되지 않았다고 한다면, 차라리 翼州라고 할 수는 있을지언정 위 사료에서와 같이 海陽이라고 표기하는 것은 정확하다고 할 수가 없다. 앞서 高宗 46년(1259)에 海陽縣令官에서 知翼州事로 승격된 이래 다시 강등되었다는 기록이 없기 때문이다. 위 사료에 나타나는 海陽이라는 지명 표기가, 곧 元宗 14년의 光州牧 승격을 부정하는 유력한 증거가 될 수는 없다고 생각한다.

무등산신앙을 앞세워 전남지역에서의 위상 강화를 노리던 광주지역민을 향해 나주지역민이 가했던 반격이라는 의미가 내포되었다고 하겠다. 이로써 광주에 비해 나주가 여전히 우위에 있음을 거듭 확인하고자 하는 데, 그 의도가 있었음이 분명해 보이는 것이다.

한편 전남지역에서의 주도권을 재확인하고자 하는 나주인들의 그와 같은 노력에 대해, 광주인들도 팔짱을 낀 채 두고 보지만은 않았다. 앞 절에서 언급하였던 바, 충렬왕 7년(1281)에 김주정으로 하여금 무등산신앙을 우대해 주도록 재차 조정에 요구하였던 것을 보면 알 수가 있는 일이다. 제2차 일본 원정이라고 하는 국가적인 대사를 계기로 삼아, 전남지역에서의 주도권을 놓고 다시 한 번 나주와 겨뤄보고자 하는 광주사람들의 속셈을, 여기에서 읽어내는 것이 그리 어려운 일만은 아니지 않을까 생각되는 것이다.

삼별초의 난이 진압되자, 광주인들은 그 진산인 무등산에 대한 신앙을 내세워 전남지역 내에서의 광주의 위상을 확고히 하고자 도모하였다. 늦어도 통일신라 즈음이면 손에 쥐었다가 고려왕조에 들어 잃었던 지역에서의 주도권을, 나주에게서 되찾고자 시도하였던 것이다. 원종 14년(1273)에 있었던 무등산신앙 우대와 광주 고을 승격의 조치는 그러한 노력의 결실이었다. 그러자 나주지역민도 충렬왕 3년(1277)에 금성산신앙을 우대해 주도록 중앙 조정에 요구하여 관철시킴으로써, 지역을 대표하는 주목主牧으로서의 지위를 재확인하고자 하였다. 전남지역 내에서의 주도권을 놓치지 않으려는 나주사람들의 반격이었다. 충렬왕 7년(1281)에 있었던 김주정의 무등산신앙 우대 요구는, 그러므로 나주에서의 그와 같은 움직임에 대한 광주인들의 재반격인 셈이었다. 요컨대 광주인들이 원종 14년과 충렬왕 7년 두 차례에 걸쳐 무등산신앙에 대한 우대를 조정에 요구하였던 것은, 광주의 위상을 강화함으로써 고려왕조에 들어서면서 나주에 넘겨줘야만 되었던 지역 대표로서의 지위를 되찾고자 하던 그들의 열망에서 비롯된 일이었다고 하여 좋을 것이다.

지금까지 광주지역민들이 원종 14년과 충렬왕 7년에 무등산신앙을 우대해 주도록 조정에 요청하기에 이른 배경을 검토하였다. 이제 그와 같은 우대 요구에 내포된 사회적 의미를 알아볼 차례가 되었는데, 그에 대해서는 절을 달리하여 살피도록 하겠다.

3. 무등산신앙無等山信仰 우대 요구의 사회적 의미

무등산신앙을 우대해 주도록 중앙 조정에 요청한 것은, 앞서 언급하였듯이 광주지역 주민, 그 중에서도 대표 격인 지역의 토착 유력계층이었다. 그로써 자신의 존재를 과시하고자 하는 목적에서이었다. 그렇다면 그처럼 자신의 존재를 드러내고자 노력하였던 광주의 토착세력은 구체적으로 어떠한 사람들이었을까?

고려시기에 각 고을을 대표하던 토착세력으로는, 흔히 토성土姓이라 일컬어지던 일군의 씨족집단이 거론되곤 하여 왔다. 호장戶長 등 상급 향리층鄕吏層의 구성원으로서 읍사邑司를 중심으로 활동하던 이들에 의해, 고려시기 각 군현의 통치가 실질적으로 이루어져 왔던 것이다.[39] 광주지역에서도 그것이 매한가지이었음은 이를 나위가 없다. 탁卓·이李·김金·채蔡·로盧·정鄭·장張·승承 등 13개의 토성집단이, 고려시기의 광주를 실질적으로 이끌어 가던 주도세력이었음이

39) 李樹健,「土姓硏究 序說」,『韓國中世社會史硏究』(一潮閣, 1984), 2~9쪽.

알려져 있는 것이다.[40)]

그런데 고려시기의 토성에 관한 지금까지의 연구에 따르면, 그러한 광주의 토착세력 가운데 일부가 성장하여 중앙에까지 진출하기 시작한 것은 고려 중·후기에 들어서의 일이었다고 한다. 고려 전기에 중앙에서 활동한 광주 출신의 인물은 찾아보기가 어려우며, 무인정권의 시기 이후에 가서야 비로소 그 흔적이 드러나기 시작한다는 것이다.[41)] 광주지역 주민들이 원종 14년과 충렬왕 7년에 무등산신앙을 우대해 주도록 중앙 조정에 요구할 수가 있었던 것은, 그러므로 그와 같은 광주지역 토착세력의 왕경 진출에 짝하여 나타난 현상이었음이 분명하다. 고려 전기의 경우 아직 중앙관직자를 배출할 정도로까지 성장하지 못하였던 광주의 토착 유력자들은, 자신의 존재를 드러내고자 하는 그러한 요구를 대변할 만한 중앙에서의 통로를 미처 마련하지 못한 셈이었다고 말할 수가 있을 것이다. 그러다가 무인정권의 시기 이래 일던 새로운 사회세력의 진출에 발맞추어 중앙에 등장하기 시작하던 광주의 토착세력을 배경으로, 마침내 광주사람들이 그 존재를 과시하고자 조정에 무등산신앙의 우대를 요구하기에 이르렀던 것이 아닌가 여겨지는 것이다. 원종 14년(1273)과 충렬왕 7년(1281)에 있었던 광주사람들의 무등산신앙 우대 요구는, 그러므로 고려 후기 들어 광주의 토착 사회세력이 그만큼 성장하였음을 반영한 사건이라는 점에서 우선 그 사회적 의미를 찾을 수가 있지 않을까 한다.

한편 광주의 토성 가운데 그처럼 고려 후기에 왕경으로 진출하는

40) 洪承基, 「光州의 社會構造」, 350~354쪽. 陰善赫, 「光州의 社會構造」, 459~466쪽.

41) 李樹健, 「高麗後期 支配勢力과 土姓」, 『韓國中世社會史硏究』, 323~326쪽.

데 성공하였던 씨족으로는, 김씨金氏를 비롯하여 탁씨卓氏와 채씨蔡氏·정씨鄭氏·이씨李氏·노씨盧氏 등이 알려져 있다. 특히 그 중에서도 광주光州 김씨金氏의 진출은 눈부신 바가 있거니와, 처음 무인정권의 시기에 무반武班으로 진출을 시작하였던 이 가문은 다수의 과거급제자와 더불어 재추宰樞에까지 오른 인물을 잇달아 배출하면서 고려 후기의 손꼽히는 명문名門으로 떠올랐다.[42] 무등산신앙을 우대해 주도록 요구하는 데 앞장섰던 김주정도 바로 이 광주 김씨 가문에 속한 인물이었다 함은 이미 지적한 대로이다. 그러므로 고려 후기에 광주지역을 대표하던 토착 사회세력이라고 하면, 곧 광주의 토성 중에서도 왕경으로 진출하는 데 성공하였던 이들 성씨집단을 가리킨다고 하여 무방하지 않을까 한다.[43] 특히 광주 김씨를 그 가장 현저한 사례로 꼽을 수가 있으려니와, 그리하여 무등산신앙에 대한 우대 요구를 통해서 자신의 존재를 드러내고자 하였던 광주의 토착 사회세력이 바로 이들이었다고 하여 좋을 것이다. 또한 광주 김씨 출신의 김주정이 광주지역 주민을 대신하여 무등산신앙을 우대해 주도록 조정에 요구하였던 사실에서 짐작할 수가 있듯이, 더욱이 그 중에서도 광주 김씨를 그 가장 대표적인 사회세력이었다고 지적하여 큰 잘못은 아닐 줄 믿는다.

요컨대 고려 후기에 있었던 광주지역민들의 무등산신앙 우대 요구에는, 광주지역 토착 사회세력의 성장 나아가 그 중에서도 광주 김씨 가문의 현달이 반영되어 있다는 데에서, 그 사회적 의미를 찾을 수가

42) 李樹健, 「高麗後期의 支配勢力과 土姓」, 같은 책, 323~326쪽. 柳昌圭, 「地方勢力의 推移와 農民의 生活」, 『光州歷史』(光州市史編纂委員會, 1998), 105~108쪽.

43) 洪承基, 「光州의 社會構造」, 355쪽.

있다 하여 좋을 것이다.

맺음말

고려 후기의 무등산신앙을 광주지역 토착세력과의 관계 속에서 살펴보았다. 신앙의 유래나 제사 시기라든지 제의祭儀 혹은 산신사山神祠의 위치 등과 같은 무등신신앙 그 자체에 대한 것보다는, 그와 관련을 맺었던 사람들이 그러한 신앙 행위를 통하여 정치 사회적으로 획득하고자 도모하던 바가 무엇이었던가에 대하여, 이 글에서는 더욱 관심을 기울였다.

광주지역민들은 충렬왕 7년(1281)에 김주정金周鼎을 앞세워, 무등산신을 봉작하고 봄·가을로 제사를 올리도록 하는 등의 우대 조치를 취해 주도록 조정에 요구하여 관철시켰다. 그 진산鎭山인 무등산으로 상징되는 광주의 위상을 강화하며, 나아가 관련 행사를 주도하던 지역민 및 그 대표자인 지역 토착세력의 존재를 과시하고자 하는 목적에서이었다. 그런데 광주사람들은 그에 앞서 8년 전인 원종 14년(1273)에도, 삼별초 진압과 관련하여 무등산신을 우대해 주도록 중앙에 요청하여 이미 그 뜻을 이룬 적이 있었다. 지방의 일개 산신신앙에 대한 조치로서는 상당히 이례적인 일이 아니었던가 싶은데, 이는 전남지역에서의 주도권을 놓고 이웃 고을인 나주와 경쟁하는 과정에서 그리 된 것이었다.

늦어도 통일신라 즈음이면 전남지역을 이끄는 중심지로서의 지위를 확고히 하였던 광주는, 고려왕조가 들어서면서 그 주도권을 나주에 넘겨주어야만 하였다. 후삼국시기에 왕건王建의 편에 섰던 나주가 고려에 의한 통일 이후 전남지역의 유일한 주목主牧의 위치를 차지하였던 반면에, 견훤甄萱의 편에 섰던 광주는 그러한 나주에 영속領屬된 일개 속군현屬郡縣 내지는 현령관縣令官에 지나지 않았던 것이다. 그러다가 삼별초 난의 진압을 계기로, 광주인들은 나주에게 내주었던 지역사회 내에서의 주도권을 되찾고자 시도하였다. 원종 14년(1273)에 있었던 무등산신앙 우대와 광주 읍호 승격의 조치는 그러한 노력의 결실이었다.

그러자 나주지역 주민들도 그에 대응하는 움직임을 보였는데, 충렬왕 3년(1277)의 금성산신앙에 대한 우대 요구가 그것이었다. 그 진산인 금성산신앙에 대한 중앙 조정의 우대 조치를 받아냄으로써, 지역에서의 주도권을 놓치지 않고자 하였던 것이다. 충렬왕 7년(1281)의 무등산신앙 우대 요구는, 그러므로 나주사람들의 그와 같은 반격에 대한 광주지역민들의 재반격인 셈이었다. 광주지역 주민들이 원종 14년과 충렬왕 7년 두 차례에 걸쳐 무등산신앙에 대한 우대를 조정에 요구하였던 것은, 요컨대 광주의 위상을 강화함으로써 나주에게서 지역 대표로서의 지위를 되찾고자 하던 그들의 열망에서 비롯된 일이었다고 하여 지나치지 않았던 것이다.

한편 광주인들이 고려 후기에 그처럼 무등산신앙을 우대해 주도록 중앙 조정에 요구할 수가 있었던 것은, 무인정권이 들어선 이래 진행 중이던 새로운 사회세력의 왕경 진출을 배경으로 해서였다. 고려 전기의 경우 아직 중앙관직자를 배출하지 못하던 광주의 토착세력들은 무인정권의 시기를 즈음해서 차츰 개경에 진출하기 시작하였는데, 이제 그것을 바탕으로 삼아 그 존재를 과시하고자 조정에 무등산신앙의 우대를 요구하기에 이르렀던 것이다. 원종 14년과 충렬왕 7년에 있었던 광주인들의 무등산신앙 우대 요구는, 그러므로 고려 후기 들어 광주의 토착 사회세력이 그만큼 성장하였음을 반영한 사건이란 점에서 그 사회적 의의를 찾아 볼 수가 있는 일이었다. 또한 나아가 광주의 토착세력 중에서도 특히 고려 후기에 손꼽히는 명문으로까지 떠올랐던 광주 김씨 가문의 성장이 반영되어 있다는 데에, 더욱이 그 사회적 의미를 부여할 수가 있을 것으로 생각하였다.

(「高麗後期의 無等山信仰과 光州」, 『東亞硏究』 38, 西江大 東亞硏究所, 2000)

제2장 금성산신앙錦城山信仰과 나주羅州

머리말

금성산錦城山은 현재의 나주시 중심가에서 서북 방향으로 길게 가로 누운, 나주의 진산鎭山이다. 정상에는 4개의 봉우리가 솟아 있는데, 최고봉인 정녕봉定寧峰이 해발 450.3m로서 그리 높지는 않다. 그렇지만 평야지대를 가로지르며 우뚝하여, 멀리서도 얼른 눈에 띈다. 영산강과 나주평야를 굽어보며 나주지역 주민과 애환을 함께 해 온 이 산은, 그러므로 나주를 상징하는 산이라고 하여 조금도 지나친 말이 아니다.

금성산은 전통시기 지역의 명산이 으레 그러하듯이, 산악신앙의 대상으로서 옛적부터 지역 주민들의 숭배를 받아 왔다.[1] 그러다가 후에

1) 한국에서 이처럼 山岳을 崇拜하고 信仰한 것은 오랜 옛날부터의 일이었다고 한다(孫晉泰, 「朝鮮古代 山神의 性에 就하여」, 『震檀學報』 1, 1934. 柳洪烈, 「朝鮮의 山土神 崇拜에 對한 小考」, 『新興』 9, 1937. 金映遂, 「智異山 聖母祠에 就하여」, 『震檀學報』 11, 1939). 錦城山에 대한 그것도 매한가지였음은 이를 나위가 없을 터인데, 이러한 錦城山信仰에 관하여는, 林亨, 「錦城山祭에 對한 一考察」, 『향토문화』 15 (향토문화개발협의회, 1996), 31~43쪽이 참고 된다.

는 사전祀典에 올라, 국가적인 치제致祭의 대상으로 격상되기도 하였다.[2] 고려시기에는 국제國祭 그리고 조선시기에는 소사小祀의 제장祭場 가운데 하나로 지정되어, 나주에 파견된 중앙관리 내지는 지방관의 주관 아래 금성산신錦城山神에 대한 제례가 치러지곤 하였던 것이다.[3]

이 글에서는 그러한 금성산신앙을, 고려시기 중앙과 나주지역의 관계 및 지역사회 내부의 동향과 관련지어 살펴보고자 한다. 처음 금성산신에 대한 숭배의식은, 나주지역 주민의 자발적인 참여 속에 치러지던 고장 자체의 행사였을 것이다. 그러던 것이 국가에 의해 공인을 받아 공식화한 것은 고려왕조가 들어선 이후의 일이었다. 고려시기

---

2) 늦어도 통일신라 이래 역대 왕조에서는, 각 지역에서 자연발생적으로 성립하여 전래되어 오던 山岳信仰을 일원적인 祀典體系에 편입시켜 공식적인 제사의 대상으로 삼곤 하였다. 이로써 국가와 지역사회의 평안과 발전을 기원하며, 더욱이 해당 지역의 토착세력을 회유·포섭하여 국가적인 위협 요소를 미연에 억제·진압하고자 하는 목적에서였다. 한편 전통시기의 그와 같은 산악숭배와 신앙은, 곧 그 山神에 대한 숭배 내지 신앙에 다름이 아니었다고 한다. 산악 그 자체에 대한 숭배라기보다는, 그 산악의 주재자라 믿어지던 山神에 대한 신앙의 표현이었다는 것이다(李基白, 「新羅 五岳의 成立과 그 意義」, 『震檀學報』 33, 1972 ; 『新羅政治社會史硏究』, 一潮閣, 1974, 196~210쪽).
이와 같은 산악신앙에 대해서는 일찍부터 많은 연구자들이 관심을 보여 왔다. 따라서 그에 관한 연구 성과도 상당히 많은 편인데, 여기에서 일일이 그것을 나열하는 번거로움은 피하려 한다. 다만 이 글의 주제와 관련하여, 고려시기를 대상으로 한 논문 몇몇을 들자면 다음과 같다.
金甲童, 「高麗時代의 城隍信仰과 地方統治」, 『韓國史硏究』 74 (1991). 金甲童, 「高麗時代의 山嶽信仰」, 『震山韓基斗博士華甲紀念 韓國宗教思想史의 再照明』 上 (1993). 박호원, 「高麗의 山神信仰」, 『民俗學硏究』 2 (1995). 林亨, 앞의 논문. 邊東明, 「高麗後期의 無等山信仰과 光州」, 『東亞硏究』 38 (2000).
3) 『世宗實錄』 151 地理志 全羅道 名山. 『新增東國輿地勝覽』 35 全羅道 羅州牧 祠廟 錦城山祠
林 亨, 「錦城山祭에 對한 一考察」, 32~35쪽.

나주지역의 독특한 지위와 연관된 일이 아니었던가 여겨지는데,[4] 어떠한 과정을 거쳐서 그리 될 수 있었는지 궁금하다. 전근대사회에서의 산악신앙은 흔히 그 산악이 소재하는 지역의 토착 사회세력과 깊은 관련을 맺었던 것으로 알려져 있다.[5] 따라서 고려시기에 금성산신앙이 그처럼 승격되었던 배경에도 나주 토착세력의 동향과 같은 지역적인 특성이 반영되었음이 틀림없어 보이는데, 그 구체적인 내용이 무엇인지 알고 싶은 것이다.

다음으로, 고려시기 나주의 치소治所와 금성산 일원에는 금성산신제錦城山神祭와 관련되는 사당祠堂이 5곳이나 자리하였던 것으로 전한다.[6] 매우 이례적인 일로서, 고려 왕경의 진산인 송악松岳을[7] 제외하고는 달리 찾아보기가 힘든 사례이지 않을까 싶다.[8] 송악의 경우 고려의 수도인 개경의 진산이었음을 생각하면, 그 특수성을 반드시 이해하지 못할 바는 아니다. 국토의 중심부에 위치하면서 고려왕조를 상징하던 송악산에, 산신과 관련되는 사당이 그처럼 복수로 존재한다고 하여 그다지 이상할 것은 없지 않을까 여겨지는 것이다.[9] 그렇지

---

4) 王建이 羅州로 진출하면서 地域勢力과 연계를 맺은 이래, 나주는 고려시기 내내 御鄕이라 불리며 중시되었다. 이러한 나주의 위상에 관해서는, 金塘澤, 「高麗時代의 羅州」, 『羅州牧의 再照明』(나주시·목포대 박물관, 1990), 83~105쪽에 잘 정리되어 있다.

5) 李基白, 「新羅 五岳의 成立과 그 意義」, 196~205쪽. 金甲童, 「高麗時代의 山嶽信仰」, 60~65쪽. 박호원, 「高麗의 山神信仰」, 206~208쪽.

6) 祀典載小祀 祠宇有五 上室祠在山頂 中室祠在山腰 下室祠在山足 國祭祠在下室之南 禰祖堂在州城中 (『新增東國輿地勝覽』 35 全羅道 羅州牧 祠廟 錦城山祠 夾註)

7) 松嶽의 山神堂도, 錦城山과 마찬가지로 5곳이었다.
上有五宇 一曰城隍 二曰大王 三曰國師 四曰姑女 五曰府女 俱未知何神 (『新增東國輿地勝覽』 5 開城府 下 祠廟 松嶽山祠 夾註)

8) 林亨, 위의 논문, 36쪽.

만 금성산이 그와 경우가 다르다 함은 더 이를 나위가 없어 보인다. 멀리 남방의 나주지역에 소재하는 나지막한 산에, 그처럼 왕경王京의 주산主山에나 어울릴 법한 산신 숭배의식이 필요했을 만한 까닭을 찾아내기가 쉽지만은 않을 듯싶다. 마찬가지로 고려시기의 나주가 지니던 독특한 위상을 돌려놓고는 달리 해석할 도리가 없을 듯 여겨지거니와, 그리 된 구체적인 사연이 무엇이었는지 호기심을 떨칠 수가 없다.

나아가 고종 24년(1237)과 충렬왕 3년(1277) 및 같은 왕의 초기에 걸쳐 몇 차례나 금성산신앙에 관계되는 기록이 『고려사』 열전 등에 나타나는 것도,[10] 관심이 가기는 매한가지이다. 최씨 무인정권의 시기에서 원元 간섭干涉의 초기에 이르는 혼란과 격동의 시기에, 몇 가지 사건에 얽혀 그처럼 자주 등장하는 산악신앙이 금성산의 경우를 제외하고는 달리 더 있을지 의문인 것이다. 역시 다소 이례적이라 할 만한데, 그 이유가 무엇이었는지 또한 궁금하기 그지없다.

이 글에서는 먼저, 고려시기에 금성산신제錦城山神祭가 국행제사國行祭祀로 승격되기에 이르는 과정을 더듬는 데서 시작하여 문제의 실마리를 풀어 가려 한다. 고려왕조에서 이루어진 산악신앙에 대한 사전체계祀典體系의 정비과정과 함께 금성산신앙이 언제 어떠한 과정을 거쳐 사전祀典에 오르게 되었는가를 검토함으로써, 장차 금성산신제가

---

9) 松岳의 경우 國師堂과 城隍堂 등이 혼효되어, 5곳 모두가 山神堂인 것은 아니라는 지적이 있다(林亨, 앞의 논문, 36쪽). 그러나 국사당이나 성황당 또한 산신신앙과 반드시 무관하다고만 볼 수는 없다. 더구나 『新增東國輿地勝覽』의 찬자들이 5곳 모두를 松岳山祠의 항목에 넣은 것은(앞의 註 7 참조), 그 모두를 山神祠堂으로 간주하였다는 뜻이기도 하다. 말하자면 조선 초기 사람들이 그렇게 인식하였다는 의미로서, 이는 그대로 존중하여 좋지 않을까 생각한다.

10) 『高麗史』 63 禮 5 吉禮 雜祀 忠烈王 3년 5월 壬辰. 같은 책 103 金慶孫傳. 같은 책 105 鄭可臣傳. 같은 책 106 沈暘傳

개경의 송악산에 대한 숭배제의와 비견될 정도로 부각되기에 이른 배경을 이해할 수가 있게 될 것으로 믿는다. 둘째, 나주에서 일시 팔관회八關會가 개최된 적이 있었으며 그것이 금성산신앙과도 깊이 연계된 일이었음을 밝힘으로써, 관련 산신당山神堂이 다섯 곳이나 전해지는 등 금성산이 손꼽히는 숭배 대상으로 떠오르게 된 사연을 헤아려 보도록 하겠다. 나아가 이를 통하여 고려시기 나주의 위상을 파악하는 것은 물론, 서로 달랐을 것으로 여겨지는 사당별 기능에 대한 궁금증을 해소하는 부차적인 즐거움도 아울러 누릴 수가 있게 되기를 기대한다. 마지막으로, 13세기 중·후반 들어 금성산신앙이 그처럼 자주 사서史書에 등장하게 된 까닭이 무엇이었는지 살피도록 하겠다. 이로써 고려 후기에 나주가 현재의 전남지역 내에서 차지하던 위상을 이해하며, 더욱이 나주지역 토착 사회세력의 동향을 파악하는 데에도 도움을 얻을 수가 있지 않을까 생각한다.

이상에서와 같은 특정 산악신앙에 관한 사례 검토를 통하여, 고려시기 중앙과 지방의 관계가 보다 구체적으로 드러날 수 있었으면 하는 바람이 있다. 나아가 지방에서의 주도권을 놓고 지역 내지 그 지역의 주도적인 사회세력 사이에 벌어지던 갈등과 같은, 생동하는 지방사회의 모습을 이해하는 데에도 작은 도움이 될 수 있기를 바라는 마음 간절하다.

1. 금성산신제錦城山神祭의 국행제사國行祭祀로의 승격

고려왕조에서 금성산신제는 국행제사로서의 예우를 받았다. 매년 봄과 가을이면 나라에서 향香과 축문祝文과 폐백幣帛을 내려 제사를 드리도록 하였다는 기록에서 알 수가 있는 일이다.[11] 그런데 고려왕조에서는 이 금성산신제와 같은 산악에 대한 제사를 일정한 기준에 따라 분류하여 체계화하지를 않았다.[12] 그리하여 『고려사高麗史』의 예지禮志에서도 산악신앙은, 국행제사를 그 신앙형태나 혹은 의식儀式에 따라 분류하지 않은 채 그냥 연대기적年代記的으로 정리해 둔 데 불과한 잡사雜祀의 조항에 들어가 있다.[13] 통일신라에서 삼산三山·오악五岳과 같은 여러 산악을 비롯한 명산대천을 대大·중中·소사小祀로 분류하여 체계화시키고,[14] 조선왕조에서도 악嶽·해海·독瀆과 여러 산천山川을 중사中祀와 소사小祀에 올려 각각 치제토록 하였던 것과 비교되는 대목이다.[15] 하지만 그렇다고 하여 고려왕조에서 산악신앙을 가벼이 여긴 것은 결코 아니었다. 제사의 빈도나 시행의 양상 등에서 볼 때, 당시 국제國祭의 주류를 이룬 것은 오히려 산악신앙과 같은 잡사雜祀에 속한 여러 제사였다는 연구가 그것을 말해 준다.[16]

---

11) … 每歲春秋 降香祝幣 祭之 本朝亦降香祝 …(『新增東國輿地勝覽』 35 全羅道 羅州牧 祠廟 錦城山祠 夾註)

12) 禮曹上山川祀典之制 … 本朝承前朝之制 山川之祀 未分等第 境內名山大川及諸山川 乞依古制 分等第 從之 …(『太宗實錄』 28 太宗 14년 8월 辛酉)

13) 『高麗史』 63 禮 5 吉禮 雜祀
李範稷, 「『高麗史』 禮志 五禮의 分析」, 『韓國中世禮思想研究』(一潮閣, 1991), 82쪽.

14) 李基白, 「新羅 五岳의 成立과 그 意義」, 194~195쪽. 金杜珍, 「新羅의 宗廟와 名山大川의 祭祀」, 『韓國古代의 建國神話와 祭儀』(一潮閣, 1999), 352~357쪽.

15) 李範稷, 「『高麗史』 禮志 五禮의 分析」, 『韓國中世禮思想研究』(一潮閣, 1991), 97쪽. 韓亨周, 『朝鮮初期 國家祭禮 研究』(高麗大學校 博士學位論文, 2000), 144~145쪽 및 174쪽.

16) 金海榮, 「《詳定古今禮》와 高麗朝의 祀典」, 『國史館論叢』 55 (1994), 86~90쪽. 박호원, 「高麗의 山神信仰」, 200~201쪽.

그렇다면 금성산이 공식적으로 국가적인 치제의 대상에 오른 것은 언제의 일이었을까? 고려 이전이었을까, 아니면 고려왕조가 들어선 이후의 일이었을까? 통일신라시기의 산악신앙에 관한 자료에 따르면, 현재의 전남지방에 소재하는 산 가운데 사전祀典에 올라 기록된 것은 지리산地理山(智異山)과 월나악月奈岳(月出山) 그리고 무진악武珍岳(無等山) 등이었다. 지리산이 중사中祀에 그리고 월출산과 무등산이 소사小祀에 각각 올라 수록되었을 뿐,[17] 금성산은 제외되었던 것이다. 그런데 앞서 살피었듯이 고려시기에 금성산은 관아에서 주관하는 공식적인 제사의 대상으로 인정을 받아, 나라에서 그 제례에 사용하도록 향과 축문 및 폐백을 내려 주었다.[18] 금성산이 국제의 대상으로 승격되어 사전祀典에 등재된 것이, 고려왕조에 들어서 비롯된 일이었음을 이해할 수가 있는 것이다. 금성산신제가 국행제사로 격상됨으로써, 지역 주민들의 관심 속에 치러지던 나주 한 고을만의 행사에서 벗어나 현 전남지방을 대표하는 산악제의로[19] 그 이름을 떨치기 시작한 것이 고려시기에 들어서의 일이었던 셈이다.

그런데 여기에서 궁금한 것은, 통일신라시기까지 사전祀典에 들어가지 못 했던 금성산이 어느 시기에 또 어떠한 과정을 거쳐서 그처럼 국제의 대상으로 승격될 수가 있었을까 라고 하는 점이다.『고려사』 예지에 금성산신앙에 관한 기록이 처음 나타나는 것은 충렬왕 3년

---

17)『三國史記』32 雜志 1 祭祀

18) 위의 註 11)을 참조하라.

19) 금성산신이 나주지역을 넘어 전라도 사람들 모두가 관심을 갖는 신앙의 대상이었음은, 다음과 같은 기록에서 미루어 알 수가 있다.
… 每歲春秋 降香祝幣 祭之 本朝亦降香祝 俗謂 祠神有靈 不祭則災 每春秋 非獨州人 一道之人往祭者 絡繹闐咽 男女混揉 蔽山露宿 因而相竊 多失其婦女 …(『新增東國輿地勝覽』35 全羅道 羅州 祠廟 錦城山祠 夾註)

(1277)의 일이었다. 삼별초의 난을 진압하는 데 남모르는 도움을 주었다고 하여,

> 탐라의 전투에서 금성산신의 드러나지 않는 도움이 있었음을 이유로, 금성산이 위치하는 고을로 하여금 해마다 쌀 5석을 전달하여 산신에 대한 제사를 받들도록 명하였다.[20]

에서와 같이, 금성산신에게 상을 내려 보답하도록 하였다는 기사가 그것이다.

그렇지만 이때 처음 기록에 나타난다고 하여, 금성산신앙이 충렬왕 3년에야 비로소 사전祀典에 등재되었던 듯이 이해하는 것은[21] 온당하지를 않다고 생각한다. 앞서도 서술한 바 있듯이, 『고려사』 예지 가운데 잡사雜祀의 항목은 국행제사를 그 신앙형태나 혹은 제의에 따라 체계적으로 분류하여 기록하지를 않았다. 유교적儒敎的인 길례吉禮의 체계에 속하지 않으면서 고려 전래의 토속신앙과 관계가 깊은 제사들을, 일괄하여 연대순으로 단순하게 정리한 것에 지나지 않았다.[22] 또한 그것마저도 극히 소략하여 국왕이 직접 주재하거나 혹은 국왕의 특별한 명령에 따라 행해진 제사 외에는, 모두 기록에서 누락되어 거의 전하지를 않는다. 잡사雜祀로 분류되어 기록된 각종 제사들이 언제 어떠한 과정을 거쳐서 사전祀典에 등재되었는지에 관하여, 『고려사』

---

20) 以耽羅之役 錦城山神 有陰助之驗 令所在官 歲致米五石 以奉其祀 (『高麗史』 63 禮 5 吉禮 雜祀 忠烈王 3年 5月 壬辰)

21) 徐永大, 「민속종교」, 『한국사』 16 (국사편찬위원회, 1994), 340쪽. 박호원, 「高麗의 山神信仰」, 201쪽.

22) 李範稷, 「『高麗史』 禮志 五禮의 分析」, 82쪽.

예지 잡사조의 편년기사들은 아무런 정보도 제공하지 못한다고 하여 지나친 말이 아닌 것이다.

지리산은 통일신라 이래 조선왕조에 이르기까지 늘 국제의 대상에 속하던 명산이다. 신라와 조선시기에는 중사에 속했었고, 고려시기에도 국행제사의 대상이었음이 사서에 전한다. 다음의 기록이 그것이다.

> ① 달리 지리산地理山이나 두류산頭流山 또는 방장산方丈山이라고도 부른다. 신라에서는 남악南嶽으로 삼아 중사中祀에 올렸으며 고려에서도 그대로 따랐다.
>
> ② … 신라에서 남악으로 삼아 중사에 올렸으며, 고려 및 지금의 조정에서도 아울러 그대로 따랐다.[23)]

마치 지리산이 고려시기에도 중사中祀에 들었었던 양 기록되어 있다. 그러나 고려시기의 중사에는 산악신앙이 포함되지 않았으므로, 위의 자료는 그냥 지리산이 고려왕조에 들어서도 여전히 국가적인 치제의 대상이었음을 의미한다는 정도로 이해함이 무난할 듯싶다. 적어도 고려시기에 지리산이 사전祀典에 오른 명산으로서, 나라에 의해 공식적으로 그에 대한 제사를 인정받았음을 부정할 수는 없어 보이는 것이다. 그런데 『고려사』 63 예 5 길례 잡사에는, 그와 같은 지리산 신앙에 관하여 일언반구도 언급이 없다. 『고려사』 예지의 잡사조에

---

23) ① 一云地理 一云頭流 一云方丈 新羅爲南嶽 躋中祀 高麗仍之 (『高麗史』 57 地理 2 全羅道 南原府 智異山 夾註)
② … 新羅爲南岳 躋中祀 高麗及本朝 竝仍之 (『新增東國輿地勝覽』 39 全羅道 南原都護府 山川 智異山 夾註)

언급이 되지 않았다고 하여, 고려시기의 국제에서 그것이 제외되었다고 단정하는 것이 잘못임을 이해할 수가 있다. 마찬가지로 잡사의 항목에 그 기록이 처음으로 나타난다고 하여, 그때 비로소 그것이 사전에 등재되어 공식적으로 국제의 대상이 되었다고 이해하는 것 역시 온당하지가 않을 것임은 물론이다.

금성산에 대한 숭배 및 그 제의가 사전祀典에 등재되어 법제적으로 공인을 받은 것은, 대략 성종대(981~997) 무렵이 아니었던가 여겨진다. 고려의 사전체계祀典體系는, 다른 제도가 그러하였듯이, 성종대에 즈음하여 정비가 시작되었던 것으로 알려져 있다.[24] 특히 유교적인 예제禮制의 정비가 그러한데,

> … 고려의 태조가 나라를 세워 다스리기 시작함에 그 계획한 틀이 원대하였다. 그러나 창업한 처음이다 보니 미처 예법禮法을 논의할 겨를이 없었다. 성종成宗에 이르러 선대의 왕업을 크게 발전시켜서, 원구圓丘에 제사를 드리고 적전籍田을 경작하며 종묘宗廟를 일으키고 사직社稷을 세웠다. 예종睿宗이 비로소 관서를 설립하여 의례儀禮를 제정하였다.[25]

라고 하는, 『고려사』 예지 찬자의 견해에서도 그것을 엿볼 수가 있다. 따라서 잡사雜祀 내지 거기에 들어 있는 산악숭배에 관한 것도, 그와 마찬가지였을 것으로 보아 좋지 않을까 싶다. 성종대의 사전祀典 정비가 유교적인 예제의 시행에 그 목적이 있었다고 하더라도,[26] 당시에

24) 李範稷, 「『高麗史』 禮志와 五禮」, 『韓國中世禮思想硏究』 (1991), 46~48쪽.

25) … 高麗太祖 立國經始 規模宏遠 然因草創 未遑議禮 至于成宗 恢弘先業 祀圓丘 耕籍田 建宗廟 立社稷 睿宗始立局 定禮儀 … (『高麗史』 59 禮 1 序)

성행하던 갖가지 비유교적非儒教的인 제례의식祭禮儀式에 대한 정비가 수반되지 않고서는 그러한 목표를 달성할 수가 없었을 것이기 때문이다.[27] 오히려 유교적인 예제의 시행을 위하여 전래의 토속적인 여러 신앙과 제의들을 줄인다는 것 자체가, 실제로는 그와 같은 것들에 대한 법제적인 정비의 형식을 갖출 수밖에 없지 않았을까 헤아려지는 것이다.[28] 그리고, 말할 것도 없는 일이겠지만, 그와 같은 전래의 신앙과 제의에 대한 정비 가운데는 금성산에 대한 숭배와 같은 산악신앙에 관한 것도 들어 있었다고 보는 것이 온당할 것이다.

성종은 9년(990) 9월에 내린 교서에서,

> … 10월을 취하여 요성遼城[平壤]으로 순행할 것을 언명함은, 태조의 옛 규범을 시행하고 나라의 새로운 법령을 반포하려는 것이다. 단지 관방關防과 산하山河의 평탄하고 험함을 살필 뿐만 아니라, 장차 서민들의 안위安危를 아울러 알며, 고을의 수령을 줄이거나 늘이고, 산천의 제사를 산정刪定하려 하니, 그 행차에 수반되는 의장儀仗이나 시종하는 관료 그리고 임금에게 바치는 음식이라든지 악관樂官은 모두 줄이고 덜어냄이 마땅하다…[29]

---

26) 李範稷, 「『高麗史』 禮志와 五禮」, 46~51쪽. 박호원, 「高麗의 山神信仰」, 183~187쪽.

27) 崔承老 上書文 중의 時務策 제21조에 들어 있는, "… 我朝宗廟社稷之祀 尙多未如法者 其山嶽之祭星宿之醮 煩瀆過度 所謂祭不欲數 數則煩 煩則不敬 …" (『高麗史』 93 崔承老傳)과 같은 내용에서 그것을 짐작할 수가 있다.

28) 成宗代에 정비된 禮制가 전적으로 儒敎的인 것만은 아니었으며(李範稷, 앞의 논문, 47쪽), 山(神)祭 또한 그러하였다는(박호원, 앞의 논문, 188~190쪽) 평가가 나오는 것도, 그러한 데에 원인이 있을 것이다.

29) … 欲取十月 言邁遼城 行祖禰之舊規 布邦家之新令 非但視關河之夷險 將兼知黎庶之安危 減增尹牧之員 刪定山川之祀 其行次儀仗 侍從官僚 御膳樂官 皆當減損 … (『高麗史』 3 成宗 9年 9月 己卯)

에 나오는 바와 같이, 산천山川에 대한 제사를 산정刪定하겠다고 하였다.[30] 명산대천名山大川에 대한 제사의 제도를 정비하겠다는 의지를 천명한 것이다. 따라서 적어도 여기에서 언급한 산악의 경우, 국가적인 파악의 대상으로서 당시의 사전祀典에 이미 수록되었던 것으로 이해하여 무난할 성싶다.[31] 늦어도 성종 9년 후반 무렵이면, 산악에 대한 숭배 내지는 그 제의에 관련되는 사전祀典이 정비되었거나 혹은 정비 중이었다고 하여 지나치지 않을 것으로 생각한다. 그리고 당시 다른 산들이 그러한 과정을 거쳐 사전祀典에 등재되었다고 한다면,[32]

30) 본문의 자료는 西京과 관련하여 반포된 敎書의 일부이다. 다음 달 즉 10월의 西京行次를 앞두고, 成宗 자신은 물론 널리 臣民으로 하여금 그 의미를 되새기게 하려는 목적의 글이었다. 따라서 그 내용도 주로 서경과 관련되는 사실로 이루어졌음 직하다. 그러나 '나라의 새 법령을 반포하고(布邦家之新令)', '서민의 형편을 살피며(知黎庶之安危)', '지방 수령의 숫자를 증감하는(减增尹牧之員)' 일이, 반드시 서경에만 관계되는 일이라고는 할 수가 없을 것이다. '산천에 대한 제사(刪定山川之祀)'의 문제도 그와 매한가지일 것임은 물론이다. 위 교서에서 정비하겠다고 언명한 '山川之祀'를, 굳이 서경 내지는 그곳에 이르는 길목에 소재하는 산천으로만 한정시켜 생각할 것까지는 없지 않을까 헤아려지는 것이다.

31) 成宗代의 祀典 정비 이전에도, 고려에는 국가적인 致祭의 대상에 오른 산악이 적지 않았다. 崔承老가 성종 원년(982)에 올린 상서문 중의 시무책 제21조에 나오는, "語曰 非其鬼而祭之 諂也 傳曰 鬼神非其族類不享 所謂淫祀無福 我朝宗廟社稷之祀 尙多未如法者 其山嶽之祭星宿之醮 煩瀆過度 所謂祭不欲數 數則煩 煩則不敬 雖聖上齋心致敬 固無所怠 然其享官 視爲尋常事 厭倦而不致敬 則神其肯享之乎 …"(『高麗史』 93 崔承老傳)와 같은 기록에서 그것을 알 수가 있다. 享官으로 하여금 山岳에 제사지내도록 하는 일이 너무 잦아 번잡하다는 것이 崔承老의 비판이었다. 국가에서 공식적으로 제사를 받드는 산악이 成宗 元年 당시에도 이미 적지 않았음을 지적하고 있는 것이다. 한편 그처럼 조정에서 致祭를 공인할 정도의 산악이라면 국가적인 파악의 대상이었음 직하며, 그에 따르는 관련 규정 또한 어떤 형태로든 마련되었음이 거의 틀림없어 보인다. 成宗代의 山岳信仰에 관한 祀典의 정비란, 말하자면 그와 같은 기왕의 관련 규정을 儒敎的인 입장에서 다시 정리하는 수준이 아니었을까 짐작이 되는 것이다.

32) 成宗代의 정비 이후에도 祀典에 새로이 수록되는 山岳들이 있었다. 仁宗 7년 西京에 궁궐이 완성되자 그 主山을 祀典에 올린, "至自西京 赦詔曰 因時乘變

나주의 금성산도 또한 그와 매한가지였을 것으로 보아 무방하지 않을까 헤아려지는 것이다.[33)]

지금까지 금성산신제가 법제상의 국행제사로 공식 승격된 것이, 성종대의 사전체계祀典體系 정비와 함께였을 것임을 알아보았다. 그렇다면 당시 금성산이 그처럼 국행제사의 대상으로 격상될 수 있었던 배경은 무엇일까? 통일신라시기의 사전에는 오르지 못 했던 금성산신

不常闕居 自古而然 海東先賢有言 創宮闕於大花勢 以延基業 今旣相地 創造新宮 順時巡遊 … 西京及所過州縣 山川神祇 各加尊號 新闕主山 秩在祀典 …"(『高麗史』 16 仁宗 7年 3月 庚寅)과 같은 사례가 그에 해당한다. 그렇지만 이는 仁宗이 멀리 遷都까지를 염두에 두고 西京에 새로 조성한 궁궐의 주산이라고 하는, 특수한 경우로 간주해 마땅할 것이다. 늘 그와 같은 일이 있었을 성싶지는 않아 보인다. 고려시기의 산악신앙에 대한 祀典上의 체제는, 대략 성종대에 그 골격이 갖추어졌을 것으로 이해함이 합리적이지 않을까 생각한다. 한편 위 사료의 끝 부분에서 '秩在祀典' 云云하여 인종대 이전에 이미 高麗의 山岳信仰을 수록한 祀典이 존재하였음을 명시한 점도 지적해 두고자 한다.

33) 朝鮮前期에 편찬된 地理志에는, "祀典載小祀 祠宇有五 … 高麗忠烈王四年 祠神降于巫言 珍島耽羅之征 我有力焉 將士皆得賞 而不我錄何耶 可封我爲定寧公 邑人寶文閣待制鄭興 諷王而爵之 且輟其邑祿米 歲歸五石于祠 每歲春秋 降香祝幣 祭之 本朝亦降香祝 …"(『新增東國輿地勝覽』 35 全羅道 羅州 祠廟 錦城山祠 夾註)이라고 하여, 마치 忠烈王 4년에 —실제로는 同王 3년이라야 맞다— 비로소 錦城山神에 대한 제사가 공인받아 공식적인 致祭가 이루어졌던 것처럼 기록되어 전한다. 그러나 이는 '每歲春秋' 이하의 금성산신제에 관한 일반적인 설명이 編年記事에 잘못 끼어들어 빚어진 오해일 뿐, 이때에 처음으로 금성산신제가 공인되어 祀典에 등재되었음을 전하는 기록은 아닌 것으로 이해함이 마땅하다. 동일한 사실을 알려 주는 『高麗史』 63 禮 5 吉禮 雜祀 忠烈王 3年 5月 壬辰條를 비롯하여 같은 책 105 鄭可臣傳 및 『高麗史節要』 19 忠烈王 3年 5月의 기록 등이 예외 없이, '歲致米五石 以奉其祀' 혹은 '且輟其邑祿米五石 歲歸其祠' 등으로 마무리된 사실만 보아도 그것을 이해할 수가 있다. 위와 같이 '每歲春秋' 운운하면서 충렬왕 3년에 비로소 공식적인 치제가 이루어지기 시작하였던 것처럼 기록한 예는, 달리 찾아보기가 어려운 것이다. 말하자면 高麗前期 이래 늘 그처럼 시행되어 왔던 것을, 地理志 撰者들이 잘못 충렬왕 3년의 기사에 잇대어 기록함으로써 그와 같은 혼선이 빚어지도록 빌미를 제공하였던 셈이다.

제가, 그처럼 국가에 의해 인정을 받아 관아에서 주관하는 공식적인 행사로 떠오르기까지 어떠한 과정을 거쳤던 것일까?

금성산신앙의 사전祀典 등재와 관련하여 우선 머리에 떠오르는 것이, 고려시기 나주의 독특한 위상이 아닌가 싶다. 특히 고려의 창업주인 왕건王建과 나주羅州 내지는 지역 토착세력 사이의 남다른 관계가 그러하다.[34] 신라 말 왕건의 서남해안 경략은, 나주지역의 자발적인 귀부歸附 형식을 빌어 이루어졌다. 송악의 해상세력 출신으로서 사회・경제적인 배경이 유사한 왕건 쪽이 더욱 믿을 만하다는, 나주 호족의 판단에 따른 선택이었다. 이후 나주지역은 왕건의 중요한 세력 근거지가 되었다. 903년 나주에 처음 출정한 이후 918년 왕위에 오르기까지, 거의 대부분의 기간을 그는 나주에서 보내었다. 궁예왕弓裔王과의 정치적인 갈등을 피하는 동시에, 나주羅州 오씨吳氏나 영암靈巖 최씨崔氏와 같은 자신의 독자적인 세력을 규합하려는 의도에서였다.

왕건이 즉위한 이후에도 나주지역이 갖는 중요성에는 변함이 없었다. 나주에 중앙정부와는 별도의 기구인 나주도대행대羅州道大行臺가

---

34) 王建과 羅州에 관해서는 무수히 많은 연구가 나와 있다. 너무도 널리 알려진 사실이므로 특별한 경우가 아닌 한 따로 전거를 제시하지 않을 예정이거니와, 이 글에서 주로 참고한 논문은 다음과 같다.
申虎澈, 『後百濟甄萱政權硏究』(一潮閣, 1993). 河炫綱, 「高麗 惠宗代의 政變」, 『史學硏究』 20 (1968) ; 『韓國中世史硏究』(一潮閣, 1988). 姜喜雄, 「高麗 惠宗朝 王位繼承亂의 新解釋」, 『韓國學報』 7, (1977). 李泰鎭, 「金致陽亂의 性格」, 『韓國史硏究』 17 (1977). 文暻鉉, 「王建太祖의 民族再統一의 硏究」, 『慶北史學』 1 (1979). 金杜珍, 「王建의 僧侶結合과 그 意圖」, 『韓國學論叢』 4 (1982). 朴漢卨, 「羅州道大行臺考」, 『江原史學』 1 (1985). 文秀鎭, 「高麗建國期의 羅州勢力」, 『成大史林』 4 (1987). 金塘澤, 「高麗時代의 羅州」, 『羅州牧의 再照明』(1990). 鄭淸柱, 「新羅末・高麗初 西南海岸地域 豪族의 動向」, 『新羅末高麗初 豪族硏究』(一潮閣, 1996).

설치되고, 그 수반인 시중侍中으로 전시중前侍中 구진具鎭이 파견되었던 데서 그것을 엿볼 수가 있다. 무엇보다도 나주 호족 출신의 장화왕후莊和王后 오씨吳氏가 낳은 아들이 왕건의 후계자로 내정되었던 사실에서, 고려 초 나주지역이 차지하던 비중을 짐작하고도 남음이 있는 것이다. 나주지역은 또한 왕건으로 하여금 후삼국을 통일할 수 있도록 하는 주요한 토대가 되었다. 중국에 유학하였다가 나주로 귀국하는 선승禪僧과 유대를 맺음으로써 그들의 도움에 힘입어 여러 호족을 고려 쪽으로 끌어들일 수가 있었으며, 한편으로 나주에서 출발하여 강주康州(즉 진주晉州)와 김해金海 등지까지 진출하여 신라와 후백제의 연결을 어렵게 만듦으로써 신라의 고려 귀부를 앞당기도록 하는 거점의 역할을 담당하였던 것이다.

왕건이 고려를 일으키는 데 나주 호족이 그 주요한 기반이 되었으며, 그가 즉위한 후에도 여전히 큰 비중을 차지하는 가운데, 마침내 후삼국을 통일하는 데에도 크게 기여하였음을 살피었다. 이후 나주는 고려왕조의 전시기를 통하여 어향御鄕이라 불리며 중시되었다.[35] 현종이 거란의 침입을 맞아 나주로 피난하였던 것도, 나주와 고려왕실 사이의 그처럼 깊은 인연을 의식한 일이었음이 분명하다. 고종 24년(1237)에 이연년李延年이 백제부흥百濟復興을 기치로 난을 일으켰을 때, 이를 토벌하러 내려온 전라도지휘사全羅道指揮使 김경손金慶孫이 나주가 어향임을 강조하면서 나주사람들로 하여금 반군에 대항하여 싸우도록 독려한 것도 그와 매한가지였다. 나아가 진도珍島의 삼별초군三別抄軍이 침입하였을 때, 끝까지 그에 저항하여 마침내 전라도를 지켜냄으로써 고려왕조에 충성을 다한 나주지역 주민들의 마음 속에도,

35) 金塘澤, 「高麗時代의 羅州」, 93쪽.

또한 그와 같은 생각이 깃들여 있었을 것임은 물론이다.[36)]

금성산신앙이 사전祀典에 오를 수 있었던 것은, 위와 같은 나주지역 내지 그 토착세력과 고려의 창업주 왕건 사이의 깊은 연고를 배경으로 한 일이었던 것으로 보인다. 통일신라시기까지 그 존재를 드러내지 못한 채 변방에서 지역주민의 숭배를 받는 데 지나지 않았을 금성산이, 고려왕조와의 그와 같은 인연을 배경으로 공식적인 국행제사의 대상으로까지 승격되기에 이르렀던 것이 아닌가 여겨지는 것이다. 서두에서도 지적하였듯이, 금성산신앙과 같은 전통시기의 산악신앙은 그 산악이 소재하는 지역의 토착 사회세력과 깊은 관련을 맺은 가운데 전승되어 왔다.[37)] 금성산신앙 역시 거기에서 예외가 아니었을 것임은 물론이다. 나주羅州 오씨吳氏를 비롯한 지역 토착세력의 주도 아래 금성산신을 모시는 제의라든지 그와 관련된 여러 행사가 치러졌을 것임이 분명해 보이는 것이다. 말하자면 금성산신앙은 나주 호족의 상징과 같은 존재였던 셈이다. 따라서 그들 나주 토착세력과 남다른 관계를 맺은 가운데 그들의 적극적인 호응과 협력을 얻어 최후의 승리를 거머쥘 수 있었던 왕건이, 그와 같은 금성산신앙에 무관심하였을 까닭은 없을 것으로 생각한다.

왕건은 산악신앙의 기능과 의의를 잘 파악한 인물이었던 것으로 보인다.[38)] 그의 가문에서 시조始祖로 떠받드는 성골장군聖骨將軍 호경虎景이 구룡산九龍山의 산신山神이라는 설화를 유포시킴으로써, 왕실의 권위를 드높이고자 도모하였던 사실만 보아도 알 수가 있다.[39)] 또

---

36) 이 세 사건과 羅州의 관계에 대해서는 뒤의 2節과 3節에서 다시 상술할 예정이다.

37) 위의 註 5)를 참조하라.

38) 王建과 山岳信仰의 관계에 대해서는, 박호원, 「高麗의 山神信仰」, 177~183쪽을 참고하라.

한 '산수영응山水靈應'에 의지하여 인심의 안정을 도모하며, '산령지찬조山靈之贊助'에 힘입어 후삼국을 통일할 수 있었음을 감사드리는 그의 태도에서도, 그것을 엿볼 수가 있다.[40] 왕건은 누구 못지않게 산악신앙을 잘 이해하였으며, 그것을 정치적으로 이용하는 데에도 남다른 수완을 보인 인물이었던 것이다.

그리하여 그는 때로 산악을 숭배하는 제례의식을 직접 주관하고자 나서기도 하였던 것으로 보이는데,

> 고을의 동쪽 20리에 위치한다. 고려의 태조가 일찍이 고을 서편의 수헐원愁歇院에 주둔하였는데, 동쪽의 산마루에 오색구름이 어린 것을 바라보고는 신이하다고 여겨 그곳에 제사를 드렸다. 드디어 성거산聖居山이라 칭하였다 …[41]

와 같은 사례를 그러한 증거로 들 수가 있을 것이다.

나아가 그가 즉위한 첫 해부터 시행하였다고 하는 팔관회八關會도[42] 또한 산악신앙과 무관하지 않았던 것으로 알려져 관심을 끈다. 십훈요十訓要의 제6항에서 그가,

---

39) 『高麗史』 高麗世系

40) 太祖가 崔凝에게 한 응답과 開泰寺를 창건한 후 쓴 發願文에 나오는 句節로서 (『補閑集』 上 孫知樞抃), 이에 관해서는, 李丙燾, 「太祖와 圖讖」, 『高麗時代의 硏究』改訂版 (亞細亞文化社, 1980), 51~55쪽의 설명을 참고하라.

41) 在縣東二十里 高麗太祖 嘗駐蹕于縣西愁歇院 東望山上 有五色雲 以爲有神 祭之 遂稱聖居山 … (『新增東國輿地勝覽』 16 忠淸道 稷山縣 山川 聖居山 夾註)

42) 安啓賢, 「八關會攷」, 『東國史學』 4 (1956) ; 『韓國佛教思想史硏究』 (東國大 出版部, 1983), 209쪽. 二宮啓任, 「高麗の八關會について」, 『朝鮮學報』 9 (1956), 236쪽.

짐이 지극히 원하는 바는 연등회燃燈會와 팔관회八關會에 있다. 연등회는 부처를 섬기는 일이요, 팔관회는 천령天靈 및 오악五嶽과 명산名山과 대천大川과 용신龍神을 섬기는 일이다 …[43]

라고 언급하였다는 데에서 그것을 확인할 수가 있다.

금성산신제가 나주의 주민에 의해 치러지는 단순한 지역 행사에서 벗어나 중앙에서도 관심을 갖는 산악제의로 성장할 수 있었던 것은, 왕건과 나주 호족의 결합에 의해서였다고 믿는다. 금성산신앙이 의미하는 바를 잘 파악하고 있었을 그가, 나주 호족의 호응과 협조를 이끌어내는 데 유리하였을 금성산신제를 그냥 두고 보기만 하였으리라고는 상상하기가 어려운 것이다. 나주 호족에 대한 그의 깊은 배려를 떠올릴 때, 그것이 금성산신앙에 대한 그의 관심으로 나타났을 가능성도 그만큼 높지 않았을까 짐작된다. 그리고 이것이 배경이 되어 훗날 성종成宗이 사전祀典을 정비할 때에 마침내 금성산신앙이 거기에 등재되면서, 법제상의 국제로 공식 승격되기에 이르렀던 것이 아닌가 헤아려지는 것이다.

지금까지 금성산신앙이 사전祀典에 올라 국제國祭로 승격되기까지의 과정을 알아보았다. 이후 금성산은 5곳에 산신당을 보유하는 등 개경의 송악산에 버금가는 비중을 가진 산악숭배의 대상으로 떠오르게 되는데, 그에 관하여는 절을 달리하여 검토하도록 하겠다.

---

43) 朕所至願 在於燃燈·八關 燃燈所以事佛 八關所以事天靈及五嶽·名山·大川·龍神也 … (『高麗史』 2 太祖 26年 4月)

2. 나주羅州 팔관회八關會와 금성산신앙錦城山信仰

금성산신앙과 관련되는 사당이 5곳에 있었음은,

> 사전祀典의 소사小祀에 수록되었는데, 사당이 다섯으로서 상실사上室祠는 산마루에, 중실사中室祠는 산허리에, 하실사下室祠는 산기슭에, 국제사國祭祠는 하실사의 남쪽에, 예조당禰祖堂은 주성州城의 안에 (각각) 위치한다. …44)

의 기록에서 알 수가 있다.

앞서도 지적하였듯이, 고려시기에 이처럼 산신당이 다섯에 이른 경우는 이 금성산을 제외하고는 개경의 송악산松嶽山이 유일하였다.45) 따라서 나주의 금성산신제와 관련되는 사우祠宇가 그처럼 5곳이나 있었다는 것은 특이한 사례로서, 거기에는 반드시 그럴 만한 까닭이 있었음이 분명하다.

이와 관련하여 주목되는 것이, 현종의 나주 피난과 나주羅州 팔관회八關會에 관한 정도전鄭道傳의 다음과 같은 지적이 아닌가 싶다.

> … 현종이 남으로 순행하사 이곳에 이르렀는데, 드디어 중흥의 공업을 이루고서는 나주에 팔관의례八關儀禮를 하사하여 개경에 견줄 수 있도록 하시었다 …46)

---

44) 祀典在小祀 祠宇有五 上室祠在山頂 中室祠在山腰 下室祠在山足 國祭祠在下室之南 禰祖堂在州城中 … (『新增東國輿地勝覽』35 羅州牧 祠廟 錦城山祠 夾註)

45) 위의 註 7)을 참조하라.

46) … 顯王南巡至此 遂成興復之功 賜州八關禮 以比本京 … (『三峯集』3 登羅州

나주羅州 회진會津으로 유배가던 정도전이 나주에 도착하여, 고려왕조와 나주 사이의 깊은 인연을 회고하면서 지역의 부로父老들 앞에서 말한 내용의 일부이다. 앞부분에서 나주가 태조의 후삼국 통일에 크게 기여하여 남방의 으뜸가는 고을로 승격되었으며, 나주羅州 오씨吳氏 소생인 혜종惠宗이 창업에 도움을 주고 나아가 수성守成을 이룩한 공으로 태묘太廟의 불천지실不遷之室에 올랐고 나주에서도 사당을 세워 제향함을 칭송하였다.[47] 그런 다음 현종이 거란의 침입을 맞아 나주로 피난한 사실을 언급한 것이 위의 자료이다. 나주가 왕조 중흥의 거점으로서 공헌한 사실을 높이 평가한 현종이, 나주에서도 팔관회를 개최하도록 조처함으로써 이 고을로 하여금 수도인 개경에 견줄 만한 지위를 누릴 수 있도록 배려하였다는 것이다.

팔관회는 본시 불교의례 중의 하나로서, 매월 여섯 차례에 걸쳐 하루 밤 하루 낮 동안 8계戒를[48] 닦도록 하는 것을 가리킨다. 계율에

東樓 諭父老書)

47) … 羅爲州 始自國初 且有功 我太祖一三韓 郡國次第平 惟時百濟 恃其險遠人馬糧穀之强且富 不卽歸命 羅人明識逆順 率先內附 太祖之取百濟 以羅人之力 與有多焉 親駕是州 陞之爲牧 以長南諸州 蓋所以褒之也 惠王鞀擐甲冑以先後左右 功多子列 大業以定 丕承厥位 保有民社 有創業之助 有持守之功血食大廟 爲百世不遷之室 乃眷戀舊邦 而廟享焉 顯王南巡至此 遂成興復之功 賜州八關禮 以比本京 … (『三峯集』 3 登羅州東樓諭父老書)

48) 8戒의 내용이나 그에 대한 해석은 경전에 따라 조금씩 다르게 나타나는데, 그 핵심은 정오 이후 음식을 먹지 않는 것이었다고 한다. 8계의 내용은 대략 ①살생하지 말라 ②훔치지 말라 ③음행하지 말라 ④거짓말하지 말라 ⑤음주하지 말라 ⑥꽃 장식을 하고 향을 바르거나, 가무오락을 즐기지 말라 ⑦높고 넓으며 큰 평상에 앉지 말라 ⑧때가 아니면 먹지 말라 등이라고 한다(安啓賢, 위의 논문, 204쪽. 安智源, 『高麗時代 國家佛敎儀禮硏究』, 서울大學校 博士學位論文, 1999 ; 「팔관회의 의례 내용과 사회적 성격」, 『고려의 국가 불교의례와 문화』, 서울대학교출판부, 2005, 120~124쪽. 김종명, 「팔관회」, 『한국 중세의 불교의례』, 문학과지성사, 2001, 146~152쪽).

따른 엄격한 수행을 통하여 장차 깨달음에 이를 수 있도록 하기 위함이다. 그런데 그러한 팔관회가 우리나라에서는 조상숭배祖上崇拜와 자연숭배自然崇拜 및 선랑제도仙郞制度와 같은 고유한 전통과 결합하여 독특한 관습으로 뿌리를 내렸다. 호국護國과 효孝 사상의 불교적인 표현이면서도, 계율戒律을 준수하는 불교적인 수행과는 거리가 있는 일종의 종합적인 종교 문화행사 내지는 축전의 형태로 정착하였던 것이다.[49)]

그런데 고려시기에 이 팔관회는 개경開京과 서경西京에서만 개최하는 것이 원칙이었다. 개경에서는 11월 15일에, 그리고 서경에서는 그보다 한 달 앞선 10월 15일에 각각 개최하도록 규정되어 자리를 잡은 지 오래였다.[50)] 말하자면 위에 제시한 자료에서처럼, 개경과 서경을 제외하고는 그 밖의 나주와 같은 지역에서 팔관회가 열린 적이 있었음을 전해 주는 기록은 달리 찾아보기가 힘든 실정인 셈이다. 그렇다

---

49) 지금까지 八關會는 수많은 연구자들의 관심의 대상이었다. 연구 성과 또한 상당히 많은데, 주요한 몇몇을 들어 보면 다음과 같다.
三品彰英, 「朝鮮における佛教と民族信仰」, 『佛教史學』 13 (1954). 安啓賢, 「八關會攷」. 二宮啓任, 「高麗の八關會について」. 安啓賢, 「佛教行事의 盛行」, 『한국사』 6 (국사편찬위원회, 1975). 奧村周司, 「高麗における八關會的秩序と國際關係」, 『朝鮮史研究會論文集』 16 (1979). 里道德雄, 「高麗佛教における八關會の構造」, 『東洋學研究』 17 (東洋大 東洋學研究所, 1983). 김기대, 「고려 팔관회에 대한 연구」(서강대학교 석사학위논문, 1989). 李恩奉, 「高麗時代의 佛教와 土着信仰과의 接觸關係 : 燃燈會 · 八關會의 宗教儀禮 機能을 中心으로」, 『宗教研究』 6 (1990). 洪潤植, 「불교행사의 성행」, 『한국사』 16 (국사편찬위원회, 1994). 都珖淳, 「八關會와 風流道」, 『韓國學報』 79 (1995). 洪潤植, 『韓國佛教儀禮の研究』 (隆文館, 1976). 金炯佑, 『高麗時代 國家的 佛教行事에 대한 研究』 (東國大學校 博士學位論文, 1993). 安智源, 『高麗時代 國家佛教儀禮研究』 (서울大學校 博士學位論文, 1999) ; 『고려의 국가 불교의례와 문화』 (서울대학교출판부, 2005). 김종명, 『한국 중세의 불교의례』 (문학과지성사, 2001).
50) 『高麗史』 69 禮 11 太祖 元年 11月, 顯宗 元年 11月, 德宗 3年 10月

면 나주 팔관회에 관하여 정도전이 언급하였던 내용은 사실과 다른 잘못된 것일까?

나주에서 팔관회가 개최된 적이 있었음을 지적한 정도전의 설명은, 사실이었을 가능성이 높다고 믿는다. 두 말할 나위도 없는 일이겠지만, 정도전은 당대의 손꼽히는 지식인이었다. 그러한 그가 자신이 관리로 복무하는 왕조에 관한 역사적 사실, 그것도 당시 가장 중요한 국가적인 행사의 하나였던 팔관회와[51] 관련된 내용을 잘못 알고 언급하였을 리는 없다고 생각한다. 또한 존재하지도 않았던 사실을 짐짓 꾸며서 지어냈다고는 더욱이 상상할 수가 없다. 그러한 행위를 통하여 그가 얻을 수 있는 바가 무엇이었는지 도무지 짐작이 가지를 않는 것이다. 나주 부로父老들의 입장에서도, 자기의 고장에 관하여 잘못되었거나 혹은 허위로 꾸며낸 사실이 자기들 면전에서 공공연히 역사적 사실인 것처럼 운위되는 것을 그냥 보고만 있었을 것인지 의문이기는 매한가지이다. 지역의 유력자로서[52] ─만약 시행되었다고 한다면 ─ 나주 팔관회와 같은 제의에 참여하였을 당사자의 후예라 할 그들이, 그와 같은 거짓말을 듣고서도 그대로 좌시하였을 까닭은 없었을 듯싶은 것이다.

현종은 나주를 최종 피난처로 의지하여, 왕조에 밀어닥친 위기를 극복하고자 도모하였다. 이민족의 침입으로 수도가 함락되는 존망지

---

51) 八關會가 고려왕조의 중요한 국가적인 행사였음은 註 49)의 論著마다 언급하는 사실인데, 특히 김종명, 「팔관회」, 『한국 중세의 불교의례』 (문학과지성사, 2001), 164~167쪽에 상세하다.

52) 父老가 지역의 유력자였음은, 鄭道傳이 같은 글의 뒷 부분에서, "… 抑父老之教有素 而民知向義也 吁可嘉矣 然近來倭寇尤橫 其勢日進不衰 父老毋扭 已往之無事 勵子弟 修器械 謹烽火 以保州若縣 不爲國家南顧之憂 …"(『三峯集』 3 登羅州東樓諭父老書)와 같이 언급한 데서 알 수가 있다.

추의 위기를 당하여, 고려왕실에서는 가장 믿고 의지할 만한 지역으로 나주를 선택하였던 것이다. 강감찬姜邯贊의 표현대로 '중흥을 도모할(圖興復)' 근거지로서,[53] 고려왕조 재기의 발판 역할을 하도록 기대된 지역이 곧 나주였던 셈이다. 남쪽으로 피난을 떠날 당시, 현종은 어느 지역이라도 선택할 수가 있었다. 고려말 홍건적紅巾賊의 침입을 당하여 공민왕이 안동安東으로 피신하였듯이[54], 경상도 방면으로 피난 행로를 잡는 것도 가능하였다. 현종의 후비后妃인 현덕왕후玄德王后의 외가가 선산善山이었고 그리로 가는 길이 더욱 가까웠음을 떠올리면,[55] 그쪽 방향으로 피신하는 것이 훨씬 유리하다고 판단하였을 법도 하다. 그렇지만 현종은 나주를 택하였다. 전란의 소용돌이 속에서 국왕을 비롯한 고려왕실의 안녕을 보장할 수 있는 지역으로, 나주가 첫 손에 꼽혔던 셈이다.

현종 일행은 피난 도중 수많은 위협에 직면하였다. 지방관과 지역 토착세력의 도전과 협박으로 위기에 봉착한 것만도 한두 번이 아니었으며, 심지어는 호위하던 장졸들마저 불온한 움직임을 보인 적이 있을 정도였다.[56] 또한 당시는 후삼국 통일의 후유증도 아직 치유가 덜

53) … 顯宗元年 契丹主 自將攻西京 我軍敗 報至 群臣議降 (姜)邯贊獨曰 今日之事 罪在康兆 非所恤也 但衆寡不敵 當避其鋒 徐圖興復耳 遂勸王南幸 …(『高麗史』 94 姜邯贊傳)

54) 金庠基, 「高麗末葉의 動態」, 『新編 高麗時代史』(서울大學校 出版部, 1985), 595쪽.

55) … 王謂(智)蔡文曰 玄德王后有娠 不宜遠行 本貫善州 距此不遠 可以遣之 …(『高麗史節要』 3 顯宗 2年 正月 辛巳)
이 자료에는 善州 즉 현 慶北 善山이 本貫으로 나오지만, 실제로는 玄德王后(元貞王后)의 외가이다. 현덕왕후는 成宗과 文和王后 金氏 사이의 소생으로서, 外祖父인 金元崇을 좇아 선산을 본관으로 칭하였다(『高麗史』 88 列傳 1 后妃 1 成宗 文和王后 金氏, 같은 책 顯宗 元貞王后 金氏).

된 상황이었다. 고려에 의해 나라를 잃은 지역의 주민들을 어느 만큼 믿어야 할지 판단하는 데에도 어려움이 있었다. 현종 일행이 전주全州 삼례역參禮驛에 이르렀을 무렵, 전주절도사全州節度使 조용겸趙容謙은 관복官服이 아닌 야복野服 상태로 영접을 나왔다. 국왕을 무시하는 처사였다. 그러자 수행하던 신하 박섬朴暹이, "전주는 곧 옛 백제 땅으로서 태조께서도 또한 미워하신 곳이니, 주상께서는 행차하지 마옵소서"라 건의하였다고 한다. 그리하여 현종은 전주를 들르지 않고 지나쳐, 더 길을 재촉한 다음에야 유숙하였다는 것이다. 과연 그날 밤 조용겸 등이 왕을 겁박하고자 북을 울리며 행궁行宮에까지 밀고 들어 왔음이 기록에 전하거니와,[57] 국왕 일행의 안전마저 보장받지 못할 만큼 민심이 크게 요동치는 상황이었음을 짐작할 수가 있다.[58]

따라서 그처럼 민심이 불온한 가운데 그 향방을 종잡기 어려운 상황에서, 현종이 마지막 의지할 곳으로 나주를 선택하였던 사실에 대해서는 상당한 의미를 부여해 마땅하지 않을까 싶다. 나주 및 지역 주민에 대한 고려왕실의 신뢰가 그만큼 지대하였음을 반영한다고 하여 좋지 않을까 여겨지는 것이다. 앞 절에서도 언급하였듯이, 나주지역은 일찍부터 고려왕가와 긴밀한 관계를 맺고 있었다. 왕건의 선조가 송악에서 해상무역에 종사하던 시절부터, 두 지역 사이에는 벌써

---

56) 『高麗史節要』 3 顯宗 元年 12月 壬申, 癸酉, 2年 正月 丁丑, 戊寅, 己卯, 壬午 등에, 그와 같은 상황이 자세히 묘사되어 전한다.

57) 至參禮驛 全州節度使趙容謙 以野服迎駕 朴暹奏曰 全州卽古百濟 聖祖亦惡之 請上勿幸 王然之 直至長谷驛宿焉 是夕 容謙謀欲止王 挾以號令 與轉運使李載·巡檢使崔檝·殿中少監柳僧虔 以白幟揷冠 鼓譟而進 … (『高麗史節要』 3 顯宗 2年 正月 壬午)

58) 閔賢九, 「高麗中期 三國復興運動의 역사적 의미」, 『韓國史 市民講座』 5 (一潮閣, 1989), 88쪽.

왕래가 있었을 가능성마저 없지 않다. 그러므로 현종이 나주와 그 지역민들을 그토록 신뢰하였던 것은, 말하자면 왕조 창업 이전부터 맺어온 고려왕실과 나주 사이의 그러한 뿌리 깊은 인연에 바탕한 것이었다고 하여 지나치지 않을 것이다.

현종 일행이 천신만고 끝에 노령蘆嶺을 넘어 나주지역에 들어섰을 때, 그러한 기대에 보답이라도 하듯 지역 주민은 그들을 따뜻이 맞아들였다. 다른 지역에서처럼 국왕 일행을 위협하는 일 같은 따위는 찾아 볼 수도 없었다. 현종 일행은 나주에서 열흘 가까이 머물다, 거란군이 철수하였다는 연락을 받고 개경으로 돌아갔다. 이후 나주에는 이때의 일에 얽힌 설화들이 여럿 전해진다. 현종이 금성산성에 머물면서 거란의 침입에 대비하였다든지,[59] 혹은 그가 개경으로 돌아갈 때 네 마리의 말이 끄는 수레를 타고 지나갔다는 사마교駟馬橋에 얽힌 일화와 같은 것 등이 그것이었다.[60]

현종이 나주 고을에서 팔관회를 개최하도록 조처하였던 것은, 정도전도 지적하였다시피, 위에서와 같은 말 못할 고초 끝에 존망을 가름하는 위기를 벗어난 후 그에 따른 논공행상의 일환이었음 직하다. 같은 왕 9년(1018)에 지방제도를 대폭적으로 개편하면서,[61] 현종은 나주를 목牧으로 승격시키었다.[62] 4도호都護 8목牧을 중심으로 지방제

59) 강봉룡, 「나주시의 관방유적」, 『羅州市의 文化遺蹟』(羅州市·木浦大學校 博物館, 1999), 349쪽.

60) 고석규, 「유교유적」, 같은 책, 315쪽.

61) 河炫綱, 「高麗初期의 地方統治」, 『韓國中世史硏究』(一潮閣, 1988), 202~203쪽.

62) 本百濟發羅郡 … 成宗十四年 初定十道 稱鎭海軍節度使 屬海陽道 顯宗元年 王避丹兵南巡 至州留旬日 丹兵敗去 王乃還都 九年陞爲牧 別號 … (『高麗史』 57 地理 2 全羅道 羅州牧)

도를 재편성하면서, 성종대成宗代의 12주州 가운데 하나였던 승주昇州를 제외시킴으로써 나주를 전라도 유일의 목사고을로 삼았다.[63] 안남대도호부安南大都護府인 전주全州와[64] 함께 전라도의 으뜸가는 고을로서, 나주로 하여금 지역을 대표하는 지위를 누리도록 특별한 대우를 하였던 것이다. 위기를 맞이한 왕조가 다시 일어설 수 있도록 든든한 배경이 되어 준 데 대한, 일종의 보답이었던 셈이다.[65] 현종이 나주에서 팔관회를 개최할 수 있도록 배려한 것도 그와 마찬가지가 아니었을까 싶다. 나주지역이 왕조 중흥의 마지막 거점으로 기여한 사실을 높이 평가하여, 개경에 버금가는 지위를 부여함으로써 그에 보답하려 하였던 것이 아닌가 헤아려지는 것이다.

나주에서 팔관회가 실제로 개최된 적이 있었음은, 국제사國祭祠와 예조당禰祖堂의 존재에서도 유추가 가능하다. 앞서 제시한 자료에 따르면, 금성산신과 관련되는 다섯 사당 가운데 문제의 두 사당이 들어 있다. 그런데 이 두 사낭은 그 위치히는 장소와 명칭에서 다른 세 산신당과 큰 차이가 난다. 우선 상실사上室祠와 중실사中室祠 및 하실사下室祠는 그 명칭처럼 각각 금성산의 정상과 중턱 및 산자락에 위치하였다. 반면에 나머지 두 사당은 금성산과 다소 떨어져 자리하였다. 국제사는 하실사의 남쪽 방향으로 현 나주 시내의 외곽에, 그리고 예조당은 시내의 중심부에 각각 위치하였다.[66] 산신을 받드는 사당이

63) 李載龒, 「羅州의 歷史變遷」, 『羅州牧의 再照明』 (나주시·목포대 박물관, 1990), 29~31쪽.

64) 『高麗史』 57 地理 2 全羅道 全州牧

65) 紅巾賊의 침입을 맞아 安東으로 피신했던 恭愍王이, 그 후 "本新羅古陁耶郡 … 恭愍王十年 避紅賊南巡駐輦 以州人盡心供頓 爲安東大都護府 別號 …" (『高麗史』 57 地理 2 慶尙道 安東府)에서와 같이, 安東을 大都護府로 승격시켰던 것도 그와 관련하여 참고할 일이다.

대체로 산정상이나 중턱 혹은 산자락에 자리를 잡는 게 일반적이라는 지적에 비추어,[67] 상·중·하실사의 경우 그 명칭이나 위치에서 산신당의 전형으로 간주하여 지나치지 않아 보인다. 반면에 국제사와 예조당의 경우처럼 고을 치소의 가까이에, 더욱이 예조당처럼 치소의 중심지에 위치한 것은 상당히 이색적인 사례일시 분명하다. 국제사와 예조당이 그 시작에서부터 이미 금성산신을 위한 사당이었던 것인지 의심하게 하는 대목이다.

다음으로, 국제사國祭祠와 예조당禰祖堂은 그 명칭에서도 일반적인 산신사당과 구별이 된다. 국제사는 말 그대로 국가에서 제사를 드리는 사당이었음 직하다. 국제國祭를 거행하는 사당이었던 셈인데, 나라에서 파견한 관리 내지는 지방관이 주관하여 금성산신에게 제사를 올리는 것 또한 국제이므로,[68] 이 국제사를 반드시 금성산신앙과 무관하다고만 할 수는 없을는지도 모르겠다. 하지만 그렇다고 하더라도 산신의 사당을 공식적으로 국제사라고까지 칭할 수가 있었을 것인가에는 의문이 적지 않다.[69]

---

66) 이 사당들은 모두 사라져 하나도 남아 전하는 게 없다. 현지의 향토사가와 주민들의 제보 및 현장 답사에 의거하여 추정한 다섯 사당들의 위치에 관해서는, 林亨, 「錦城山祭에 對한 一考察」, 35~37쪽에 상세하다. 참고로 그것을 옮겨 적으면 다음과 같다. 上室祠 : 錦城山 定寧峯 아래 山城의 내부, 中室祠 : 金千鎰 사당(旌烈祠)에서 多寶寺로 가는 고개의 삼거리 부근 계곡 근처, 下室祠 : 旌烈祠 곁의 밭, 國祭祠 : 교동 36~37번지 孫氏 祭閣 부근, 禰祖堂 : 시내 명당거리 산정동 58~61번지 일대.

67) 任東權, 「山神考」, 『韓國民俗文化論』(集文堂, 1983), 328~329쪽.

68) 국제는 국가에서 주관하여 치르는 제사인데(박호원, 「朝鮮 城隍祭의 祀典化와 民俗化」, 『성황당과 성황제』, 민속원, 150~153쪽), 관리가 직접 제사를 드리지 않고 무당을 시켜서 치제토록 하는 것도 국제라 불렀다고 한다(남풍현, 「淳昌 城隍堂 현판의 판독과 해석」, 『성황당과 성황제』, 민속원, 1998, 44~45쪽).

69) 咸有一이 '國祭'를 올린 登州의 城隍祠도 國祭祠라 칭하지 않았으며(『高麗史』

한편 예조당禰祖堂은 그 말뜻으로 미루어 조상신을 모시는 사당이었을 법한데, 그와 관련하여 눈길을 끄는 게 고려시기 서경西京에 자리하였던 것으로 전하는 예조묘藝祖廟이다. 다음의 기록을 살펴보자.

> 서경에 사자를 파견하여 예조묘藝祖廟에 제사를 드렸다. 서경은 예조藝祖가 일어난 곳으로서 지금에 이르도록 그 사당에는 (예조의) 의관衣冠이 보관되어 전한다. 그러므로 뒤의 왕들이 연등회와 팔관회에는 매번 대신大臣을 파견하여 제사를 드린다.[70]

서경에 관리를 파견하여 예조묘에 제사를 올리도록 하였다고 한다. 서경은 예조가 발흥한 지역으로서 당시까지 그의 의관衣冠이 사당에 보존되어 전하며, 그리하여 매번 연등회와 팔관회 때에는 대신을 보내어 치제토록 하는 것이 관례였다는 것이다.

그리면 여기에서 말하는 예조藝祖는 누구를 지칭하는 것일까? 예조란 조상을 높여 일컫거나[71] 혹은 문덕文德이 있는 조상을 가리키는 말로서, 흔히는 왕조의 태조太祖를 가리킨다고 한다.[72] 따라서 위 사료에 나오는 예조는 고려의 태조 왕건을 가리킬 가능성이 높아 보인다. 서경이 왕건의 발흥지가 아니라는 점에서 미심쩍은 부분이 없는 것은 아니지만, 그가 서경을 남달리 중시하였음을 떠올리면 반드시

---

99 咸有一傳, 『新增東國輿地勝覽』 49 安邊都護府 祠廟 城隍祠), 淳昌의 城隍堂 역시 '國祭'를 드렸음에도 國祭祠라 칭하지는 않았다(남풍현, 「淳昌 城隍堂 현판의 판독과 해석」, 60~62쪽).

70) 遣使西都 祭藝祖廟 西都藝祖之所興也 至今衣冠猶在其廟 故後王每於燃燈八關 遣大臣致祭 (『高麗史』 63 禮 5 吉禮 雜祀 明宗 20年 10月 甲申)

71) 安啓賢, 「八關會攷」, 214쪽, 註 34).

72) 諸橋轍次, 『大漢和辭典』 9 (大修館書店, 1956), 987~988쪽.

그의 발흥과 무관하다고 할 수만은 없지 않을까 싶기도 하다. 고려를 창업한 군주의 주요 활동지이기 때문에 그와 관련된 유물들이 뒤에까지 보존되었을 것이며, 그와 같은 중요성 때문에 후대의 왕들도 매년 연등회와 팔관회 때면 대신을 파견하여 제사를 올리도록 하지 않았을까 여겨지는 것이다.[73] 고려의 팔관회는 효孝 사상의 불교적 표현으로서, 왕실의 조상숭배를 일차적 목적으로 하는 불교의례였다고 한다.[74] 태조太祖의 진영眞影에 나아가 작헌酌獻하는 것이 팔관회의 핵심적인 의식절차 가운데 하나였던 사실만 보더라도 금방 이해할 수가 있는 일이라는 것이다. 따라서 위 사료가 서경 팔관회에 대신을 파견하여 태조에게 제사를 드리도록 하던 고려왕조에서의 관례에 대한 서술이라는 해석도,[75] 그러한 면에서 충분히 수긍이 간다 하겠다.

서경의 예조묘藝祖廟가 서경 팔관회 때 고려 태조에게 제사를 올리던 사당이었을 것임을 검토하였다. 그렇다면 나주의 예조당禰祖堂 역

73) 실제로 西京에 太祖를 모시는 祠堂이 존재하였고 중앙에서 관리를 파견하여 제사를 올리기도 하였음을 확인할 수가 있는데, "遣使于平壤 享太祖 · 東明 · 木覓廟"(『高麗史』 63 禮 5 吉禮 雜祀 忠烈王 4年 9月 辛卯)라는 기록이 그것이다. 서경의 藝祖廟가 태조의 사당이며 聖容殿으로도 불렸음은, 金澈雄, 「고려 國家祭祀의 體制와 그 특징」, 『韓國史硏究』 118, 2002, 151~152쪽을 참고하라. (補) 근자에 서경의 태조사당에 관한 專考(金澈雄, 「고려시대 서경의 聖容殿」, 『文化史學』 31, 2009)가 발표되어 참고된다. 한편, 李恩奉, 「高麗時代 佛教와 土着信仰의 接觸關係」, 『宗教研究』 6, 1990, 23쪽에서처럼, 별다른 논증 없이 서경의 藝祖廟를 太祖廟로 해석하며 당연시하는 경우도 없지 않다.

74) 김종명, 「팔관회」, 180~182쪽 및 204~205쪽. 安啓賢도 高麗 八關會를 祖上祭의 행사이기도 하다고 평하였는데(安啓賢, 「八關會攷」, 213~214쪽), 奧村周司와 安智源 등은 그 祖上이 바로 太祖임을 구체적으로 적시하였다(奧村周司, 「高麗における八關會的秩序と國際關係」, 76~80쪽 및 87~90쪽. 安智源, 『고려의 국가 불교의례와 문화』, 174~175쪽).

75) 김종명, 앞의 논문, 165쪽.

시 그러한 사당은 아니었을까? 우선 예조藝祖와 예조禰祖는 그 뜻이 상통한다. 예조禰祖 또한 예조藝祖와 유사하게 부父와 선조先祖 내지 그들을 모신 사당을 의미하는 것이다.[76] 뿐만 아니라 예조禰祖와 예조藝祖는 그 독음讀音에서도 서로 통한다. 심지어는 예조藝祖가 예조禰祖의 전음轉音이라는 설이 전해질 정도이다.[77] 서경의 예조묘藝祖廟와 나주의 예조당禰祖堂이 서로 유사한 기능을 지닌 사당이었을 가능성은 충분하다고 판단된다.

예조당禰祖堂이 그 처음의 시작에서 이미 금성산신에게 제사를 드리는 산신당이었다면, 하필 그러한 명칭으로 불리었을 까닭은 없어 보인다. 서경 팔관회의 태조사당太祖祠堂을 연상시키는 그와 같은 이름을 굳이 사용하려 하였던 데에는, 그만한 연유가 있었을 것으로 보는 것이 합리적이지 않을까 여겨지는 것이다. 예조당禰祖堂은 본시 나주 팔관회 때 고려왕실의 조상, 구체적으로는 태조에게 제사를 드리던 사당이었다고 이해하는 것이 온당할 줄 생각한다. 그리고 예조당이 그러하였다면, 국제사 역시 나주 팔관회에서의 다른 의례, 예컨대 나라의 안녕이라든지 국왕의 장수를 기원하는 거와 같은 국행제사 의식을 거행하던 사우祠宇쯤으로 간주하여 무방하지 않을까 싶다.

국제사와 예조당, 특히 예조당은 처음 나주 팔관회와 관련된 의식을 치르는 사당이었던 것으로 믿고자 한다. 금성산신제와 관련되는 다섯 사당 가운데 상·중·하실사만이 처음부터 산신당이었으며, 국제사와 예조당은 그와 달랐을 것으로 판단되는 것이다. 그러던 것이 후에 나주 팔관회가 폐지되면서 두 사당마저 산신당으로 변하게 되지

---

76) 諸橋轍次, 『大漢和辭典』 8 (大修館書店, 1956), 511쪽.

77) 李相殷 監修, 『漢韓大字典』, 民衆書林, 1966, 1081쪽.

는 않았을까 헤아려진다.[78] 그러므로 국제사와 예조당은, 이를테면 나주에서 팔관회가 실제로 개최된 적이 있었음을 보여주는 또 다른 증거라고 하여 지나치지 않을 것이다.

정도전이 언급하였던 바, 나주로 피난을 다녀온 후 현종이 나주에서도 팔관회를 개최하도록 조치하였으며, 이로써 나주가 수도인 개경에 버금가는 중요한 거점으로 떠오르게 되었다는 지적이, 역사적 사실과 부합할 것임을 살폈다. 그런데 이미 지적되어 왔듯이, 고려의 팔관회는 산악신앙과도 무관하지 않은 국가적인 축전이었다.[79] 앞서 제시하였던 바의 십훈요 제6항에서 왕건이,

> 짐이 지극히 원하는 바는 연등회燃燈會와 팔관회八關會에 있다. 연등회는 부처를 섬기는 일이요, 팔관회는 천령天靈 및 오악五嶽과 명산名山과 대천大川과 용신龍神을 섬기는 일이다 …[80]

라 언급하였던 데서 알 수가 있는 일이다. 따라서 나주 팔관회 또한 거기에서 예외가 아니었을 것임은 물론인데, 이를테면 나주의 금성산신제錦城山神祭와 나주 팔관회八關會도 서로 밀접하게 연계된 가운데 관련 행사가 거행되었던 것은 아닐까 짐작이 되는 것이다. 팔관회와 산악신앙의 긴밀한 관계를 떠올릴 때, 동일한 지역에서 치러지는 두 축전 행사가 서로 아무런 관련이 없이 별개로 존재하였을 성싶어 보

---

78) 羅州 八關會의 폐지라든지 혹은 그에 따른 國祭祠와 禰祖堂의 山神堂으로의 전환 등에 관해서는, 조금 뒤에 다시 논의할 예정이다.

79) 安啓賢의 주장 (「八關會攷」, 210~211쪽) 이래, 앞의 註 49)에 제시한 논문들의 대부분에서 지적되어 온 사실이다.

80) 朕所至願 在於燃燈八關 燃燈所以事佛 八關所以事天靈及五嶽·名山·大川·龍神也 … (『高麗史』 2 太祖 26年 4月)

이지는 않는다. 나주에서 개최되던 팔관회와 지역의 주산인 금성산을 숭배하는 산신제와의 사이에는, 긴밀한 연관이 있었으리라고 보는 것이 온당할 듯 여겨지는 것이다. 그리고 그러한 해석이 사실에서 크게 벗어난 것이 아니라면, 나주 팔관회의 개최는 금성산신앙의 위상을 제고시키는 데에도 긍정적인 방향으로 작용하였을 가능성이 높아 보인다.

고려시기 팔관회는 왕경에서 개최되는 것이 원칙이었다. 그러므로 나주에서 팔관회를 개최하는 것은 곧, 정도전이 언급하였듯이, 나주가 수도인 개경에 버금가는 위치에 있음을 공인하는 의미를 지니는 일이기도 하였다. 그리고 팔관회와 산악신앙의 관계로 미루어 볼 때, 그것은 또한 나주의 진산인 금성산에 대한 숭배와 제의가 개경의 주산인 송악의 그것에 비견되는 정도로까지 격상되는 결과로 이어질 수도 있었을 법하다. 다른 산신당과 달리 금성산신당이 적어도 세 군데 즉 상·중·하실사로 늘어난 것은, 그처럼 금성산신앙의 격이 상승한 데서 연유하였을 가능성이 높아 보인다. 나주목羅州牧으로의 승격이나 나주 팔관회 개최와 같은 현종의 나주 우대 정책 속에서, 금성산신앙도 상대적으로 우대받았을 개연성이 또한 매우 크지 않을까 헤아려지는 것이다.

그렇지만 나주에서의 팔관회는 그리 오래 지속되지 못하였다. 머지않아 폐지되는 운명을 맞이하였던 듯싶은데, 대략 현종대 말에서 덕종대에 이르는 어느 시기의 일이 아니었던가 짐작된다. 다음의 자료를 살펴보자.

> … 성종 6년(987)에 고쳐서 동경유수東京留守로 삼았으며 14년(995)에

유수사留守使라 칭하면서 영동도嶺東道에 소속시키었다. 현종 3년(1012)에 유수관留守官을 폐지하고 강등하여 경주방어사慶州防禦使로 삼았다가 5년(1014)에 안동대도호부安東大都護府로 개칭하였으며 21년(1030)에 복구하여 동경유수로 삼았다. 당시 예방銳方이 올렸던 바의 『삼한회토기三韓會土記』에 '고려삼경高麗三京'이라는 문구가 있음으로 해서 (동경유수를) 복구해 설치하였다 …[81]

고려시기 경주慶州의 연혁에 관한 서술 가운데 일부이다. 본시 동경유수관이던 경주가 현종 3년(1012)에 방어사로 강등되었다가 같은 왕 21년(1030)에 유수의 지위를 되찾았던 것으로 전한다.

그런데 경주가 유수관에서 방어사로 격하되던 현종 3년 무렵이면, 현종이 나주로 피난을 갔다가 개경으로 돌아온 1년 뒤에 해당한다. 대체로 나주 팔관회에 관한 조치가 내려지던 때를 전후한 즈음이 아니었던가 여겨지는 것이다. 말하자면 나주로 하여금 개경에 버금가는 위상을 누리도록 특혜가 주어지던 시기에, 경주에는 도리어 읍격의 강등이라고 하는 반갑지 않은 소식이 전해졌던 셈이다. 나주가 부각되면서 상대적으로 경주는 침체의 길을 걸었다고 할 수가 있겠다. 그러다가 다시 동경유수관을 복구하는 조치가 내려진 것이 현종 21년이었다고 하는데,[82] 이 또한 나주와 관련하여 그냥 지나치기 어려운

81) … 成宗六年 改爲東京留守 十四年 稱留守使 屬嶺東道 顯宗三年 廢留守官 降爲慶州防禦使 五年 改安東大都護府 二十一年 復爲東京留守 時銳方所上三韓會土記 有高麗三京之文 故復置之 神宗五年 … (『高麗史』 57 地理 2 慶尙道 東京留守官)

82) 이때 東京留守官의 복구를 위하여 노력한 인물로는, 崔齊顔 등 顯宗代에 활약한 慶州 출신의 宰樞들을 들 수가 있을 듯싶다. 高麗時期 慶州의 位相과 경주 출신 귀족들의 진출에 관해서는, 朴龍雲, 「고려전기 慶州의 위상에 대한 고찰」, 『慶州史學』 16 (1997), 347~367쪽의 자세한 분석이 참고 된다. 한데 흥미로운

사실인 듯싶다. 경주가 다시 개경에 버금가는 지위로 올라서면서, 앞서의 경우로 미루어, 나주의 위상에도 무슨 변화가 일어났을 가능성이 높지 않을까 헤아려지는 것이다. 그리고 그것이 곧 나주 팔관회의 폐지였다고 한다면 지나친 추측일까?

한편 이와 관련하여, 그 즈음 때맞춰 서경西京 팔관회八關會가 다시 사서에 등장하는 것도 눈길을 끈다. 다음의 기록이 그것이다.

> … 성종 6년 10월, 담당 관서에 명하여 양경兩京의 팔관회를 정지하였다. 현종 원년 11월, 팔관회를 복구하였다. 덕종 3년 10월, 보신輔臣을 파견하여 서경에 팔관회를 하사하고 이틀 동안 주연酒宴을 열도록 하였다. 서경에서는 예例에 따라 10월에 팔관회를 개설하였다. 11월,

---

것은, 이들이 경주의 위상을 회복하기 위하여 이용한 것이 風水圖讖書의 일종으로 판단되는 『三韓會土記』였다는 사실이다. 이 책의 저자인 銳方은 太祖 王建의 측근 참모였던 것으로 추정되는데, 後百濟를 제압하기 위한 前方基地格인 天安都督府를 설치하도록 태조에게 건의하였다고 하는 藝方과 동일인이 아니었던가 여겨진다(『高麗史』 56 地理 1 楊廣道 天安府). 倪方으로 표기되기도 하는(『新增東國輿地勝覽』 15 忠清道 天安郡 建置沿革) 이 인물의 본명은 尹繼芳이거니와(앞의 책 天安郡 山川), 術士라는 그에 대한 설명(앞의 책 天安郡 形勝, 『高麗史』 56 天安府)에서도 드러나듯이 왕건 측근의 謀士로서 특히 風水地理에 밝은 인물이었던 것으로 짐작된다. 天安에서 그는 後百濟를 통합하기 위한 방책을 태조에게 건의하였던 것으로 보인다. 그가 後三國 통일에 크게 기여한 策士였을 것임을 암시하는 대목이 아닐 수 없는데, 이러한 인물의 저술을 인용함으로써 경주 출신들은 東京留守官을 복구해야 한다는 자신들의 주장이 정당함을 강조하려 하였던 것이다. 고려시기의 東京 설치와 風水地理의 관계에 대해서는, 李丙燾, 「成宗·顯宗朝의 東京建置와 그 意義」, 『高麗時代의 研究』(1980), 120~121쪽의 내용이 참고 된다. 한편 李丙燾, 「太祖와 圖讖」, 같은 책, 47~48쪽에서는 예방을 태조대가 아닌 현종대의 인물로 파악하였으나, 선뜻 수긍이 되지는 않는다. 관련 기록으로 미루어, 『삼한회토기』의 찬자이자 태조의 참모로 활약한, 바꿔 말해 태조대의 풍수지리 전문가로 판단하는 것이 더욱 사리에 맞지 않을까 여겨지는 것이다.

(개경에서) 팔관회를 개설하였다. 신봉루神鳳樓에 임어하여 백관에게 주연을 베풀었으며, 다음날의 대회大會에서도 또한 주연을 베풀고 풍악을 관람하였다. 동경·서경과 동북면·서북면병마사와 4도호부·8목에서 각각 표문을 올려 하례를 드렸다. 송의 상인과 동·서번의 여진과 탐라국에서 또한 방물을 진헌하므로, 앉을 자리를 하사하여 풍악을 관람토록 하였다. 뒤에는 그로써 상례常例를 삼았다…[83)]

성종 6년(987)에 정지된 팔관회가 현종 원년(1010)에 재개되었고, 그 뒤 덕종 3년(1034) 10월에[84)] 보신輔臣을 파견하여 서경 팔관회를 개최토록 하였음을 알려준다. 그러면서 전례에 의거하여 서경에서는 10월에 팔관회를 개최키로 하였음도 덧붙여 두었다. 분위기나 어투로 미루어, 그 동안 중단되었던 서경 팔관회가 이때에야 비로소 다시 열리게 되었다는 느낌을 지울 수가 없다.

아마도 현종 원년 11월에 다시 열기로 한 팔관회는 개경의 그것으로 한정되었던 듯 여겨진다. 11월의 팔관회는 개경에서 개최하는 것이 원칙이었을 뿐더러, 그 뒤로도 10월의 서경 팔관회가 재개되었음

---

83) … 成宗六年十月 命有司 停兩京八關會 顯宗元年十一月 復八關會 德宗三年十月 遣輔臣 賜西京八關會 酺二日 西京例以孟冬設此會 十一月 設八關會 御神鳳樓 賜百官酺 翌日大會 又賜酺觀樂 東西二京·東北兩路兵馬使·四都護·八牧 各上表陳賀 宋商客·東西蕃·耽羅國 亦獻方物 賜坐觀樂 後以爲常 文宗五年十一月 … (『高麗史』 69 禮 11 仲冬八關儀)

84) 靖宗 즉위년 10월이라고 하는 게 옳다. 이 해 9월 癸卯에 德宗이 승하하고 같은 날 그 아우인 靖宗이 왕위를 계승하였던 것이다. 실제로 "葬德宗于肅陵 遣輔臣 賜西京八關會 酺二日"(『高麗史』 6 靖宗 即位年 10月 庚午)이라고 한 世家의 기록에서, 靖宗이 즉위하던 해 10월 庚午의 德宗 葬禮日에 西京 八關會가 베풀어졌음을 확인할 수가 있기도 하다. 아마 덕종이 승하하기 전에 이미 西京 八關會의 개최가 결정되었기 때문에 국왕의 장례일인데도 불구하고 팔관회가 개최되었으며, 또한 禮志에도 덕종 3년의 일인 것처럼 기록되었던 게 아닌가 싶다.

을 알려 주는 기록이 전하지 않기 때문이다. 그랬는데 그 해 말(顯宗元年, 1010)에서 이듬해의 초에 걸쳐 거란의 침입을 받아 조정이 나주로 피난을 다녀왔고, 그러면서 나주 팔관회를 개최하도록 결정함에 미쳐 서경 팔관회는 그 후로도 한동안 열리지 않았던 듯 보인다. 그랬다가 이 무렵 즉 현종대 말에서 덕종대에 이르는 어느 시기에 나주 팔관회가 폐지되고, 또한 위의 사료에 보이듯이 개경에서의 팔관회 행사를 크게 확대하는 데 발맞추어, 비로소 서경의 팔관회를 부활시키기로 합의하였던 것은 아닐까 여겨지는 것이다. 그리하여 전례前例에 따라 10월에 서경 팔관회를 개최하기로 확정하고서, 보신輔臣을 파견하여 팔관회 행사를 치르도록 하였던 게 위 사료 중의 덕종 3년, 실제로는 정종 즉위년 10월의 기사였다 하겠다. 말하자면 나주 팔관회는 나주의 위상에 변화가 일어난 현종 21년(1030)에서 덕종 3년(1034) 사이의 어느 때인가 폐지되었으며, 마침내 정종 즉위년(1034) 10월이면 그에 대신하여 서경 팔관회가 다시 개최되기에 이르렀던 셈이다.[85)]

85) 德宗代에 西京의 八關會를 재개하기로 결정한 것은, 당시 조정의 거란에 대한 강경 분위기 속에서 새삼 서경의 중요성이 부각된 결과가 아니었을까 짐작된다. 덕종이 즉위한 후 고려에서는 거란에 사신을 파견하여, 앞서 거란이 鴨綠江에 가설한 다리를 철거하고 또한 억류 중이던 고려인을 귀환시켜 주도록 요구하였다(『高麗史』 5 德宗 卽位年 10월 辛巳). 그런데 거란이 그것을 거부하자, 거란으로의 사신 파견을 중지하고(같은 책 11월 辛丑) 거란에서 파견한 사신의 입국을 거부하는(같은 책 元年 正月 乙酉) 등, 실질적인 斷交 상태에 들어갔다. 이러한 양국의 갈등 관계는, 『高麗史』 6 靖宗 元年 5월 甲辰의 契丹에서 보내온 通牒文과 같은 책 6월의 高麗側 答辯書에 잘 드러나 있다. 〈補〉 그런데 덕종대 초반의 그러한 분위기와는 달리, 동왕의 후반에서 靖宗代 초반에 이르면 대거란 온건론이 대두하면서 대외정책의 기조가 전환되어 갔다. 대외적인 긴장의 고조를 빌미로 왕권 강화를 도모하던 대거란 강경론자들이 퇴조하면서, 국제질서의 안정을 추구하는 온건론자들이 점차 정국을 주도해가는 형국으로 변화해

나주 팔관회는 현종대(1009~1031)의 대략 20년 가까운 기간 동안에 걸쳐 개최되었던 것으로 보인다. 그러다가 국내외 정세의 변화에 따라 동경과 서경이 다시 두각을 드러내고, 더욱이 북방민족 문제와 관련하여 서경의 중요성이 증대됨에 따라, 서경 팔관회에 그 자리를 넘기고 역사의 뒤안길로 사라져 갔다. 그리하여 『고려사』 예지 등에서마저 나주 팔관회에 관한 기록은 찾아 볼 수가 없게 되었다. 짧은 한때를 제외하고는 내내 개경과 서경의 팔관회에만 익숙했던 게 고려 왕조의 현실이었으며, 자연히 나주 팔관회는 잊혀 갔고, 마침내 그 기록조차 인멸되기에 이르렀던 게 아닌가 짐작되는 것이다.

나주 팔관회가 폐지되면서 금성산신앙에도 변화가 일어났다. 팔관회와 관련된 제례의식과 행사의 일부가 금성산신앙으로 흡수되었기 때문이다. 앞서 제시한 자료에, 국제사와 예조당이 금성산신앙과 관련된 산신당으로 분류되어 기록된 것만 보아도 이해할 수가 있는 일이다. 본시 팔관회와 관련된 의식이 거행되던 두 사당이, 나주 팔관회의 폐지와 함께 이제는 금성산신제를 거행하는 산신당으로 전환되기에 이르렀던 셈이다. 팔관회가 산악신앙과 밀접한 관계를 맺은 축전이라는 사실을 떠올리면, 당연한 변화가 아닌가 싶다. 따라서 나주 팔관회가 폐지된 이후에도 금성산신제는 축소는커녕 오히려 확대의 기회를 맞이하였다. 특히 국가적인 치제에서보다는 민간신앙의 차원에

갔다. 그리고 그러한 속에서 서경 팔관회가 부활하였다. 서경 팔관회의 부활이 대거란 강경론자가 아닌 온건론자들에 의해 추진되었을 가능성이 높다는 의미이거니와, 그처럼 서경을 중시하는 듯 보이는 시책을 추진함으로써 정권에서 소외된 강경론자들의 불만을 무마하려는 게 온건론자들의 의도였다고 한다(변동명, 「高麗 八關會에서의 外國人朝賀와 국제교류」, 『海洋文化硏究』 5, 2010, 136쪽, 註 44).

서 더욱이 그러하였다. 개경의 송악산과 더불어 산신당을 다섯이나 거느린 고려 최대의 산악제의로서, 금성산신제의 위상은 흔들림이 없었던 것이다. 산신이 영험하여 그에게 제사를 올리는 때면 전라도민 전체가 참여하였다는, 금성산신앙에 관한 다음의 기록이 그것을 잘 보여 준다.

> … 세상에서 이르기를, 사당의 신이 영험하여 제사를 받들지 않으면 곧 재앙이 닥친다고 한다. 매번 봄과 가을이면 단지 나주사람만이 아니라 전라도 사람으로서 찾아가 제사를 드리는 자들이 끊임없이 줄을 이어 가득 차 막혔으며, 남자와 여자가 마구 뒤섞이어 산을 뒤덮은 채 노숙함으로 말미암아 서로 훔쳐서 그 부녀婦女를 잃은 자가 많았다. 밤마다 창기娼妓 4인이 돌아가며 사당 안에서 번을 선다 …[86]

비록 조선 초기의 사실을 말하는 것이긴 하지만, 이는 고려 이래의 그러한 풍습이 연장되어 나타난 결과이었음이 분명해 보인다. 민간에서의 산악신앙을 음사淫祀로 금지하는 등 될수록 산신제의를 억제하고자 노력하던 조선왕조에 들어와서,[87] 비로소 금성산신제가 그처럼 성황리에 개최되기에 이르렀다고 보기는 어렵지 않을까 생각되는 것이다.

지금까지 현종대에 나주에서 팔관회가 개최되는 등 나주가 개경에 버금가는 지위를 누렸으며, 그에 따라 자연히 금성산에 대한 숭배 신

86) … 俗謂 祠神有靈 不祭則災 每春秋 非獨州人 一道之人 往祭者絡繹闐咽 男女混揉 蔽山露宿 因而相竊 多失其婦女 每夜 娼妓四人 輪直祠中 成宗十年 命禮曹 禁之 (『新增東國輿地勝覽』 35 羅州牧 祠廟 錦城山祠 夾註)

87) 韓亨周, 『朝鮮初期 國家祭禮 硏究』(高麗大學校 博士學位論文, 2000), 144~146쪽 및 174~181쪽.

앙과 그에 따른 제의도 개경 송악산의 그것에 비견될 정도로 부각될 수가 있었을 것임을 검토하였다. 이제 고려 후기에 금성산신앙이 사서史書에 자주 등장하는 까닭에 관한 궁금증을 풀어 볼 차례가 되었는데, 그에 관해서는 절을 바꾸어 살피도록 하겠다.

3. 금성산신錦城山神의 우대 요구

『고려사』 정가신전에 금성산신에 관한 다음과 같은 흥미로운 기록이 전한다.

> … 충렬왕 3년, 보문각寶文閣 대제待制에 제수되었다. 나주사람들이 전하기를, 금성산신이 무당에게 강림하여 '진도와 탐라의 정벌에 내가 실로 힘을 다했거늘 장수와 사졸에게 상을 주면서 내게는 녹祿을 내리지 않은 까닭이 무언가. 반드시 나를 정녕공定寧公으로 봉해야 할 것이다'라 일렀다고 하였다. 정가신이 그 말에 현혹되어 왕을 넌지시 설득하여 정녕공으로 봉하며 또한 그 고을의 녹미祿米 5석을 떼어내 해마다 그 사당으로 돌리도록 하였다 …[88]

진도와 탐라에서 삼별초의 난을 진압하는 데 힘을 보탰음에도 아무런 보답이 없다는 금성산신의 불평이, 산신을 받든다고 하는 무당의 입을 빌어 조정에 전해졌다. 그러자 정가신이 충렬왕을 설득하여 금성산신을 정녕공으로 봉하는 한편, 나주로 하여금 매년 녹미 5석을

---

88) … 忠烈三年 除寶文閣待制 羅州人稱 錦城山神降于巫言 珍島耽羅之征 我實有力 賞將士而不我祿何耶 必封我定寧公 (鄭)可臣惑其言 諷王 封定寧公 且輟其邑祿米五石 歲歸其祠 … (『高麗史』 105 鄭可臣傳)

금성산신당에 보내어 그 제사 비용에 충당하도록 조치하였다는 것이다. 충렬왕 3년(1277) 5월의 일이었다.[89)]

정가신은 나주 출신의 인물이었다.[90)] 따라서 그러한 그가 위에서와 같이 금성산신의 봉작을 위해 노력한 것을 두고, 개인적인 차원에서 선택한 행동이었다고만 보기에는 어려움이 있지 않을까 싶다. 아마도 거기에는 그러한 조치가 취해지기를 기대하던 나주인羅州人 내지는 지역 토착세력의 희망이 반영되었을 듯 여겨진다. 금성산신을 정녕공으로 봉하여 우대하는 것은, 곧 금성산신앙을 우대하는 것과 마찬가지이다. 또한 나아가 그것은 금성산신앙으로 상징되는 나주의 위상을 강화시켜 주는 일이자, 동시에 지역 주민 및 토착 사회세력의 존재를 더욱 부각시키는 일이기도 하였을 것임은 물론이다. 나주 출신의 정가신이 금성산신앙의 우대를 위하여 노력하면서 그와 같은 사실을 염두에 두지 않았을 까닭이 없다. 그리고 거기에는 또한 그렇게 되기를 기대해 마지않던 지역 주민과 그 대표자라 할 나주 토착세력의 열망이 반영된 것으로 간주하여 좋을 줄 믿는다.

그렇다면 나주지역민들이 정가신을 앞세워 그처럼 금성산신앙을 우대해주도록 조정에 요구하게 된 배경은 무엇이었을까? 삼별초가 진도를 거점으로 왕성하게 세력을 확장해 갈 무렵, 나주의 금성산에서는 무려 7일 밤낮에 걸쳐 치열한 전투가 벌어진 적이 있었다. 상호

89) 동일한 내용이 『高麗史節要』 19 忠烈王 3年 5月에 기록되어 전한다. 또한 『高麗史』 63 禮 5 吉禮 雜祀 忠烈王 3年 5月 壬辰에는, 錦城山神이 三別抄 진압에 은밀한 加護를 베푼 데 대한 보답으로 고을로 하여금 매년 쌀 5석을 내어 제사를 받들도록 조치하였음이 전한다.

90) 鄭可臣에 대해서는, 邊東明, 「鄭可臣과 閔漬의 史書編纂活動과 그 傾向」, 『歷史學報』 130 (1991) 중의 관련 내용을 참고하라.

장上戶長 정지려鄭之呂와 같은 지역 토착세력을 중심으로 금성산성錦城山城에 입보入保한 나주사람들이, 관군과 힘을 합쳐 삼별초의 침입에 맞서 격렬한 공방전을 벌였던 것이다. 그리하여 악전고투 끝에 나주를 지켜내는 데 성공함으로써, 마침내 전라도 지역이 송두리째 삼별초의 손아귀에 떨어지는 것을 방지할 수가 있었다고 한다.[91] 삼별초의 난과 관련하여 나주인들이 지녔을 긍지를 짐작할 만한 대목이 아닐 수 없다. 위의 자료에서 금성산신을 받들던 무당이 전하였다는 말들도, 기실은 나주지역 주민들의 바로 그와 같은 자부심을 반영한 언사임이 틀림없어 보인다. 그리하여 누구보다도 고을 주민들의 그러한 정서를 잘 파악하고 있었을 나주 출신의 정가신이, 마침내 금성산신을 봉작해 주도록 국왕을 설득하는 일에 나서게 되었던 것이 아닌가 헤아려지는 것이다.[92]

그런데 여기에서 한 가지 가시지 않는 의문은, 삼별초의 난이 끝난 지 한참이 지난 후에야 새삼스럽게 위와 같은 요구가 나오게 된 까닭이 무엇이었을까 라고 하는 점이다. 삼별초가 진압되고 그 논공행상이 행해지던 당시에(元宗 14, 1273) 제기되어 마땅했을 법한 불만이, 4년이 지나서야(충렬왕 3, 1277) 비로소 표출되기에 이른 연유가 궁금한 것이다. 사실 삼별초의 난이 발발하기 30여 년 전에도 나주의 주민들은 고려왕조에 충성을 다하다 큰 고초를 겪은 적이 있었으며, 그것을 극복하는 과정에도 금성산신錦城山神의 남모르는 도움이 있었던 것으

91) 『高麗史』 103 金應德傳, 『高麗史節要』 18 元宗 11年 9月
洪承基, 「外來族의 侵入과 光州」, 『光州市史』 1 (光州市史編纂委, 1978), 365~367쪽. 邊東明, 「鄭可臣과 閔漬의 史書編纂活動과 그 傾向」, 8~10쪽, 註16).

92) 邊東明, 「高麗後期의 無等山信仰과 光州」, 『東亞硏究』 38 (2000), 163~164쪽.

로 전한다. 고종 24년(1237) 이연년李延年의 백제부흥운동군百濟復興運動軍을 맞아 나주성에서 벌어졌던 격렬한 전투를 이름이다.[93] 다음의 기록이 그것을 보여 준다.

> … (고종) 24년 (김경손金慶孫은) 전라도지휘사全羅道指揮使가 되었다. 그때 초적 이연년 형제가 원율原栗·담양潭陽과 여러 고을의 무뢰無賴한 무리를 불러 모아 해양海陽 등의 고을을 쳐서 떨어뜨렸다. 김경손이 나주에 들어왔음을 듣고는 고을의 성을 포위하였는데, 적의 무리가 매우 왕성하였다. 김경손이 … 부로父老를 모아 눈물을 흘리면서 또한 이르되, '당신들의 고을은 어향御鄕이니, 다른 고을을 뒤따라 적에게 항복해서는 안 될 것이오'라며 타이르니, 부로들이 모두 땅에 엎드려 눈물을 흘리었다. 김경손이 출전을 독려하자 좌우에서 이르기를, '오늘의 사태에서 (우리) 군사는 적고 적들은 많습니다. 청컨대 주군州郡의 군사가 이르기를 기다려 싸웁시다'라고 하였다. 김경손이 성을 내어 저들을 꾸짖고는, 가두街頭에서 금성산신錦城山神에게 세사를 드리며 손수 두 잔을 올렸다. '전투에서 이기고 (마지막 한 잔을 올려) 헌작獻爵을 마치겠습니다'라 이르고는, 일산日傘을 펼쳐든 채 나아가려 하였다. 좌우에서 진언하기를, '이와 같이 하시면 적들에게 (지휘관임이) 식별될까 두렵습니다'

93) 高麗 武人政權時期의 百濟復興運動에 관해서는 다음의 글이 참고 된다. 金庠基, 「庚癸의 亂과 武人政治」, 『高麗時代史』(東國文化社, 1985), 480~482쪽. 金塘澤, 「崔氏政權과 國王」, 『韓國學報』 42 (1986) ; 『高麗의 武人政權』, 國學資料院 (1999), 265~267쪽. 尹龍赫, 「高麗 對蒙抗爭期의 民亂에 대하여」, 『史叢』 30 (1986) ; 『高麗 對蒙抗爭史研究』(一志社, 1991), 358~391쪽. 閔賢九, 「高麗中期 三國復興運動의 역사적 의미」, 『韓國史市民講座』 5 (一潮閣, 1989), 97~100쪽. 金光植, 「崔沆의 雙峰寺 寺院勢力 構築과 李延年亂」, 『朴永錫教授華甲紀念論叢』(上) (1992), 502~509쪽. 邊東明, 「高麗 武人政權期의 百濟復興運動과 李延年」, 『南道文化研究』 6 (順天大 南道文化研究所, 1997), 81~96쪽.

> 라고 하자, 김경손이 또 다시 저들을 꾸짖어 물리쳤다. 마침내 성문을 열고 나가려는데 (위로) 들린 성문이 내려오지 않았다. 성문 지키는 자를 불러다 장차 참하려 하자 곧바로 성문을 내려놓았다 … 김경손이 검을 뽑아 전투를 독려함에 별초군別抄軍이 모두 죽음을 각오하고 싸워서 이연년을 베었다. 승리한 기세를 타고 몰아붙이자 적의 무리가 크게 무너졌으며, (드디어) 한 쪽 지방이 다시 안정되었다 …[94]

당시 정부군의 지휘관이었던 김경손의 행적에서 발췌한 자료이다. 백제부흥운동군의 위세에 지레 겁먹은 주위 사람들을 독려해 가며, 김경손이 커다란 전공을 세운 과정이 눈에 뵈는 듯 세밀하여 되레 장황한 느낌마저 없지 않다. 그렇지만 김경손이 아무리 뛰어난 장수였다고 하더라도, 나주인들의 적극적인 협조가 없었던들 이연년의 농민군을 격파하고 전라도 지역의 동요를 가라앉히는 데에는 한계가 분명하였을 듯싶다. 나주에 입성한 김경손이 적과 맞서기 전에, 우선 지역의 부로들을 모아 놓고 나주가 어향임을 강조하면서 눈물로 그들의 협조를 당부하였던 데서 짐작할 수가 있는 일이다.

그런데 여기에서 눈길을 끄는 것은, 출전하기에 앞서 김경손이 취한 행동이다. 길머리에서 금성산신에게 제사를 올려 그 가호를 기원한 다음, 곧장 별초別抄를 앞세우고 적과의 전투에 임하였다는 것이

---

94) … (高宗)二十四年 爲全羅道指揮使 時草賊李延年兄弟 嘯聚原栗·潭陽諸郡無賴之徒 擊下海陽等州縣 聞(金)慶孫入羅州 圍州城 賊徒甚盛 慶孫 … 集父老 泣且謂曰 爾州御鄕 不可隨他郡降賊 父老皆伏地泣 慶孫督出戰 左右曰今日之事 兵少賊多 請待州郡兵至乃戰 慶孫怒叱之 於街頭 祭錦城山神 手奠二爵曰 戰勝畢獻 欲張蓋而出 左右進曰 如此 恐爲賊所識 慶孫又叱退之 遂開門出 懸門未下 召守門者 將斬之 卽下懸門 … 慶孫拔劒督戰 別抄皆殊死戰 斬延年 乘勝逐之 賊徒大潰 一方復定 … (『高麗史』103 金慶孫傳)

다. 금성산신앙이 나주사람들에게 의미하는 바를 십분 파악하고서 그 것을 이용하려는 의도에서였음이 분명하다. 그처럼 나주인과 자신이 일체임을 과시함으로써, 한층 용이하게 지역민들의 자발적인 협조를 끌어낼 수가 있었을 것이기 때문이다.[95] 그리하여 김경손은 마침내 반란군 진압이라는 소기의 목적을 달성할 수가 있었다. 이연년의 백제부흥운동이 평정되기까지에는, 말하자면 금성산신의 은밀한 도움이 있었다고 하여 반드시 지나치다고 할 수만은 없는 형편이었던 셈이다.

삼별초의 난은 물론 그에 앞서 백제부흥운동을 진압하는 데에도 금성산신의 은밀한 가호가 작용하였음을 내세워, 나주인들이 그 우대를 주장하였을 수도 있는 상황임을 살폈다. 그런데도 나주지역 주민들은 그리하지를 않았다. 그러고는 한참이나 세월이 흐른 다음에야, 새삼스레 옛 공적을 내세워 금성산신을 봉작하는 등 그 우대를 중앙에 요청하고 나섰다. 그럴 만한 까닭이 없었을 리가 없다.

한데 그와 관련하여 떠오르는 것이, 이웃 광주光州의 무등산신無等山神에 대한 조정의 우대 조치이다. 삼별초를 평정하는 데 남모르는 도움이 있었음을 내세워, 그 작위를 더해 주고 또한 봄과 가을이면 제사를 드리도록 하는 등 무등산신에게 은상이 내려졌던 것이다. 삼별초의 난이 진압되던 원종元宗 14년(1273)의 일이었다.[96]

삼별초의 난이 일어났을 적에 광주 내지는 무등산에서 무슨 일이

95) 閔賢九, 앞의 논문, 99쪽.

96) · 以光州無等山神 陰助討賊 命禮司 加封爵號 春秋致祭 (『高麗史』 27 元宗 14年 5月 庚辰)
· 討三別抄于耽羅也 無等山神 有陰助之驗 命春秋致祭 (『高麗史』 63 禮 5 吉禮 雜祀 元宗 14年)

있었던가를 알려 주는 기록은 쉬이 눈에 띄지를 않는다. 난을 진압하는 데 무등산 내지는 광주지역에서 어떠한 기여를 하였는지 파악하기가 쉽지를 않은 형편이다. 반면에 삼별초의 난 당시 나주에서 있었던 일을 전하는 기록은, 앞서 살피었듯이 제법 풍부한 편이다. 현전하는 기록에 의거하는 한, 그러므로 삼별초를 평정하는 과정에서 광주보다는 나주지역이 훨씬 크게 공헌하였다고 하여 과언이 아닌 실정이라 할 것이다.

그런데 난이 끝나고 나서 막상 공적을 인정받은 쪽은 나주가 아니라 광주였다. 원종 14년의 무등산신에 대한 봉작으로 미루어 알 수가 있다. 난이 끝난 뒤의 논공행상에서 이웃 광주에 비해 차별대우를 받았다고 느끼는 나주인들이 적지 않았음 직한 것이다. 그리하여 시간이 흐름에 따라 그러한 불만은 점차 여러 사람들에게 번져갔을 것이고, 드디어 그것이 위의 자료에서와 같이 금성산신을 섬기는 무당의 입을 빌어 표출되기에 이르지는 않았을까 여겨진다. 말하자면 나주에서는 자신들이 기여한 만큼의 차별 없는 처우를 조정에 희망하였던 셈이거니와, 그러한 사정을 누구보다 잘 파악하였을 나주 출신의 정가신이 지역민들의 그러한 요구를 관철시키고자 노력하여 금성산신의 봉작이라는 결과를 얻어내기에 이르렀던 것이 아닌가 헤아려지는 것이다.

앞서 언급하였듯이, 지역에 소재하는 진산鎭山에 대한 신앙을 우대하는 것은 곧 그 지역의 위상 강화와도 직결되는 일이었다. 또한 나아가 지역 주민 및 그 대표자라 할 토착세력의 존재를 과시하는 데 도움이 되는 일이기도 하였다. 따라서 원종 14년의 무등산신앙에 대한 우대 조치는, 전남지역에서 광주에 비해 상대적으로 나주와 그 지역민의 위상을 격하시킬 위험이 있는 것으로 나주인들에게는 받아들여졌을 법하다.

잘 알려진 바와 같이, 고려시기에 현 전남지역을 대표한 것은 광주가 아니라 나주였다. 왕건王建의 편에 섰던 나주는, 고려의 후삼국 통합 후 전남지역을 대표하는 유일한 주목主牧의 지위로 올라서게 되었다. 반면에 늦어도 통일신라 즈음이면 전남지역의 으뜸가는 고을이었던 광주는, 끝까지 후백제 쪽에 섰던 관계로 고려시기 들어 읍격의 강등을 감수해야만 하였고, 그리하여 한때는 속현屬縣으로까지 격하된 적이 있을 정도였다.[97] 한데 이러한 광주가 원종 14년에 이르러 무등산신이 봉작되던 무렵에는, 나주와 마찬가지로 목사고을을 칭할 수가 있게 되었던 것으로 보인다. 광주의 위상을 강화시키는 의미가 있는 무등산신앙 우대 조치와 더불어, 광주의 읍격을 나주와 동일한 목牧으로 승격시키는 특혜가 베풀어졌던 셈이다.[98]

난이 평정된 지 한참이 지났음에도 불구하고, 나주인들이 새삼스레 당시의 논공행상에 이의를 세기한 것은 바로 여기에 그 까닭이 있었다고 믿는다. 무등산신앙을 우대함과 아울러 광주를 목牧으로 승격시킴으로써, 그동안 나주가 누려 왔던 바 전남지역을 대표하는 유일한 주목主牧으로서의 지위가 흔들릴지도 모른다는 불안이, 나주인들로 하여금 그처럼 행동하도록 만들지나 않았을까 헤아려지는 것이다. 삼별초를 진압하던 당시의 공적을 내세우면서 금성산신앙을 우대해 주

97) 洪承基, 「地方制度의 成立과 光州」, 『光州市史』 1 (1978), 313~315쪽. 金東洙, 「고려 중·후기의 監務 파견」, 『全南史學』 3 (1989), 67쪽. 李載龒, 「羅州의 歷史 變遷」, 『羅州牧의 再照明』 (1990), 27~35쪽. 陰善赫, 「地方制度의 整備와 光州」, 『光州市史』 1 (1992), 417~419쪽. 李重孝, 「지방제도의 정비와 전남」, 『全羅南道誌』 3 (1993), 196쪽 및 204~205쪽.

98) 光州 邑格의 그와 같은 상승에 관하여는, 邊東明, 「高麗後期의 無等山信仰과 光州」, 169~171쪽의 설명을 참고하라.

도록 조정에 요구하였던 것은, 그러므로 무등산신앙을 앞세워 전남지역에서의 위상 강화를 노리던 광주인에 대해 나주인이 가했던 반격이라는 의미가 있다고 하겠다. 이로써 광주에 비해 나주가 여전히 우위에 있음을 거듭 확인하고자 하는 데, 그 의도가 있었음이 분명해 보이는 것이다.[99]

한편 이 즈음 나주에서는 금성산신앙을 배경으로 한 또 다른 흥미로운 사건이 발생하여 눈길을 끈다. 다음의 자료를 살펴보자.

> 심양沈暘은 … 충렬왕 초기에 공주부사公州副使가 되었다. 장성현長城縣의 여성이 있어 말하기를, "금성대왕錦城大王이 내게 강림하여 이르기를, '네가 금성산신당錦城山神堂의 무당이 되지 않으면 반드시 네 부모를 죽이리라'고 하므로 내가 두려워 그를 따른다"고 하였다. 그 여성은 또한 장성현 사람인 공윤구孔允丘와 (정을) 통하였는데, 산신의 말이라며 지어 말하기를, "내가 장차 상국上國에 가려는데 반드시 공윤구를 데리고 가야겠다"고 하므로, 나주 고을에서 역마驛馬를 내주었다. 하루는 우역郵驛을 담당한 아전이 급히 도병마사都兵馬使에 보고하기를, "금성대왕이 왔습니다"라고 하자, 도병마사가 놀라며 괴이히 여겼다. 나주사람으로서 조정에 출사한 자가 있어 신이神異한 사실을 갖추어 왕에게 넌지시 알리면서 맞이해 접대하고자 논의하였으며, (저들이) 지나는 바의 고을 수령들은 모두 공복公服을 갖춰 입은 채 교외에서 마중하였고 음식과 역마에도 정성을 다하고자 애를 썼다. 공주公州에 이르렀는데 심양이 접대하지 않자 무당이 성을 내어 신神의 말이라며 전하기를, "내가 반드시 심양에게 재앙을 내리리라" 하고는, 일신역日新驛으로 물러가 묵

99) 이상의 羅州 및 錦城山信仰과 光州 및 無等山信仰에 관한 설명은, 邊東明, 「高麗後期의 無等山信仰과 光州」, 163~173쪽의 내용을 참고하라.

었다. 밤에 심양이 사람을 시켜 저들을 엿보게 하였는데, 여성이 공윤구와 함께 잠을 잤다. 드디어 붙잡아다 국문을 하자 모두 자복하였다 …[100]

흔히 금성산신을 앞세운 시골 무당의 황당무계한 행위를 응징한, 공주부사公州副使 심양沈諹의 음사淫祀 배격 사건 정도로 알려져 있다. 그런데 주목되는 것은, 위 사료에 따르면 지방의 수령에서 중앙의 도병마사와 국왕에 이르기까지 모두가 한갓 무당의 사기행각에 놀아난 것처럼 보인다는 사실이다. 관아에서는 역마와 숙식을 제공하였고, 우역을 담당하는 관리는 도병마사에 보고하였으며, 마침내는 국왕까지 설득당하여 공식적으로 맞이할 생각을 품을 정도였다. 단순한 사기행각이라기에는 무언가 석연치 않은 점이 있어 보인다. 모르긴 해도 무당의 주장 중에는, 당시 조정에서도 수긍할 만한 그럴싸한 무슨 명분과 같은 것이 있었던 것은 아닐까 짐작된다.

이 사건이 일어난 것은 충렬왕 초기, 구체적으로는 늦어도 충렬왕 5년(1279) 3월 이전이었다. 도병마사가 도평의사사로 바뀌는 게 충렬왕 5년 3월인데,[101] 위 기록에는 여전히 옛 이름 그대로 나오는 것으로 미루어 짐작할 수가 있다. 그런데 당시는 원元 간섭의 초기로서, 원의 고려에 대한 의심이 채 가시지 않은 상태였다. 이 무렵을 전후

---

100) 沈諹 … 忠烈初 爲公州副使 有長城縣女言 錦城大王降我云 爾不爲錦城神堂巫 必殺爾父母 我懼而從之 女又與縣人孔允丘通 作神語曰 我將往上國 必伴孔允丘行 羅州官給傳馬 一日郵吏急報都兵馬使曰 錦城大王來矣 使驚怪 有羅人仕于朝者 具神異諷王 議欲迎待 所過州縣守 皆公服郊迓 廚傳惟謹 至公州 諹不待 巫怒傳神語曰 我必禍諹 退寓日新驛 夜諹使人覘之 女與允丘宿 遂捕鞫之 俱伏 後拜監察侍史 … (『高麗史』 106 沈諹傳)

101) 邊太燮, 「高麗都堂考」, 『高麗政治制度史研究』 (一潮閣, 1971), 97쪽.

하여 여러 번에 걸쳐 고려인의 무기武器 소지所持를 금지하는 다루가치의 명령이 내려졌던 게 그러한 증좌이다.[102] 그리하여 의심의 눈초리를 거두지 않던 고려주둔 원나라 군사 및 부원배附元輩들의 극심한 횡포로 인하여, 고려의 내정은 조용할 날이 없었다. 무고사건誣告事件이 잇달았으며, 그러는 와중에 최고 실력자였던 김방경金方慶마저 모역사건에 연루된 혐의로 말 못할 고초와 함께 섬으로 유배되는 신세를 면치 못하였다.[103] 마침내 충렬왕이 4년(1278) 4월에서 5년 초에 걸쳐 두 차례나 직접 원에 들어가 원제元帝를 대면한 가운데 해명하고 설득한 끝에, 모든 소동의 근원이라 할 원군元軍과 다루가치의 철수라는 외교적인 성과를 얻어냈고, 그런 다음에야 비로소 고려의 정국은 어느 정도 안정을 되찾을 수가 있었던 것이다.[104]

금성산신을 모신다고 하는 무당이 원나라에 가겠다고 나선 것은 위와 같은 상황 속에서의 일이었다. 곤경에 처한 고려를 위하여 元에 들어가 무언가 역할을 하겠다며 앞장선 형국이다. 그가 자임했던 역할의 내용이 구체적으로 무엇이었던가에 관해서는 잘 알 수가 없다. 그렇지만 적어도 국왕을 비롯한 여러 관리들이 설득당할 만한 그 어떤 것이었음에는 틀림이 없어 보인다.

한편 금성산신을 모신다는 무당의 이러한 행동이 성공적인 결실로 이어지기만 한다면, 금성산신앙은 물론이려니와 그로써 상징되는 나

---

102) 邊東明, 「高麗 忠烈王代의 萬戶」, 『歷史學報』 121 (1989), 115~116쪽.

103) 金光哲, 「高麗 忠烈王代 政治勢力의 動向―忠烈王 初期 政治勢力의 變化를 중심으로―」, 『昌原大論文集』 7-1 (1985), 151~155쪽. 李益柱, 「高麗 忠烈王代의 政治狀況과 政治勢力의 性格」, 『韓國史論』 18 (서울大 國史學科, 1988), 173~176쪽.

104) 李益柱, 같은 논문, 175~178쪽. 金惠苑, 「忠烈王 入元行績의 性格」, 『高麗史의 諸問題』 (三英社, 1986), 815~817쪽.

주 및 지역 토착세력의 위상 강화에도 도움이 되리라는 것은 불을 보듯 뻔하다. 나주 관아에서 무당에게 공식적인 사행使行에만 이용할 수 있는 역전驛傳을 마련해 주고, 또한 중앙에 연락하여 나주 출신의 관리로 하여금 국왕을 설득토록 주선하였던 것은, 모두 그러한 데에 까닭이 있었음직하다. 말하자면, 앞서 금성산신앙을 우대해주도록 요구함으로써 광주에 비해 나주가 여전히 우위에 있음을 확인하고자 하였던 것과 마찬가지로, 금성산 무당을 내세워 다시 한번 나주 및 지역 유력자들의 존재를 중앙에 과시함으로써 지역 내에서의 주도권을 거듭 확인하려는 것이 나주인들의 의도가 아니었던가 헤아려지는 것이다.

요컨대 13세기 중・후반에 걸쳐 나주의 금성산신앙이 자주 사서史書에 등장하고 또 금성산신의 우대 요구가 나타나는 것은, 전남 지역사회 내에서의 나주의 주도권, 특히 고려 후기 들어 크게 성장한 광주의105) 도전에 대응하여 수복主牧으로서의 위치를 재확인하고자 하는 나주인의 강한 의지가, 그처럼 표출된 것이었다고 하여 지나치지 않을 것이다.

맺음말

지금까지 고려시기 나주의 금성산신앙을 검토하였다. 나주 오씨와 같은 지역 토착세력의 존재를 좀 더 구체적으로 부각시키지 못한 아쉬움이 크거니와, 본문에서 살핀 내용을 간략히 되짚어 맺음말에 가

105) 高麗後期 光州의 성장, 정확히는 그 土着 社會勢力의 성장에 관해서는, 邊東明, 「高麗後期의 無等山信仰과 光州」, 173~176쪽의 내용을 참고하라.

름하고자 한다.

나주의 금성산이 산악신앙의 대상으로서 국가의 사전祀典에 오른 것은 고려왕조에 들어서의 일이었다. 왕건王建과 나주 호족의 깊은 인연을 바탕으로 하여, 변방 주민의 숭신을 받는 데 지나지 않던 이름 없는 산에서, 일약 국가적인 치제의 대상으로 떠오르게 되었던 것이다. 나주 및 지역 토착세력을 상징하는 이 금성산신앙이 성종대成宗代의 각종 예제禮制 정비에 따라 사전祀典에 오른 것은, 그러므로 태조太祖 이래 공인되어 오던 그러한 관행에 대한 법제적인 조치에 다름이 아니었다.

고려시기의 금성산은 개경開京의 주산인 송악松嶽에 버금가는 숭배의 대상이었다. 송악을 제외하고는, 산신당山神堂을 다섯이나 거느리는 유일한 산이었다. 금성산신앙이 그처럼 격을 높일 수 있었던 것은, 나주羅州 팔관회八關會의 개최에 힘입어서이었다. 고려의 팔관회는 본시 개경開京과 서경西京에서만 개최하는 것이 원칙이었다. 그런데 제2차 거란의 침입을 맞아 나주로 피난을 다녀온 현종顯宗이, 나주에서도 팔관회를 개최할 수 있도록 배려하였다. 나라가 위기에 처했을 때 최후의 보루로서 왕조 중흥에 기여한 데 대한 보답으로, 나주로 하여금 수도에 버금가는 지위를 누리도록 특혜를 베풀었던 것이다. 팔관회는 산악신앙까지 포괄하는 등, 전통신앙을 아우르는 국가적인 종합 축전이었다. 따라서 나주 팔관회의 개최는 곧 금성산신앙의 위상을 제고시키는 효과를 낳았으며, 이로써 금성산은 송악에 버금가는 숭배의 대상으로 격상되기에 이르렀고, 그에 걸맞게 다수의 산신당을 거느리게 되었던 것이다.

이러한 금성산신앙이 『고려사』 등 사서史書에 자주 등장하는 것은,

최씨 무인정권에서 원元 간섭의 초기에 이르는 혼란과 격동의 13세기 중·후반이었다. 백제부흥운동과 삼별초의 난을 진압하는 데 금성산신이 음조하였으며, 그러한 결과로 금성산신이 정녕공에 봉작되는 등 우대를 받았다는 기록이 그것이다. 금성산신이 우대를 받을 수 있었던 것은, 정가신鄭可臣과 같은 나주 출신 인물들의 노력에 힘입은 바 컸다. 지역 내에서의 나주의 주도권, 특히 고려 후기 들어 크게 성장한 광주光州의 도전에 대응하여 주목主牧으로서의 위치를 재확인하고자 하는, 나주 지역사회의 강한 의지에 따른 일이었다. 말하자면 고려 후기 들어 금성산신앙이 그처럼 사서에 자주 등장하였던 배경에는, 전남지역에서의 주도권을 둘러싼 나주와 광주 내지는 양 지역을 대표하는 토착 유력계층 사이의 대립 갈등이 숨어 있었던 셈이다.

(「高麗時期의 羅州 錦城山信仰」, 『全南史學』 16, 2001)

제3장 순천順天의 산신山神 · 성황신城隍神

머리말

고려시기 이후 순천지역順天地域에서는 3인의 역사상 실존 인물이 각각 산신 혹은 성황신으로 숭배되어 왔다.[1] 박영규朴英規와 김총金惣 · 박난봉朴蘭鳳이 바로 그들이었다. 그런데 이처럼 한 지역에서 세 명이 한꺼번에 유사한 성격의 신神으로 떠받들어진 것은, 좀처럼 보기 드문 일이 아닌가 여겨진다. 이례적이다 싶은 현상이 나타난 셈이다. 나아가 이들은 모두가 지역의 토착세력 출신이자, 신라 말 내지는 고려왕조에 들어 활동한 인물들이라는 공통점을 지니기도 하였다. 특이한 경우로서 관심을 끄는 일이 아닐 수가 없다.

전통시기 이래 순천은 전남 동부지역을 대표하는 고을이었다. 현재도 그것은 매한가지이거니와, 특히 순천이 정치적으로 중요한 의미를 지닌 지역으로 떠오른 것은 고려시기, 엄밀하게는 신라 말과 고려 초 이후의 일이었다.[2] 그런데 앞서 언급하였듯이, 산신 혹은 성황신으로

1) 『新增東國輿地勝覽』 40 順天都護府 人物 金惣 · 朴英規 · 朴蘭鳳

2) 崔炳云, 「順天(市)의 歷代 境域과 그 名號 및 官號의 變遷」, 『南道文化硏究』

숭배되어 온 세 사람 역시 모두 신라 말에서 고려 초 내지는 고려시기에 생존한 인물들이었다. 순천지역의 대두와 이들 3인의 활동 및 나아가 지역 주민의 그들에 대한 추앙이 서로 무관하지 않았을 것임을 예감할 수가 있다.

이미 널리 알려졌듯이, 전근대사회에서 산신과 성황신에 대한 신앙은 지역의 토착 사회세력과 긴밀한 관계를 맺은 가운데 전개되어 왔다.[3] 순천지방 역시 거기에서 예외가 아니었을 것임은 물론인데, 더욱이 3인이나 되는 토착세력 출신의 인물이 각기 산신 내지 성황신으로 함께 숭배되어 왔다는 점에서 이색적인 사례로 손꼽힐 만하다.[4]

---

1 (順天大 南道文化研究所, 1985), 8~11쪽.
三國時期 順天地域의 상황에 관해서는 잘 알 수가 없는데, 統一新羅時期에는 麗水·突山·光陽의 세 고을을 領縣으로, 그리고 高麗時期에는 거기에 住岩을 더하여 네 고을을 屬縣으로 각각 거느렸으며, 이어 朝鮮時期에 들어서는 光陽縣을 제외한 대부분을 아예 直村으로 삼아 하나의 고을로 통합하여 다스렸다. 그 후 19세기 말 20세기 초에 들어 麗水 일원이 독립된 郡으로 떨어져 나가고 樂安郡의 일부가 순천으로 흡수되는 등 그 행정구역에 축소 변화가 있었지만, 지역 중심지로서의 위상에는 그다지 큰 변함이 없었다. 그리하여 오늘날에도 順天은 麗水·光陽·求禮·谷城·寶城·高興을 아우르는 지역 생활권의 거점도시로서, 그 역할을 충실히 수행하는 고장이라는 평가를 듣는다(崔炳云, 같은 논문, 3~24쪽. 李洪永, 「지리적 환경」, 『順天市史』정치·사회편, 順天市史編纂委員會, 1997, 23~24쪽).

3) 李基白, 「新羅 五岳의 成立과 그 意義」, 『震檀學報』 33 (1972) ; 『新羅政治社會史研究』 (一潮閣, 1974). 金甲童, 「高麗時代의 城隍信仰과 地方統治」, 『韓國史研究』 74 (1991). 鄭勝謨, 「城隍祠의 民間化와 鄕村社會의 變動」, 『泰東古典研究』 7 (1991). 金甲童, 「高麗時代의 山嶽信仰」, 『震山韓基斗博士華甲紀念 韓國宗教思想史의 再照明』 上 (1993). 박호원, 「高麗의 山神信仰」, 『民俗學研究』 2 (國立民俗博物館, 1995). 邊東明, 「高麗後期의 無等山信仰과 光州」, 『東亞研究』 38 (2000). 邊東明, 「高麗時期의 羅州 錦城山信仰」, 『全南史學』 16 (2001).

4) 이와 관련하여, 이경엽, 「순천의 성황신앙·산신신앙과 역사적 인물의 신격화」 (『남도민속연구』 6, 2000)가 발표되어 이해에 도움을 준다. 하지만 그럼에도 불

여타의 지역과 구별되는 순천 지역사회 내지는 그 토착세력 나름의 독특한 존재양상을 반영하는 일임이 틀림없어 보이거니와, 그 구체적인 사연이 무엇이었는지 궁금하기 짝이 없다.

이 글에서는 고려시기 중앙과 지방의 관계 및 지역사회 내부의 동향과 관련지어 순천지역의 산신山神과 성황신城隍神을 검토함으로써, 그러한 의문을 풀어보도록 하겠다. 우선 순천지역에서 산신 혹은 성황신으로 떠받들어져 온 박영규朴英規와 김총金惣·박난봉朴蘭鳳이 어떠한 인물들이었는지를 살피는 데서, 문제 해결의 실마리를 찾아보도록 하겠다. 이로써 순천지역 산신과 성황신의 인격신화人格神化 내지는 박영규朴英規 등 3인의 신격화神格化에 얽힌 궁금증을 해소하는 바탕이 마련될 것으로 기대한다. 다음으로, 순천지역의 산신과 성황신이 언제 그리고 어떠한 배경에 의해 인격신화하였는지, 다시 말해서 박영규 등이 어떠한 과정을 거쳐 지역 주민에 의해 신으로까지 격상되어 추앙을 받기에 이르렀는지를 더듬어 보도록 하겠다. 순천지역의 산신과 성황신이 그처럼 역사상 실존했던 인물로 인격신화하는 과정과 그 배경에는, 고려시기 순천의 위상 내지는 그것을 뒷받침하는 토착세력의 성쇠가 반영되어 있을 것으로 판단되는데, 이제 그것을 구체적으로 음미해 보고자 하는 것이다.

이상에서 제시한 바의 내용에 대한 검토가 제대로 이루어짐으로써, 고려시기 중앙과 지방의 관계는 물론 나아가 지방에서의 주도권을 두고 지역 간 혹은 지역 내의 유력한 사회세력 사이에 벌어지던 경쟁

구하고, 언제 그리고 어떠한 배경에서 그러한 일이 벌어졌던가에 관한 의문은 여전하다. 관련 인물 및 순천지역의 역사에 대한 정밀한 검토를 바탕으로, 거기에서 찾아볼 수 있는 특징과 연계시켜 구체적으로 해석하는 작업이 필요하다고 믿어지는 것이다.

내지는 갈등과 같은, 생동하는 지방사회의 한 단면을 파악하는 데 도움이 되었으면 하는 바람이다.

1. 산신山神 · 성황신城隍神으로 추앙된 인물

박영규朴英規는 신라 말에서 고려 초의 시기에 순천지역을 대표하던 호족豪族이었다.[5] 기록에 따르면, 그는 승주昇州 출신으로서 견훤甄萱의 딸과 혼인하였으며, 또한 후백제의 장군將軍으로 활약하였다고도 한다.[6] 그가 순천과 그 인근 지역을 정치적 · 군사적 · 경제적으로 지배하던 대호족 출신이었음을 보여주는 유력한 증거이다. 나아가 후대에까지도 순천의 주민들 사이에서는 박영규가 지역의 '군장君長'으로 기억되어 눈길을 끌거니와,[7] 이 역시 그와 마찬가지로 이해하여 좋을 듯싶기도 하다.

그렇다면 박영규가 그처럼 순천지역을 대표하는 호족으로 성장할 수 있었던 배경은 무엇일까? 박영규는 신라 말에서 고려 초의 시기에

---

5) 朴英規에 관해서는, 申虎澈, 『後百濟 甄萱政權研究』(一潮閣, 1996), 92 · 125 · 158 · 160 · 163~165쪽 및 鄭淸柱, 「신라말 고려초 순천의 지방세력」, 『順天市史』정치 · 사회편 (順天市史編纂委員會, 1997), 175~180쪽의 내용이 참고 된다.

6) 朴英規 昇州人 娶甄萱女 爲萱將軍 … (『高麗史』 92 朴英規傳)

7) 平陽舊志曰 朴英規 江南君之後也 爲甄萱婿 而君長於此土 … (『江南樂府』 麟蹄山條)
『江南樂府』는 조선 후기 순천 출신의 士人 趙顯範(1716~1790)이 저술한 樂府體의 詠史詩集이다(正祖 8, 1784). 高麗에서 시작하여 朝鮮後期에 이르기까지의 순천지역 事蹟을 詩로 읊어 정리한 다음, 관련 인물들의 행적을 비롯한 여러 역사적 사실들을 낱낱이 附註해 두었는데, 자세한 설명은, 趙湲來, 「江南樂府解題」, 『國譯 江南樂府』(南道文化研究 資料叢書 2, 順天大學校 南道文化研究所, 1991), 224~233쪽의 내용을 참고하라.

순천 일원을 근거로 해상활동海上活動에 종사함으로써 성장한, 해상세력 출신의 호족으로서 이름이 있는 인물이다.[8] 전근대시기에 순천지방은 한반도 남해연안에서 해상교통의 요충에 위치하였다. 물산이 풍부한 섬진강蟾津江 수계水界의 중심지로서 내륙 수운을 통하여 보성과 곡성 및 구례까지 직접 연결되었으며, 더불어 그 남쪽이 바닷가로 이어지는 천혜의 지리적 여건에 말미암은 일이었다. 그리하여 고려왕조에 들어서는 순천지역에 조창漕倉이 설치되기도 하였는데, 현 순천시 홍내동鴻內洞 인근의 사비포沙飛浦(성종 11, 992년 조양포潮陽浦로 개칭改稱)에 위치하던 해룡창海龍倉이 그것이었다.[9] 또한 조선시기에는 현재의 해룡면海龍面 해창리海倉里에 세곡稅穀을 운송하는 포구로서 해창포海倉浦가 소재하기도 하였다.[10] 순천의 남쪽 해안지대가 전통시기 한국의 연안 해상교통에서 빼놓을 수 없는 주요 근거지 중의 하나였음을 이해할 수가 있는 것이다.

박영규가 활동하던 신라 말에서 고려 초에 걸친 즈음은, 한국 역사상 해상활동이 가장 활발히 이루어지던 시기 중의 하나였다. 그리고 그의 근거지인 순천지역은, 앞서 보았듯이 그러한 해상활동에 매우 적합한 지리적 여건을 갖춘 고장이었다. 신라 말과 고려 초의 시기에 순천지역을 근거로 해상활동에 종사하던 세력이 존재하였을 가능성이 매우 높으며, 그러한 세력을 대표할 만한 존재로서 박영규를 떠올리는 것이 반드시 지나치다고 할 수만은 없지 않을까 여겨지는 것이다. 후대의 기록에 따르면, 박영규는 도리道里의 옛 성터가 있는 해룡

8) 이하 海上勢力 出身 豪族으로서의 朴英規에 관한 설명은, 鄭淸柱, 「신라말 고려초 순천의 지방세력」, 176~178쪽의 내용을 참고해서 정리하였다.

9) 『高麗史』 79 食貨 2 漕運, 同上 成宗 11년, 同上 靖宗朝

10) 『新增昇平誌』上 倉庫 海倉條

산海龍山 아래 홍안동鴻雁洞에 웅거하였다고 한다.[11] 그런데 여기의 해룡산 아래 홍안동이란 곧 고려시기 조창이 자리하던 조양포 일대의 지역을 가리킨다. 말하자면 연해안 각지에서 해상세력이 큰 활약을 보이던 신라 말과 고려 초의 시기에, 그러한 해상활동의 요충지에 웅거하면서 순천지역의 '君長'으로 군림하던 인물이 바로 박영규였던 셈이다.

박영규는 신라 말에서 고려 초의 시기에 걸쳐 순천지역을 거점으로 활약하던 해상세력 출신의 유력한 호족이었다고 믿는다. 혹시 그 자신이 직접 해상활동에 종사하지 않았을는지는 모르지만, 최소한 지역 내의 군소 해상세력을 휘하에 거느리던 유력자였음은 분명해 보인다. 그리하여 해상무역의 이익을 차지하는 등 경제적 기반을 확고히 함으로써, 순천지역을 지배하는 '군장君長'으로 자리 잡았던 것이 아닌가 헤아려지는 것이다. 견훤이 자신의 딸을 그와 혼인시키면서까지 박영규를 휘하에 붙잡아 두기 위해 노력하였던 것도, 그와 같은 그의 위상을 고려한 조치였음이 분명하다. 그로써 나주羅州 일원의 이반으로 취약해진 무주武州 내에서 그 동남부 지역이나마 후백제後百濟의 확고한 영역으로 확보하는 것은 물론, 나아가 해상세력을 보강하여 정권의 안정을 이룩할 수가 있으리라고 판단하였음직해 보이는 것이다.[12]

11) 平陽舊志曰 朴英規 江南君之後也 爲甄萱婿 而君長於此土 據道里海龍山下鴻雁洞(夾註 : 有古城址) 後降於高麗 賜爵左承 死爲海龍山神(夾註 : 古有祠今廢) … (『江南樂府』 麟蹄山條)

12) 甄萱은 867년(景文王 7)에 출생하였던 것으로 알려져 있다(申虎澈, 「甄萱의 出身과 社會的 進出」, 『後百濟 甄萱政權研究』, 一潮閣, 1993, 13쪽). 그런데 시집보낼 정도의 딸을 두려면 우선 30대 후반은 넘겨야 할 것이다. 더욱이 견훤에게는 이미 그 長子로 神劍이 있었다. 또한 박영규와 혼인한 견훤의 딸이 남편과

박영규는, 앞서 언급하였듯이, 견훤정권에서 장군을 역임하였던 것으로 전한다. 그런데 후백제의 장군은 좌장군左將軍이나 우장군右將軍 또는 해장군海將軍의 경우처럼 특정한 임무와 권한을 지닌 상설 무관직이었음이 밝혀진 바 있다.13) 좌군左軍·우군右軍·해군海軍과 같은 군사조직을 지휘하는 최고위 무관으로서, 후백제의 군사력을 장악하는 주요한 직임이 곧 장군이었다. 따라서 그러한 지위에까지 오른 박영규는 곧 후백제의 군사 수뇌부에 속하는 유력자 중의 하나였다고 하여 지나치지 않을 줄 믿는다. 견훤정권에서 차지하는 그의 정치적 비중이 상당하였음을 짐작할 수가 있는 것이다.

박영규는 후백제의 말기에 들어 발생한 정변에서, 신검神劍의 왕위 탈취를 반대하는 입장에 섰던 것으로 보인다. 신검에게서 밀려난 견훤의 고려 투항을 지켜본 그가 자신의 처에게, "충신은 두 임금을 섬기지 않으니, 만약 우리 임금을 버리고 적자賊子를 섬긴다면 무슨 낯으로 천하의 의사義士를 대할 수 있으리오"라고 하면서, 견훤을 뒤따라 고려로 귀부해 갔다는 사실로 미루어 알 수가 있는 일이다.14) 하

함께 神劍의 정변에 반대하여 고려로 귀부하였던 데서 드러나듯이, 남매 사이라 할 神劍과 朴英規 妻의 사이는 그다지 친밀한 것이 못 되었다. 과연 親男妹 사이였는지도 의문이 들거니와, 이런 여러 사실들을 생각할 때 견훤이 박영규를 사위로 맞아들인 것은 그의 40세 전후, 즉 羅州가 王建에게 공략당한 903년(甄萱 37세) 이후의 일로 간주하여 무방할 듯싶다. 말하자면 甄萱이 혼인관계를 통하여 順天의 大豪族 朴英規를 붙잡아 두고자 애를 썼던 요인 중의 하나로서, 羅州의 이반으로 취약해진 분야를 보완하려는 그의 정치적 의도 역시 고려해 마땅하지 않을까 헤아려지는 것이다.

13) 申虎澈, 「甄萱政權의 成立」, 『後百濟 甄萱政權研究』, 54~55쪽.

14) 朴英規 昇州人 娶甄萱女 爲萱將軍 及神劍爲逆 萱來投 英規密語其妻曰 大王勤勞四十餘年 功業垂成 一旦以家人之禍 失地投於高麗 夫貞女不事二夫 忠臣不事二主 若舍吾君 以事賊子 則何顔以見天下之義士乎 (中略) 太祖十九年二月 英規遂遣人歸款 且曰 若擧義兵 請爲內應 以迎王師 太祖大喜 …

지만 그렇다고 하여 그를 반드시 금강계金剛系의 정치세력으로만 단정할 수 있을 것인지는 의문이다.[15] 오히려 견훤을 몰아내고 왕위를 찬탈한 데 대한 불만이라는 측면이 더욱 크게 작용하지 않았을까 여겨지는데, 정변 당시 신검측에 의해 금강계의 인물들이 제거당하는 와중에서도 그가 건재하였던 사실에 비추어 그러한 짐작이 가능할 듯 여겨진다.

그것은 어찌 되었든, 후백제의 손꼽히는 유력자 가운데 하나였던 그의 고려 귀부는, 후백제의 멸망에 상당한 영향을 미쳤던 것으로 보인다. 그가 내응을 약속해오자 왕건王建이 매우 기뻐하며, 그에 대한 보답을 천지신명께 맹세하였던 것으로 미루어 짐작할 수가 있다. 그리고 실제로 신검을 토벌한 다음 왕건은 박영규에게 좌승佐丞이라는 고위의 관계官階와 더불어 전답 천경千頃을 하사하였으며, 역마 35필로 그 가족을 개경開京으로 맞아오게 하는 한편 두 아들에게도 벼슬을 내림으로써 그 약속을 지켰다.[16] 또한 박영규의 세 딸을 각각 자신의 부인(동산원부인東山院夫人)과 아들 정종定宗의 왕후(문공왕후文恭王后, 문성왕후文成王后)로 맞아들임으로써,[17] 더욱이 그에 대한 예우를 극진히

(『高麗史』 92 朴英規傳)

15) 朴英規를 金剛系 인물로 파악한 데 관해서는, 申虎澈, 「甄萱政權의 沒落」, 『後百濟 甄萱政權硏究』, 158쪽의 내용을 참고하라.

16) … (朴)英規遂遣人歸款 且曰 若擧義兵 請爲內應 以迎王師 太祖大喜 厚賜其使 令歸報英規曰 若蒙君惠 道路無梗則 先謁將軍 升堂拜夫人 兄事而姉尊之 必終有以厚報之 天地鬼神 悉聞此言 九月 太祖討神劒 滅百濟 謂英規曰 自(甄)萱失國遠來 其臣子無一人慰籍者 獨卿夫婦 千里嗣音 以致誠意 兼歸款於寡人 義不可忘 授以佐丞 賜田千頃 以驛馬三十五匹 迎致家人 官其二子 英規 後官至三重大匡 (『高麗史』 92 朴英規傳)

17) 『高麗史』 88 太祖 東山院夫人 朴氏, 定宗 文恭王后 朴氏·文成王后 朴氏 朴英規가 언제 그 딸들을 太祖와 定宗에게 각각 納妃하였는지에 관하여는 전

하였다.

왕건의 박영규에 대한 위와 같은 극진한 대우는, 그가 후백제 통합에 기여한 것에 대한 보답이자, 더불어 그가 순천지역을 지배하는 대호족이라는 사실을 배려한 조치이기도 하였음직하다.[18] 이로써 그를 매개로 전남지역의 동남부 일원에 대한 고려왕실의 영향력을 강화시킬 뿐만 아니라, 더욱이 순천의 경우처럼 끝까지 견훤의 편에 속하였던 옛 후백제 지역 주민들의 고려에 대한 반감도 누그러뜨리는 효과를 기대할 수가 있었을 법하기 때문이다.

사실 호족연합정권의 시기인 고려 초기, 구체적으로 태조에서 혜종과 정종 및 광종의 대에 이르도록, 세 명의 딸을 왕실에 후비后妃로 바친 호족은 단지 셋에 지나지 않았다. 평산平山의 대호족인 박지윤朴遲胤과 그의 두 아들 박수문朴守文・박수경朴守卿 3부자 및 광주廣州의 대호족인 왕규王規 그리고 순천順天의 박영규朴英規 등이 곧 그들이었다. 그것도 평산 박씨 가문은 3부자가 각각 1명의 딸을 납비納妃하였음에 비해, 박영규의 경우 ―왕규도 마찬가지이지만― 혼자서 세 딸을 납비하였다. 박영규에 대한 고려왕실의 우대가 남달랐음을 이해할 수가 있겠거니와, 거기에는 또한 순천지역을 대표하는 대호족으로서의 박영규에 대한 남다른 배려가 작용하였을 것임을 짐작하여 지나치지 않을 줄 믿어지는 것이다.

다음으로, 김총金惣은 바로 그러한 박영규와 비슷한 시기에 활동한 인물이었다. 순천 출신이었던 그는, 견훤甄萱을 섬겨 인가별감引駕別監

해지는 바가 없다. 그가 고려에 歸附한 태조 19년(936) 2월 이후의 일이었을 것임은 거의 틀림이 없으려니와, 그 구체적인 시기는 잘 알 수가 없는 것이다.

18) 鄭淸柱, 「신라말 고려초 순천의 지방세력」, 178쪽.

이라는 관직에 올랐고, 죽어서는 순천의 성황신城隍神이 되었다고 한다.[19] 김총도 역시 박영규와 마찬가지로 순천지역의 호족 출신이 아니었던가 싶다. 견훤정권에서 관리로 복무하였다든지, 혹은 사망한 뒤에 지역 주민에 의해 성황신으로 받들어져 기림을 받았다는 기록 등으로 미루어 짐작할 수가 있다.[20] 더욱이 후대에까지도 지역 주민들이 그를, 비록 순천의 '군장君長'은 아니지만 '영웅英雄'적的 인물이었다며 칭송하였던 것도, 그러한 방증의 하나로 간주하여 좋을 것이다.[21]

김총은 견훤정권에서 상당한 역할을 맡은 인물이었던 것으로 전해진다. 그가 역임하였다고 하는 인가별감이 구체적으로 어떠한 성격의 관직이었던가를 알려주는 기록은 없다. 다만 그 말뜻으로 미루어 후백제왕 견훤의 호위 내지는 의장의 임무를 담당하는 직책이 아니었을까 여겨진다. 나아가 별감이라는 위계로 미루어, 견훤의 친위부대를 장악하는 지휘관이었던 것으로 간주하여 좋지 않을까 싶기도 하다. 말하자면 인가별감은 군사적인 성격이 강한 관직으로서, 견훤의 호위를 담당하는 등 군사적인 실권을 장악할 수 있는 지위가 아니었던가 짐작되는 것이다. 그리고 그와 같은 추측이 크게 어긋난 것이 아니라면, 그러한 직책에 임명된 김총은 견훤의 신임을 받던 핵심 측근으로서 후백제의 손꼽히는 실력자 가운데 한 사람이었다고 하여 지나치지 않을 줄 믿는다.

---

19) 仕甄萱 官至引駕別監 死爲府城隍神 (『新增東國輿地勝覽』40 順天都護府 人物 後百濟 金惣)

20) 金惣에 관하여는, 申虎澈, 「甄萱政權의 成立」, 『後百濟 甄萱政權硏究』, 29~30쪽 및 鄭淸柱, 「신라말 고려초 순천의 지방세력」, 180~183쪽의 설명을 참고하라.

21) … 金別駕英雄人 生不得君平陽 死則爲城隍神 … (『江南樂府』 金別駕條)

견훤은 젊은 시절 김총의 출신지인 순천지역에서 군사활동을 하면서 후백제 건국의 기반을 닦았던 것으로 판단된다. 그가 처음 방수防戍하였다고 하는 신라의 서남해西南海가 곧 순천 일원을 가리킨다는 사실이 밝혀진 바 있음으로 해서이다.[22] 따라서 순천 출신의 김총은, 일찍이 순천만과 광양만 일대에서 군사활동을 하던 견훤을 따르며 그와 동고동락하던 사이가 아니었던가 짐작된다. 신변호위를 책임질 정도로 견훤의 신임을 받던 핵심 측근이었고 보면, 그처럼 젊은 시절 이른 시기 이래로 그의 휘하에서 활동하였다고 보는 것이 온당하지 않을까 여겨지는 것이다. 말하자면 거병한 이래 견훤의 핵심병력을 이루었던 방수군 출신으로서, 견훤정권이 성립한 후에도 그에게 충성을 바치면서 그의 측근에서 군사적인 임무를 띠고 활약하던 인물이 곧 김총이었다고 이해되는 것이다.

김총은 그를 신으로 모시는 성황사가 위치하였다고 전하는 진례산進禮山 부근의 어느 고장 출신이었을 것으로 추정된다. 아니더라도 최소한 진례산 부근이 그의 생애 내지는 활동과 가장 관계가 깊은 지역이었음은 분명해 보인다. 진례산進禮山은 진례부곡進禮部曲에 소재하는 산이라고 한다. 그런데 이 진례부곡이 통합 이전의 옛 여천시麗川市 상암동上岩洞 진북·진남마을에 위치했었다고 하므로, 진례산 역시 그 인근에 위치하지는 않았을까 생각된다.[23] 말하자면 김총은 오늘

---

22) 邊東明, 「甄萱의 出身地 再論」, 『震檀學報』 90 (2000), 40~42쪽.

23) 鄭清柱, 「신라말 고려초 순천의 지방세력」, 180쪽.
古山子의 『青丘圖』에는 興國寺와 그 뒷산 靈鷲山의 동쪽에 進禮山이 소재하는 것으로 나오는 데 반해, 『大東輿地圖』에는 오히려 靈鷲山에서 서쪽으로 약간 떨어져 興國寺 및 그 뒷산 進禮山이 위치하는 것으로 나타난다. 靈鷲山과 進禮山에 관한 위치 표기가 서로 뒤바뀌며 오락가락하는 것이다. 또한 古山子의 『大東地志』에는 靈鷲山만 기록되었을 뿐 進禮山은 아예 나오지도 않아(『大

날의 행정구역으로는 여수시, 구체적으로는 옛 여천지역의 삼일항三日港 인근에서 출생 성장하였거나 혹은 그곳을 근거삼아 활동한 인물이었던 셈이다.[24)]

한편 김총이 그처럼 오늘날의 여수시 인근 해안지역 출신 내지는 그곳을 거점으로 활동한 인물이었다면, 그 또한 박영규와 마찬가지로 해상세력 출신의 호족이었던 것으로 간주하여 무방하지 않을까 싶다. 앞서 여수를 포함한 순천 일대가 전근대시기 해상활동의 근거지로서 좋은 여건을 갖추었으며, 그리하여 신라 말에서 고려 초까지 해상활동이 활발하던 시기에 순천지역에서 해상세력 출신의 호족이 성장하

東地志』 14 順天 山水), 혼란을 더욱 부채질한다. 한편 현지의 주민들은 靈鷲山 자체를 곧 進禮山이라 칭하여 주목되거니와, 전후의 사정을 살필 때 이 두 山은 동일한 것으로 비정하여 무방하지 않을까 싶기도 하다. 靈鷲山은 東西 방향으로 비스듬히 가로누운 채 그 남쪽 방향으로는 옛 進禮部曲(진남 · 진북마을)이, 그리고 북쪽과 동쪽 바닷가 방향으로는 興國寺와 麗水産業團地가 각각 자리한다.

24) 鄭淸柱, 「신라말 고려초 순천의 지방세력」, 181~182쪽.
한편 金惣을 옛 富有縣, 즉 현재의 順天市 住岩面 출신으로 간주하려는 견해가 나온 바 있다. 順天 金氏 가문에서 金惣의 것이라고 주장하는 墓와 金惣의 影幀을 모신 사당인 同源齋가, 住岩面 住岩里 防築洞에 소재함을 근거로 해서이다(鄭淸柱, 같은 글, 181~182쪽). 그렇지만 주암면에 전하는 김총 관련 유적이라든지 유물들이 18~19세기 이전으로 올라가기 어렵다는 점을 떠올리면, 왠지 그러한 주장이 불안하게 느껴진다. 더욱이 김총이 그처럼 주암면 즉 옛 富有縣 출신이라면 그가 생존할 당시 이 고을은 谷城郡에 속하였으므로(本百濟遁支縣 新羅景德王改今名 爲谷城郡領縣 高麗初來屬. 『高麗史』 57 地理 2 全羅道 昇平郡 富有縣條), 그 역시 順天人이 아닌 谷城人으로 알려지는 게 마땅해 보인다. 아울러 金惣의 후손으로서 高麗末 · 朝鮮初에 활동하였던 金承霔가 麗水 출신으로 기록에 전한다는 사실까지 고려하면, 아무래도 주암면보다는 진례산 인근 즉 현 여수시 지역이 김총의 출신지일 가능성이 더욱 높지 않을까 생각한다. 金承霔가 金惣의 후손임은 『江南樂府』 金別駕條를, 그리고 그가 麗水 출신이라는 사실은 『世宗實錄』 23 世宗 6년 2월 甲寅의 金承霔 卒記를 각각 참조하라.

였을 것임을 지적한 바 있거니와, 김총 역시 그러한 경우에 해당하는 인물이 아니었던가 추정되는 것이다. 통일신라 이래 조선 말기에 이르도록, 진례산을 포함한 현 여수시 일원은—고려 말과 조선 초기의 한때를 제외하고는—거의 내내 순천에 소속된 고장이었다.[25] 따라서 신라 말에서 고려 초의 시기에 여수지역을 근거로 삼아 활동하던 토착세력가 김총의 해상활동 역시 순천지역 해상세력의 그것에 포함되어 이해되었음 직하며, 그리하여 마침내 사망한 뒤 언제인가부터 순천의 성황신으로 추앙을 받아 그의 연고지인 여수 진례산에 위치하던 성황사에 모셔져 전해 내려 왔던 게 아닌가 헤아려지는 것이다.

이상에서 살핀 박영규나 김총에 비해, 훨씬 후대에 태어난 이가 박난봉朴蘭鳳이었다. 순천 박씨 출신이기는 하지만 고려 초기에 중앙으로 진출했던 박영규의 계열과는 달리, 순천에 토착세력으로 잔존하던 계파에 속하는 것으로 보이는 그는, 아마도 12세기말에서 13세기 전반 사이 그러니까 대략 무인정권武人政權이 성립되던 초반을 살았던 인물이 아닌가 짐작된다. 그의 후손으로 기록된 박천상朴天祥이[26] 14세기 후반의 인물로 확인되는데[27], 그 박천상의 조부인 박숙정朴淑貞[28] 이전의 몇 세대가 실전失傳되어 선조인 박난봉朴蘭鳳으로 연결되

25) 崔炳云, 「順天(市)의 歷代 境域과 그 名號 및 官號의 變遷」, 14~30쪽.

26) 蘭鳳之後 以武藝事恭愍王 封平陽府院君 (『新增東國輿地勝覽』 40 順天都護府 人物 朴天祥)

27) 朴天祥은 恭愍王을 섬겼다고 하는데(『新增東國輿地勝覽』 40 順天都護府 人物 朴天祥), 高麗末의 昌王(『高麗史』 91 宗室 2 神宗 襄陽公 恕條 永興君 環項) 및 恭讓王(『高麗史』 104 金周鼎傳 附 金宗衍傳)을 거쳐 朝鮮 太祖代(『太祖實錄』 11 太祖 6년 6월 壬午, 같은 책 12 太祖 6년 8월 己亥, 같은 책 14 太祖 7년 5월 戊辰)까지 생존했었음이 확인된다.

28) 朴天祥보다 2世代 60년 앞선 것으로 계산하면, 朴淑貞은 대략 13세기 말에서 14세기 초 사이의 인물로 추정된다.

며,[29] 또한 그 조상인 박영규朴英規에서는 8~9세대가 실전된 이후 박난봉으로 연결된다고 하는,[30] 순천 박씨 문중의 기록에[31] 근거한 추정이다.

박난봉은 아마도 순천 박씨의 실질적인 시조 격에 해당하는 인물이 아니었던가 헤아려진다. 고려 후기에 순천을 대표하는 토착세력이던 순천 박씨의 문중에서, 자신들의 계보상 더듬어 올라갈 수 있었던 가장 선대가 박난봉까지였음 직해 보이는 것이다. 말하자면 고려 후기에 박천상이라고[32] 하는 중앙관직자를 배출할 정도로 크게 성장한 순천 박씨 측에서, 자신들의 직계 조상으로 내세우고 싶어 하던 대표적인 인물이 곧 박난봉이었던 셈이다.

그렇다면 박난봉은 어떠한 사람이었을까? 조선 후기의 자료에 따르면, 그는 고려의 대장군大將軍이었다고 한다.[33] 또한 후대의 설화에서는 그를 무적武的인 성격이 강한 인물로 묘사하고 있기도 하다.[34] 그렇지만 그것을 입증할 만한 자료를 달리 찾아볼 수가 없어, 그대로 믿기에는 어려움이 있다. 다시 말하여 그렇게 인식해 주기를 바라는

29) 13세기 말 14세기 초의 인물로 추정되는 朴淑貞보다 數世代 以前이라면, 朴蘭鳳은 대략 12세기 말에서 13세기 전반 사이에 생존하지 않았을까 여겨진다. 朴蘭鳳이 朴淑貞의 祖父뻘이라면 2세대 60년 이전인 13세기 전반에서 중반, 그리고 曾祖父뻘이라면 3세대 90년 이전인 12세기 말에서 13세기 초의 인물일 것임을 전제로 한 가정이다.

30) 朴英規가 9세기 말에서 10세기 전반 사이에 활동하였으므로, 그보다 8~9세대인 240년~270년 이후라면 朴蘭鳳은 대략 12세기 후반~13세기 초반 사이에 생존한 것이 된다.

31) 順天朴氏實錄編纂委員會,『順天朴氏大同世系圖』(東泉學術文化財團, 1994).

32) 朴天祥에 관해서는, 앞의 註 26)과 27)에서 언급한 자료를 참고하라.

33) 麗朝大將軍 官至政丞大匡輔國崇祿大夫 封平陽府院君 死後又爲麟蹄山神(『新增昇平誌』上 人物 朴蘭鳳)

34)『江南樂府』麟蹄山條

후대인들의 윤색에 의한 것일 가능성이 높지 않을까 여겨지는 것이다. 그런데 비록 그렇다고는 하더라도, 그가 당시 순천지역을 대표하는 토착세력가였다는 사실까지 부정해야 할 까닭은 없지 않을까 생각한다. 그의 후손들이 가장 내세우고 싶어 하던 선조가 바로 그였던 것으로 미루어 그렇게 말할 수가 있다. 나아가 지역 주민들이 후대에 이르도록 그를 '영웅英雄'시視하며 순천의 '군장君長'으로 이해하였던 것도, 또한 그것을 방증하는 자료라 하여 좋을 것이다.[35)]

한편 박난봉은 박영규에 비해 좀 더 내륙지역을 거점으로 활동한 인물이 아니었던가 싶다. 그와 관련되어 나타나는 난봉산蘭鳳山과 인제산麟蹄山이, 박영규의 거점으로서 당시 해안과 직접 맞닿았을 것으로 여겨지는 해룡산海龍山보다는 조금 내륙으로 들어간 지역에 위치함으로 해서이다. 박난봉이 생존하였던 것으로 추정되는 12세기 말에서 13세기 전반의 시기에는, 박영규가 활동하던 9세기말~10세기 전반과 달리 해상활동의 비중이 그리 크지 않았을 것으로 판단된다. 고려왕조의 체제가 정비되어감에 따라 신라 말에서 고려 초에 걸친 호족의 시대와 같은 지방세력의 자유로운 해상활동은 중앙정부에 의해 규제의 대상으로 변해갔을 터이며, 그리하여 박난봉이 순천의 유력자로서 활약하던 무인정권의 시기 무렵이면 해상활동보다는 농경의 비중이 거의 절대적이다시피 커졌고, 그에 따라 지역 유력자들의 근거지도 차츰 해안보다는 내륙의 농업지대로 옮겨가기에 이르렀던 것이 아닌가 짐작되는 것이다. 요컨대 9세기 말~10세기 전반의 인물인 박영규와 그보다 8~9세대 후손으로서 대략 12세기 말~13세기 전반을 살았던 것으로 여겨지는 박난봉의 활동 거점지역에 나타나는

35) … 朴蘭鳳 以魁傑英雄之姿 又爲此土君長 … (『江南樂府』 麟蹄山條)

그와 같은 차이에는, 신라말 · 고려초와 무인정권의 시기라고 하는 서로 다른 시대상의 변천이 반영되었다고 하여 좋지 않을까 헤아려지는 것이다.

이상에서 순천 지역민에 의해 산신 혹은 성황신으로 떠받들어져 온 박영규와 김총 그리고 박난봉을, 그들이 활동하던 시대와 관련지어 더듬어 보았다. 이제 그것을 바탕삼아 그들이 언제 그리고 어떠한 사람들에 의해 신神으로까지 격상되어 지역 주민들의 숭배를 받기에 이르렀는가를 살필 차례가 되었는데, 그에 대해서는 절을 바꾸어 검토하도록 하겠다.

2. 산신山神·성황신城隍神의 인격신화人格神化와 그 배경

고려시기에 순천지역의 산신과 성황신이 인격신화하기에 이른 시기와 배경은 일률적이지 않았던 것으로 판단된다. 박영규와 김총 그리고 박난봉이 신격화된 시기부터가 서로 달랐던 것으로 보이거니와, 아마도 그 중에서 맨 처음 신으로 숭배된 인물은 박영규가 아니었을까 싶다. 우선 200여 년 후대의 인물인 박난봉이, 그 선조 격인 박영규보다 먼저 산신으로서 추앙의 대상이 되었다고 보기에는 어려움이 있을 것으로 생각된다. 김총 역시 후백제의 견훤왕을 섬겼다는 기록만 전하는 것으로 미루어, 고려에 귀부하여 영화를 누렸던 박영규를 제치고 그에 앞서 고려왕조 초기에 벌써 신격神格을 획득하였을 것으로 간주하기에는 다소 무리가 있지 않을까 여겨진다.[36]

36) 金惣이 朴英規의 휘하 장수로서, 박영규와 함께 王建에게 歸附하였을 것으로 보는 견해가 있다(金甲童, 「高麗時代의 城隍信仰과 地方統治」, 5~6쪽). 김총

그렇다면 박영규가 순천의 해룡산신海龍山神으로[37] 등장하게 된 것은 언제쯤이었을까? 박영규와 같은 실존 인물을 신격화시키는 데에는, 그 일을 추진하는 세력의 존재와 더불어 그것을 정당화시킬 수 있는 명분과 계기가 필수적이었을 법한데, 그 구체적인 내용은 무엇이었을까? 고려 초기에 순천지역을 대표하던 인물이 사망한 후 산신으로 숭배되기에 이르는 경위와 관련하여 우선 떠오르는 것은, 고려 왕조 하에서 순천이 차지하던 위상이 아닌가 한다.[38]

고려 초기에 순천은 전국적으로 손꼽히던 주요한 거점지역 중의 하나였다. 성종 2년(983)에 최초로 지방관이 파견된 12목牧 가운데, 승주昇州라는 지명의 순천이 포함된 사실만 보더라도 짐작할 수가 있는 일이다.[39] 고려 초기에 순천이 중앙에 의해 그 중요성을 인정받아 위상을 높일 수 있었던 것은, 지역 출신의 유력자인 박영규의 출세 덕분이었던 것으로 이해된다. 통일신라시기에 순천은 주치州治나 소

이 박영규의 휘하에 있었던가의 여부는 잘 알 수가 없다. 하지만 그가 만약 왕건에게 귀부하였다면, 박영규가 그러하였듯이 그 역시 高麗人으로 이해되었어야 마땅할 터인데 사실은 그렇지를 못하다. 『新增東國輿地勝覽』 40 順天都護府 人物條에, 朴英規는 高麗人으로 수록된 데 반해, 金惣은 後百濟人으로 기록되어 전하는 것이다. 아울러 그만한 위치의 인물이 박영규와 함께 고려에 귀부하였다면 무언가 그 일에 관한 자취를 남겼을 가능성이 높은데도, 전혀 그것을 찾아볼 수가 없다는 점 역시 미심쩍기는 매한가지이다. 金惣은 後百濟王 甄萱을 섬기는 데 일생을 바친 인물, 다시 말하여 後百濟人으로 살다 後百濟人으로 생애를 마친 인물이 아니었던가 판단된다.

37) 後百濟王甄萱之女壻也 … 死爲海龍山神 (『新增東國輿地勝覽』 40 順天都護府 人物 朴英規)

38) 고려시기에는 지역 주민이 숭배하던 山神과 그 고장의 位相이 밀접한 관계였었는데, 無等山神과 光州 및 錦城山神과 羅州 등의 사례를 통하여 그러한 사실을 이해할 수가 있다(邊東明, 「高麗後期의 無等山信仰과 光州」, 『東亞硏究』 38, 2000. 邊東明, 「高麗時期의 羅州 錦城山信仰」, 『全南史學』 16, 2001).

39) 崔炳云, 「順天(市)의 歷代 境域과 그 名號 및 官號의 變遷」, 17~18쪽.

경小京 혹은 주요 군진軍鎭 중의 어디에도 들어가지 못한 가운데, 주변의 3개현個縣을 관할하던 변방의 일개 군郡에 지나지 않았다. 그러던 것이 고려왕조에 들어 전국의 12대 주요 거점지역 중의 하나에 포함될 정도로 비약적인 성장을 하였다. 왕건에게 귀부한 후 세 딸을 태조와 정종에게 후비后妃로 바치는 등 특별한 대우를 받는 인물로 부각되었던 순천의 대호족 출신 박영규의 존재를 제외하고는, 그러한 읍격의 상승을 달리 이해할 도리가 없지 않을까 판단되는 것이다. 요컨대 고려 초기에 순천지역이 중앙 조정에 의해 그와 같이 비중이 큰 지역으로 우대를 받게 된 것은, 한 마디로 박영규의 고려 귀부와 그에 이은 출세 덕분이었다고 하여 과언이 아닌 셈이었다.

그런데 현종대(1009~1031)에 들어서면서 순천지역의 그러한 위상에 변화가 일기 시작하였다. 동왕 9년(1018)에 단행된 지방제도의 개편에서, 승주昇州는 지방의 주요 거점인 4도호부都護府·8목牧에 들지를 못하였다. 12목牧 내지는 12군절도사軍節度使의 하나로서 이웃의 나주羅州와 동격이던 승주가, 이제는 그러한 나주에 영속領屬된 일개 지사주知事州로 격하되었던 것이다. 그리고 뒤이어 정종 2년(1036)에는 승평군昇平郡으로 개칭됨으로써, 고을의 명칭마저 '주州'에서 '군郡'으로 격하되었다. 아울러 그 관할구역도 크게 줄어들었다. 종래에 임내任內로 거느리던 곡성군谷城郡과 낙안군樂安郡 및 그 부근의 4소所와 2부곡部曲이 나주목羅州牧의 예하로 이속移屬되어 갔다. 현종대 이후 나주가 현 전남지역의 유일한 주목主牧으로서 그 영향력을 더욱 키워갔던 반면, 순천은 상대적으로 위축을 면치 못하였던 셈이다.[40)]

그렇다면 현종대에 이르러 나주의 중요성이 더욱 부각되는 한편으

---

40) 崔炳云, 같은 논문, 20~21쪽.

로 순천이 그처럼 위축되기에 이른 까닭은 무엇이었을까? 이와 관련하여 잠시 신라 말 이래 순천 내지는 순천지역의 호족과 나주 내지는 나주지역 호족의 관계를 살피는 것도 도움이 될 듯싶다. 신라 말에서 고려 초에 걸쳐 나주지역(호족)과 순천지역(호족)은 치열한 경쟁관계에 놓여 있었다. 앞 절에서 언급하였듯이, 순천지역의 호족들은 일찍이 견훤의 방수군 시절부터 그를 지지하며 후백제 건설에 참여하였다. 반면에 나주지역은 후삼국시기 거의 대부분의 기간을 왕건의 주요한 세력기반으로서 견훤 내지 후백제에 맞서 싸우는 측에 서 있었다.[41] 나아가 후삼국이 통합된 이후 고려왕조에 들어서도 두 지역 사이의 그러한 관계에는 변함이 없었다. 장화왕후莊和王后 오씨吳氏를 배출한 나주지역이 혜종惠宗의 핵심적인 지지기반이었던 데 비해,[42] 순천 출신의 박영규는 혜종의 경쟁세력인 정종定宗에게 두 딸을 왕후로 바쳤다.[43] 따라서 두 지역(호족) 사이의 우열관계도 정치정세의 변화에 따라 흔히 뒤바뀌곤 하였다고 할 수가 있겠는데, 이를테면 혜종대惠宗代에는 순천(호족)이 위축된 반면 나주(호족)가 상대적으로 우세를 보였을 법하며, 반대로 정종대定宗代에는 나주가 위축된 반면 순천이 좀 더 우위를 차지하였음 직하게 여겨지는 것이다. 그러다가 뒤이어 광

---

41) 王建과 羅州地域의 관계를 언급한 논문은 헤아리기 어려울 정도로 많은데, 高麗時期의 羅州에 관한 연구성과를 정리한 金塘澤, 「高麗時代의 羅州」, 『羅州牧의 再照明』 (나주시 · 목포대학 박물관, 1990), 84~93쪽의 내용이 참고하기에 편하다.

42) 惠宗代의 王位繼承 다툼에 관한 여러 연구에서 언급되는 사실이거니와, 특히 惠宗 側近의 '鄕里小人'이 莊和王后 吳氏의 緣故勢力임을 밝힌 盧明鎬, 「高麗初期 王室出身의 '鄕里'勢力」, 『高麗史의 諸問題』 (三英社, 1986), 64~69쪽의 내용이 눈길을 끈다.

43) 河炫綱, 「惠宗 · 定宗代의 政治變動」, 『韓國中世史硏究』 (一潮閣, 1988), 95쪽.

종의 왕권강화정책이 추진되면서, 그처럼 엎치락 뒤치락거리던 두 지역(호족)은 어느 쪽이라 할 것 없이 모두 움츠러들 수밖에 없는 상황에 직면하였다. 각기 두 지역과 연결되어 있던 혜종惠宗과 정종定宗의 두 아들이 광종대에 죽음을 당하였다는 기록으로[44] 미루어 짐작할 수가 있다. 특히 이때 죽음을 당한 정종定宗의 아들이 문성왕후文成王后 박씨朴氏의 소생 즉 박영규의 외손外孫이었음을 생각하면,[45] 상대적으로 순천지역(호족)의 타격이 좀 더 크지 않았을까 헤아려진다.[46] 또한 광종光宗의 후비后妃 가운데 하나로 혜종惠宗의 장공주長公主가 존재했음을 상기할 때,[47] 혜종과 연결되는 나주보다는 순천의 소외감이 상대적으로 더 컸으리라고 간주하여 무방하지 않을까 여겨지기도 한다.[48]

이상과 같은 과정을 거치며 전개되어 오던 두 지역(호족)의 관계는, 현종이 즉위한 이후 새로운 국면을 맞이하게 되었다. 거란의 제2차

---

44) 崔承老 上書文 중의, "…兩朝(惠宗 · 定宗 ; 筆者註) 皆唯一子 亦不使保其性命…"(『高麗史』 93 崔承老傳)이라는 내용이 그것이다.

45) 文成王后朴氏 亦(朴)英規之女 生慶春院君 公主一 (『高麗史』 88 后妃 1 定宗 文成王后)

46) 光宗代 朴英規系의 몰락에 관해서는, 全基雄, 「光宗代의 改革과 文臣官僚層의 役割」, 『羅末麗初의 政治社會와 文人知識層』 (혜안, 1996), 196~197쪽이 참고 된다.

47) ① 一日 (王)規讒 王弟堯及昭有異圖 王知其誣 … 乃以長公主妻昭 用强其勢 (『高麗史節要』 2 惠宗 2年)

② 慶和宮夫人林氏 惠宗之女 惠宗二年 王規讒 王弟堯及昭有異圖 惠宗乃以女妻昭 以强其勢 語在規傳 (『高麗史』 88 后妃 1 光宗 慶和宮夫人)

48) 惠宗은 자신의 長女를 光宗과 혼인시키는 등 定宗보다는 光宗에게 더 호감을 가졌을 법하다고 하거니와(河炫綱, 「惠宗 · 定宗代의 政治變動」, 99쪽), 이로 미루어 光宗 역시 상대적으로 惠宗과 연결되는 羅州에 더욱 관심을 베풀었음 직하게 여겨지는 것이다.

침입을 당해 나주로 피난을 왔던 현종이, 환도한 후 나주지역을 우대하는 정책을 편 때문이었다. 현종은 나주를 최종 피난처로 의지하여, 이민족의 침입으로 수도가 함락당하는 존망지추의 위기를 극복하고자 도모하였다. 피난 도중 수많은 위협에 직면하며 말 못할 수모와 온갖 고초를 겪었던 현종은, 그리하여 천신만고 끝에 도착한 자신들 일행을 따뜻이 맞아들이며 왕조 중흥의 보루 역을 자임한 나주를 우대함으로써 그에 보답코자 하였다. 나주羅州 팔관회八關會를 개최하도록 배려한 것이 그것이었다. 다음의 기록을 살펴보도록 하자.

> … 현종顯宗께서 남쪽으로 순행巡幸하사 이곳에 이르러 마침내 왕조 중흥의 공업을 이룩하시었다. 그리하여 나주羅州에 팔관례八關禮를 하사하시어 왕경王京에 비견할 수 있도록 하시었다…[49]

나주의 회진會津으로 유배를 가던 정도전鄭道傳이 나주에 도착하여, 고려왕조와 나주 사이의 깊은 인연을 회고하면서 지역의 부로父老들 앞에서 말했던 내용의 일부이다. 앞부분에서 나주가 태조의 후삼국 통일에 크게 기여하여 남방의 으뜸가는 고을로 승격되었으며, 나주羅州 오씨吳氏 소생인 혜종惠宗이 왕조의 창업에 기여하고 나아가 守成을 이룩한 공으로 태묘太廟의 불천지실不遷之室에 올랐고 나주에서도 사당을 세워 제향함을 칭송하였다.[50] 그런 다음 현종이 거란의 침입을

49) … 顯王南巡至此 遂成興復之功 賜州八關禮 以比本京 …(『三峯集』 3 登羅州東樓諭父老書)

50) … 羅爲州 始自國初 且有功 我太祖一三韓 郡國次第平 惟時百濟 恃其險遠人馬糧穀之强且富 不卽歸命 羅人明識逆順 率先內附 太祖之取百濟 以羅人之力 與有多焉 親駕是州 陞之爲牧 以長南諸州 蓋所以褒之也 惠王躬擐甲胄以先後左右 功多子列 大業以定 丕承厥位 保有民社 有創業之助 有持守之功

맞아 나주로 피신한 사실을 언급한 것이 위의 자료이다. 나주가 왕조 중흥의 거점으로서 공헌한 사실을 높이 평가한 현종이, 나주에서도 팔관회를 개최하도록 조처함으로써 이 고을로 하여금 수도인 개경에 버금가는 지위를 누릴 수 있도록 배려하였다는 것이다.

팔관회는 본시 불교의례 중의 하나인데, 한국에서는 호국과 효孝 사상을 포함하는 토속신앙 관련 종합적인 문화행사 내지는 축전의 형태로 치러졌다고 한다. 그런데 고려시기에 이 팔관회는 개경과 서경에서만 개최하는 것이 원칙이었다. 수도에서만 팔관회를 열도록 관례화되었음을 알 수가 있겠거니와, 위 기록에서와 같이 현종이 나주에서도 팔관회를 개설할 수 있도록 배려한 것은 그러므로 나주에 대한 이례적인 특별 대우였다고 하여 좋을 것이다. 정도전도 지적하였듯이, 위기를 맞이한 왕조가 다시 일어설 수 있도록 든든한 배경이 되어 준 나주와 지역주민들에 대한 현종의 보답이었던 셈이다.[51]

현종대에 들어 나주의 중요성이 부각되면서 순천이 상대적으로 위축을 면치 못한 것은 위와 같은 상황에서의 일이었다. 현종의 배려에 힘입어 팔관회를 개최하는 등 개경에 버금가는 지역으로 떠오른 나주가 지방제도의 정비를 거치면서 현 전남지역을 대표하는 유일한 주목主牧의 지위를 굳건히 한 반면, 순천은 그러한 나주에 영속領屬된 일개 군郡으로 격하되면서 관할구역이 축소되는 등 위상의 하락을 맛보아야만 하였던 것이다. 말하자면 박영규의 고려 귀부와 그에 이은 출세를 바탕삼아 나주와 대등한 12목牧 중의 하나로서 지역을 대표하던

血食大廟 爲百世不遷之室 乃眷戀舊邦 而廟享焉 顯王南巡至此 遂成興復之功 … (같은 책)

51) 顯宗의 羅州 避難과 羅州 八關會에 관한 이상의 설명은, 邊東明, 「高麗時期의 羅州 錦城山信仰」, 49~63쪽의 내용을 참고하라.

순천이, 현종의 나주 피난 이후 왕조 중흥의 공을 내세우며 중앙의 특별한 관심을 끌게 된 나주와의 경쟁에서 밀리게 되었던 셈이다.

한편 여기에서 궁금해지는 것은, 그렇다면 당시 순천지역의 그에 대한 반응은 어떠하였을까 라고 하는 점이다. 지역 주민 특히 그 대표 격인 토착 유력계층의 입장에서 그와 같은 사태를 수수방관만 하였으리라고 보기에는 어려움이 있지 않을까 싶다. 순천 역시 나주에 못지않게 고려왕조에 기여하였음을 내세우며, 그 위상의 회복을 시도하였을 가능성이 매우 높을 듯 여겨지는 것이다. 그리고 그럴 경우 가장 먼저 내세웠을 법한 일이 곧 박영규의 고려 귀부사건은 아니었을까 생각된다.

순천지역을 대표하는 호족 출신의 박영규가 고려에 귀부함으로써 고려에 의한 후삼국 통일이 더욱 추진력을 얻게 되었고, 그것을 높이 평가한 왕건이 그를 크게 우대하면서 중첩된 혼인관계를 맺기까지 하였음은 앞서 살핀 대로이다. 고려 초 순천지역이 전국의 12대 주요 거점 고을 가운데 하나로 손꼽히게 된 것 또한 그에 연유하였을 것임은 이를 나위가 없다. 순천지역이 고려왕조에 기여한 바가 크며 그리하여 그에 합당한 대우를 받아야 함을 강조하는 데, 박영규만큼 앞세우기 좋은 인물은 달리 찾아보기가 어려울 것으로 판단된다. 말하자면 현종대에 들어 나주의 위상 강화와 함께 전남지역에서의 주도권을 상실한 순천의 토착세력에게 사태 반전을 위한 노력은 필수적이었음직하며, 그러한 경우 자기 지역 출신으로서 고려왕조에 크게 기여한 것으로 인정받았던 박영규를 내세웠을 가능성이 가장 높지 않을까 여겨지는 것이다. 그로써 자신들의 건재를 과시하는 것은 물론이려니와, 중앙 조정으로 하여금 순천을 나주와 동등하게 대우해주도록 여론을 불러일으키는 효과도 기대할 수가 있었을 것이기 때문이다.

박영규가 해룡산신으로 추앙되기에 이른 것은 위와 같은 과정 속에서 비롯된 일이 아니었을까 싶다. 앞서 언급하였듯이, 해룡산신에 대한 숭배와 같은 전통시기의 산악신앙은 지역의 토착 사회세력과 깊은 관련을 맺은 가운데 이어져 내려 왔으며, 그리하여 지역을 상징하는 의미가 있는 것으로 이해된다.[52] 따라서 지역 토착세력 출신의 유력자를 그러한 산신으로 떠받들며 추모하는 것은, 곧 그 인물을 자기 지역의 상징으로 내세운다는 의미가 내포되었다고 할 수가 있을 것이다. 요컨대 현종대 순천의 토착 유력자들은 고려왕조에 기여한 바가 컸던 박영규와 순천과의 연고를 강조함으로써 순천을 홀대하지 말도록 중앙에 요구할 절실한 필요성이 있었으며, 그리하여 새삼 그를 순천을 대표하는 인물로 내세우고자 하였고, 그러한 방법으로서 순천의 상징이라 할 산신 구체적으로는 그의 주요 활동 거점이었던 해룡산의 산신으로 박영규를 추앙하기에 이른 것이 아니었을까 헤아려진다. 이로써 순천 역시 나주와 마찬가지로 고려왕조에 기여하였음을 과시하려 하였으며, 나아가 그에 걸맞게 나주와 동등한 대우를 해주도록 요구하려던 것이 순천지역 토착세력의 의도가 아니었을까 헤아려지는 것이다.

현종의 나주 우대정책으로 전남 지역사회 내에서의 위상 약화에 직면한 순천의 토착 유력계층이, 순천 역시 고려왕조에 기여하였음을 내세워 그것을 만회하려 애쓰는 과정에서, 박영규를 해룡산신으로 받들어 모시기에 이르렀을 것임을 더듬어 보았다. 한데 순천지역민들의 중앙을 향한 그와 같은 노력은 끝내 성공을 거두지 못하였다. 현종

52) 위의 註 3)의 論文을 참고하라.

9년(1018)에 나주 관내의 지사주知事州로 격하되었던 승주昇州가, 뒤이어 정종 2년(1036)에는 승평군昇平郡으로 개칭됨으로써 고을의 명호마저 '주州'에서 '군郡'으로 낮춰졌고, 고려 후기인 충선왕 1년(1309)에 승주목昇州牧 그리고 이듬해에 다시 순천부順天府로 개칭될 때까지,[53] 그러한 상태가 지속되었던 것으로 미루어 짐작할 수가 있다. 지역의 상징으로서 박영규를 앞세운 가운데 위상 회복을 향하여 일로매진하던 순천사람들의 도전과 희망이, 결국 좌절되고 말았음을 이해할 수가 있는 것이다.

그런데 고을의 위상을 만회하려는 순천 주민들의 노력이 그처럼 실패하고 만 것은, 지역사회의 여론을 중앙에 전달하고 또 그것을 관철시킬 만한 순천의 연고세력이 중앙 조정 내에 존재하지 않았던 사실과 무관하지를 않아 보인다. 박영규를 제외하면 고려 전기에 중앙으로 진출한 순천지역 출신의 인물을 발견할 수가 없다.[54] 뿐만 아니라 그러한 박영규의 계열마저 광종대에 행해졌던 중앙정계의 대숙청 이후에는 그 존재를 찾아 볼 수가 없을 정도로 미미해진 상태였던 것이다.[55]

지금까지 박영규의 신격화 시기와 그 배경을 고려시기 순천의 위상과 관련하여 더듬어 보았다. 이제 김총과 박난봉이 남았거니와, 박영규의 뒤를 이어 순천지역에서 두 번째로 신격화된 인물은 아마도 김총이 아니었던가 싶다.

---

53) 崔炳云, 「順天(市)의 歷代 境域과 그 名號 및 官號의 變遷」, 20~23쪽.

54) 李樹健, 「高麗前期 支配勢力과 土姓」, 『韓國中世社會史研究』(一潮閣, 1984), 209~220쪽.

55) 全基雄, 「光宗代의 改革과 文臣官僚層의 役割」, 196~197쪽. 鄭淸柱, 「신라말 고려초 순천의 지방세력」, 184쪽.

김총은 진례산에 자리했었다고 하는 순천 성황사城隍祠[56]의 성황신[57]으로 떠받들어진 인물이었다. 그런데 성황사가 소재하는 이 진례산은, 앞서 밝혔듯이 여수반도의 끝자락에 위치한다. 여수지역이 김총과 인연이 깊은 연고지였음을 짐작할 수가 있겠거니와, 진례산을 포함한 그 일원은 구한말에 여수군麗水郡으로 떨어져 나오기(光武 1, 1897) 이전까지 대체로 순천의 관할을 받는 고장이었다. 다만 예외적으로 고려 말의 충정왕 2년(1350)에서[58] 조선 초의 태조 5년(1396)에 이르는 50년 가까운 기간에 걸쳐, 독자적인 행정기능을 갖는 독립된 고을로서의 지위를 유지한 적이 있을 뿐이었다. 고려시기 거의 대부분의 기간을 여수지역은 순천의 속현屬縣으로 지내었던 것이다.[59]

조선시기 여수의 진례산에 소재했다고 알려진 순천부의 성황사는, 아마도 고려 중기 여수현이 순천의 속현이던 시절, 내지는 그 말기에 순천의 관할을 벗어나 현령 고을로 승격하던 무렵, 여수현의 성황당으로 처음 설치되었던 것이 아닌가 여거진다. 한국의 성황신앙은 대체로 고려 인종대(1122~1146)와 의종대(1146~1170)를 거치면서 널리

56) 城隍祠 在進禮山 (『新增東國輿地勝覽』 40 順天都護府 祠廟)

57) 仕甄萱 官至引駕別監 死爲府城隍神 (『新增東國輿地勝覽』 40 順天都護府 人物 金惣)

58) 『高麗史』 57 地理 2 全羅道 羅州牧 昇平郡 麗水縣條 및 『新增東國輿地勝覽』 40 順天都護府 古跡 麗水廢縣條에는, 忠定王 10년에 麗水縣이 順天에서 독립하여 縣令官으로 승격된 것처럼 기록되어 전한다. 그런데 忠定王은 재위 3년만에 물러났으므로 이는 착오임이 분명하다. 麗水가 縣令官으로 승격된 것은 『世宗實錄』 151 地理志 全羅道 順天都護府 古屬縣 麗水條의 기록대로 忠定王 2년이 정확한 것으로 판단되거니와, 마침 그 해가 元 至正 10년인 것을 『高麗史』와 『新增東國輿地勝覽』 編纂者들이 잘못 忠定王 10년으로 기록한 것이 아니었을까 짐작된다.

59) 崔炳云, 「順天(市)의 歷代 境域과 그 名號 및 官號의 變遷」, 14~30쪽.

확산되었으며, 자연히 그 사우祠宇라 할 성황사 역시 주현主縣은 물론 속현에까지도 벌써 설치된 사례가 나타난다고 한다.[60] 따라서 대략 12세기 즉 고려 중기 무렵이면, 승평군의 속현이던 여수현에도 또한 성황사가 설치되었을 확률이 높지 않을까 판단된다. 아니더라도 고을이 현령관縣令官으로 승격되는 충정왕 2년(1350) 즈음이면, 여수현의 성황사가 분명히 존재했을 것으로 간주하여 큰 잘못이 아닐 것으로 믿는다. 다만 문제가 되는 것은 그것이 위치하던 장소라고 할 수가 있겠는데, 조선 초기에 여수반도 전체를 직할하던 순천도호부의 성황사가 여수지역의 진례산에 소재하였던 사실에[61] 비추어, 여수현의 성황사 역시 그곳에 위치하였을 가능성이 높지 않을까 생각된다.

고려시기 순천의 성황당은 본래 현 순천시내의 봉화산烽火山, 즉 옛 성황당산城隍堂山에 소재하였던 것으로 판단된다.[62] 『신증동국여지승람』에 따르면, 조선 초기 순천도호부의 읍치邑治에서 동쪽으로 10리쯤 되는 곳에 성황당산봉수城隍堂山烽燧가 자리했었다고 한다.[63] 순천도호부의 성황사가 소재하는 진례산 이외에도, 성황당이 위치하였을 법한 산이 그 치소 가까이에 하나 더 존재하였던 셈이다. 아마도 조선 초 순천부가 여수현을 직할하게 되면서 여수의 진례산에 성황사를 설치하기 이전까지, 순천의 성황당이 그곳에 자리하였기에 붙여진 이름이 아닌가 싶다. 말하자면 본시 순천 고을의 성황사는 현 순천시내의 성황당산에 위치하였더랬는데, 조선 초의 태종 9년(1409) 무렵 여

60) 金甲童, 「高麗時代의 城隍信仰과 地方統治」, 12·22쪽.

61) 앞의 註 56)과 같음.

62) 이경엽, 「순천의 성황신앙·산신신앙과 역사적 인물의 신격화」, 169쪽.

63) 城隍堂山烽燧 在府東十里 東應光陽件臺山 西只報官門 (『新增東國輿地勝覽』 40 順天都護府 烽燧)

수현이 폐지되고 순천부가 그 지역까지를 직할하게 되면서,[64] 여수반도를 포함한 넓은 지역을 아우르는 성황당으로서, 읍치에서 멀리 떨어진[65] 여수지역의 진례산에 순천도호부의 성황사를 두게 되었던 것이 아닌가 여겨진다. 그리하여 옛 순천의 성황당은 폐쇄되거나, 혹은 관아의 공식적인 제향은 받지 못한 채 지역민들의 민간신앙의 대상으로서만 존재하게 되었고,[66] 자연히 산 이름에 그 흔적이 남아 성황당산으로 불리게 되지는 않았을까 헤아려지는 것이다.[67]

---

64) 全羅道 任內의 경우 朝鮮 太宗 9년(1409)에 모두 혁파되어 直村化하였다고 한다(『世宗實錄』 151 地理志 全羅道 全州府 所 夾註). 액면 그대로 믿기에는 어려움이 없지 않지만, 順天府의 屬縣이던 麗水縣을 포함하여 全羅道의 任內 대부분이 당시 혁파되었던 것으로 간주하는 게 일반적이다(李樹健, 「朝鮮初期 郡縣制整備와 地方統治體制」, 『韓國中世社會史研究』, 一潮閣, 1984, 391쪽. 金東洙, 「朝鮮初期의 郡縣制度의 變更과 全南地方」, 『全羅南道誌』 4, 1993, 56~59쪽).

65) 『新增東國輿地勝覽』에 의하면, 각 郡縣의 城隍祠는 대부분 邑內에서 그리 멀지 않은 곳에 위치하는 것으로 나타난다. 대개 읍치에서 5리 내외에 자리하는 것이 보통이거니와, 전라도의 경우 순천도호부를 제외하면 25리 밖에 위치한다고 하는 영광군의 성황사가 가장 멀리 떨어진 사례에 해당한다(『新增東國輿地勝覽』 36 靈光郡 山川 箕山 및 祠廟 城隍祠). 순천의 경우처럼 73리나 멀리 외방에 소재하는 성황사는 거의 유례가 없다 하여 지나치지 않아 보이는 것이다(같은 책 40 順天都護府 山川 進禮山 및 祠廟 城隍祠).

66) 고려시기 이래 특히 조선왕조가 들어선 이후, 관아에서 공식적으로 祭享을 주관하는 즉 官祭를 받드는 城隍祠가 각 郡縣別로 하나씩 설치된 이외에도, 지방의 토착세력이 주도하는 민간신앙 차원의 성황당이 별개로 존재하는 경우가 적지 않았다고 한다(鄭勝謨, 「城隍祠의 민간화와 鄕村社會의 變動」, 『泰東古典研究』 7, 1991, 4~12쪽).

67) 城隍이란 본시 한 고을이나 나라의 수부를 방어하기 위한 인공 구조물의 명칭으로서, 외부의 침입에서 보호받기를 기원하는 인간의 간절한 바람이 城隍信仰의 발생으로 이어졌다고 한다. 그리하여 城隍堂(祠)은 城 부근에 설치되는 것이 상례이었거니와, 한국에서는 지형상 山城이 발달하여 城隍堂도 자연히 높은 山위에 위치하는 경우가 많았고, 세월이 지나면서 그곳이 烽燧臺로 변하는 예도 왕왕 나타났다고 하는데, 이를테면 順天의 城隍堂山烽燧와 같은 경우도 그러한

한편 그처럼 여수반도를 포괄하는 순천도호부의 성황사를 여수지역에 두기로 하였을 때, 그 신당神堂을 설치하기 위한 대상지로는 이전에 성황당이 소재하던 장소가 우선적으로 고려되었을 법하다. 말하자면 옛 여수현의 성황사가 들어앉았던 자리에, 관할 구역이 확대된 순천도호부의 공식적인 제향을 받는 성황사가 설치되었을 가능성이 높지 않을까 여겨진다.[68] 그리고 그러한 추정이 사실에서 크게 벗어난 것이 아니라면, 조선시기 순천도호부의 성황사가 자리하던 진례산이 바로 고려시기 이래 옛 여수현의 성황당이 자리하던 곳이었다고 하는 앞서의 판단을 그대로 받아들여 무방하지 않을까 생각한다.

조선시기 진례산에 소재하던 순천도호부의 성황사가, 본시 고려 중기 혹은 말기 이래 여수현의 성황당이 자리하던 곳에 설치되었을 것임을 검토하였다. 그렇다면 김총이 그러한 진례산 성황사의 성황신으로 떠받들어진 것은 언제였을까? 고려시기 성황당은 본시 지방 유력계층의 자발적인 참여와 주도 아래 설치되는 경향이 있었다고 한다. 성황신앙 및 그와 관련된 제의를 통하여 지역적인 연대의식을 고취시키며, 나아가 그러한 행사를 주도함으로써 자신들을 중심으로 지역민을 결집시켜 토착세력으로서의 위상을 굳건히 할 수가 있었기 때문이라는 것이다. 또한 이들은 자신들의 조상을 고을의 수호신인 성황신으로 추앙함으로써, 지역민들의 자발적인 복종심을 유도하려 들었다고도 한다.[69] 고려시기 여수현의 성황당도 그와 마찬가지에 해당하는 경우이지는 않았을까 여겨진다. 여수현의 유력자들도 또한 성황당

사례에 해당한다고 하여 좋을 것이다. 城隍堂과 烽燧의 관계에 대한 위의 설명은, 金甲童, 「高麗時代의 城隍信仰과 地方統治」, 7~8쪽의 내용을 참고하라.

68) 이에 관해서는, 이 節의 뒷부분에서 다시 한번 논의할 예정이다.

69) 金甲童, 「高麗時代의 城隍信仰과 地方統治」, 17~18쪽.

을 통하여 지역을 이끄는 중심세력으로서의 자신의 존재를 과시하려 들었을 개연성이 매우 커 보인다. 그리고 그러는 과정에서 자신들과 연고가 깊은 역사상의 실존 인물을 성황신으로 추앙함으로써, 더욱이 그 효과를 극대화하려 들었을 가능성 역시 지극히 높지 않을까 짐작되는 것이다.

앞서 살폈듯이, 김총은 여수지역과 연고가 깊은 인물이었다. 여수 출신이거나, 아니더라도 여수반도를 주요한 근거지로 삼아 신라 말에서 고려 초에 걸쳐 활동하던 해상세력 출신의 호족이었다. 말하자면 여수지역의 토착 사회세력을 상징하는 역사상의 실존 인물이었다고 할 수가 있겠거니와, 지역의 유력자들이 그러한 인물을 신격화함으로써 지역 주도세력으로서의 자신의 위치를 정당화하려 들었다고 하여 하등 이상할 일은 아니지 않을까 생각한다. 자신들과 깊은 연고를 지닌 김총을 지역의 수호신인 성황신으로 떠받듦으로써 자신들 역시 지역의 수호자라는 상징조작이 가능해질 터이며, 이를 통하여 지배세력으로서의 권위를 확고히 하고자 도모하는 것은 오히려 당연해 보이기까지 하는 것이다.

그런데 김총은 후백제 계통의 인물이었다. 앞서 언급하였듯이, 견훤을 섬기는 데 일생을 바친, 그리하여 끝까지 후백제인으로 살다 생을 마쳤을 것으로 추정되는 인물이었다. 따라서 후백제와 적대관계였던 고려왕조의 치하에서 그러한 김총을 지역 토착세력의 상징적인 핵심 인물로 내세우는 데에는, 중앙 조정을 비롯한 주위의 눈길을 의식하지 않을 수가 없었을 것으로 판단된다.

고려에서 후백제계의 중앙 진출이 시작되는 것은 대개 광종대(949~975)에 들어서였던 것으로 이해들을 한다.[70] 후삼국시기에 벌어졌던 치열한 쟁패전의 후유증이라 할 정신적인 측면에서의 분립 상태가, 광종대를 즈음하여 어느 정도 극복되기에 이르렀음을 짐작하게 하는 대목이다. 그렇지만 박영규가 해룡산신으로 처음 숭배되기 시작하던 현종대(1009~1031) 무렵까지도 조정의 신료들이 옛 후백제지역 민심의 동향을 우려해야 하는 상황이었음을 떠올리면,[71] 그처럼 간단하게 생각해 넘길 일만은 아닌 듯싶다. 백제유민의식百濟遺民意識이 사라지고 그리하여 조정에서 더 이상 옛 후백제지역 민심의 동향을 걱정하지 않아도 되기까지에는, 좀 더 오랜 세월이 필요하였을 듯 여겨진다.

고려 조정에서 옛 삼국지역의 유민의식遺民意識을 염려하지 않아도 되기에 이른 것은, 대략 13세기 전반 이후에 들어서였을 것으로 판단된다. 무인정권의 시기에 일어난 삼국부흥운동이 그다지 큰 반향을 일으키지 못한 채 실패로 돌아갔던 데서 드러나듯이, 그때쯤이면 분립적인 삼국유민의식을 대신하여 고려왕조 신민臣民으로서의 일체감이 확고하게 자리잡아가기 시작했던 것으로 이해된다.[72] 따라서 김총과 같은 후백제 계통의 인물을 지역사회의 상징으로 내세우는 일도, 그와 같은 삼국부흥운동의 여파가 사라진 다음, 구체적으로는 백제부흥운동이 진압된 고종 24년(1237) 이후에 들어서야 가능하지 않았을까 짐작된다. 적어도 그 무렵쯤은 되어야, 주변의 시선을 그다지

70) 李基白, 「高麗 貴族社會의 形成」, 『한국사』 4 (국사편찬위원회, 1974), 153~154쪽. 吳星, 「高麗 光宗代의 科擧合格者」, 『高麗光宗研究』 (一潮閣, 1981), 37~38쪽. 金塘澤, 「崔承老의 上書文에 보이는 光宗代의 '後生'과 景宗元年 田柴科」, 『高麗光宗研究』, 52~55쪽.

71) 邊東明, 「高麗時期의 羅州 錦城山信仰」, 53쪽.

72) 閔賢九, 「高麗中期 三國復興運動의 역사적 의미」, 『韓國史 市民講座』 5 (一潮閣, 1989), 82~108쪽.

의식하지 않고도 후백제인 김총을 신으로 떠받들 수 있는 여건이 조성되었다고 말할 수가 있을 듯 여겨진다.

그렇다면 김총은 13세기 전반 이후의 어느 시기에 여수현의 성황신으로 받들어 높여지기에 이르렀을까? 김총이 여수 지역사회를 수호하는 성황신으로 숭배되기 시작한 시기는, 아마도 여수 고을에 현령이 배치되던 충정왕 2년(1350) 무렵을 전후해서가 아니었을까 싶다. 여수현이 순천부의 예하에서 벗어나 독자적인 행정단위로 기능하기 시작하던 당시야말로, 지역을 이끌던 토착세력의 상징으로서 김총이 신격화되기에 가장 알맞은 시기였던 것으로 판단된다.

여수가 속현에서 주현主縣으로 승격한 것은, 주민들의 오랜 소망의 실현인 동시에 그것을 실현시킬 수 있을 정도로 지역의 토착 사회세력이 성장하였음을 반영한 결과이기도 하였음이 거의 틀림없어 보인다. 고려시기에 속현은 주현에 의해 부당한 억압과 수탈을 당하는 대상이기 일쑤였다.[73] 주현으로의 격상은 그러므로 그와 같은 굴레에서 벗어나며, 더욱이 중앙 정부와 직첩관계直牒關係를 맺음으로 해서 토착 유력자들이 중앙으로 진출하는 데 크게 도움이 되는 일이기도 하였다.[74] 따라서 그렇게 되기까지에는 그것을 적극적으로 후원하는 조정 내 인물의 존재가 필수적이었을 법하다. 제 고장 출신으로서 중앙에 진출하여 그것을 앞장서 추진할 만한 인물이 존재할 때에 비로소 속현에서 주현으로의 승격이 가능하지는 않았을까 헤아려지는 것이다.[75]

---

73) 朴宗基, 「高麗時代 郡縣 支配體制와 構造」, 『國史館論叢』 4 (1989), 70 · 78~79쪽.

74) 李樹健, 「朝鮮初期 郡縣制整備와 地方統治體制」, 『韓國中世社會史硏究』 (一潮閣, 1984), 374~375쪽.

여수가 현령관으로 승격한 것 역시 대체로 그와 유사한 경로를 거쳐서 이뤄졌던 것으로 판단된다. 지역의 토착세력이 그만큼 성장한 결과의 반영으로 이해되거니와, 실제로 그 즈음이면 여수 출신으로서 중앙에 진출하는 데 성공한 인물을 기록에서 찾아 볼 수가 있다. 고려 말에서 조선 초엽에 걸쳐 무장武將으로 활약한 김승주金承霔(恭愍王 3, 1354~世宗 6, 1424)는 김총의 후손으로서[76] 여수 출신이었는데, 그의 부父는 그에 앞서 이미 중앙에 진출하여 정주목사定州牧使를 역임한 김유정金惟精이었다고 한다.[77] 김유정 역시 김승주와 매한가지로 김총의 후손으로서 여수 출신이었을 터이려니와, 그 아들인 김승주의 생몰연대에 비추어 여수현이 승격되던 충정왕 2년(1350) 무렵이면 김유정이 벌써 중앙에 진출하여 관료로서 활동 중이었을 가능성이 높아 보인다. 여수가 현령관으로 승격되는 데, 김유정과 같은 여수 출신 중앙관료의 노력이 작용하였을 개연성을 떠올리게 하는 대목이다.

여수현이 충정왕 2년에 순천의 관할에서 벗어나 독자적인 행정단위로 등장하게 된 배경에, 김총의 후예인 김유정·김승주 부자와 같

75) 반드시 그에 꼭 들어맞는 사례라고 할 수는 없겠지만, 다음의 기록에서처럼 知事郡이었다가 部曲으로 강등된 密城郡이 다시 主縣으로 陞格되기까지의 과정을 살피다 보면, 그러한 사정을 이해하는 데 다소 도움이 될 듯싶다.

① … 顯宗九年 稱知密城郡事 忠烈王元年 以郡人趙仟 殺郡守 以應珍島叛賊三別抄 降爲歸化部曲 屬之雞林 先是 臺省屢請降號 用事者受邑人賂 每沮之 至是 復極論 從之 後復稱密城縣 十一年陞爲郡 … (『高麗史』 57 地理2 慶尙道 東京留守官 密城郡)

② 朴義 密陽人 以鷹犬嬖於忠烈 累遷將軍 先是 密城人趙阡 殺守應賊 降密城爲歸化部曲 (朴)義賂左右 白王曰 密城大郡 貢賦甚夥 降爲部曲 無鎭撫者 恐其民流散 乃置蘇復別監 … (『高麗史』 124 朴義傳)

76) 昇平志曰 後百濟金惣 仕甄萱 官至引駕別監 死爲府城隍神 其後金承霔 以武藝封平陽府院君 … (『江南樂府』 金別駕條)

77) 『世宗實錄』 23 世宗 6년 2월 甲寅 平陽府院君 金承霔 卒記

은 여수 출신 토착세력의 성장이 자리하였을 가능성을 거론하였다. 따라서 이제 김총이 여수의 성황신으로 받들어 모셔지기에 이른 경위도 거의 드러나지 않았는가 싶다. 원 간섭기 무렵 중앙에 진출하여 여수현을 주현화主縣化할 수 있을 정도로 성장한 여수의 토호세력이, 현 전남 동부지역 내에서의 여수의 위상 강화와 더불어 여수를 이끄는 중심세력으로서의 자신들의 권위를 드높이고자, 자신들과 연고가 깊은 역사상의 인물인 그를 신격화시키기에 이르지 않았는가 헤아려지는 것이다. 특히 김유정·김승주 부자와 같은 김총의 후예들이 그것을 주도하였을 가능성이 높아 보이거니와, 자신들이 시조로 떠받드는 김총을 성황신으로 추앙함으로써 자신들 역시 그와 마찬가지의 지역 수호자로서 여수를 이끄는 핵심세력임을 강조할 수가 있었을 것이기 때문이다.

지금까지 김총이 여수현의 성황신으로 추앙되기에 이른 경위를 살폈다. 그렇다면 그러한 김총이 순천도호부의 성황신으로 전화轉化한 것은 언제 또 어떠한 과정을 거쳐서이었을까? 고려 충정왕 2년(1350)에 주현으로 승격되었던 여수현은, 조선 태조 5년(1396)에 다시 속현으로 강등되어 순천의 임내任內가 되었다. 그리고 이어서 태종 9년(1409) 무렵에는 아예 여수현이라는 고을 이름 자체가 삭제되면서 순천의 직할을 받는 처지로 전락하였다. 현령관으로 승격된 지 50년이 채 못 되어 속현으로, 그리고 그 10여 년 후에는 아예 순천의 직할지로 편입되는 운명을 맞이하게 되었던 것이다. 여수 토착세력에게서 불만이 제기될 만한 사태의 연속이었다. 여수의 속현화 및 그에 이은 고을 자체의 혁파로 인해, 모처럼만에 누려 보던 주현主縣으로서의 위상을 상실한 채 순천부에 귀속되어야만 했던 그들에게서, 반발이 표

출되지 않았다면 되레 이상한 일이 아닐 수가 없어 보인다.[78)]

여수 진례산에 소재하던 여수현의 성황당이 순천도호부의 성황사로 바뀐 것은, 그와 같은 여수지역의 반발을 무마하기 위한 조치의 일환이 아니었을까 여겨진다. 여수현의 혁파는 곧 여수 고을의 공식적인 제향을 받는 성황사의 소멸을 의미한다고 할 수가 있다. 따라서 그처럼 사라질 운명에 처한 여수현의 성황사를 순천도호부의 성황사로 전환시켜 순천 관내에서 고을의 관제官祭를 받는 유일한 성황사로 자리매김함으로써, 치소治所가 순천지역으로 옮겨감으로 인해 초래될 공백을 제한적으로나마 메워 주는 효과를 기대했던 것은 아닌가 짐작된다. 그리하여 고을의 혁파에 따라 느껴질 공허감을 정신적으로나마 채워 줌으로써, 여수지역의 불만을 완화시키는 효험을 기대하였던 것은 아닌가 헤아려지는 것이다. 아울러 여수반도 전체까지를 직할하게 됨으로써 그 영역이 크게 넓어진 순천도호부의 치소가 한쪽으로 치우친 결함을 보완하며, 나아가 왜구倭寇가 왕래하던 통로에 해당하는 요충지역에[79)] 순천지역을 수호하는 성황사를 배치하는 효능까지를 부

78) 반드시 麗水縣의 사례를 적시한 것은 아니지만, 郡縣의 陞降이나 혹은 併合을 둘러싼 일반적인 갈등 내지 반발에 관해서는, 李樹健, 「朝鮮初期 郡縣制整備와 地方統治體制」, 401~414쪽 및 金泰亨, 「高麗朝 郡縣陞降의 分析」, 『弘益史學』 5(1993), 12~21쪽이 참고 된다. 한편 조선 초 군현병합에 대한 불만이 비등하자 병합된 군현의 환원문제가 쟁점으로 떠올랐는데, 이때 金惣의 후손으로서 여수 출신인 金承霔가 통합철회를 반대하는 견해를 피력한 적이 있었다(『太宗實錄』 29 太宗 15년 3월 癸亥). 麗水縣이 順天府에 병합된 것에 麗水의 土豪勢力이 반발하였으리라는 앞서의 추측과는 상치되는 증거인 셈이다. 하지만 이는 '軍資'의 보충 문제를 걱정하는 '兵曹判書' 金承霔 개인의 견해일 뿐, 여수지역을 대표하는 유력자들 전체의 여론을 반영한 것으로 보기에는 어려움이 있다.

79) 표고 510m로서 순천 이남지역의 가장 높은 산에 드는 進禮山(現 靈鷲山)은, 여수반도와 동쪽 건너편 南海島 사이 여수해협의 좁은 水路를 控制할 수 있는 요충에 해당한다. 고려 말 鄭地가 수군을 이끌고 왜구를 격멸하였던 南海島 觀音

수적으로 노렸음 직하기도 하다.[80]

여수현의 성황신 김총이 순천부의 성황신으로 옮겨 앉은 것은 위와 같은 과정을 거쳐서이었다. 본시 진례산에 위치하는 여수현 성황당의 성황신이었더랬는데, 여수현 성황당이 순천부의 성황사로 바뀌면서 그 역시 순천부의 성황신으로 전신轉身하게 되었던 것이 아닌가 여겨지는 것이다. 김총은 본시 진례산 성황당에서 모셔 오던 신이었다. 따라서 제향을 주관하는 관아만 여수현에서 순천도호부로 바뀐 채 같은 장소에서 변함없이 유지되는 성황당의 신격神格을, 본시 성황신이었던 그가 그대로 이어받는 것은 극히 자연스러운 일로 보인다. 더군다나 김총은, 고려 후기 들어 중앙에까지 진출하는 등 당시 여수지역의 가장 유력한 토호로 손꼽히던 김씨 가문에서, 시조로 떠받드는 인물이었다. 말하자면 김씨는 여수현의 혁파에 반발하던 지역 토착세력을 대표할 만한 존재라고 할 수가 있으려니와,[81] 그러한 그들

浦와는 바다를 건너 마주 바라보는 위치이며, 임진왜란 최후의 격전장인 望海臺(倭橋)·松島·獐島·猫島 등과는 어깨를 겯듯 잇닿아 자리한다. 또한 그 안쪽의 내륙 방향으로는 露梁과 물길로 곧장 이웃하는 위치이기도 하다.

80) 한편 이와 달리 조선왕조에서의 淫祀排擊政策에 따라, 그처럼 순천의 성황사가 읍치와 떨어진 먼 곳으로 옮겨갔을 것으로 보는 견해가 있다(이경엽, 「순천의 성황신앙·산신신앙과 역사적 인물의 신격화」, 170~171쪽). 흥미로운 해석이다. 하지만 조선시기 進禮山에 소재하던 順天府 城隍祠는, 배격의 대상인 淫祀가 아니었다. 官衙와 무관하게 民間에서 주도하는 淫祀로서의 城隍堂과 달리(鄭勝謨, 「朝鮮時代 城隍信仰과 鄕村社會」, 『나주 錦城山의 歷史的 再照明』, 동신대 문화박물관, 2001, 110~114쪽), 중앙조정에 의해 공식적인 祭享의 대상으로 선정된 正祀였다. 따라서 순천부 성황사가 이례적으로 읍치에서 73리나 떨어진 곳에 위치하는 것을, 조선왕조에 들어 시행된 음사배격정책의 결과인 양 이해하기는 곤란하지 않을까 싶다.

81) 고려시기를 통틀어 麗水地域(順天 제외) 출신으로서 중앙에 진출한 인물을 배출한 것은, 金惣의 후예인 金惟精·金承霔의 金氏 家門 뿐이었다.

을 무마하는 데에도 순천도호부의 성황신으로 모셔진 김총의 존재는 효과를 발휘하였을 법하다. 자기 가문의 조상이 여수반도를 넘어 순천도호부 전체의 수호신으로 격상된 셈이어서, 여수현의 혁파로 인한 상실감이 어느 정도는 상쇄될 수가 있지 않았을까 헤아려지는 것이다.[82)]

김총에 이어 순천지역에서 신으로 떠받들어진 이가 박난봉이었다. 대략 무인정권 초기 즈음의 인물로 추정되는 그는, 사후 언제인가 인제산麟蹄山의 산신으로 모셔졌다고 한다.[83)] 아마도 김총이 여수현의 성황신으로 등장하는 무렵 구체적으로는 고려 말인 14세기 후반의 일이 아니었던가 짐작되거니와, 그가 당시 산신으로 추앙되기에 이른 배경으로는 우선 지역 내에서 순천의 위상이 차츰 하락해 가는 추세였음을 들 수가 있을 듯싶다. 앞서 언급하였던 바 현종대 순천 읍격

82) 麗水縣이 順天으로 통합되면서 麗水 城隍神 金惣이 順天都護府 전체의 城隍神으로 轉化하였으리라는 위의 해석이, 옳지 않아 보일지도 모르겠다. 郡縣의 강등이나 혁파는 곧 그 상징인 해당 군현 성황신의 위상 약화로 이어지는 것이 보통일 터인데, 여수의 경우는 그러한 상식에서 벗어나기 때문이다. 하지만 여수·순천의 사례와 같은 城隍神의 轉化가 그처럼 예외적인 일이었을수록, 여수지역 유력자들의 불만을 무마하는 데는 더욱 그 효과가 컸을 것으로 짐작된다. 비록 독자적인 행정단위로서의 지위는 잃었지만, 그 상징이던 성황신 김총이 여전히 건재함으로 해서 정신적으로나마 위안을 삼기에는 충분하지 않았을까 여겨지는 것이다. (補) 이후 순천에서는 조선 후기에 이르도록 내내 김총을 성황신으로 받들며 제향하였다. 순천의 사족 趙顯範이 그의 말년에 저술한 『江南樂府』(1784)에 의하면, 당시 봄과 가을이면 순천의 관아에서 進禮山의 성황사로 儒生을 보내어 제의를 행하는 게 관례였다고 한다. 18세기 후반에도 여전히 순천 성황신 김총이 官祭를 받았으며, 더욱이 그러한 제의를 주도한 게 유생이었다는 점에서 순천의 城隍祭儀가 儒教化하였음을 알 수가 있다(邊東明, 「金惣의 城隍神 推仰과 麗水·順天」, 『全南史學』 22, 2004 ; 「麗水豪族 金惣과 그의 城隍神 추앙」, 『여수해양사론』, 전남대학교출판부, 2010, 79~81쪽).

83) 死爲麟蹄山神 (『新增東國輿地勝覽』 40 順天都護府 人物 朴蘭鳳)

의 하강과 관할 영역의 축소에 이어, 무신난 이후 명종대(1170~1197)에는 승평군 관하의 속현이던 광양현光陽縣이 감무관監務官으로 독립해 나갔다. 그리고 충정왕 2년(1350)에는 여수현마저 현령을 맞이함으로써, 순천의 예하에서 벗어나 독자적인 행정단위로 승격되기에 이르렀다.[84] 당초 주변의 6군현郡縣과[85] 수많은 향鄕·소所·부곡部曲을 임내任內로 거느리며 지역을 이끄는 중심 치소였던 순천이, 이제는 변방의 자그마한 군郡으로 격하된 꼴이었다. 더욱이 이웃 여수현에서는 주현主縣으로의 격상과 더불어 성황신 김총을 지역의 상징 인물로 내세우면서, 과거 자신을 관할하던 순천부와 대등한 지위임을 소리없이 과시하려 드는 중이었다. 김총과 동일한 시기에 활동하였던 해룡산신 박영규로 상징되는 순천부가, 그 동안 지역 내에서 누려 왔던 주도적인 지위를 인정하지 않으려는 듯한 태도를 은근히 표출하였다. 순천의 입장에서 보자면, 무언가 대응방안을 강구하지 않으면 안 될 형편이었던 셈이다.

한편 고려 초기 이래 순천지역의 대표 격으로 중앙에 진출하였던 박영규 및 그 후예들은, 세월이 흘러 고려 후기로 갈수록 지역과의 연고관계가 희미해지고 그 연고의식 또한 차츰 약해질 수밖에 없었을 것으로 판단된다. 대략 고려 말 정도에 이르면, 순천지역에서 박영규를 해룡산신으로 숭배한다는 사실이 지니는 정치·사회적인 의미가 상당히 희석되지 않았을까 짐작이 되는 것이다. 그리고 바로 그러한 시기에 새롭게 두각을 드러내기 시작한 세력이 곧 박난봉 계열이었

84) 崔炳云, 「順天(市)의 歷代 境域과 그 名號 및 官號의 變遷」, 23~24쪽.

85) 고려 초 昇州牧 당시에는, 樂安郡을 위시하여 谷城郡·富有縣·光陽縣·麗水縣·突山縣 등 6개 郡縣을 屬縣으로 거느렸다(崔炳云, 같은 논문, 18~19쪽).

다. 앞 절에서 살피었듯이, 14세기 후반 무렵이면 박난봉의 후예인 박천상朴天祥이 중앙에서 활동하였음을 사서史書에서 확인할 수가 있는 것이다.[86] 말하자면 고려 말기에 이르러 순천지역에서 순천 박씨를 대표한 것은 박영규계가 아니라 박난봉계였으며, 나아가 순천의 토착세력 역시 박난봉의 후예가 대표하도록 형세가 바뀌었다고 하여 지나친 말이 아니었던 셈이다.[87]

박난봉이 순천의 진산鎭山인[88] 인제산의 산신으로 받들어 모셔지기에 이른 것은 위와 같은 상황 속에서의 일이었던 것으로 믿어진다. 지역 내에서 순천의 위상이 하락하고 또한 박영규와의 연고관계도 약화됨에 따라 순천에서는 새로운 구심점을 필요로 하였고, 그리하여 고려 후기 들어 크게 성장하여 마침내 중앙에까지 진출하는 데 성공하였던 박난봉계에서 그 직계 조상인 박난봉을 내세우기에 이르렀던 것이 아닌가 헤아려지는 것이다. 인제산은 순천을 상징하는 진산이었다. 따라서 그러한 산을 주재하는 산신으로 추앙된 박난봉이, 이제 순천의 상징적인 구심점으로 부각되는 것은 너무도 당연한 일이었다. 그러므로 박난봉의 신격화에는, 여수에서의 김총계 김씨나 순천에서의 박난봉계 박씨와 같은 새로운 사회세력의 성장 및 지역 내에서의 주도권을 향한 이웃 고을 사이의 경쟁이라고 하는, 고려 후기에 들어

86) 위의 註 26), 27)을 참고하라.

87) 順天 朴氏 朴蘭鳳系를 제외하면, 高麗末·朝鮮初 중앙에서 활동한 順天地域(麗水 제외) 출신의 인물은 찾아보기가 어렵다. 順天 張氏 역시 高麗中葉 즈음이면 벌써 중앙에 진출하였을 것으로 보려는 견해가 있는데(鄭勝謨, 「조선시대 순천의 사림」, 『順天市史』정치·사회편, 220쪽), 族譜 외에는 그것을 입증할 만한 자료를 찾기가 어려워 여기에서는 취하지 않는다.

88) 麟蹄山 在府南四里 鎭山 一名建達山 有古城基 (『新增東國輿地勝覽』 40 順天都護府 山川)

순천과 여수의 지역사회에서 일던 거센 변화의 바람이 반영되어 있다고 이해하여 과언이 아닌 셈이었다.

한편 후대의 기록과 설화에는, 인제산신 박난봉에게서 무인武人 혹은 나아가 지역 수호신으로서의 이미지가 매우 강하게 나타나는 듯 보여 눈길을 끈다.[89] 고려왕조에서 대장군大將軍을 역임하였다느니,[90] 혹은 인제산과 난봉산蘭鳳山에 산성을 축조하고 웅거하였는데 후에까지도 때때로 산성 안의 가득한 병마兵馬 소리가 마을을 뒤흔들었다느니[91] 하는 말들이 그것이다. 아마도 박난봉의 그러한 이미지에 기대어, 지역 수호자로서의 지위를 강조하려던 그 후손들의 의도에 따라 만들어진 기록과 설화가 아니었던가 싶다.[92] 박난봉이 순천의 수호신으로 받들어지던 고려 말은 왜구倭寇가 매우 극성을 부리던 시기였다. 그 중에서도 해상교통의 요충이었던 순천의 피해가 특히 막심하였는데, 충정왕 2년(1350) 이래 조선 초기에 이르도록 수많은 침탈을 입어 '그 치소는 빈터로 변하고 들판에는 쑥대만 우거진'[93] 형편이었

89) 산신이 본시 수호신으로서의 기능을 지니는 데 관해서는, 金甲童, 「高麗時代의 山嶽信仰」, 56~59쪽의 내용을 참고하라.

90) 麗朝大將軍 … 死後 又爲麟蹄山神 (『新增昇平誌』 上 人物 朴蘭鳳)

91) … 後孫朴蘭鳳 以魁傑英雄之姿 又爲此土君長 築城於麟蹄山 及邑後鎭山(夾註 : 在府西四里 古號鸞鳳山 而卽飛鳳抱卵形也) 而據之 死爲麟蹄山神 鎭山則因稱朴蘭鳳 而有古城基 世傳 葬蘭鳳于鎭山下 麟蹄山城內 精靈尙存 陰雨之日 月明之夜 兵馬騈闐之聲 震于洞壑 故人皆畏慄 不得近 後孫朴天祥 … (『江南樂府』 麟蹄山條)

92) 이와 관련하여, 朴蘭鳳의 후손으로서 高麗末 朝鮮初에 활약하였던 朴天祥이 武人으로서 출세하였던 사실도 참고가 된다(蘭鳳之後 以武藝事恭愍王 封平陽府院君. 『新增東國輿地勝覽』 40 順天都護府 人物 朴天祥).

93) … 高麗之季 政厖國危 海寇孔熾 侵軼之深 至于畿輔 沿海數千里之地 委爲賊藪 順天受禍最慘 丘墟其邑 蒿萊其野 可謂於邑 聖朝蔚興 … (『新增東國輿地勝覽』 40 順天都護府 宮室 客館 夾註)

다.[94] 당시 순천의 대표적인 토호세력이던 박난봉 후예들의 입장에서 보자면, 지역 수호자로서의 이미지를 내세울 필요성이 그 어느 때보다 강하게 요구되던 시기였다고 할 수가 있는 것이다. 그리 함으로써 지역을 이끄는 중심세력으로서의 자신들의 지위를 정당화할 수가 있을 것으로 생각되기 때문이다. 그러므로 인제산신 박난봉에게서 무인 내지는 지역 수호신으로서의 성격이 그처럼 유난히 강하게 표출되는 데에는, 그가 산신으로 추앙되었던 고려 말의 시대상, 다시 말해 왜구의 침략으로 크게 시달림을 당하던 당시 순천지방의 사회상이 반영되었다고 이해하여 크게 어긋나지 않을 줄 믿어지는 것이다.

맺음말

고려시기 순천지역의 산신과 성황신을 검토하였다. 산신 혹은 성황신으로 추앙되었던 인물들을 살피고 나아가 그들이 신으로 떠받들어지기까지의 과정과 그 배경을 다룸으로써, 그러한 현상이 지니는 의미를 나름대로 음미해 보고자 하였던 것이다.

박영규朴英規는 신라 말에서 고려 초에 걸쳐 순천 해룡산 아래의 포구를 중심으로 활동하던 해상세력 출신의 호족이었다. 견훤의 사위이자 후백제의 장군將軍으로서 견훤정권의 유력자 중 하나였던 그는, 신검의 왕위 탈취에 반대하여 견훤을 뒤따라 왕건에게 귀부하였다. 그리하여 고려의 후삼국 통일에 이바지함으로써, 세 딸을 왕실에 후비로 바치는 등 극진한 예우를 받으며 크게 출세하였다. 박영규와 같은 시기의 인물인 김총金摠 역시 여수반도를 무대로 활동하던 해상세력

94) 柳昌圭, 「고려말 왜구의 침략」, 『順天市史』 정치 · 사회편, 259~268쪽.

출신의 호족이었다. 일찍이 방수군 시절 이래 견훤과 고락을 같이한 그는, 인가별감引駕別監으로서 견훤의 신변 호위를 맡는 등 후백제에서 손꼽히는 실력자 가운데 한 사람이었다. 견훤의 핵심측근으로서 후백제왕 견훤을 섬기는 데 일생을 바친, 그리하여 후백제인으로 살다 후백제인으로서 생을 마친 이가 바로 김총이었다. 박난봉朴蘭鳳은 순천 박씨의 실질적인 시조 격에 해당하는 이로서, 대략 12세기말에서 13세기 전반을 살았다. 순천의 '영웅英雄'적的인 '군장君長'으로 기억되는 그는, 박영규나 김총과 달리 내륙의 농업지대를 거점으로 활동하던, 무인정권 초기 즈음의 순천을 대표하는 유력한 토호였다.

위의 3인 가운데 가장 먼저 신神으로 추앙된 인물은 박영규였다. 그가 해룡산신으로 받들어 모셔진 것은 현종대(1009~1031) 즈음이었다. 제2차 거란 침입시 나주가 왕실 보위에 기여한 사실을 높이 평가한 현종은 나주를 크게 우대하였다. 반면에 순천은 읍격邑格이 하강하고 관할영역이 줄어드는 등 상대적으로 위축을 면치 못하였다. 이에 순천의 토착 유력자들은 박영규를 해룡산신으로 추앙함으로써 그에 대처하고자 하였다. 고려의 후삼국 통일에 기여한 순천 출신의 박영규를 앞세워, 순천 역시 나주 못지않게 고려왕조에 기여하였음을 널리 알리고자 함이었다. 이로써 순천 또한 나주와 마찬가지로 우대받을 자격이 충분하다는 사실을 강조하려는 의도에서였다. 그렇지만 해룡산신 박영규를 앞세운 순천 주민들의 그와 같은 노력은 끝내 성공을 거두지 못하였다. 광종의 대숙청으로 중앙에서 박영규 계열이 약화된 이후, 지역의 그와 같은 여론을 중앙에 전달하고 또 관철시킬 만한 순천의 연고세력이 조정 내에 더 이상 존재하지 않은 데 기인한 일이었다.

박영규에 이어 순천지역에서 두 번째로 신격화된 인물이 김총이었다. 김총은 처음 진례산에 소재하던 여수현 성황당의 신으로 추앙되었다. 여수현이 속현의 굴레에서 벗어나던 충정왕 2년(1350)을 전후한 무렵이었다. 김유정金惟精·김승주金承霔 부자父子와 같은, 그의 후손임을 자처하는 이들의 성장과 중앙 진출이 주요한 배경으로 작용하였음은 이를 나위가 없는 일이었다. 그랬다가 조선 태종 9년(1409) 무렵 여수현이 혁파되어 순천도호부의 직할지로 편입되면서, 김총은 순천도호부의 성황신으로 자리 잡게 되었다. 고을이 혁파되고 치소治所가 순천지역으로 옮겨가는 데 대한 여수지역의 불만을 완화시키고자, 진례산의 옛 여수현 성황당을 순천도호부의 공식적인 관제官祭를 받는 성황사城隍祠로 삼게 된 데 따른 일이었다.

박난봉이 인제산신麟蹄山神으로 받들어 모셔진 것은, 고려 말인 14세기 후반이었다. 지역 내에서 순천의 위상이 추락하고 더욱이 고려초 중앙에 진출한 박영규계와의 연고가 약화되면서, 순천에서는 새로운 구심점을 절실히 필요로 하게 되었다. 이에 14세기 후반 무렵 중앙 진출자를 배출할 정도로 성장을 거듭하며 순천을 대표하는 토착세력으로 자리 잡은 박난봉계에서, 자신들의 주도권을 확립하고자 지역의 상징인 진산鎭山을 주재하는 산신으로 그 직계 조상을 추앙하기에 이르렀던 것이다. 인제산신 박난봉에게서 무인武人 내지는 지역 수호신으로서의 이미지가 강하게 나타나는 것도 그와 매한가지였다. 고려 말 순천지역은 왜구의 침략으로 크게 시달림을 당하였다. 이에 지역 수호자로서의 역할을 강조함으로써 순천지역을 이끄는 중심세력으로서의 정당성을 확보하고자, 박난봉 후예들에 의하여 그러한 설화가 널리 유포된 데 따른 현상에 다름이 아니었다.

요컨대 고려시기 여수를 포함한 순천 일원에서 찾아지는 산신과 성황신의 인격신화 현상에는, 당시의 중앙과 지방의 관계는 물론이려니와, 시대적인 상황과 함께 박영규계 및 박난봉계의 순천 박씨와 김총계의 순천 김씨로 대표되는 지역 토착세력의 성쇠 및 나아가 지역 간 혹은 지역 내에서의 주도권 경쟁과 같은, 고려시기 지방사회 내부의 역동적인 모습이 반영되었음을 확인할 수가 있었다.

(「高麗時期 順天의 山神·城隍神」, 『歷史學報』 174, 2002)

제4장 감악산신紺岳山神 설인귀薛仁貴와 적성積城

머리말

감악산紺岳山은 경기도 파주와 양주, 연천 3개 시·군의 경계선에 걸쳐 누운, 해발 675m의 그리 높지 않은 산이다. 그렇지만 정상에 오르면 북으로 임진강이 한눈에 들어오는 요충으로서, 그곳 임진강의 가여울은 과거에 특별한 장비 없이도 말을 타거나 도보로 건널 수 있는 곳이었다. 자연히 이 일대는 전통시기 한반도의 서북지역과 중부지역을 연결하는 주요한 통로 가운데 하나로 손꼽혔다.[1] 감악산이 조선시기에 적성현積城縣을 상징하는 진산鎭山이었으며, 또한 이 산에서 서북쪽으로 뻗어 내린 가지능선인 중성산重城山에 자리한 칠중성七重城이 삼국시기에 치열한 쟁탈의 대상이었던 데에는 그럴 만한 이유가 있었던 셈이다.[2]

1) 李龍範, 「紺岳山 古碑에 대하여」, 『佛敎美術』 7 (1983), 3~12쪽 및 7~9쪽. 徐榮一, 『新羅 陸上交通路 研究』 (學研文化社, 1999), 251~253쪽. 徐仁漢, 『羅唐戰爭史』 (國防軍事研究所, 1999), 141쪽.

2) 李龍範, 「紺岳山 古碑에 대하여」, 7~10쪽. 洪再善, 「積城 七重城 調查略報」, 『佛敎美術』 7 (1983), 13~22쪽. 정승모, 「감악산과 몰자비沒字碑와 설인귀」, 『파

그런데 기록에 따르면, 이 감악산의 산신이 당唐의 장수였던 설인귀薛仁貴라고 한다.[3] 한국에서 사람들이 산악을 숭배하고 신앙한 것은 오랜 옛적 이래의 일이었다.[4] 아울러 그와 같은 산악숭배나 신앙은 곧 그 산신에 대한 숭배나 신앙에 다름이 아니었다. 자연의 산악 그 자체를 믿거나 의지한다기보다는 산악을 주재한다고 믿어지던 산신에 대한 숭배이고 신앙이었거니와,[5] 감악산의 경우 설인귀가 곧 그러한 존재였던 셈이다.

전통시기의 산악숭배는 대체로 그 산악이 위치하는 지역의 토착사회세력과 깊은 관련을 맺은 가운데 전승되어 왔다. 산신제山神祭를 주관하는 등 산악숭배에 수반되는 각종 제의祭儀가, 그들 토착 유력계층에 의하여 주도되는 게 상례였다. 따라서 산악신앙은 그 산악이 소재하는 지역의 위상을 드러낼 뿐만 아니라, 더욱이 그것을 주도하는 토착세력을 상징하는 사회문화적 존재이기도 하였다.[6]

주역사』(파주문화원 편 파주시지②, 파주시, 2009), 55~64쪽 및 55~57쪽. 심광주, 「삼국의 쟁투지 칠중성」, 같은 책, 65~82쪽.

3) 『高麗史』 56 地理 1 王京開城府 積城縣. 『世宗實錄』 148 地理志 京畿道 積城縣

4) 孫晉泰, 「朝鮮古代 山神의 性에 就하여」, 『震檀學報』 1 (1934), 145~159쪽. 柳洪烈, 「朝鮮의 山土神 崇拜에 對한 小考」, 『新興』 9 (1937), 248~261쪽. 金映遂, 「智異山 聖母祠에 就하여」, 『震檀學報』 11 (1939), 135~170쪽.

5) 李基白, 「新羅 五岳의 成立과 그 意義」, 『震檀學報』 33 (1972) ; 『新羅政治社會史研究』 (一潮閣, 1974), 194~215쪽, 196~210쪽.

6) 이와 같은 산악숭배에 대해서는 일찍부터 많은 연구자들이 관심을 보였으며, 그런 만큼 관련 연구 성과도 매우 많다. 여기에서 주로 참고한 논저는 앞의 註 4·5) 외에도 다음과 같거니와, 이하의 논의에서는 특별한 경우를 제외하고 널리 인정받는 일반적인 사항은 일일이 註記를 달지 않을 생각이다.
任東權, 「山神考」, 『黃希榮博士回甲紀念論叢』 (1983) ; 『韓國民俗文化論』 (集文堂, 1983), 324~342쪽. 洪淳昶, 「新羅 三山·五岳에 대하여」, 『新羅民俗의 新研究』 (書景文化社, 1991). 文暻鉉, 「新羅人의 山岳 崇拜와 山神」, 『新羅文

또한 중앙집권적인 체제가 정비되면서는, 각 지역 단위의 토착세력을 중심으로 민간에서 행해지던 그러한 산악숭배가 국가적인 차원으로 격상되기도 하였다. 왕경王京을 중심으로 해서 각 지역의 산악신앙이 그 비중에 따라 대大·중中·소사小祀로 나뉘어 국가의 사전체계祀典體系에 편입되었다. 그리고는 왕경에서 파견되어 온 관인 내지는 해당 지역의 지방관이, 토착세력을 대신하여 산악신앙에 관련되는 각종 제의와 행사를 주관하도록 제도화되었다.7)

化祭 學術發表會 論文集』 12 (東國大 新羅文化硏究所, 1991), 15~36쪽. 姜英卿, 「新羅 山神信仰의 機能과 意義」, 『淑大史論』 16·17合 (1992), 283~307쪽. 金甲童, 「高麗時代의 山嶽信仰」, 『震山韓基斗博士華甲紀念 韓國宗敎思想史의 再照明』(上) (1993), 41~67쪽. 박호원, 「高麗의 山神信仰」, 『民俗學硏究』 2 (1995), 175~212쪽. 林亨, 「錦城山祭에 對한 一考察」, 『향토문화』 15 (1996), 31~47쪽. 이해준·정승모, 「月出山 天皇峰 祭祀遺蹟의 性格과 變遷」, 『靈巖 月出山 祭祀遺蹟』 (靈巖郡·木浦大 博物館, 1996). 李基東, 「新羅人의 信仰과 宗敎」, 『慶州史學』 16 (1997), 51~72쪽 및 54·64~70쪽. 邊東明, 「高麗後期의 無等山信仰과 光州」, 『東亞硏究』 38 (2000), 155~178쪽. 이경엽, 「순천의 성황신앙·산신신앙과 역사적 인물의 신격화」, 『남도민속연구』 6 (2000), 165~193쪽. 변동명, 「高麗時期의 羅州 錦城山信仰」, 『全南史學』 16 (2001), 33~75쪽. 姜英卿, 「韓國 古代 山神信仰에 나타난 理想人間型」, 『종교와 문화』 7 (2001), 155~214쪽. 邊東明, 「高麗時期 順天의 山神·城隍神」, 『歷史學報』 174 (2002), 33~68쪽. 강은경, 「고려시대 지방사회의 祭儀와 공동체 의식」, 『韓國思想史學』 21 (2003), 81~114쪽. 왕밍커, 「山神과 神山」, 『南冥學硏究』 27 (2009), 257~276쪽. 張正泰, 「삼국유사에 나타난 민간신앙—산신신앙을 중심으로—」, 『韓國思想과 文化』 52 (2010), 139~160쪽.

7) 중앙을 축으로 정비되어 성립한 祀典體系와 그 역사적 추이 및 그 안에서의 산악신앙을 다룬 연구는 자못 많거니와, 여기에서는 다음의 논저를 주로 참고하였다.

李範稷, 『韓國中世禮思想硏究』 (一潮閣, 1991), 46~107·229~295·312~315·377~392쪽. 최광식, 『고대한국의 국가와 제사』 (한길사, 1994), 298~323쪽. 韓亨周, 『朝鮮初期 國家祭禮 硏究』 (一潮閣, 2002), 176~186·191~198쪽. 나희라, 『신라의 국가제사』 (지식산업사, 2003), 27~68쪽. 金海榮, 『朝鮮初期 祭祀典禮 硏究』, 집문당, 2003. 허흥식, 『한국 신령의 고향을 찾아서』 (집문당, 2006),

적성현 감악산의 경우도 그와 유사하였을 것임은 물론이다. 전통시기의 이름 있는 산이 으레 그러하였듯이, 이 산도 산악신앙의 대상으로서 예부터 지역민의 숭배를 받아 왔음이 틀림없다. 그러다가 늦어도 통일신라시기에 감악산은 사전祀典에 올라 국가적인 치제致祭의 대상으로 격상되었다. 통일신라의 소사小祀로 등재된 이래 고려시기 국제國祭 그리고 조선시기 소사小祀에 각각 오름으로써, 중앙에서 내려온 관인이나 혹은 지방관의 주관 아래 감악산신을 기리는 제례가 치러지곤 하였던 것이다.[8] 그만큼 감악산이 중앙에서도 중시하던 치제 대상 가운데 하나였다 이르겠거니와, 그러한 산을 주재하는 신이 당의 장수인 설인귀였다는 것이다.

여기의 설인귀가 고구려를 침공하여 멸망케 하였으며, 또한 뒤에는

9~40·106~290쪽. 최광식, 『한국고대의 토착신앙과 불교』(고려대학교출판부, 2007), 160~214쪽. 김철웅, 『한국중세의 吉禮와 雜祀』(景仁文化社, 2007), 7~66·83~127·151~180·203~210쪽. 채미하, 『신라 국가제사와 왕권』(혜안, 2008), 29~61·303~366쪽. 浜田耕策, 「新羅の祀典と名山大川の祭祀」, 『呴沫集』 4 (1984) ; 『新羅國史の研究』(吉川弘文館, 2002), 66~94쪽. 井上秀雄, 「新羅の律令制の受容とその國家·社會との關係」, 『中國律令制の展開と國家社會との關係』(1984). 辛鍾遠, 「三國史記 祭祀志 研究」, 『史學研究』 38 (1984) ; 「新羅 祀典의 成立과 意義」, 『新羅初期佛敎史研究』(民族社, 1992), 62~100쪽. 井上秀雄, 「祭祀儀禮の受容-新羅の律令制と祭祀制度-」, 『古代東アジアの文化交流』(溪水社, 1993). 金海榮, 「《詳定古今禮》와 高麗朝의 祀典」, 『國史館論叢』 55 (1994), 73~99쪽. 金杜珍, 「新羅의 宗廟와 名山大川의 祭祀」, 『韓國古代의 建國神話와 祭儀』(一潮閣, 1999), 346~375쪽. 정승모, 「군현제의와 국가정책」, 한국역사연구회 조선시기 사회사 연구반, 『조선에서는 지방을 어떻게 지배했는가』(아카넷, 2000), 140~159쪽. 김철웅, 「고려전기 사전(祀典)의 형성과정」, 『사학지』 37 (2005), 263~282쪽.

8) 『三國史記』 32 雜志 1 祭祀 小祀. 『高麗史』 56 地理 1 王京開城府 積城縣. 『世宗實錄』 148 地理志 京畿道 積城縣. 『新增東國輿地勝覽』 11 積城縣 祠廟.

신라에도 군사를 이끌고 쳐들어와 당의 한반도 지배 야욕을 실현하고자 앞장선 바로 그임은 이를 나위가 없다.[9] 중국에서는 설화나 연희演戲의 주인공으로도 자주 등장할 만큼 민간에서까지 상당한 명성을 누리는 실존인물이거니와,[10] 그러한 설인귀가 머나먼 이국의 적성현에 위치하는 감악산의 산신이라는 것이다.[11] 자못 이색적인 사실이 아닐 수가 없다.

---

9) 『舊唐書』 83 薛仁貴傳. 『新唐書』 111 薛仁貴傳.
서영교, 『羅唐戰爭史 硏究』 (아세아문화사, 2006), 45 · 76 · 183 · 196 · 228~238쪽. 노태돈, 『삼국통일전쟁사』 (서울대학교출판부, 2009), 218 · 221 · 241 · 245 · 251 · 266~269쪽. 박현숙, 「「답설인귀서」, 나당전쟁기 신라외교의 표상」, 『내일을 여는 역사』 10 (2002), 235~245쪽. 拜根興, 「薛仁貴的活動和羅唐關係」, 『七世紀中葉 唐與新羅關係硏究』 (中國社會科學出版社, 2003), 177~200쪽. 李相勳, 「唐의 軍事戰略을 통해 본 羅唐戰爭期의 買肖城 戰鬪」, 『新羅文化』 29 (2007), 89~123쪽. 李相勳, 「羅唐戰爭期 伎伐浦 戰鬪와 薛仁貴」, 『大丘史學』 90 (2007), 39~69쪽.

10) 서대석, 「李朝飜案小說攷: 薛仁貴傳을 중심으로」, 『국어국문학』 52 (1971), 49~74쪽. 성현경, 「女傑小說과 薛仁貴傳: 그 著作年代와 輸入年代 · 受容과 變容」, 『국어국문학』 62 · 63 (1973), 165~183쪽. 박재연, 「薛仁貴征遼史略 小考」, 『中國學硏究』 1 (1984), 175~212쪽. 이금재, 「「薛仁貴傳」의 「薛仁貴征東」 受容과 그 意味」, 『國語國文學』 27 (1990), 503~520쪽. 이윤석, 「설인귀전의 원천에 대하여」, 『연민학지』 9 (2001). 이기형, 「설인귀 전설의 비교 고찰」, 『韓國民俗學』 44 (2006), 369~401쪽. 이승수, 「燕行路上의 공간 탐색, 鳳凰山城」, 『정신문화연구』 29-2(통권 103) (2006), 367~388쪽. 신경섭, 「연개소문 인물 형상 연구」, 『동양정치사상사』 7-1 (2007), 225~247쪽. 권도경, 「설인귀 전설의 존재양상과 서사적 특징에 관한 연구」, 『국학연구』 10 (한국학진흥원, 2007), 381~416쪽. 권도경, 「설인귀 풍속신앙 전설의 서사구조적 특징과 전승의 역사적 변동 국면」, 『정신문화연구』 30-2(총권107호) (2007), 3~31쪽.

11) 李龍範, 「紺岳山 古碑에 대하여」, 6~7쪽. 金侖禹, 「紺岳山碑와 鐵原 孤石亭」, 『慶州史學』 9 (1990), 33~58쪽, 34~41쪽. 李道學, 「三國 및 統一新羅時代」, 『楊州郡誌』上 (楊州文化院, 1992), 119~224쪽. 鄭又榮, 「雲溪寺 古石碑와 紺嶽山 巫俗信仰의 始原」, 『京畿鄕土史學』 6 (2001), 103~162쪽, 129~143쪽. 정승모, 「감악산과 몰자비沒字碑와 설인귀」, 57~59쪽.

지역사회를 이끄는 유력 가문의 조상이라든지 혹은 지역과 연고를 맺었던 유력자가 그 고장에 위치하는 산악의 신으로 추앙되는 것은 전통시기에 때로 나타나는 현상이었다. 그렇지만 설인귀와 감악산 내지는 적성현의 사이에 그와 같은 무슨 인연이 있었음을 보여주는 기록은 쉬이 찾아지지 않는다. 설인귀가 적성현 출신임을 알리는 설화나 지명이 현지에 전한다지만,[12] 대체로 후대에 부회된 억지에 불과하다.[13] 고구려와 신라를 침공했던 당의 장수 설인귀가 머나먼 이국에서 산신으로 받들어지기에 이른 경위가 적이 궁금한 것이다.

설인귀가 감악산신으로 추앙되기에 이른 배경이나 연유 혹은 이후의 추이라든지 그 정치·사회적 함의와 같은 것을 정면으로 검토한 연구는 별로 찾아지지 않는다. 삼국통일전쟁기의 설인귀를 언급한 역사연구에서조차 그와 감악산신의 관계는 깊이 다루지 않는 게 보통이었다.[14] 감악산 내지 적성지역의 역사나 설화·제의 등을 살피는 경우에도, 설인귀가 감악산신으로 받들어진 까닭이라든지 그러한 사실이 지니는 정치·사회적인 의미를 당시의 현실에 비추어 면밀하게 추구한 경우는 찾아보기가 쉽지 않다.[15] 흥미로운 소재임에도 연구

---

12) 그리하여 설인귀를 적성 출신으로 인정하는 견해가 있다. 이기형, 「설인귀 전설의 비교 고찰」, 375·396쪽.

13) 金侖禹, 「紺岳山碑와 鐵原 孤石亭」, 36~38쪽. 정승모, 「감악산과 몰자비沒字碑와 설인귀」, 64쪽.

14) 가령 "설인귀를 격파하였다는 천성 지역에 인접한 감악산의 산신으로 설인귀가 봉사되었다는 전승이 있다. 이는 곧 설인귀가 한강과 임진강 하류 지역에서 작전을 벌였다는 사실과 유관한 것이라 여겨진다"라고(노태돈, 「신·당 전쟁과 일본, 토번」, 『삼국통일전쟁사』, 269쪽) 지적하는 정도에서 그치는 게 보통이었다.

15) 설인귀의 감악산신 추앙 배경을 '발해의 위협을 극복하기 위한 신라인들의 관념'에서 말미암은 '신라와 발해 간의 대립과 갈등의 산물'로 이해한다든지(李道學, 「三國 및 統一新羅時代」, 119~124쪽), 또는 '渤海의 위협을 극복하기 위한 신

가 미진하여 의문을 해소하는 데에는 멀리 미치지 못하는 셈이다.

이 글에서는 전통시기의 감악산 숭배라든지 감악산신 설인귀의 존재를 중앙 정치 및 지역사회와의 관계 속에서 검토하려 한다. 관련 제의祭儀나 산신당山神堂의 위치와 같은 산악숭배 자체에 관한 것보다는, 그와 관련을 맺거나 혹은 그러한 산악숭배를 주도하던 인간들이 그것을 통하여 정치·사회적으로 획득하고자 도모하는 바가 무엇이었던가에 더욱 관심을 기울이고자 한다. 과연 어느 시기에, 어떠한 사람들이, 무슨 연유에서 설인귀를 감악산신으로 추앙하였고, 그 이후의 추이는 어떠하였으며,[16] 그리하여 그들이 얻고자 하는 바는 무엇이었는지를 밝히려 한다. 설인귀와 유사한 인물인 당장唐將 소정방蘇定方이 성황신이었다던 충청도 대흥현大興縣의 사례를[17] 각별히 유념하는 가운데, 전통시기의 감악산 숭배 내지는 그 산신으로 설인귀를 떠받든 사실이 지니는 정치·사회적인 의미가 무엇이었는지를 더듬

라인들의 신앙적 의지'에서 찾는 견해가 있어 주목된다(鄭又榮, 「雲溪寺 古石碑와 紺嶽山 巫俗信仰의 始原」, 140쪽). 다만 전자의 경우 지역민들이 설인귀를 산신으로 인정하고 받아들이기에 이른 까닭이 무엇이었던 지에는 논의가 미치지 않았으며, 또한 후자의 경우 高句麗遺民意識이 강했던 積城地域 주민들이 침략자 설인귀를 수호신으로 받아들인 게 설인귀를 고구려 출신으로 거짓 선전하는 唐의 이간책에 속아서였다고(鄭又榮, 같은 논문, 112·140~142쪽) 설명하는 등, 다소 설득력이 떨어지는 이유를 제시하여 그대로 따르기가 조심스럽다.

16) '설인귀 풍속신앙 전설의 역사적인 변이 과정'을 세 단계로 정리한 연구가 있어 눈길을 끈다(권도경, 「설인귀 풍속신앙 전설의 서사구조적 특징과 전승의 역사적 변동 국면」, 14~25쪽). 그렇지만 2단계인 고려시기에 감악산 신앙과 설인귀 신앙이 분리되었는데 조선시기에 다시 설인귀가 紺岳山祠의 神으로 나타난다든지, 혹은 조선시기가 아닌 고려후기 忠宣王代를 감악산 신앙이 유교적 합리주의와 대립하는 3단계의 시작으로 제시하는 등, 그대로 따르기에는 주저되는 내용이 많다.

17) 변동명, 「城隍神 蘇定方과 大興」, 『歷史學硏究』 30 (2007), 1~27쪽.

어, 그 역사적 함의를 헤아리려는 게 이 글의 목표인 것이다.

여기에서는 우선 설인귀가 감악산신으로 추앙된 과정을 더듬으려 한다. 언제 누가 왜 그런 일을 추진하였는지를 살피는 데서 문제 해결의 실마리를 구하려 하거니와, 감악산과 적성현의 지리적 위치라든지 역사적 위상 등을 당시의 정치 정세와 연결하여 면밀히 검토하려 한다. 그리하여 설인귀를 그곳의 산신으로 내세운 계층을 찾아 그리 해야만 했던 까닭을 밝힘으로써, 설인귀의 감악산신 추앙이 지니는 의미를 헤아리려는 것이다. 다음으로, 고려시기에 감악산신이 국가와 지역사회의 수호신으로 숭앙되었음을 살피겠다. 고려는 고구려 계승을 표방한 나라였다. 그리고 설인귀는 고구려의 멸망에 개입한 인물이었다. 따라서 그러한 설인귀를 신체神體로 하는 감악산신을 고려인들이 수호신으로 받아들이는 데에는 문제가 적잖았을 법하다. 고려왕조 하에서 설인귀가 감악산신의 실체로서 국가와 지역사회의 수호신으로 받아들여졌던 데에는 그만한 연유가 있었을 직하거니와, 그것을 알아보고자 하는 것이 목표이다. 마지막으로, 조선시기 감악산 숭배의 추이를 검토하겠다. 조선왕조가 개창된 후 유교적인 예제禮制를 확립하려는 정책이 추진되는 과정에서, 전래의 다양한 토착신앙은 규제의 대상으로 전락하였으며 그 중 상당수는 음사淫祀로 지목되어 금지되고 억압당하였다. 적성지역이라고 거기에서 예외였을 까닭이 없거니와, 그와 같은 소용돌이 속에서 감악산 숭배 내지 산신 설인귀의 향방은 어찌 되었는지 더듬어 그 추이를 살피려는 것이다. 그리하여 한국 고대의 쟁패전에 침략자로서 끼어든 외국인 장수가 산신山神으로 전화轉化하여 또 다른 모습으로 한국의 역사에 흔적을 남긴 사실이 의미하는 바를 되새기는 기회로 삼고자 한다.

1. 소사小祀 감악산紺岳山과 산신山神 설인귀薛仁貴

감악산이 국가적인 치제의 대상으로 기록에 오른 것은 신라에 들어서였다. 신라의 명산대천名山大川 제사 중 소사小祀에 포함된 칠중성七重城의 겸악鉗岳이 그것이었다.[18] 본시 지역 주민들 사이에서 자연적으로 발생해 전해 오던 감악산 숭배와 제의가, 국가의 공식적인 제사체계로 편입되어 중앙에서도 관심을 기울이는 대상으로 격상된 게 신라의 어느 때였다는 뜻이다.

신라에서 명산대천 제사가 정비되어 대・중・소사로 편제된 것은 신문왕 5년(685)에서 성덕왕 12년(713) 혹은 34년(735)의 사이였다는 게 대체적인 견해이다.[19] 감악산의 경우도 역시 대략 그러했으리라 여겨진다. 신라가 삼국을 통일하고 얼마가 지난 뒤 명산대천 제사가 정비되면서 소사 중의 하나로 감악산이 포함되었을 성싶거니와, 다만 궁금한 것은 신라 중앙에서 변방에 소재하는 이 나지막한 산에 그처럼 관심을 보인 배경이 무엇이었을까 라고 하는 점이다.

신라 중앙에서 감악산 내지 그것이 위치하는 칠중성七重城 곧 적성 지역 일원에 크게 주의를 기울이게 된 것은 삼국시대 말기에 가서였다. 이 일대에 신라의 힘이 처음 미치기 시작한 것은 일러야 6세기 중엽의 진흥왕대[20] 내지는 진평왕 51년(629) 이후의[21] 일이라고 한다. 늦어도 진평왕眞平王 말년에서 선덕왕善德王이 즉위하던 7세기 초

18) 小祀 霜岳(㚌註;高城郡) 雪岳(迂城郡) 花岳(斤平郡) 鉗岳(七重城) 負兒岳(北漢山州) 月奈岳(月奈郡) … (『三國史記』 32 雜志 1 祭祀)

19) 위 註 7)에서 新羅 祀典을 다룬 연구를 참고하라.

20) 심광주, 「삼국의 쟁투지 칠중성」, 67~68쪽 및 71~74쪽.

21) 金侖禹, 「紺岳山碑와 鐵原 孤石亭」, 43~46쪽.

반 무렵이면 이 일대가 신라의 영역으로 확보되었던 듯싶거니와, 선덕왕 7년(638)에 신라군이 그 북쪽 변경인 칠중성에 침입해온 고구려군과 치열한 전투를 벌여 격퇴한 사실이 그것을 반증한다.[22] 늦어도 7세기 초반이면 감악산이 자리한 적성지역을 신라가 차지하였으며, 더욱이 이 일원을 두고 신라와 고구려가 치열한 쟁탈전에 돌입하였음을 확인할 수가 있는 것이다.

대략 7세기 초반 무렵 감악산이 위치한 적성 일대는 신라의 북쪽 변경으로서 고구려의 침입을 방어하는 최일선의 요지였다. 이후 신라는 고구려와 이 지역을 두고 뺏고 빼앗기기를 거듭하였다.[23] 그랬다가 고구려가 망한 뒤 이 일원에서 신라는 다시 당군唐軍과 혈전을 되풀이하였다.[24] 7세기 초반에 신라가 적성 일대를 영역으로 거둬들인 이래 675년의 매초성買肖城 전투 및 이듬해의 기벌포伎伐浦 전투를 거치며 당군을 몰아내기까지, 반세기 가까운 세월 동안 감악산을 포함한 이 지역은 신라 중앙에서 예의 주시하는 요충이었던 것이다.[25]

---

22) 冬十月 高句麗侵北邊七重城 百姓驚擾 入山谷 王命大將軍閼川 安集之 十一月 閼川與高句麗兵 戰於七重城外 克之 殺虜甚衆 (『三國史記』5 新羅本紀 5 善德王 7년)

23) ① 十一月一日 高句麗侵攻七重城 軍主匹夫死之 (『三國史記』5 新羅本紀 5 太宗武烈王 7년)

② 秋七月二十六日 大唐摠管薛仁貴 使琳潤法師寄書曰 … 大王報書云 … 至乾封二年 聞大摠管英國公征遼 某往漢城州 遣兵集於界首 新羅兵馬 不可獨入 先遣細作三度 船相次發遣 覘候大軍 細作廻來並云 大軍未到平壤 且打高麗七重城 開通道路 佇待大軍來至 其城垂垂欲破 英公使人江深來云 奉大摠管處分 新羅兵馬 不須打城 早赴平壤 卽給兵粮 遣令赴會 行至水谷城 … (같은 책 7 文武王 11년)

24) 二月 劉仁軌破我兵於七重城 仁軌引兵還 … (9월) 十九日 李謹行率兵二十萬屯買肖城 我軍擊走之 … 唐兵與契丹靺鞨兵 來圍七重城 不克 小守儒冬死之 … (같은 책 文武王 15년)

신라 중앙에서 변방에 소재하는 나지막한 이 산에 관심을 보이고 그리하여 소사小祀에 올리면서 그러한 사실을 염두에 두지 않았을 까닭이 없다. 삼국시기의 말엽 이래 신라가 당을 몰아내고 통일전쟁을 마무리하는 동안 감악산이 쟁탈의 요충지역에 위치했던 사실이야말로, 이 산이 신라의 소사에 등재된 첫째가는 배경이었음이 거의 틀림없을 듯싶다. 그 전략적 가치에 주목하여 신라에서 감악산을 소사小祀의 영지靈地로 지정하였으리라는 선학의 견해는 여전히 유효한 듯 여겨지는 것이다.[26]

삼국 말엽 이래로 적성지역에 깊은 관심을 보이던 신라 중앙에서, 통일전쟁이 끝나고 체제 정비에 나서던 7세기 말에서 8세기 초의 어느 시기에, 사전체계祀典體系의 정리와 함께 감악산을 소사에 등재하였을 것임을 살폈다. 지역 주민들 사이에서 자연적으로 발생해 전해오던 감악산 숭배와 의식儀式이 이제는 중앙에서 중시하는 국가적 제의祭儀로 승격된 셈이었다. 한데 언제인가 그러한 감악산의 산신으로 당의 장수 설인귀가 추앙되었다고 한다. 그만한 배경이 없었을 리 없거니와, 그리 된 연유가 궁금하다.[27]

설인귀가 감악산신으로 숭배되었음을 전하는 자료는 다음과 같다.

① 본시 고구려의 칠중성으로서 … 감악이 있다. (협주) 신라에서 소사

---

25) 심광주, 「삼국의 쟁투지 칠중성」, 65~82쪽.

26) 李龍範, 「紺岳山 古碑에 대하여」, 7~9쪽.

27) '통일신라의 국가적 제의로 편입되기 이전에 설인귀 제의가 파주의 지역 토착신앙의 일부로 존재'했다는 견해가 있으나(권도경, 「설인귀 풍속신앙 전설의 서사구조적 특징과 전승의 역사적 변동 국면」, 16쪽), 그것이 선후를 뒤바꾼 착오임은 이 글의 논의에 따라 차차 이해하게 될 것이다.

로 삼았다. 산의 위에 사당이 있어, 봄과 가을이면 향과 축문을 내려 제사를 지낸다. 현종顯宗 2년(1011)에, 거란 군사가 장단에 이르렀는데 감악산신의 사당에 마치 깃발과 병사·군마가 있는 듯하자 거란 군사가 두려워하며 감히 앞으로 나아가지 못했다고 해서, (음조陰助에) 보답하는 제사를 닦도록 명하였다. 사람들 사이에 전하기를, 신라인들이 당의 장수 설인귀를 산신으로 삼아 제사지냈다고 한다.[28]

② 본시 고구려의 칠중성으로서 … 명산은 감악이다. (협주) 고을의 동쪽에 자리하며, 신라에서 소사로 삼았다. 산의 위에 사당이 있어, 봄과 가을이면 향과 축문을 내려 제사를 지낸다. 현종顯宗 5년 갑인甲寅(1014)에, 거란 군사가 장단에 이르렀는데 감악신사紺岳神祀(祠?)에 마치 깃발과 병사·군마가 있는 듯하자 거란 군사가 두려워하며 앞으로 나아가지 못했다고 해서, (음조陰助에) 보답하는 제사를 닦도록 명하였다. 사람들 사이에 전하기를, 신라인들이 당의 장수 설인귀를 산신으로 삼아 제사지냈다고 한다.[29]

『고려사』(①)와 『세종실록』 지리지(②)에서 각기 인용한 기록으로, 사건이 발생한 연도에서만 차이가 날 뿐 거의 동일한 내용이다. 감악

---

28) 本高句麗七重城 新羅景德王 改名重城 爲來蘇郡領縣 高麗初更今名 顯宗九年 爲長湍縣屬縣 文宗十六年來屬 睿宗元年 置監務 有紺嶽 (夾註: 自新羅爲小祀 山上有祠宇 春秋降香祝行祭 顯宗二年 以丹兵至長湍 嶽神祠 若有旌旗士馬 丹兵懼而不敢前 命修報祀 諺傳 羅人祀唐將薛仁貴爲山神云) (『高麗史』 56 地理 1 王京開城府 積城縣)

29) 本高句麗七重城 新羅改名 … 睿宗元年丙戌 始置監務 本朝太宗癸巳 例改爲縣監 名山曰 紺嶽 (夾註: 在縣東 自新羅爲小祀 山上有祠 春秋降香祝行祭 顯宗五年甲寅 以丹兵至長湍 紺嶽神祀 若有旌旗士馬 丹兵懼而不前 命修報祀 該傳 羅人祀唐將薛仁貴爲山神云) (『世宗實錄』 148 地理志 京畿道 積城縣)

산신에게 보은報恩의 제사를 올리도록 명했다는 현종 2년의 사건에[30] 이어, 당시 일반인들 사이에서 설인귀가 감악산신으로 숭배되었던 사실을 전한다.

위의 두 기록은 조선 초기의 것이지만 대체로 고려시기 이래 전해온 자료를 바탕으로 편찬된 저술에서 인용한 것들이다. 『고려사』는 이를 나위가 없으며, 『세종실록』 지리지의 역사 관련 내용도 역시 대체로 그러하다. 설인귀가 감악산신으로 숭배된 게 조선 초기의 사실일 뿐더러 늦어도 고려시기 이래의 일이었다는 의미이다.[31] 그런데

30) 顯宗代 거란의 침입을 받았을 때의 일이라고 하는 이른바 '紺岳山神 거란군 격퇴사건'은 현종 2년 2월의 일로서(『高麗史』 63 禮 5 吉禮 雜祀 顯宗 2년 2월, 『高麗史節要』 3 顯宗 2년 2월), 본문 ②의『世宗實錄』이나 『新增東國輿地勝覽』(11 積城縣 祠廟 紺岳祠) 등 조선 전기의 지리지에 나오는 현종 5년설은 잘못이다.

31) 이와 관련하여 '감악산신을 설인귀와 관련짓는 속설은 고려 초부터로 보는 것이 순리'(李龍範, 「紺岳山 古碑에 대하여」, 7쪽)이리라는 견해가 참고가 된다. 한편 감악산신 설인귀의 존재가 '諺傳'에 근거함을 이유로, 그것을 고려 이래의 사실로 이해하는 데 반대하는 의견이 나올 지도 모르겠다. 감악산신 설인귀 운운하는 내용이, 위의 두 자료가 편찬되던 조선 초기 사람들의 입에 오르내리던 이야기에 지나지 않는다는 뜻일 게다. 그러나 여기에서 인용한 『고려사』가 고려시기 이래 전해오던 기록을 바탕으로 편찬되었다 함은 異論의 여지가 없다. '諺傳'이니 '世傳'이니 하는 경우도 거기에서 예외가 아니었다. 단순히 조선 초기 사람들 사이에 떠도는 내용을 수록하며 그처럼 표기한 건 아니었다. 가령 위의 적성현 감악산과 동일한 항목에 수록된 開城縣 大井을 설명하는 '世傳' 운운의 경우가 그러하다(『高麗史』 56 地理 1 王京開城府 開城縣 大井 夾註). 왕건의 조모인 龍女가 은사발(銀盂)로 판 우물이 大井이라면서, 『고려사』 찬자는 거기에 굳이 '世傳' 임을 명시해 두었다. 한데 그것은 사실 고려 毅宗代 金寬毅가 편찬한 『編年通錄』에서 인용한 기록이었다. 『고려사』의 高麗世系를 통해 확인할 수가 있다. 다시 말해 고려시기에 작성된 기록에 근거했음에도, 『고려사』 지리지에서는 마치 조선 초기의 이야기인 양 '世傳' 운운하였던 것이다. 『고려사』 찬자는 사론에서 "… 이제 (高麗王朝)實錄에 기재된 바 追贈三代로써 正을 삼고, 金寬毅 등의 說도 또한 세상에 전해진 지 오래 되었으므로[世傳之久] 함께 붙여서 기록한다[并附]"라고 하였다(『高麗史』 高麗世系 論曰). 실록처럼 국가에서 편찬한 史書

같은 기록에서 설인귀를 처음 감악산신으로 추앙한 건 신라인이었다고 한다. 그가 신라시기에 감악산신으로 추앙되었다는 뜻이려니와, 설인귀의 활동 연대로 미루어 그것은 아마도 통일신라시기의 일이었음 직하다.

설인귀는 강주絳州 용문龍門 —지금의 산서성山西省 하진河津[32]— 사람이었다.[33] 본시 보잘것없는 출신이었던 그가 입신한 것은 당唐 태종太宗의 고구려 침공에 참가한 것을 계기로 해서였다. 이 전쟁에서 공을 세움으로써 태종의 눈에 들어 출세를 시작한 그는, 이후 고종高宗에게서도 각별한 신임을 얻어 고위직에 올랐다. 고구려가 멸망할 때에도

나 혹은 공문서와 같은 공식 기록이 아니면서도 '世傳之久'한 자료들을 협주 등으로 附載하겠다는 의미이다. 그리고 그럴 경우 위 개성현 대정의 사례에 나타나듯이 '世傳' 운운하였던 것이다. 『고려사』 적성현 감악의 협주에 '諺傳' 운운하며 수록된 내용 역시 그와 매한가지일 것임은 거의 틀림이 없다. 감악산신 설인귀에 관한 '諺傳' 운운의 내용을 조선 초기 민간에서의 풍설정도로만 치부해서는 안 되며, 도리어 관찬의 공식 기록을 제외한 고려 이래의 다양한 서술이 그 출처였던 것으로 간주함이 온당하지 않을까 헤아려지는 것이다. 실제로 조선 초기보다 100년 이상 훨씬 이전인 고려 후기 즈음에 벌써 감악산신 설인귀의 존재가 드러나는 데서 그것을 거듭 확인할 수가 있다. 뒤에 다시 나오겠지만, 고려 충렬왕 13년(1287)의 감악산신 제2자 도만호 책봉 기록과(각주 66) 세종 12년(각주 99) 및 『세종실록』 지리지의 기록을(각주 29) 아울러서 헤아릴 때, 충렬왕 13년 이전에 이미 감악산신 설인귀가 지역과 국가를 수호하는 軍神으로 신앙되었음에는 이론의 여지가 없어 보인다. 감악산신 설인귀의 '諺傳' 운운하는 기록이 조선 초기에 처음 나타난다고 해서, 관련 내용을 모두 조선 초기의 사실일 뿐으로 단정하는 것은 아무래도 지나치다.

32) 정승모, 「감악산과 몰자비와 설인귀」, 57쪽.

33) 薛仁貴에 대해서는 그의 전기(『舊唐書』 83 薛仁貴傳. 『新唐書』 111 薛仁貴傳) 및 『三國史記』의 관련 기록과 함께 拜根興(「薛仁貴的活動和羅唐關係」)과 李相勳(「唐의 軍事戰略을 통해 본 羅唐戰爭期의 買肖城 戰鬪」, 「羅唐戰爭期 伎伐浦 戰鬪와 薛仁貴」)의 연구를 주로 참고하였다. 黃約瑟의 연구(『薛仁貴』, 西安, 西北大學出版社, 1995)는 미처 구하지 못하였다.

그는 당 침략군 지휘부의 일원으로 참가하였으며, 전쟁이 끝나고 고구려의 옛 땅을 지배하고자 당에서 설치한 안동도호부安東都護府의 도호都護로서 2만 군대를 거느리고 평양에 주둔하기도 하였다. 뒤이어 신라와 당 사이에 본격적인 전투가 벌어지자 계림도총관鷄林道總管에 임명되어 한반도 전선에 투입된 그는 문무왕文武王과 날선 전서戰書를 주고받았으며, 나당전쟁羅唐戰爭의 말엽에는 천성泉城과 기벌포伎伐浦에서 신라군에 크게 패했던 것으로 기록에 나타난다.

위와 같은 설인귀의 행적에서 그가 감악산 내지 그 일원과 무슨 연고가 있었다는 증거는 발견되지 않는다. 그가 감악산이 위치하는 한반도 중부 및 그 이남에까지 내려온 것은 신라와 당 사이에 본격적인 전쟁이 시작된 이후였다. 그런데 나당전쟁기 두 나라 사이의 전투를 정리한 연구에 따르면, 당시 그의 활동은 대체로 수군水軍과 관계가 깊었으며 활동지역도 충청도 부여夫餘 부근[石城] 내지는 한강과 임진강이 만나는 하구[泉城]와 금강錦江 하구[伎伐浦] 등이었다고 한다.[34] 설인귀의 행적에서 감악산 내지 적성지역과 직접 연관 지어 생각할 만한 근거는 찾아지지 않으며,[35] 도리어 당의 다른 장수 가령 고간高侃·이근행李謹行이나 유인궤劉仁軌 등에게서 칠중성이나 인근의 임진강 일원과 연결되는 행적을 찾기가 보다 쉬운 형편인 것이다.[36] 전통시기의 산악숭배가 지역사회와의 긴밀한 관계 속에서 발생 유지되어 왔던 사실에 비추어 다소 의외라 이르지 않을 수 없다. 별다른 연고

34) 李相勳, 「唐의 軍事戰略을 통해 본 羅唐戰爭期의 買肖城 戰鬪」, 107~114쪽. 李相勳, 「羅唐戰爭期 伎伐浦 戰鬪와 薛仁貴」, 49~66쪽.

35) 李龍範, 「紺岳山 古碑에 대하여」, 6쪽.

36) 李相勳, 「羅唐戰爭期 伎伐浦 戰鬪와 薛仁貴」, 54~55쪽, 〈표 2〉 羅唐戰爭期 唐의 韓半島 投入部隊와 戰鬪.

가 없어 보이는 설인귀가 어떤 경위를 거쳐 감악산의 산신으로 추앙되었을까 궁금하다.

위에 제시한 자료 ①과 ②에 의하면, 처음 설인귀를 감악산신으로 추앙한 것은 신라인新羅人이었다. 다른 자료에서도 그것이 신라시기의 일이었다고 전하거니와,[37] 설인귀가 감악산신임을 기록한 초기의 자료에 늘 그처럼 나오는 데에는 —공식적인 기록은 아닐망정— 그럴 만한 근거가 있었을 듯싶다. 부정해야 할 명백한 근거가 없는 한, 신라인에 의한 설인귀의 감악산신 추앙은 사실로 믿어 무방할 것으로 판단된다. 조선 전기는 물론이고 아마도 고려시기 이래의 자료에 그처럼 기록되고 또 신앙되어 왔던 듯싶으며, 요즘에도 흔히들 그것을 사실로 받아들이거니와,[38] 설인귀가 감악산신으로 추앙된 것은 대체로 신라시기, 설인귀의 활동 연대를 생각할 때 좀 더 구체적으로는, 통일신라의 어느 시기에 비롯된 일이었던 듯 여겨지는 것이다.

설인귀가 감악산신으로 추앙된 것은 통일신라시기 어느 때의 일이었을 가능성이 높다고 믿는다. 그렇다면 당시 그러한 일을 주도한 것은 누구였을까. 신라인 중에서도 왕경 경주를 근거로 삼던 중앙인이었을까 아니면 적성 부근의 지방민이었을까. 설인귀를 감악산신으로 추앙하는 일에 앞장선 것은 감악산 일원의 지역 주민이라기보다는 아마도 왕경의 중앙귀족이었음 직하다.

---

37) 『新增東國輿地勝覽』 11 積城縣 祠廟 紺岳祠

38) 위의 註 31) 참고. 李龍範(「紺岳山 古碑에 대하여」)의 경우 고려 초로 추정하기도 하지만, 金侖禹(「紺岳山碑와 鐵原 孤石亭」), 李道學(「三國 및 統一新羅時代」), 鄭又榮(「雲溪寺 古石碑와 紺嶽山 巫俗信仰의 始原」), 권도경(「설인귀 풍속신앙 전설의 서사구조적 특징과 전승의 역사적 변동 국면」) 등 대부분의 연구자들은 기록대로 그것을 신라 이래의 일이었던 것으로 이해하는 게 보통이다.

감악산과 적성을 포함한 한강과 임진강 유역 일원은 삼국시기 한때 고구려의 영역이었으며, 그리하여 신라에 통합된 이후에도 지역주민들 사이에는 고구려적인 문화요소의 일부가 사라지지 않은 채 남아 전해졌다고 한다. 지역사회 내에서 고구려 계승의식 내지 고구려 유민의식遺民意識이 그처럼 이어졌기 때문에, 후일 궁예와 왕건이 이 지역에서 후고구려 내지 고려를 국호로 내건 왕조를 창건하였으리라는 이해이기도 하다.[39] 온당한 견해라고 생각되거니와, 통일신라 치하의 감악산 내지 적성지역의 경우도 거기에서 예외였을 리가 없다. 그리고 적성 일원에 그처럼 고구려 유민의식이 엄존하였다면, 그러한 상황에서 주민들이 설인귀를 지역의 상징이자 수호자인 감악산신으로 받들고자 나섰을 리가 만무해 보인다. 고구려인高句麗人으로서의 자의식自意識을 지닌 적성지역민들에게 설인귀는 고국을 멸망시키고자 앞장선 적개심의 대상일 따름이었음 직하다. 그러한 설인귀를 신으로 떠받드는 일에 고구려계의 지역민들이 앞장섰으리라고는 쉬이 상상이 되지를 않는다. 통일신라시기에 설인귀를 감악산신으로 추앙하고자 나선 것이 적성 일원에 거주하던 고구려계 지역민이었을 가능성은 거의 없다고 믿는다. 도무지 그랬어야만 할 까닭이 없어 보이는 것이다.

설인귀는 신라의 삼국통일을 방해하며 한반도를 삼키려던 당唐을 대표하는 장수 가운데 하나였다. 신라계의 입장에서도 또한 그를 호의적인 감정으로 대해야 할 만한 까닭을 찾아내기는 쉽지 않아 보이는 것이다. 그렇지만 나라를 잃은 고구려계의 설인귀를 향한 원망의 감정에 비하면, 그 강도는 신라계의 경우 상대적으로 약하였을 듯싶

39) 노태돈, 『삼국통일전쟁사』, 25~29쪽.

다. 고구려 유민만큼 강한 적개심을 지니지도 않았을 법하다. 신라가 당군을 몰아내어 한반도의 중남부를 차지하고 다시 당과 수교한 이후에는, 더욱이 그러하였을 가능성이 높아 보인다. 신라계의 경우 뭔가 도움이 된다면 설인귀를 내세우는 데 그리 주저하였을 성싶지도 않다. 굳이 따지자면, 설인귀를 산신으로 받드는 일에서 고구려계에 비해 신라계의 거부감이 한층 덜하였을 것으로 판단된다. 통일신라시기에 설인귀를 감악산신으로 추앙하는 작업에 나섰다고 한다면, 그 주체로서는 고구려 유민의식을 지닌 적성지역민들보다는 경주를 중심으로 한 신라계 쪽에 좀 더 무게를 두는 게 온당할 듯 여겨진다.

나아가 설인귀의 감악산신 추앙은 신라계 중에서도 특히 왕경의 귀족에 의해 추진되었음 직하다. 감악산 숭배에 관심을 지닌 것은 무엇보다 적성 등 그 일대의 주민이었을 터인데, 그러한 현지인들 중 신라계의 비율이 과연 얼마였는지는 불명이다. 전통시기 이주移住의 관례에 비추어 거의 없었거나 있더라도 매우 미미한 정도에 그쳤을 가능성이 높아 보인다. 아울러 감악산 주변 이외의 지역에 거주하던 통일신라인, 가령 원신라지역原新羅地域 주민 중 적성지역의 감악산 숭배와 같은 다른 고장의 산악신앙에 관심을 지닌 사람이 거의 없었음을 것임도 또한 자명하지 않을까 한다. 당시 적성 일원을 제외한 지역의 주민으로서 감악산 숭배에 관심을 지닐 만한 존재로는, 지방사회의 동향과 깊은 이해관계에 있던 왕경의 귀족 말고는 달리 떠올릴 만한 무엇이 없을 듯싶다. 통일기의 신라인으로서 설인귀를 감악산신으로 떠받드는 일에 앞장섰다고 한다면, 그것은 아무래도 왕경 경주를 근거로 하던 귀족이었다고 이해하는 게 보다 합리적일 듯 헤아려지는 것이다.[40]

그러면 통일신라의 중앙귀족들이 설인귀를 감악산신으로 추앙한 이유는 무엇이었을까. 앞서 언급하였듯이, 적성 일원은 삼국 말엽에 신라와 고구려 사이의 국경지대이자, 더욱이 양국이 거듭 쟁탈전을 벌인 지역이었다. 신라 중앙에서 고구려를 생각할 때 결코 빼놓을 수 없는 고장 중의 하나가 적성지역이었던 셈이다.

한편 고구려가 멸망한 후 한성漢城[載寧]을 근거로 한 고구려 부흥운동이 3년 가까이 지속되었으며 이들과 당군 사이의 전투 중에는 호로하瓠瀘河에서의 그것도 있었는데,[41] 여기의 호로하가 적성 북변을 흐르는 임진강으로서 강 건너의 호로고루에서 고구려 유민과 당군 사이에 큰 싸움이 벌어졌다고 한다.[42] 적성 일대가 고구려 부흥운동에 나선 유민들의 격전지 가운데 하나였으며, 지역사회 내에도 고구려인으로서의 자의식이 그만큼 팽배하였을 가능성이 높아 보인다. 또한 감악산과 적성이 자리 잡은 한강 이북과 임진강 유역 일원의 주민들 사이에서는, 신라로 통합된 이후에도 고구려적인 문화요소가 내내 사라지지 않았다고도 한다. 통일신라의 치하임에도 지역사회 내에서 고구려 계승의식 내지 고구려 유민의식遺民意識이 저변을 관통하며 세대를 이어 흘러내렸을 것임을 암시한다. 후일 궁예와 왕건이 이 일대를 기반으로 고구려 계승을 표방하는 왕조를 창업하기에 이른 배경이었다.[43]

---

40) 백제 부흥운동의 최후 거점이던 충청도 大興에 백제를 멸망시킨 당의 장수 蘇定方을 제향하기 위한 사당을 세운 게 신라의 중앙귀족이었다는 지적을(邊東明, 「城隍神 蘇定方과 大興」, 10쪽) 참고할 일이다.

41) 임기환, 「報德國考」, 『강좌 한국고대사』 10 (가락국사적개발연구원, 2003), 281~320쪽, 298~304쪽.

42) 심광주, 「삼국의 쟁투지 칠중성」, 73·78쪽.

43) 노태돈, 『삼국통일전쟁사』, 25~29쪽.

나아가 적성 일원이 그와 같은 궁예와 왕건이 활약한 시기의 양대 중심지였던 철원鐵原과 개성開城 지역을 연결하는 주요 마디에 위치하였음도 간과할 수가 없다. 두 지역을 오가는 경우, 대체로 철원에서 연천·전곡을 지나 적성을 거쳐 장단·개성으로 이어지는 길을 이용하는 게 일반적이었다.[44] 고구려 계승의식의 극적인 발현을 상징하는 두 핵심지역이, 후삼국시기에 적성 일대를 고리로 삼아 연결된 형국이었다. 적성 일원에서 고구려 유민의식이 그만큼 끈질기게 유지되었을 것임을 암시한다 하겠다. 한강 이북의 임진강 유역 일원에서 통일신라시기 내내 유지되었다는 고구려 유민의식이, 감악산을 포함한 적성 일대에서는 다소 남달랐음 직해 보이는 것이다. 이 지역을 영역으로 차지해 통치하던 신라 중앙의 입장에서 자못 유의할 만한 민심의 저류가 아닐 수 없다.

사실 신라는 통일전쟁을 마친 뒤에도 한동안 한강 부근 내지 임진강을 경계로 그 이남을 영유하는 네 지나지 않았다. 신라가 임진강을 넘어 예성강 쪽으로 진출하는 것은 효소왕에서 성덕왕대 중반에 걸쳐서였다고 한다.[45] 효소왕 3년(694)의 송악松岳·우잠牛岑 축성, 성덕

---

44) 적성지역은 "문산이나 파주에서 전곡과 연천으로 이어지는 37번 국도와 개성에서 의정부를 거쳐 서울로 들어갈 수 있는 349번 도로가 교차하는 교통의 요지이다"고 한다(심광주, 「삼국의 쟁투지 칠중성」, 65쪽). 한편 개성 출신의 王建이 鐵原을 오가던 도중 積城의 七松亭에서 휴식을 취하곤 하였다는데, 비록 후대의 자료이긴 하지만 이 역시 적성이 개성과 철원을 연결하는 주요 結節點에 위치하였음을 암시하는 방증이 아닌가 한다.

① 三川上 大路傍 有土屯如地家 所謂魚俗砂 號七松亭 卽麗太祖 往來弓裔所都鐵原時 休憩之所 (『輿地圖書』補遺, 『積城縣誌』 古蹟 七松亭 夾註)

② 二川上 大道傍 有土屯如地 所謂魚俗砂 号七松亭 卽麗太祖 往來弓裔所都鐵原時 休憩之所 (『積城縣邑誌』(奎17356) 古蹟 七松亭 夾註)

45) 李基東, 「新羅 下代의 浿江鎭」, 『新羅骨品制社會와 花郎徒』 (一潮閣, 1984),

왕 12년(713)의 개성開城 축성, 동왕 17년(718)의 한산주 도독 관내 제성諸城의 축조 등이 그것으로서, 이 시기에 들어 비로소 신라의 최북단이 대략 예성강의 이남 지대로까지 확장되었다는 이해이다. 임진강을 넘어 예성강 이남에 이르는 지역에 신라가 지배권을 확보하는 성덕왕 17년 무렵까지는, 적성을 포함한 임진강이 신라와 고구려 고토 사이의 국경선이었던 것이다. 나아가 신라에서 고구려의 옛 땅으로 진출하는 경우, 적성의 북변을 구불거리며 흐르는 임진강의 얕은 여울을 이용하는 게 일반적이었음도 빼놓아서는 안 된다.[46] 신라에게 감악산을 포함한 적성 일원은, 이를테면 북방의 고구려 고토로 진출하는 길목으로서 일종의 전방 교두보 역할을 하는 지역이었던 셈이다. 그와 같은 적성지역의 주민들 사이에서 고구려를 향한 회고의 감정이 꿈틀댄다는 것은, 신라의 중앙귀족에게 간과해서는 안 되는 중대한 민심의 동향이 아닐 수 없었을 법해 보이는 것이다.

신라의 고구려 고토 지배와 관련하여, 적성 지역사회의 저변에 면면히 흐르던 고구려인으로서의 자의식은 경주의 귀족에게 두통거리였음 직하다. 고구려 유민으로서의 상실감이 분출되지 못하도록 단속하고 견제할 필요성을 강하게 느꼈을 성싶다. 적어도 통치를 담당하던 신라의 위정자 즉 중앙귀족의 입장에서는 그러했을 것임이 거의 틀림없어 보인다.

208~231쪽 및 211~212쪽.

46) 가령 662년에 평양을 공격 중이던 唐軍에게 군량을 공급하러 가던 김유신의 신라군이 칠중하 즉 적성지역의 임진강을 건너 고구려로 들어갔다든지(『三國史記』 6 新羅本紀 6 文武王 2년 정월), 혹은 667년에 문무왕이 당군을 돕고자 칠중성을 공격해서 도로를 개통하여 고구려로 들어가려 하였던 일(같은 책 7 文武王 11년 7월 答薛仁貴書) 등이 그러하였다.

신라인들이 설인귀를 신격화하여 감악산신으로 떠받든 데에는 위와 같은 배경이 자리하였다고 믿는다. 우선 고구려를 멸망시키는 데 앞장선 장수를 내세움으로써, 그의 무력武力에 대한 고구려 유민들의 공포심 유발을 기대하였을 법하다. 고구려 멸망 직후 설인귀는 2만의 군사를 거느린 가운데 평양의 안동도호부에 주둔하면서, 고구려 유민을 위력으로 제압하는 일에 종사하였다. 무섭고 두려운 존재였을 설인귀를 떠올리도록 함으로써, 고구려 유민들로 하여금 고구려인으로서의 자의식이나 혹은 고구려를 향한 회고의 감정을 함부로 표출시키지 못하도록 자제시키는 효과를 노렸음 직해 보이는 것이다. 아울러 그처럼 두렵고 무서워하는 감정이 흔히 외경심으로 이어지곤 하는 인간심리를 이용하여 설인귀를 신격화하는 데 성공하였던 것으로 보인다. 가령 옛 사람들이 호랑이나 천둥·번개 등을 신神으로 섬겼던 게 본시 그에 대한 친밀감이나 호의에서가 아니며, 도리어 공포감 내지 외경심의 산물이었던 것이나 매한가지인 셈이다.

아울러 그에 더하여 당의 장수를 앞세움으로써, 고구려의 멸망이 중국의 개입에 의한 것이었음을 선전하려는 의도를 지녔던 게 아닌가 여겨지기도 한다. 신라가 아니라 강대한 제국 당에 의해 고구려가 멸망하였음을 내세움으로써, 반신라 감정의 억제와 더불어 그것이 불가항력의 일이었음을 설득하는 효과를 노렸던 듯싶다. 그리하여 고구려 유민들로 하여금 체념하는 가운데 고구려를 그리워하는 마음이 희미해지며, 더불어 고구려인으로서의 정체성을 의식하지 못하도록 정신적으로 순화시키는 효과를 염두에 두었을 법해 보이기도 한다.

설인귀는 고구려 멸망에 개입한 당의 대표적인 장수 가운데 하나였다. 그보다 상급자이거나 혹은 그리하여 보다 깊이 고구려 멸망에 개입한 것으로 이해될 만한 당의 장수가 없었던 것은 아니다. 그렇지만 수차에 걸친 당의 고구려 침공에 지휘부의 일원으로 참전하였을 뿐만 아니라, 더욱이 고구려의 멸망 직후 설치된 안동도호부에서 2만의 군사를 거느리고 주둔하며 고구려인을 탄압한 이가 곧 설인귀였다. 후일 신라가 고구려 유민과 손을 잡고 당군을 축출하기 위한 전쟁에 나섰을 때, 그가 계림도총관으로서 한반도에 출정하여 전투 참가는 물론 문무왕과 날선 전서戰書를 주고받았음이 『삼국사기』에 매우 장황하게 기록되었다든지,[47] 더욱이 감악산으로 연결될 수 있는 임진강 하구의 천성泉城에서 신라군과 격전을 벌였던 사건[48] 등도 소홀히 넘길 수만은 없다. 신라인이나 고구려 유민의 입장에서 보자면, 설인귀는 고국에 침략해 들어온 당의 대표적인 장수라고 일러 지나치지 않을 만한 행적의 소유자였던 셈이다. 신라 중앙귀족에 의해 그의 존재가 내세워져 고구려 유민을 단속하고 견제하는 데 이용된 이유였다.

당군이 한반도에서 물러난 이후, 신라는 백제와 고구려의 옛 땅을 제 영역으로 굳히며 그 주민을 신라인으로 흡수하기 위한 정책을 시행하였다.[49] 백제와 고구려의 고토에서 면면히 이어지던 유민의식遺

---

47) 같은 책 文武王 11년 7월 26일

48) 노태돈, 『삼국통일전쟁사』, 268~269쪽.

49) 李弘植, 「高句麗遺民에 關한 一·二의 史料」, 『史叢』 1 (1965), 149~158쪽. 金哲埈, 「統一新羅 支配體制의 再整備」, 『한국사』 3 (국사편찬위원회, 1981), 11~60쪽. 盧重國, 「統一期 新羅의 百濟故地支配」, 『韓國古代史研究』 1 (1988); 「신라의 백제 옛 땅 지배」, 『백제 부흥운동사』 (일조각, 2003), 325~370쪽. 邊太燮, 「三國의 鼎立과 新羅統一의 민족사적 의미」, 『韓國史 市民講座』 5 (일조각, 1989), 9~11쪽. 崔根泳, 「新羅의 三國統一後 民族統合政策의 諸問題」, 『統一新羅時代의 地方勢力研究』 (신서원, 1990), 54~74쪽. 閔賢九, 「韓國史에 있어서 高麗의 後三國 統一」, 『歷史上의 分裂과 再統一』(上) (一潮閣, 1992), 3~

民意識에, 신라 조정이 신경을 곤두세우는 건 너무도 당연하였다. 백제 부흥운동의 최후 거점이던 대흥大興에 당장唐將 소정방蘇定方을 모시는 사당이 들어선 배경으로 그와 같은 백제 유민으로서의 자의식自意識 분출을 억누르려 하던 신라 중앙의 정치적 의도가 거론되거니와,[50] 고구려 계승의식이 남달랐던 적성 일대에서 지역을 상징하는 감악산의 산신으로 설인귀를 추앙하려던 신라 중앙귀족의 속셈도 또한 그와 매한가지는 아니었을까 헤아려지는 것이다.

아울러 북쪽에서 새로이 대두하던 발해의 존재도 또한 지나칠 수가 없다. 신라는 일찍부터 발해를 의식해서 북변에 장성을 축조하고 당과의 협공을 위해 발해의 남변으로 출병하는 등 경계를 늦추지 않았다고 한다. 패강지역으로의 적극적인 진출을 도모하여 패강진浿江鎭을 설치하기에 이른 이유도 또한 그에서 찾는 게 보통이거니와,[51] 고구려 계승을 표방하며 북방의 강자로 떠오르던 그와 같은 발해의 존재는 고구려에 대한 회고의 감정을 지닌 신라 북변의 주민들을 자극하고 동요시키기에 충분하였음 직하다. 적성을 포함한 북쪽 변경지대의 주민 사이에 면면히 저류하던 고구려 유민의식을 잠재우기 위한 모종의 조치를 모색하지 않을 수 없는 게 신라 중앙귀족의 입장이었

9쪽. 金壽泰, 「統一期 新羅의 高句麗遺民支配」, 『李基白先生古稀紀念韓國史學論叢』(一潮閣, 1994), 328~355쪽. 朱甫暾, 「統一期 地方統治體制의 再編과 村落構造의 變化」, 『新羅 地方統治體制의 整備過程과 村落』(신서원, 1998), 258~290쪽. 金壽泰, 「新羅 文武王代의 對服屬民 政策」, 『新羅文化』 16 (1999), 45~67쪽. 李昊榮, 「삼국통일의 역사적 의의」, 『한국사』 9 (국사편찬위원회, 2003), 65~71쪽. 김영하, 「一統三韓의 실상과 의식」, 『한국고대사연구』 59 (2010), 293~327쪽.

50) 邊東明, 「城隍神 蘇定方과 大興」, 7~10쪽.

51) 李基東, 「新羅 下代의 浿江鎭」, 211~212쪽.

으며, 그곳의 주민들이 숭배하던 적성 감악산의 산신으로 설인귀를 떠받든 배경 중의 하나를 그에서 구하는 것도 또한 무계한 일이지만은 아니지 않을까 여겨지는 것이다.[52)]

신라인들이 고구려 유민들로 하여금 그 정체성을 잊은 채 고구려를 향한 회고의 감정을 버리도록 억압하며 또한 체념하도록 유도하려는 속셈에서, 고구려의 멸망과 그 유민의 탄압에 앞장선 설인귀를 신격화하여 감악산신으로 떠받들었음을 검토하였다. 고구려 부흥운동을 정신적인 측면에서 억제시키고자 하는 정치적인 의도에서 신라의 중앙귀족이 설인귀의 감악산신 추앙을 주도하였다는 이해이거니와, 이제 그것의 향후 추이에 관해서는 자리를 달리하여 살피겠다.

2. 지역과 국가의 수호자 감악산신紺岳山神

신라시기에 소사小祀의 제장祭場이던 감악산은 고려왕조에 들어서도 변함없이 국가적인 제향처祭享處였다.[53)] 해마다 봄과 가을이면 나

52) 앞서 언급하였듯이, 신라인들이 설인귀를 감악산신으로 떠받든 게 발해의 위협에 대응하고자 함에서였다는 견해는 이미 나와 있다. 다만 지역사회의 고구려 유민의식을 잠재우려는 게 아니라 발해의 (아마도 남침) 위협을 극복하기 위해 고구려를 멸망시킨 唐將 설인귀를 감악산신으로 추앙하였다거나(李道學, 「三國 및 統一新羅時代」, 120~122쪽) 혹은 지역민들이 당의 이간책에 속아 설인귀를 감악산 주변 출신의 고구려 유민으로 잘못 받아들였기에 그것이 가능했다는(鄭又榮, 「雲溪寺 古石碑와 紺嶽山 巫俗信仰의 始原」, 140~143쪽) 등의 주장에는 따를 수가 없다.

53) 고려시기의 산악신앙에 대해서는 다음의 연구를 주로 참고하였다.
金澈雄, 『한국중세의 吉禮와 雜祀』, 83~127쪽. 金甲童, 「高麗時代의 山嶽信仰」, 41~67쪽. 박호원, 「高麗의 山神信仰」, 175~212쪽. 林亨, 「錦城山祭에 對한 一考察」, 31~47쪽. 邊東明, 「高麗後期의 無等山信仰과 光州」, 155~178쪽. 邊東明, 「高麗時期의 羅州 錦城山信仰」, 33~75쪽. 김갑동, 「高麗時代의 錦城

라에서 내린 향과 축문으로 산마루의 사당에서 산신에게 제사를 지내는 게 원칙이었다.[54] 현종대에는 거란을 물리치는 데 도움을 주었다고 하여 감악산신에게 보사報祀 즉 은덕에 보답하기 위한 제사가 올려지기도 하였다.[55]

고려는 고구려 계승을 내세우는 이들에 의해 개창된 왕조였다. 설인귀처럼 고구려를 멸망케 하고 더불어 그 유민을 탄압하는 데 앞장선 인물을 신으로 섬긴다는 게 쉽사리 수긍되지 않았음 직한 사회였다. 그럼에도 설인귀를 신체神體로 하는 감악산이 신라에서나 매한가지로 고려왕조에서도 여전히 국가적인 제향처로서의 지위를 유지하였다. 그리 된 경위가 궁금하다.

사실 송악의 왕건 가문에서는 일찍부터 감악산신 설인귀의 존재를 인지하였을 가능성이 없지 않다. 왕건 가문과 산악신앙의 밀접한 관계로[56] 보거나 또는 송악과 적성 사이의 가까운 거리로 미루어 그처럼 추정된다. 왕건 자신이 후고구려·태봉의 시기에 송악과 철원을 오가던 도중 직간접적으로 감악산신 설인귀의 존재를 접하였을 수도 있다.[57] 그리하여 고구려 계승의식이 남달랐던 그와 그의 가문이고

山神과 羅州勢力」,『나주 錦城山의 歷史的 再照明』(동신대 문화박물관·나주시, 2001), 30~51쪽. 邊東明,「高麗時期 順天의 山神·城隍神」, 33~68쪽. 강은경,「고려시대 지방사회의 祭儀와 공동체 의식」, 81~114쪽.

54) … 有紺嶽 (夾註: 自新羅爲小祀 山上有祠宇 春秋降香祝行祭 …) (『高麗史』 56 地理 1 王京開城府 積城縣)

55) 顯宗二年二月 以丹兵至長湍 風雪暴作 紺岳神祠 若有旌旗士馬 丹兵懼不敢前 令所司修報祀 (같은 책 63 禮 5 吉禮 雜祀)

56) 박호원,「高麗의 山神信仰」, 177~183쪽.

57) 위의 註 44)에 제시한 조선 후기의 자료에 의하면, 왕건은 철원을 오가던 도중 적성의 七松亭에서 휴식을 취하곤 하였다고 한다. 그러는 과정에서 왕건이 적성 감악산신 설인귀의 존재를 인지하였을 가능성을 암시하는 건 아닌가 여겨진다.

보면, 감악산신 설인귀는 자못 신경을 건드리는 존재였을 법하다. 신라의 중앙귀족이 고구려 부흥운동을 정신적인 측면에서 억제시키고자 설인귀를 감악산신으로 추앙했음을 떠올리면 더욱이 그러하다. 감악산이 고려시기에 국제國祭 대상으로서의 지위를 누릴 수 있었던 데에는 그만한 까닭이 없었을 리가 없다.

다음 기록을 살펴보자.

> 감찰어사 안홍점安鴻漸이 아뢰기를, "거란 군사가 장단長湍에 이르렀는데 눈바람이 갑자기 일어나서 감악산신의 사당에 깃발과 병사・군마가 있는 듯하자 거란 군사가 두려워하며 감히 앞으로 나아가지 못했습니다. 옛날에 부씨苻氏의 전진前秦이 동진東晋을 쳤는데 팔공산八公山의 풀과 나무가 동진의 군사로 변하는 것을 바라보고 두려워하며 물러갔사오니, 신명神明의 도운 바로는 예나 지금이 어찌 다르리까. 청컨대 담당 관청으로 하여금 보답하는 제사를 지내도록 하옵소서"라고 하므로, 그 말을 따랐다.[58)]

감악산신이 신이한 능력을 발휘하여 거란군의 기세를 꺾음으로써 저들이 더 이상 진격할 마음을 먹지 못하도록 하였다는 것이다. 장단나루를 건너 남으로 나아가려던 거란군이 감악산으로 대표되는 적성 지역민들의 저항에 의해 저지되었음을 암시한다. 감악산신 숭배의 전통을 지닌 주민이, 아마도 저들을 대표하는 지역 토착세력의 주도 아래 거란군의 진격을 가로막았을 터인데, 그 전공戰功을 드러내어 중앙

58) 監察御史安鴻漸 上言 丹兵至長湍 風雪暴作 紺岳神祠 若有旌旗士馬 丹兵懼不敢前 昔苻秦伐晋 望見八公山草木變爲晋兵 畏而退去 神明所贊 古今何殊 請令所司 修報祀 從之 (『高麗史節要』3 顯宗 2년 2월 丁巳)

의 인정을 받고자 자신들의 상징인 감악산신을 앞세워 조정에 청원했던 듯 여겨진다. 그리하여 감악산신에게 보사報祀를 닦도록 조치했다는 것은 곧 저들의 그러한 청원이 조정에 의해 받아들여졌음을 의미하며, 그리하여 적성지역 토착세력의 존재를 중앙에 각인시키는 효과를 거두었을 것으로 판단된다.[59)]

나아가 감악산신 설인귀가 고려조정에 의해 그 존재를 인정받은 것도 위와 같은 과정을 거치면서였을 것으로 추정된다. 본시 왕건王建을 비롯한 고려왕실 내지 조정에서는, 고구려를 멸망시키고 더욱이 그 유민을 탄압하며 부흥운동을 저지하는 데 앞장선 설인귀를 산신으로 받드는 일에 쉽사리 동조하지 못했을 법하다. 그랬다가 국왕 현종顯宗이 멀리 남으로 나주羅州까지 피난을 떠나야만 했던 국가적인 위기 속에서, 적성 지역민들이 거란군의 진격을 저지하고는 자신들의 표상인 감악산신을 내세워 그 전공을 표창하도록 요구하자 조정에서도 그것을 인정할 수밖에 없었을 터이며, 그러는 과정에서 자연히 산신 설인귀의 존재도 또한 공인을 받기에 이르렀던 게 아닌가 헤아려지는 것이다.[60)]

---

59) 고려후기 三別抄의 항전과 麗元聯合軍의 일본원정이라는 국가적 위기와 고난의 시기에, 羅州와 光州의 토착세력들이 각각 錦城山神과 無等山神을 앞세워 중앙에 자신의 존재를 각인시키며 나아가 지역사회에서의 주도권을 장악하고자 각축하던 사례를 참고할 일이다(邊東明, 「高麗後期의 無等山信仰과 光州」, 159~176쪽)

60) 감악산신 포상 조치가 내려진 게, 顯宗 일행이 羅州로 피난을 떠났다가 돌아오는 도중인 淸州 行宮에서의 일이었음도 지나칠 수가 없다. 존망지추의 위기는 겨우 넘긴 듯 보이지만 향후의 전망이 여전히 불투명한 가운데 거란 침입으로 인한 상처가 미처 아물 틈조차 없던 시기였다. 역사 속 설인귀의 反高句麗的인 행적을 돌아볼 여유마저 없을 만큼 힘든 환경에서, 고려 조정은 감악산신 우대조치 즉 적성 토착세력과 함께 그 상징인 감악산신 설인귀를 인정하는 조치를 내려

감악산 주변에는 설인귀가 적성積城 출신임을 알리는 여러 이야기가 전한다.[61] 근거 없는 설화에 지나지 않거니와,[62] 다만 외국인 설인귀가 감악산신으로 추앙되기에 이른 합리적인 이유를 제시함으로써 그를 감악산신으로 숭배하는 게 그르지 않음을 설득하려는 의도가 읽힌다는 점에서 눈길을 끈다. 그만큼 설인귀가 감악산의 신체神體로 받아들여지기까지 저항이 적지 않았음을 반증하는 사례가 아닐 수 없다. 무엇보다 감악산을 숭배하는 전통을 지켜오던 적성을 비롯한 그 주변의 지역사회에서 감악산신으로 설인귀를 추앙하는 일에 먼저 거부감을 보였음이 틀림없다. 그들의 고구려 계승의식에 반할 뿐만 아

야만 하였던 듯 여겨지는 것이다.

61) 金倫禹, 「紺岳山碑와 鐵原 孤石亭」, 36~37쪽. 이기형, 「설인귀 전설의 비교 고찰」, 379~387쪽. 이해준, 「생활 속의 이야기가 녹아 있는 기록을 찾아서」, 『파주 사람』(파주문화원 편 파주시지④, 파주시, 2009), 127~167쪽 및 143~146쪽.

62) 전통시기의 읍지류에서 이미 그 무계함을 비판하였는데, 가령 "… 俗傳 唐將薛仁貴生於此 嘗有得其碑者 然按唐書 仁貴龍門人 此云有碑 特齊東之言也 術人李毅信 嘗於城傍白玉峯下 築室以居 今有遺址 其踏山賦日 得一碑於開土乃薛家之遺址"(『積城縣邑誌』(奎17356), 古蹟 六溪土城 夾註)에서처럼, 중국 용문 출신의 설인귀를 조선의 적성 출신이라 함은 '齊東之言', 곧 제나라 동쪽 변경과 같은 벽촌의 어리석은 사람들이나 쑥덕거리는 사리에 어긋난 말이라는 비판이 그것이다(金倫禹, 「紺岳山碑와 鐵原 孤石亭」, 36~37쪽). 여기에서 인용한 『積城縣邑誌』는 19세기 전반의 상황을 반영한 자료로서, 1842~1843년에 편찬된 『京畿誌』 중의 『積城邑誌』와 邑地圖가 없는 것만을 빼곤 동일하다고 한다(배우성, 「『京畿道邑誌』 해설」, 『京畿道邑誌』 3, 서울大學校奎章閣, 1998, 9쪽). 한편 영조 18년(1742) 2월의 紺岳山 祭儀에 大祝으로 참여했던 申維翰도, 한강 북쪽의 여러 산 중 오직 감악산에만 薛仁貴廟가 세워지기에 이른 근거가 무엇인지 모르겠다며, 끌어다 붙이기를 잘하는 동방의 풍속을 거론하면서 설인귀가 본시 '東人'이었다는 세간의 쑥덕거림을 '一笑'에 부쳤다. (… 又云 祠東舊有薛仁貴廟…命薛仁貴爲都護府 留鎭東土 然漢北諸山 獨立廟于是 未知何據 東俗善傅會 諺傳 薛仁貴本以東人 其父葬於紺岳 自爲安東都護 數來省謁云 彼其沒字碑 或當時墓前碣耶 一笑 … 『青泉集』 4 紺岳山記)

니라 그것을 억누르려던 신라의 중앙귀족을 향한 반감이 적지 않았으리라는 점에서 그처럼 추정된다.

하지만 그렇다고 하여 설인귀의 적성 출생설이 그를 감악산신으로 추앙한 통일신라의 중앙귀족에 의해서 조작 유포되었다고 하기에는 어려움이 있어 보인다. 비록 단속적斷續的이긴 하였지만, 설인귀는 20년 이상의 기간에 걸쳐 고구려 침입과 그 유민들의 활동을 억압하는 일에 앞장서던 당의 장수였다. 그와 같은 설인귀의 행적에 비추어, 그로부터 얼마 시간이 흐르지 않은 시기에 곧장 그를 적성 출신으로 날조해 믿도록 하기에는 어려움이 컸을 듯싶은 것이다. 설인귀에 관한 기억이 비교적 생생하였을 당시에 그와 같은 조작이 통하였으리라고는 생각이 되지를 않는다. 시간이 흘러 그의 행적에 관한 기억이 좀 더 희미해진 뒤에나 가능했을 법해 보이는 것이다.

설인귀를 적성 출신으로 이해함으로써 그를 감악산신으로 숭배하고 신앙하는 게 그르지 않다는 생각이 사람들 사이에 퍼져 가기 시작한 것은, 대략 신라 말 내지는 고려 초에 가서의 일이었던 듯 보인다. 우선 9세기 후반에서 10세기 초반 즈음이면 설인귀의 활동이 있고 200년 이상의 기간이 지난 뒤이므로, 일반인들의 설인귀에 관한 기억이 자못 희미해졌을 듯싶다. 지방에 거주하던 일반 평인平人들 가운데 신라 말과 고려 초에 이르도록 역사 속 설인귀의 행적을 구체적으로 기억할 만한 이는 거의 없었을 성싶다. 도리어 감악산신으로서의 설인귀라는 존재만이 한층 도드라졌을 가능성마저 없지 않아 보인다. 처음 설인귀의 감악산신 추앙에 저항하던 지역사회의 그에 대한 거부감도 긴 세월과 더불어 점차 약해졌을 터이며, 단지 산신 설인귀라는 인식만이 남아 전해져 갔을 듯 여겨진다. 그와 함께 산신으로서의 그의 존재를 합리화하는 그럴 듯한 이야기들이 아마도 사람들 사이에서 뜬소문처럼 떠돌며 쑥덕거려졌음 직도 하다.

나아가 무엇보다 그 즈음 새로운 세력으로 성장하던 호족豪族들이 그러한 민심의 흐름에 편승하거나 혹은 적극적으로 그것을 조장하였을 가능성을 간과할 수 없다. 선종禪宗이나 풍수지리설風水地理說에 기대어 자신의 존재를 정당화하던 그들이었고 보면, 산악신앙이라고 해서 굳이 외면하며 활용하려고 들지 않았을 까닭이 없다. 오히려 지역사회에서 오랜 동안 이어져 오던 감악산 숭배를 이용하고자, 어떤 식으로든 감악산과 자신들이 연결되었음을 강조하였을 가능성이 높아 보인다. 가령 자신들이 감악산신의 계승자 내지는 그와 연관되는 존재임을 과시하는 것도 하나의 방안이었을 법하다. 민중들 사이의 쑥덕거림을 이용하여 설인귀가 적성 출신이었음을 퍼뜨리면서, 자신들이 그와 연관되거나 혹은 그를 계승하는 뛰어난 장수로서 지역을 수호하는 지도자인 양 상징조작에 나섰을 수도 있다. 순천順天과 여수麗水의 토착세력들이 신라 말 고려 초에 활동한 지역 출신의 유력자를 자신의 조상이라 내세우며, 또한 그들을 산신山神이나 성황신城隍神으로 추앙함으로써 지역을 이끄는 지도자로서의 지위를 굳건히 하고자 애썼다는 지적을 떠올리면,[63] 위와 같은 추정이 반드시 무리하다고만은 생각되지 않는다.

신라 말 고려 초의 적성지역 호족들이 감악산신 설인귀의 이용가치에 눈을 돌림으로써, 그의 적성출신설이 널리 유포되어 자리잡아갔다고 믿는다. 그리하여 자신들이 지역사회의 수호자로서 설인귀를 계승하는 존재인 양 상징조작함으로써 지배자로서의 정당성을 과시하

63) 邊東明, 「高麗時期 順天의 山神·城隍神」, 45~64쪽.

려는 속셈에서였다. 이를테면 설인귀의 적성 출신 설화에는 감악산신으로 설인귀를 추앙하는 데 대한 지역사회의 반감이 엷어지면서 도리어 그 수용으로 전환되어가는 과정이 함축되었다 이르겠거니와,[64] 다만 감악산신 설인귀에 의지한 저들의 그러한 상징조작이 적성지역을 넘어 다른 고장 내지는 후고구려・태봉이나 고려의 중앙 조정에 의해 인정을 받기까지에는 아직 좀 더 시간이 필요하였다. 설인귀가 고구려 멸망과 그 유민 탄압에 앞장 선 인물임을 잘 아는 고구려 고토의 지식인이나 호족 내지 고구려 계승자임을 자임하던 고려 왕실 및 조정의 관료들에게, 감악산신 설인귀는 쉽사리 수긍할 수 없는 존재였던 것이다.[65] 감악산신 설인귀에 의지하여 지역을 이끄는 지도자로서의 정당성을 내세우던 적성 토착세력의 딜레마였음 직하거니와, 저들로 하여금 그러한 어려움에서 벗어나도록 하였던 게 곧 위에

---

64) 신라의 反高句麗意識을 한 축으로 설인귀 풍속신앙 전설이 ―즉 설인귀 적성 출신설이― 탄생하고 또 지역사회에 받아들여졌으리라는 견해가 있으나(권도경, 「설인귀 풍속신앙 전설의 서사구조적 특징과 전승의 역사적 변동 국면」, 26~29쪽), 그보다는 신라 말 고려 초의 격동기에 豪族이 역사의 주인공으로 등장하는 과정에서 설인귀 적성 출신설이 탄생 유포된 배경을 찾는 게 한층 합리적이라고 생각한다. 한편 적성지역 내지 감악산과의 연고가 불분명한 데다 당의 장수였던 설인귀를 감악산신으로 추앙함으로써, 적성 지역사회에 상존하던 고구려 유민의식을 잠재우려던 신라인들의 시도가 성공적이었던가의 여부는 잘 알 수가 없다. 다만 설인귀 적성 출신 설화를 통해 감악산신 설인귀를 향한 지역민들의 부정적 인식이 해소되어 갔으리라는 점에서, 역으로 그러한 설화가 탄생하기에 이른 배경으로 설인귀의 감악산신 추앙에 대한 지역사회의 반발을 상정하는 정도는 가능하다고 믿는다.

65) 新羅末・高麗初의 시기에 積城을 대표하는 豪族의 존재가 쉬이 드러나지 않는 것도 그와 관련이 있을 법하다. 高句麗 繼承을 내세우던 後高句麗・泰封이나 高麗의 세력권 내에서, 反高句麗的인 행적의 소유자인 薛仁貴를 지역사회의 상징인 紺岳山神으로 받드는 積城의 토착세력이 史書에 기록될 만큼 뚜렷한 자취를 남기기는 쉽지 않은 일이었을 듯 여겨지는 것이다.

제시한 바 현종 초에 있었던 적성 지역민의 거란 격퇴 사실이 아닌가 한다. 말하자면 적성의 토착세력은 존망지추의 위기에서 외적을 물리치는 데 기여하였음을 내세워, 전공戰功과 함께 자신들의 상징인 감악산신 설인귀의 존재를 인정받음으로써 지역사회를 이끄는 지도자로서의 정당성까지 아울러 획득하는 성과를 올렸던 셈이다.

현종 초 중앙 조정에 의해 그 존재를 인정받음으로써 감악산신 설인귀는 지역사회를 수호하는 신격神格으로 확고히 뿌리를 내렸을 터이다. 나아가 왕실을 포함하여 국가의 안녕을 수호하는 신으로도 점차 자리를 잡아갔음 직하다. 가령 고려 후기에 충렬왕忠烈王이 원제元帝의 반란 진압을 돕고자 출정하면서 감악산신의 제2자를 도만호都萬戶로 책봉한 조치와 같은 데서 그것을 헤아릴 수가 있다. 다음의 기록을 살펴보자.

> 감악산신의 제第2자子를 책봉하여 도만호都萬戶로 삼았는데, (원元을) 돕기 위한 출정에서 (감악산신의) 보이지 않는 보살핌을 바란 때문이었다.[66)]

앞서 충렬왕은 원元에서 내안乃顔의 난이 일어났다는 소식을 듣고는 고려에서도 병력을 동원하여 진압을 돕겠다고 청하였다. 원제元帝가 고려의 요청을 받아들이자 마침내 국왕이 친히 원을 돕기 위한 원정군을 이끌고 출전하게 되었는데,[67)] 출정하는 과정에서 위와 같은 조치가 내려졌던 것이다. 충렬왕 13년(1287)의 일로서, 출정에 임하여

66) 封紺嶽山神第二子 爲都萬戶 以冀陰助征也 (『高麗史』 30 忠烈王 13년 6월 己卯)

67) 같은 책 5월 壬寅. 같은 책 6월 壬戌 · 己巳 · 癸酉

겉으로 드러나지 않는 보살핌을 기원하는 대상, 달리 말해 전쟁에서의 승리와 일신의 안전을 보장하는 수호신이 곧 감악산신이었음을 보여준다. 또한 그것이 국왕의 출전을 앞두고 시행한 조치였다는 점에서, 당시에 감악산신이 국왕을 비롯한 왕실과 국가의 안녕을 수호하는 신으로 확고히 자리 잡았음도 확인할 수가 있다.

위 사료에 나오는 도만호都萬戶는 원元의 제도를 받아들여 성립한 고려의 고위 군직軍職이었다.[68] 따라서 그러한 고위 지휘관직을 감악산신의 제2자에게 내렸다는 것은, 곧 감악산신에게 군신軍神으로서의 성격, 바꿔 말해 내외의 군사적 위협을 저지하여 지역사회와 국가를 수호하는 신으로서의 성격이 있었음을 알려준다. 아울러 그 둘째 아들을 운위했던 데서 감악산신이 부부이며 적어도 두 아들을 가졌음을 추정할 수가 있는데, 이는 감악산신이 설인귀임을 수록한 『세종실록』에서[69] 동시에 감악산의 신당에 모셔진 6구의 진흙으로 빚은 신상神像을 거론하면서 '주신부처主神夫妻 둘에다 자신부처子神夫妻와 합해서 여섯'임을 기록한 것과[70] 호응하는 내용이 아닐 수 없다. 조선 세종대의 감악산신이 설인귀 부부에다 두 아들 부부를 합해서 여섯이었다는 기록에 비추어, 고려 충렬왕대의 감악산신 역시 제2자를 포함해 설인귀 가족 여섯으로 구성되었음을 능히 추찰할 수가 있다. 고려 현종 초 조정에서 그 존재를 인정한 이래 감악산신 설인귀가 지역사회

68) 邊東明, 「高麗 忠烈王代의 萬戶」, 『歷史學報』 121 (1989), 105~135쪽, 120~124쪽.

69) 위의 註 29)에 제시한 『世宗實錄』 148 地理志 京畿道 積城縣 중의 관련 기록을 참조하라.

70) 禮曹 據各道山川壇廟巡審別監所申條件 磨鍊以啓 … 一 積城縣 紺岳山之神 無位版 用泥像 主神夫妻兩位 子神夫妻 並六位 … (『世宗實錄』 49 世宗 12년 8월 6일 甲戌)

는 물론 국가의 수호신으로 뿌리를 내렸는데, 그에 대한 신앙이 깊어짐에 따라 언제인가 가족까지 더해져 함께 숭배의 대상으로 떠받들려 모셔진 게 늦어도 충렬왕대 이전이었으며, 조선 초의 세종대에도 여전히 그러하였음을 헤아릴 수가 있는 것이다.

앞서 언급하였듯이, 고려시기 감악산에서는 봄과 가을이면 산마루에 위치한 신당에서 제향하는 의식이 정례적으로 거행되었다. 봄・가을로 향과 축문을 지닌 채 파견되어 나온 제고사祭告使 등의 주관 아래 베풀어지는 공식적인 제향이었다.[71] 대략 성종대 즈음 이래 정비되어간 것으로 여겨지는 사전祀典 중의 산악숭배 관련 규정에 의거한 행사였다.[72] 하지만 그와 같은 정기적인 제의보다는 재앙을 멀리하

71) ① … 有紺嶽 (夾註: 自新羅爲小祀 山上有祠宇 春秋降香祝行祭…) (『高麗史』 56 地理 1 王京開城府 積城縣)

② 制曰 准舊例 發遣春秋外山祭告使 一十餘道 使命煩多 驛路凋弊 自今東北兩界監倉使・浿西道按察使 皆兼祭告使 其山南諸道 依舊遣使 以爲恒式 (같은 책 8 文宗 18년 2월 癸酉)

72) 李範稷, 「『高麗史』 禮志와 五禮」, 『韓國中世禮思想硏究』, 46~48쪽. 박호원, 「高麗의 山神信仰」, 184~188쪽. 변동명, 「高麗時期의 羅州 錦城山信仰」, 41~44쪽. 金澈雄, 「고려시대의 雜祀」, 『한국중세의 吉禮와 雜祀』, 84~85쪽.

당시 官의 주도 아래 정기적으로 산악을 향해 올리던 그러한 공식적인 제향은 유교의례에 따른 것으로서, 산신에 대한 신앙에서라기보다는 경내의 산천으로 제한되는 영토의식과 밀접히 연관된 山川祭儀로서였다고 한다. 護國이라든지 혹은 私的으로 消災招福을 비는 거와 같은 전래의 토착적인 산신신앙과는 다르며, 유교이념에 입각한 군주의 통치나 교화를 상징하는 의례로서 왕토와 왕권을 확인하는 의미를 지닌 국가적 행사였다는 것이다(박호원, 같은 논문, 184~188쪽). 山神에 대한 고려왕조의 官祭에서 그와 같은 유교의례적인 요소를 부정하기는 어려워 보인다. 하지만 본격적이고 순수한 유교적 의례로서의 산악숭배 제의는 아마도 조선시기에 들어서나 가능하였을 듯 여겨지며, 고려시기의 산악신앙은 여전히 전래의 消災招福的 성격에서 크게 벗어나지 못 했던 것으로 이해함이 어떨까 한다. 가령 조선 전기에 들어서야 비로소 山神堂의 淫祀的인 神像을 제거하고 그를 대신해 유교적인 격식에 맞는 位牌를 안치하도록 서둘렀던 사실만 보더라도 그러하지는 않았을까 생각한다.

고 복 불러들이기를 기원하는 전래의 토착적인 산신 제향의식이, 고려시기의 감악산에서는 한층 성행하였다.[73] 조선 초기의 기록에 의하면, 봄과 가을 내지 철마다 혹은 필요에 따라 수시로 나라에서 감악산에 '환시宦寺·무녀巫女·사약司鑰'을 보내어 '기은祈恩'을 위한 제사를 올리고 '여악女樂'을 베풀었던 게 고려왕조에서의 관행이었다고 한다.[74] 재앙을 멀리하고 복을 불러들이기 위한 전래의 토속적인 산신제였다. 사실 고려시기에는 왕실이나 개인을 막론하고 그처럼 소재초복消災招福을 기원하는 산악숭배가 매우 성행하였다. 감악산의 경우 수도인 개경에서 가까이에 위치한 때문에, 국가와 왕실을 비롯하여 공경사서公卿士庶에 이르기까지 직접 감악산에 가서 복을 비는 게 일종의 관습으로 뿌리를 내렸다. 그것이 지나쳐 폐단을 자아냄으로 인해 조정에서 금령禁令을 내릴 정도였다.

---

73) 가령 조선 定宗의 고려 말 경험담도 그러한 사례에 속한다 할 것이다. 腹痛에 시달리던 妓女를 위해 감악산에 제향을 올린 후 기이한 일을 목격했다고 하거니와(『定宗實錄』 3 定宗 2년 1월 10일 乙亥), 이 역시 감악산 숭배에서 소재초복적인 영험을 기원하는 게 얼마나 일반화되었는지를 보여준다 하겠다.

74) ① 罷佛事 禮曹上言曰…願自今 祀典所載名山大川 一依洪武禮制 盡誠致祭 如國巫堂及紺嶽·德積等處 發遣巫女·司鑰 非時祭祀 一皆禁斷 但令罷佛事 (『定宗實錄』 6 定宗 2년 12월 22일 壬子)

② 禮曹上報祀之制 … 上命禮曹曰 松岳·德積·紺岳等名山之神 修祝文 遣臣行香 禮也 自前朝以來 稱內行祈恩 每當四節 兩殿使內臣·司鑰與巫女 暗行無名之祭 至今未已 … (『太宗實錄』 21 太宗 11년 5월 23일 癸未)

③ 命禮曹 定德積·紺岳·開城大井祭禮 先是 國家承前朝之謬 於德積·白岳·松岳·木覓·紺岳·開城大井·三聖·朱雀等處 春秋祈恩 每令宦寺及巫女·司鑰祀之 又張女樂 至是上曰 神不享非禮 令禮官 博求古典 皆罷之 以內侍別監 奉香以祀之 (같은 책 22 太宗 11년 7월 15일 甲戌)

④ 禮曹啓 近有旨 松岳·白岳·紺岳等處 令別監奉香行祭 考於曹月令 白岳等處 春秋有祭 又有別祈恩 是疊行也 上曰 別祈恩 行久矣 不可廢也 (같은 책)

> 감악산에 제사드리는 것을 금하였다. 당시의 풍속이 귀신을 숭상하여 공경사서公卿士庶가 모두 친히 감악산에 제사를 드렸는데, 지중문사知中門事 민유閔儒와 전소윤前少尹 김서지金瑞芝가 감악산에 제사를 드리고자 장단나루를 건너다가 물에 빠져 죽었다. 사헌장령司憲掌令 방우정方于楨이 소疏를 올려 금하기를 청하자 왕이 그에 따랐다.[75]

감악산에 친히 가서 제사를 드리는 게 관습으로 굳어진 데 기인한 전·현직 관료의 익사사건이 발생하자, 마침내 감악산에 제사드리는 것을 금지하는 명령이 내려졌다고 한다.[76] 고려시기에 감악산신이 국가와 지역사회의 수호는 물론 개인의 소재초복을 기원하는 제향 대상으로도 확고히 자리 잡았음을 보여주는 사례이거니와, 앞서 지적하였듯이 그와 같은 숭배의 대상이던 감악산의 신체神體가 곧 설인귀였던 것이다.

3. 유교사회의 전개와 감악산신사紺岳山神祠의 분화 : 감악사紺岳祠와 설인귀사당薛仁貴祠堂

감악산은 조선왕조에 들어서도 여전히 공사를 막론하고 주요한 숭배 대상이었다. 이 산이 태조 2년(1393)에 호국백護國伯으로 책봉되었으며,[77] 사전祀典에 수록된 고려 이래의 대표적인 명산대천으로 거론

---

75) 禁祭紺嶽山 時俗尙鬼 公卿士庶 皆親祭紺嶽山 知中門事閔儒·前少尹金瑞芝 將祭紺嶽 過長湍津溺死 司憲掌令方于楨 上疏請禁 從之 (『高麗史節要』23 忠宣王 3년 4월)

76) 비슷한 내용이 『고려사』 형법지에도 전한다.(禁祭紺岳山 時尙鬼 公卿士庶 皆親祭紺岳 或有過長湍溺死者 憲司上疏禁之 『高麗史』85 刑法 2 禁令 忠宣王 3년 4월)

되었다든지,[78] 혹은 수도권의 주요한 기은처祈恩處로 지목되어 환시宦寺나 무녀巫女 등을 대신해서 내시별감內侍別監으로 하여금 제향을 받들도록 조치하였던[79] 등에서 그것을 알 수가 있다. 소사小祀에 올라[80] 봄·가을이면 관아에서 정기적으로 제향을 올렸으며,[81] 기양제祈禳祭를 행하거나[82] 가뭄에 당해 기우제를 올리고[83] 국왕이나 세자 혹은 대비의 치병治病을 기원하며,[84] 심지어는 오랜 습속임을 내세워 민간에서 사사로이 감악산신에게 제사드리는 행위를 금하지 말도록 지시가 내려지기도 하였다.[85]

그렇지만 감악산 숭배라 하여 새로운 왕조 들어 거국적으로 추진

77) 『太祖實錄』 3 太祖 2년 1월 21일 丁卯

78) 『定宗實錄』 6 定宗 2년 12월 22일 壬子

79) 『太宗實錄』 22 太宗 11년 7월 15일 甲戌

80) 같은 책 28 太宗 14년 8월 21일 辛酉. 『世宗實錄』 76 世宗 19년 3월 13일 癸卯. 『國朝五禮儀』 序例 1 吉禮 壇廟圖說

81) 『新增東國輿地勝覽』 11 積城縣 祠廟 紺岳祠. 단, 여기에서는 紺岳祠를 中祀라 명시하여, 『國朝五禮儀』 등에 紺岳山이 小祀로 기록된 것과 차이가 있다. 조선시기에는 岳·海·瀆을 제외한 名山大川이 모두 小祀에 수록되었음에 비추어(韓亨周, 「中祀의 성립과 운영」·「小祀의 성립과 운영」, 『朝鮮初期 國家祭禮研究』, 164~166·191쪽. 김철웅, 「조선전기의 길례」, 『한국중세의 吉禮와 雜祀』, 158~160·169쪽), 紺岳山의 경우 역시 그러했을 가능성이 높다. 『新增東國輿地勝覽』에서 紺岳祠를 中祀 운운한 것은 착오인 듯싶거니와, 다만 언젠가 中祀로 승격되었을 가능성도 없지 않지만 아직 근거는 찾지 못하였다.

82) 『太宗實錄』 31 太宗 16년 5월 25일 丙辰

83) 조선시기 山川祭 설행의 주요한 동기로 祈雨가 거론되거니와(이욱, 「조선 전기 유교국가의 성립과 국가제사의 변화」, 『韓國史研究』 118, 2002, 161~193쪽, 180~181쪽), 감악산의 경우에도 조선 후기에 이르도록 일일이 관련 기록을 제시하기 어려울 만큼 많이 드러지던 제향이 곧 기우제였다.

84) 『世宗實錄』 29 世宗 7년 윤7월 24일 辛酉. 『世祖實錄』 8 世祖 3년 8월 2일 癸巳. 『中宗實錄』 68 中宗 25년 7월 4일 辛卯

85) 『太宗實錄』 35 太宗 18년 1월 24일 乙亥

하던 유교적인 예제의 정비라는 거대한 변화의 흐름에서 예외일 수는 없었다. 조선왕조에서는 성리학을 지도이념으로 내세우며 유교적인 체제의 정비를 최우선 과제로 중시하였다. 자연히 유교적인 예제의 확립에도 많은 노력을 기울였는데, 그리하여 전국에 걸쳐 사묘祠廟의 정비가 일제히 추진되었으며, 그러는 과정에서 전래의 다양한 토속신앙은 음사淫祀로 규정되어 금지되고 억압당하기 일쑤였다. 유교적인 표준화를 통해 전국적으로 국왕 중심의 일원화된 제의체계祭儀體系를 수립하려는 의도에서였다.[86)]

전통적인 산악신앙에도 유교화의 바람이 밀어닥친 것은 이를 나위가 없었다. 대체로 태종대에서 세종대에 이르는 동안 토속신앙의 정비와 함께 산악숭배가 유교식 예법에 따라 정리되었으며, 그것이 세조대와 성종대의 손질을 거쳐 성종 5년(1474) 마침내 『국조오례의國朝五禮儀』에 수록됨으로써 자리를 잡았다. 감악산의 경우, 태종 11년의 조치 즉 이 산에서 별기은別祈恩을 행할 적에 환시宦寺나 무녀巫女·사약司鑰을 보내고 또한 여악女樂을 베풀던 것을 개정하여 내시별감內侍別監으로 하여금 향을 받들고 가 제사를 받들도록 한 것을 시작으로,[87)] 동왕 14년에는 산천山川을 등제等第하여 사전祀典을 정비하면서 감악산을 소사小祀에 수록하였으며,[88)] 세종 6년에는 감

---

86) 조선왕조에서 추진한 儒敎的인 禮制의 정비를 다룬 연구는 적지 않다. 여기에서는 산악신앙과 관련되는 범위 안에서 주로 다음의 논저를 참고하였다.
李範稷, 『韓國中世禮思想研究』, 229~281·283~295·312~315·377~392쪽. 韓亨周, 『朝鮮初期 國家祭禮 研究』, 177~186·191~198쪽. 김철웅, 『한국 중세의 吉禮와 雜祀』, 151~180·203~219쪽. 김태영, 「국가제사」, 『한국사』 26 (국사편찬위원회, 1995), 211~246쪽, 226~233쪽. 이욱, 「조선 전기 유교국가의 성립과 국가제사의 변화」, 165~172·178~181쪽.

87) 『太宗實錄』 22 太宗 11년 7월 15일 甲戌

악산을 예로 들며 신당神堂 및 신상神像을 철거하고 산신봉작山神封爵의 제도를 혁파하려고 시도함으로써[89] 그 유교화에 박차를 가하였다. 그리하여 세종 12년에 각도산천단묘순심별감各道山川壇廟巡審別監의 보고를 바탕으로 예조에서 산천제의를 일제 정비함에 이르러 감악산의 주主·자신子神 부처夫妻 6신상神像을 모신 사당과는 별도로 위판位版을 안치하기 위한 유교식 사당을 세우고 위패의 규격이나 각종 제기祭器 등도 유교식 예법에 따라 갖춰가기로 한 데 이어,[90] 세종 19년에 제도순심별감諸道巡審別監의 보고에 근거하여 예조에서 악岳·해海·독瀆 및 산천의 단묘壇廟와 신패神牌의 제도를 정하면서 감악산을 소사小祀에 수록하고 그 사묘의 위판에는 '감악산지신紺嶽山之神'이라 표기하도록 결정하였다.[91] 그리고 그것이 『국조오례의』로 이어짐으로써, 유교적인 예제에 의한 명산대천 제의祭儀 중의 하나로 감악산 숭배가 포섭되고 유교화되는 절차가 마무리되기에 이르렀다.[92]

조선 후기의 것이기는 하지만, 위와 같은 과정을 거쳐 정비된 감악산의 제향을 묘사한 기록이 간략한 대로나마 전해져 눈길을 끈다. 영조 15년(1739)에 연천현감漣川縣監으로 부임한 신유한申維翰(숙종 7, 1681~영조 28, 1752)이 1742년 2월의 감악산 제향에 대축大祝으로 참

---

88) 같은 책 28 太宗 14년 8월 21일 辛酉

89) 『世宗實錄』 23 世宗 6년 2월 11일 丁巳

90) 같은 책 49 世宗 12년 8월 6일 甲戌

91) 같은 책 76 世宗 19년 3월 13일 癸卯

92) 『國朝五禮儀』 체제 하의 名山大川 및 그 안에서의 紺岳山에 관해서는, 韓亨周, 「小祀의 성립과 운영」, 『朝鮮初期 國家祭禮 硏究』, 191~198쪽 및 김철웅, 「조선전기의 길례」·「조선전기의 길례와 잡사」, 『한국중세의 吉禮와 雜祀』, 168~170·203~210쪽의 설명이 참고 된다.

여했던 경험을 기록한 '감악산기紺岳山記'가 그것이다.[93] 그에 의하면, 국가에서는 매년 감악산에 세 차례의 '망사의望祠儀' 즉 산악제의를 올렸다고 한다. 세수歲首 곧 정월에는 왕명으로 서폐書幣를 내렸으며 봄·가을의 중월仲月 즉 2월과 8월에는 설향設享하였는데,[94] 반飯(찰벼·기장)·생牲(수퇘지 한 마리)·주酒·과果·포脯·숙鱐은 지역의 관아에서 마련토록 하고 향香·축祝·폐幣는 왕궁에서 내려줬다고 한다. 제의에 관련된 제반 행정적인 실무는 말할 것 없이 현리縣吏의 책무였으며, 제향에서의 집사는 고을에 거주하는 사족 5인이 감당하였다. 헌관獻官과 대축大祝에는 경기도내 수령을 차임하였는데, 마침 인근 고을인 연천의 현감으로 재직 중이던 신유한이 대축으로 차출되면서 그 세 번째 체험인 영조 18년(1742) 제향 때의 일을 기록한 것이 곧 '감악산기'이다. 제향은 위판을 안치한 산마루의 사우 —아마도 감악사紺岳祠— 아래에 마련한 사방 10여 자[尺] 가량의 단장壇場에서 4경更에 행하였다.[95] 조선왕조의 개창 이래 추진되어온 유교적인 예제 정

---

93) 申維翰 및 그의 문집인 『青泉集』에 관한 설명은, 『韓國文集叢刊 解題』 5의 '청천집 해제'(辛容南)를 참고하였다.

94) 조선시기 감악산에서 정월·2월·8월에 3회 제향하였음은 『輿地圖書』 補遺篇에 수록된 『積城縣誌』에도 나오는데(아래 자료), 香·祝·幣는 營門 즉 監營에서 받아온다고 하였다. 중앙에서 감영으로 내려온 것을 적성 관아에서 받아와 제향에 사용한다는 의미일 것이다.

① 在紺嶽山頂 一間 孟春·仲春·仲秋 降香祝致祭 (『積城縣誌』 壇廟 紺嶽神廟 夾註)

② 紺嶽山 一年三次節祭 香祝幣 營門受來 (같은 책, 邑事例)

95) 紺岳山 在畿東積城縣 距王城百里 神雄峻異 國家有望祠儀 歲首王命官致書幣 訊問惟謹 春秋仲月設享 飯用稌黍 牲用一牡豕 酒果脯鱐 飭土官供具 香祝幣降自王宮 獻官大祝各一員 差畿邑守令以行 壬戌二月十一日辛丑 將享前一日昧爽 余以大祝至縣 … 縣吏呼村丁十六人 兩籃各八人 爲執炬牽綆 左右扶掖 … 執事者 鄉士五人 儒衣帶縰履先行 … 至絕頂 有祠屋 奉位版 屋下

비의 결과 전국에 걸쳐 일원적인 제의체계가 적용되기에 이르렀고, 그러한 유교적 표준화에 입각해 마련된 산악숭배의 제의가 적성의 감악산에도 예외 없이 적용되어 조선 후기에 이르도록 정기적으로 거행되었음을 확인할 수가 있는 것이다.

그런데 감악산에서는 그처럼 유교적인 예제의 실천이 관철되는 한편에서 소재초복消災招福을 기원하는, 이를테면 음사적淫祀的인 제의도 여전히 성행하였다. 무엇보다 관아에서 주도하는 유교적 예제가 시행되는 동안에도, 재앙을 멀리하고 복을 불러들이기 위한 제향의 터인 전래의 산신당이 감악산에서는 그대로 유지되었다. 현종 17년(1666)에 감악산을 유람한 허목許穆(선조 28, 1595~숙종 8, 1682)은,[96)]

> … 새벽녘 산마루의 응달진 낭떠러지에 올라 신정神井에서 목을 축였다. 그 위는 감악사紺嶽祠이고 석단石壇이 3장丈이며 … 곁에는 설인귀사당薛仁貴祠堂이 있는데 혹자는 왕신사王神祠라 이르기도 한다 …[97)]

라고 기록하여, 감악사와 별도로 설인귀사당 즉 감악산신 설인귀를 모신 전래의 산신당이 존재하였음을 알려준다. 위에서 언급한 신유한申維翰 역시,

---

設壇場被莎 方廣十餘尺 四更行享禮 … 余守漣以來 祭于是山者三 今遇雨益險 … (『青泉集』 4 紺岳山記)

96) 許穆과 『記言』 및 그의 紺岳山 紀行年度 등에 관해서는, 『韓國文集叢刊 解題』 3(民族文化推進會)의 '기언 해제'(金炅希)를 참고하였다.

97) … 與我遊紺嶽 夕宿於見佛 晨則登絕頂陰崖 汲神井 其上紺嶽祠 石壇三丈 壇上有山碑 舊遠沒字 傍有薛仁貴祠堂 或曰王神祠 爲淫祠 其神能作妖 以禍福食於人 山皆石峯 … (『記言』 27 紺嶽山)

> … 산마루에 이르니 사당 건물[祠屋]이 있었다. 위판位版을 받들고 사당 건물 아래 단장壇場을 마련하고 … 사당 왼쪽의 흙으로 쌓은 돈대墩臺에 고비古碑가 서 있는데 한 길 남짓하였다 … 승려가 말하기를 … 또 이르기를, 사당 동쪽으로 당唐 장수將帥인 설인귀薛仁貴의 묘廟가 옛적에 있었는데 지금은 총사叢祠입니다 …98)

라고 기록하여, 유교식 제향을 위한 사당 —즉 허목이 지목한 감악사紺嶽祠— 외에 감악산신 설인귀를 모신 사묘祠廟가 별개로 존재하였음을 전한다.

앞서 산천의 단묘壇廟를 정비하던 세종 12년(1430)에, 감악산의 경우 설인귀 등의 산신상을 철거하지 않는 대신 부근의 땅을 가려 나라에서 행하는 유교식 제사를 위한 사묘를 별도로 건립하고 위판을 봉안토록 하자는 논의가 있었다.99) 그리고 뒤이어 산천의 단묘와 신패神牌의 제도를 정하는 논의에서(세종 19, 1437), 제향하는 장소를 각각 단壇과 사묘祠廟(사우祠宇)로 구분해 기록하면서 감악산의 경우에는 단이 아닌 사묘라 표기해 두었다.100) 이 즈음이면 벌써 감악산에 유

---

98) … 至絕頂 有祠屋 奉位版 屋下設壇場被莎 方廣十餘尺 四更行享禮 … 祠左土墪竪古碑 高丈餘 削石甚整 摩挲不得一字形 僧言 是千載上物 而故老無傳者 又云 祠東舊有唐將薛仁貴廟 今爲叢祠 按東史 … 一笑 … (『靑泉集』 4 紺岳山記)

99) 禮曹據各道山川壇廟巡審別監所申條件 磨鍊以啓 一 … 一 積城縣紺岳山之神 無位版 用泥像 主神夫妻兩位 · 子神夫妻並六位 一 … 以上八條內 … 紺岳山 · 義舘嶺 · 松岳山 除撤去神像 於近處擇地 別立國行祀廟 設位版 其銀器 依他例 代以鍮器 一 … (『世宗實錄』 49 世宗 12년 8월 6일 甲戌)

100) 禮曹據諸道巡審別監啓本 詳定嶽海瀆山川壇廟及神牌制度 京畿 國行 臨津縣德津 中祀 壇位版 書德津之神 … 臨江縣五冠山 小祀 壇位版 書五冠山之神 積城縣紺嶽山 小祀 祠廟位版 書紺嶽山之神 楊州府楊津 小祀 壇位版 書楊津之神 所在官行祭 海豊郡白馬山 壇位版 書白馬護國之神 請削護國二

교식 사묘가 들어섰음을 보여주거니와, 또한 연산군 6년(1500)에는 나라에서 수군水軍을 동원하여 감악산신당제청紺岳山神堂祭廳을 고쳐짓기[改造]도 하였다.[101] 음사인 설인귀사당을 고쳐짓는 데 나라에서 그처럼 군인까지 동원했을 리는 만무하므로, 이 역시 감악산에 유교식 제향을 위한 사우가 이미 존재하였음을 전하는 기록임이 분명하다. 대략 세종 19년 즈음 이래로, 위판을 봉안한 유교식 사우가 감악산에 이미 축조되어 전래의 산신당과 병존하였음을 보여준다. 위의 허목 등이 전하는 감악사와 설인귀사당이 곧 그것으로서, 두 건조물이 조선 후기에 이르도록 유지되어 왔음을 확인할 수가 있는 것이다.

조선왕조의 유교식 예제가 정비되어 자리를 잡은 이후에도 감악산에 전래의 산신당인 설인귀사당이 유지 존속되었음을 살폈다. 음사로서 금압의 대상이었음에도 살아남았을 만큼 당시에 감악산 숭배가 사회적으로 널리 그리고 뿌리 깊게 자리 잡았음을 반영한 현상이 아닐 수 없다. 실제로 조선시기에 감악산 주변의 주민은 물론이려니와 중앙의 왕실을 비롯한 고위 관료에서 양반·서민에 이르기까지, 감악산에 가 소재초복消災招福을 기원하며 산신에게 제향을 드리는 게 하등 드문 일만은 아니었다.

이미 유교식 예제가 정비되어가는 과정에서 그런 조짐이 나타났다. 왕실의 감악산紺岳山 별기은別祈恩이 논란거리가 되어 예조에서 그 폐

字 臨江縣龍虎山 祠廟 … (같은 책 76 世宗 19년 3월 13일 癸卯)

101) ① 議政府書啓曰 … 近聞晉城大君第造成 碧蹄驛內鷹坊修繕 又有紺岳山神堂祭廳改造 水軍一百 四十日之役 … (『燕山君日記』 36 燕山君 6년 2월 12일 丙申)

② 議政府啓 … 傳曰 … 其第不可不營 紺岳山摩尼山營繕 乃爲祭星祭神之所 不可停罷 … (같은 책 13일 丁酉)

지를 건의했음에도 행해진 지 오래 되었음을 이유로 받아들여지지 않았으며,[102] 대신大臣들이 감악산에 제사드리기 위해 휴가를 청하는 잘못이 지적되는[103] 한편에서, 또한 서민들이 감악산에서 치제하는 습속을 일시에 금하지 말고 점진적으로 바뀌기를 기다리라는 지시가 내려지기도 하였다.[104] 산천단묘의 제도가 정해지고[105] 이어서 감악산 등에 올라 음사하는 행위를 처벌한다는 금지령이 내려진 뒤에도,[106] 나라에서 별도로 행향사行香使를 파견하여 감악산에 제향을 올리고,[107] 세자世子의 치병治病을 위해 중앙에서 향香·축祝을 받든 관리를 감악산에 보내어 기도를 드렸으며[108] 길창부원군吉昌府院君 권람權擥 같은 나라의 원로가 감악산신 설인귀에게 자신의 병을 치유해 주도록 제사를 올리는 대열에 가담하였다.[109] 『국조오례의』가 제정된 이후에도 그러한 경향에는 별반 변화가 없었던 듯, 경외京外의 인민人民이 '기은祈恩'이니 '원장願狀'이니를 칭하면서 봄·가을로 감악산에서 성대히 제향하고 여악女樂을 베푸는 게 길에 잇따르며 사족士族 부녀婦女가 몸소 행하는 일도 있으니, 이를 금압해야 한다는 상소가 올라오는 형편이었다.[110] 목멱산木覓山의 신당지기가 신상神像을 만들어 감악산신이 옮겨왔다며 뭇사람을 현혹하다 처벌되었을 만큼 수도

102) 『太宗實錄』 22 太宗 11년 7월 15일 甲戌
103) 같은 책 24 太宗 12년 11월 24일 乙巳
104) 같은 책 35 太宗 18년 1월 24일 乙亥
105) 『世宗實錄』 76 世宗 19년 3월 13일 癸卯
106) 같은 책 101 世宗 25년 8월 25일 丁未
107) 같은 책 126 世宗 31년 11월 5일 辛巳
108) 『世祖實錄』 8 世祖 3년 8월 2일 癸巳
109) 같은 책 34 世祖 10년 9월 2일 壬子
110) 『成宗實錄』 86 成宗 8년 11월 26일 己丑

한양에서조차 민간의 감악산 숭배 열기가 상당하였으며,[111] 국왕을 비롯하여 대비나 비빈 등 왕실 성원의 질병치유를 기도하기 위해 감악산에 관원을 보내어 제향을 올리는 일도 드물지 않았다.[112]

유교적인 예제가 정비된 이후 왕실에서 양반과 서민에 이르도록 감악산에 소재초복을 기원하는 제향을 올린 것으로 공식 기록에 나오는 것만도 일일이 헤아리기가 어려울 정도임을 살폈다. 감악산에서의 기우제는 민생을 위한 국가적인 공식 제향으로 간주할 수 있는 만큼, 논외로 치고도 그러하였다. 광해군대에 활동하였다는 술사 이의신李毅信은 적성積城 주월리舟月里의 육계토성六溪土城 부근에서 살았는데,[113] 아마도 집을 짓고자 공사하는 중이었던 듯 "비碑 하나를 땅 판 곳에서 얻으니 곧 설인귀 집안의 옛터이더라"고 하였다.[114] 땅속에 묻혔던 옛 비석이 나와 살펴보니, 거기에 설인귀가 나고 자란 터가 곧 그곳이라고 기록되었더라는 의미일 터이다. 이와 같은 설인귀 적성 출신설은 조선시기에 이미 '제동지언齊東之言'이라 하여 궁벽한 촌민들 사이에 나도는 믿기 힘든 얘기로 판가름이 났거니와,[115] 다만 그처럼 설인귀를 내세워 뭔가를 꾀하려 들 만큼 감악산신 설인귀가 사회적으로 파급력을 지닌 존재였음을 암시한다는 데에는 이견이 있

111) 같은 책 165 成宗 15년 4월 22일 戊寅

112) 『中宗實錄』 68 中宗 25년 7월 4일 辛卯. 『宣祖實錄』 7 宣祖 6년 6월 2일 庚戌. 같은 책 14 선조 13년 11월 4일 庚午

113) 金侖禹, 「紺岳山碑와 鐵原 孤石亭」, 36~37쪽.

114) … 俗傳 唐將薛仁貴生於此 嘗有得其碑者 然案唐書 仁貴龍門人 此云有碑 特齊東之言也 術人李毅信 嘗城傍白玉峯下 築室以居 今有遺址 其踏山賦曰 得一碑於開土 乃薛家之遺址 (『積城縣誌』(『輿地圖書』 補遺), 古蹟 六溪土城 夾註)

115) 앞 註 113 및 114)와 같음.

을 수 없다. 허목許穆은 감악산의 설인귀사당을 '음사淫祠'라 칭하면서, 그 신 즉 설인귀 산신이 능히 요사를 부려 화복禍福으로써 사람들에게서 제향을 받는다고 하였다.[116] 그 당시에도 민간에서는 여전히 감악산신 설인귀를 신앙하며 재앙을 멀리하고 복 받기를 기원하였음을 보여준다. 신유한申維翰도 또한 감악산신이 신령스러운 위엄을 드러내어 때로는 기우祈雨에 응답을 한다고 하였다.[117] 기우祈雨를 위한 제향에 한정함으로써 다소 온건하게 표현되긴 하였지만, 감악산신 설인귀를 향한 기도와 제향이 조선 후기에 이르도록 지속되어 왔음을 전한다는 사실에는 별반 차이가 없어 보인다.

감악산 숭배에 유교적인 예제가 관철되어 중앙에서 내려온 수령 등 관인과 향촌 사족의 주도 아래 매년 정기적인 감악산 제의가 설행되는 한편으로, 왕실을 비롯하여 경기지역 양반·서민 등 민간에서 사사로이 소재초복을 기원하는 음사적인 제향도 감악산에서 끊임없이 지속되었음을 검토하였다. 감악산 정상에 유교식 제향을 위한 감악사와 민간신앙의 설인귀사당이 함께 유지된 것은, 바꿔 말해 나라에서 공식적으로 제향하는 유교식 사당과 함께 설인귀를 신체神體로 하는 전래의 감악산신을 모시는 민간 기도처가 공존한 것은, 곧 조선왕조에서 유교적인 예제의 정비를 강력하게 추진하였음에도 이전부터 오랜 세월 이어져온 전통적인 산악숭배의 관습이 완강함으로 해서 양자 간에 적절히 타협하는 모양새를 취할 수밖에 없었던 저간의 사정을 보여준다 하겠다.

---

116) … 傍有薛仁貴祠堂 或曰王神祠 爲淫祠 其神能作妖 以禍福食於人 … (『記言』 27 紺嶽山)

117) … 又云 祠東舊有唐將薛仁貴廟 今爲叢祠 … 又言 山神炳靈 往往禱雨有應 … (『青泉集』 4 紺岳山記)

그렇지만 궁극적으로 시간은 정치권력을 배경으로 삼은 유교적 예제의 편이었다. 조선 후기로 내려갈수록 음사적 제향이 약화되는 건 어찌할 수 없는 형세였다. 영조 18년(1742)에 신유한은 설인귀사당의 상태를 '당 장수 설인귀의 사묘가 옛적에 있었는데 지금은 총사叢祠가 되었다'고 기록하였다.[118] 현종 17년(1666)에 허목이 '곁에 설인귀사당이 있다'고 표현했던 것과는 자못 차이가 난다.[119] 허목이 눈으로 확인했던 설인귀사당을 70 여 년 뒤의 신유한은 감악산 정상에 올랐으면서도 아마 직접 보지는 못한 듯, 승려의 입을 통해 전해 듣는 정도였다. 80년 가까운 세월 사이의 변화가 반영된 게 틀림없어 보이거니와, 신유한이 감악산 제의에 참여했을 당시에는 이미 설인귀사당의 건물이 거의 찾아보기 힘들 만큼 자못 퇴락한 상태였음을 전하는 듯 여겨진다. 민간에서의 음사적 전통이 완전히 사라지지는 않았기에 옛 산신당의 터로서 전해지기는 하지만, 적어도 신유한과 같은 수령 내지 그들 관인을 포함한 관아에서 더 이상 깊은 관심을 보이지 않을 만큼 전통적인 감악산 숭배의 영향력이 약화되어갔으며, 자연히 감악산신 설인귀의 존재도 또한 서서히 희미해지는 가운데 그렇게 사라져 갔던 게 아닌가 헤아려지는 것이다.

맺음말

적성의 감악산은 신라의 소사小祀 제장祭場이었다. 삼국 말엽 이래

118) … 至絕頂 有祠屋 奉位版 屋下設壇場被莎 … 僧言 … 又云 祠東舊有唐將薛仁貴廟 今爲叢祠 … (『靑泉集』 4 紺岳山記)

119) … 其上紺嶽祠 … 傍有薛仁貴祠堂 或曰王神祠 … (『記言』 27 紺嶽山)

신라인들이 그 전략적 중요성에 주목한 결과였다. 신라의 중앙귀족은 당장唐將 설인귀薛仁貴를 신격화하여 그러한 감악산을 주재하는 산신으로 추앙하였다. 감악산이 자리 잡은 적성을 비롯한 한강 이북과 임진강 유역 일원의 주민들 사이에서 내연하던 고구려 유민의식의 분출을 저지하려는 목적에서였다. 당의 장수 설인귀를 내세워 공포감을 불러일으킴으로써 고구려를 향한 회고의 감정을 자제토록 억압하며, 또한 고구려의 멸망이 신라가 아니라 강대국 당에 의한 것이었음을 강조함으로써 불가항력의 어찌할 수 없는 사태였던 것으로 체념함과 동시에 반신라 감정을 억제토록 유도하기 위함이었다. 아울러 거기에는 발해의 등장으로 동요하던 고구려 고토의 주민들을 안정시키려는 의도도 또한 담겨 있었다. 그리하여 고구려의 옛 땅을 제 영역으로 굳히며 그 주민을 신라인으로 흡수하고자 함이었다.

감악산은 고려시기에 국가적인 제향의 대상이었다. 신라말·고려초에 적성지역의 호족들은 설인귀를 그 고장 출신으로 선전하며, 자신들 역시 감악산신 설인귀를 계승한 지역사회의 수호자임을 과시하려 들었다. 그리고는 마침내 거란의 침입을 물리친 전공을 앞세워 감악산신 설인귀의 존재를 인정받음과 동시에 지역사회를 이끄는 지도자로서 자신들의 존재를 널리 각인시키기에 이르렀다. 고구려 계승을 표방하던 고려에서, 고구려 멸망 및 그 유민의 탄압에 앞장서던 당의 장수 설인귀가 감악산신으로 인정받기에 이른 경위는 그러하였다. 이후 고려왕조 내내 감악산신 설인귀는 지역사회와 국가의 수호신으로 숭앙되었다. 또한 왕실을 비롯하여 공경사서公卿士庶에 이르기까지 소재초복消災招福을 빌며 감악산신 설인귀에게 제향을 올리는 게 하나의 관습으로 자리를 잡았다. 감악산신당에 모셔진 설인귀 부부를 포함한 그 가족 6인의 신상神像은, 이를테면 그처럼 확고히 뿌리내린 고려시기 감악산 숭배의 상징물이라고 일러 지나치지 않은 셈이었다.

조선 유교사회의 전개와 함께 감악산 숭배에도 변화가 찾아왔다. 유교식 제향을 위한 사우인 감악사紺岳祠가 세워지고, 그곳에 위패를 봉안하여 매년 3차례씩 정기적으로 유교식 예제에 따른 제의祭儀가 행해지기에 이르렀다. 그런데 한편에서는 설인귀를 신체神體로 하는 민간의 감악산신당이 유지되는 가운데 소재초복을 비는 제향도 끊이지를 않는 게 현실이었다. 유교식 제향을 위한 감악사와 전래의 설인귀사당이 공존함으로써, 공적인 유교식 예제와 민간에서의 전통적인 산악숭배 관습이 적절히 타협한 모양새였다. 그렇지만 조선 후기로 내려갈수록 유교식 예제가 정착되어가는 반면에 전래의 감악산 숭배가 약화되어가는 건 어찌할 수 없는 추세였다. 자연히 감악산신 설인귀의 존재도 점점 희미해져갔으며, 세월의 흐름과 더불어 기억에서 사라져갔다.

(「전통시기의 紺岳山 숭배와 山神 薛仁貴」, 『歷史學硏究』 42, 2011)

2부

성황신城隍神과 지역사회

제1장 성황신城隍神 신숭겸申崇謙과 곡성谷城

머리말

신숭겸申崇謙(?~927)은 고려의 개국공신으로 널리 알려진 인물이다. 궁예왕弓裔王을 몰아내는 정변에 성공하여, 왕건王建으로 하여금 고려를 개창할 수 있도록 만든 4명의 핵심 주역 가운데 하나였다. 또한 후삼국시기의 손꼽히는 격전이었던 대구大邱의 팔공산전투八公山戰鬪에서 장렬히 전사함으로써,[1] 고려왕조의 역사에서 잊을 수 없는 인물로 기록되기도 하였다.[2] 고려의 국가적 축제인 서경西京 팔관회八關會에서는 그의 충절을 기리는 연희가 행해졌으며, 그것을 관람한 예종睿宗이 그를 기리고자 시를 지었음이 전한다.[3] 아울러 사후 언제인가 전라도 곡성谷城 고을에서는 그를 성황신으로 추앙하여 모셨다고

1) 閔丙河, 「申崇謙과 公山桐藪 戰鬪」, 『軍史』 29 (1994).

2) 『高麗史』 92 洪儒傳 附 申崇謙傳

3) 設八關會 王觀雜戲 有國初功臣金樂·申崇謙偶像 王感歎賦詩 (『高麗史』 14 睿宗 15년 10월 辛巳)
李仁在, 「羅末麗初 申崇謙의 生涯와 死後評價」, 『江原文化史硏究』 6 (2001), 38~39쪽.

도 한다.[4] 지역을 수호하는 상징적인 인물로서 신격화되어 향사享祀되어 왔던 것이다. 중앙에서는 말할 것이 없고 일부 지방에서까지도, 그는 꾸준히 영향력을 발휘하곤 하는 역사적 인물이었던 셈이다.

신숭겸을 언급한 연구는 이미 많다. 왕건의 고려왕조 개창을 주제로 삼은 논고를 비롯하여, 고려의 개국공신을 다루는 경우 빠짐없이 그에게까지 논의가 미치는 것이 보통이었다.[5] 하지만 대개는 부분적인 접근에 그치는 경우가 많았으며, 그를 독립된 주제로 고찰한 연구는 거의 찾아볼 수가 없는 형편이다.[6] 관련 기록의 부족 등 사정이 없지는 않겠으나, 그 비중에 비해 다소 무관심했다는 느낌을 떨칠 수가 없다.

따라서 그에 관해 풀리지 않는 의문이 적지 않은 것 또한 당연한 일이 아닌가 싶다. 이를테면 그의 출신에 관한 문제부터가 그러하다. 오늘날 신숭겸은 이론의 여지가 없는 평산平山 신씨申氏의 시조로서 추앙을 받는 인물이다. 곡성谷城 출신의 그에게, 고려 태조 왕건이 평산平山을 관향貫鄕으로 사여한 데 따른 일이었다.[7] 한데 여기에서 떠오르는 의문은, 왕건이 신숭겸의 본관을 왜 하필 평산으로 지정하였던가 라고 하는 점이다. 나아가 또한 그와 같은 사실이 지니는 의미는 무엇이며, 더욱이 각종 지리지류에 곡성의 토성土姓으로 나타나는

4) 『新增東國輿地勝覽』 39 谷城縣 人物

5) 王建의 집권이라든지 혹은 그의 세력기반 내지 고려의 개국공신 등을 다룬 연구는 매우 많다. 여기에서 그것을 하나하나 枚擧하지는 않으려니와, 앞으로 논의를 진행해 가는 과정에서 필요한 경우 그때그때 제시하도록 하겠다.

6) 위 註 1)과 3)에 제시한 閔丙河와 李仁在의 두 논문을 찾을 수가 있을 뿐이다.

7) 平山 申氏의 族譜를 비롯하여 여러 곳에서 지적되어 온 사실이거니와, 그와 같은 申崇謙의 姓貫 取得에 관해서는 李樹健, 「後三國時代 支配勢力과 土姓」, 『韓國中世社會史研究』(一潮閣, 1985), 125쪽의 설명이 참고 된다.

곡성谷城 신씨申氏와 신숭겸의 관계는 어떻게 이해해야 할 것인지도 궁금하기 짝이 없다. 한편 그가 곡성의 성황신으로 추앙되기에 이르는 경위도 해결되지 않은 문제이기는 매한가지이다. 언제 그리고 어떠한 사람들이 그를 성황신으로 신격화하였으며, 또 그래야만 하는 까닭이 무엇이었는지, 어느 것 하나 제대로 밝혀지지를 않은 채로인 것이다. 신숭겸의 생애는 물론 그의 성황신 추앙에 관해서도 풀어야 할 문제가 하나 둘이 아닌 셈이다.

이 글에서는 우선 신숭겸의 출신과 활동을 살피는 데서 문제 해결의 실마리를 찾고자 한다. 후삼국이 전개되던 당시의 정치 사회적인 환경을 재음미하는 가운데 그의 생애를 차분히 검토함으로써, 그의 출신지나 혹은 본관과 관련되는 몇몇 의문을 해소하는 것은 물론, 장차 그가 성황신으로 추앙될 수 있었던 배경까지도 미루어 짐작해 보고자 하는 것이다. 다음으로, 신숭겸이 곡성의 성황신으로 신격화되기에 이른 사정을 더듬어 보도록 하겠다. 신숭겸을 곡성의 성황신으로 추앙하는 데 지역사회 내지는 그 토착세력의 의지가 반영되었으리라 함은 더 이를 나위가 없으려니와,[8] 그리 된 연유를 구체적으로 따져 보고자 하는 것이다. 마지막으로, 신숭겸의 덕양사德陽祠(덕양서원德陽書院) 배향이 지니는 의미를 새겨 보도록 하겠다. 조선 선조대(1567~1608)에 신숭겸을 독향獨享하는 덕양사가 곡성 고을에 건립되었다.[9]

8) 성황신과 지역사회 내지는 그것을 주도하는 토착 사회세력과의 관계에 대해서는 다음의 글들이 참고 된다.
한국종교사연구회 편, 『성황당과 성황제-淳昌 城隍大神事跡記 硏究-』, 민속원(1998). 金甲童, 「高麗時代의 城隍信仰과 地方統治」, 『韓國史硏究』 74 (1991). 鄭勝謨, 「城隍祠의 民間化와 鄕村社會의 變動」, 『泰東古典硏究』 7 (1991). 송화섭, 「전주의 성황신앙과 견훤정권」, 『후백제 견훤정권과 전주』 (주류성, 2001). 邊東明, 「高麗時期 順天의 山神·城隍神」, 『歷史學報』 174 (2002).

이미 성황신으로 모셔져 추앙 중인 인물을 향사享祀하기 위한 사우祠宇가 별도로 건립되어 새삼스럽거니와, 그 경위를 고찰함으로써 당시 곡성 지역사회에 일던 변화의 한 측면을 가늠해 보고자 하는 것이다.

이상에서와 같은 검토를 통하여, 신라 말에서 고려 초에 걸친 격동의 시기를 이해하며 나아가 전통시기 곡성 지역사회의 동향을 살피는 데에도 도움을 주었으면 하는 바람이다.

1. 신숭겸申崇謙의 출신과 활동

신숭겸은 본시 전라도 곡성 출신이었던 것으로 전한다. 그 후 언제인가 강원도 춘천春川으로 이주하였으며, 거기에서 궁예의 휘하로 들어가 활동하다가 왕건을 추대하는 정변을 주도하였고, 마침내 왕건에 의해 평산平山을 본관지로 사여 받아 평산 신씨의 시조가 되었다고 한다. 대체로 『신증동국여지승람』의 기록을[10] 존중하는 입장에서의 견해이거니와, 오늘날 그에 반대하는 연구자는 그리 많지를 않다.[11]

그런데 여기에서 한 가지 공교롭게 느껴지는 것은, 『고려사』와 『고려사절요』에서 공히 그를 광해주인光海州人 즉 오늘날의 강원도 춘천春川 출신으로 기록해 두었다는 점이다.[12] 고려왕조의 역사를 공식

---

9) 高麗太祖 被圍於甄萱 時爲大將 代乘御車 力戰死之 以其功 賜諡壯節公 己丑(宣祖22, 1589) 邑人建祠 天德山之陽 肅宗朝乙亥(肅宗21, 1695)九月 宣賜德陽祠額 (『谷城邑誌』 人物 申崇謙 夾註)

10) 『新增東國輿地勝覽』 39 谷城縣 人物 申崇謙, 같은 책 41 平山都護府 人物 申崇謙, 같은 책 46 春川都護府 人物 寓居 申崇謙

11) 申崇謙을 春川 출신으로 이해하려는 입장에서도 谷城을 그의 先代 근거지로 제시하는 등, 그와 곡성 사이의 연고를 부정하지는 않는다(閔丙河, 위의 논문, 79쪽. 李仁在, 위의 논문, 31쪽).

적으로 정리하는 관찬의 정사正史에서 그와 곡성과의 연고를 부정한 셈이거니와, 그리 된 까닭이 궁금하다.

조선 초기에 『고려사』 등을 편찬하면서 주로 이용한 것은 고려왕조의 실록實錄과 같이 대체로 중앙에서 기록하고 또 소장해 온 자료들이었다.[13] 널리 지방의 관아에서 만들어지고 또 보관되어 온 고문서류古文書類까지 일일이 수집하여 이용한 것은 아니었다. 따라서 그와 같은 정사正史에 나오는 신숭겸의 춘천출신설도, 또한 고려시기 이래 중앙에서 생산되어 전해 내려오던 자료에 의거한 기록으로 이해함이 온당하지 않을까 싶다. 본시는 아마도 고려 초기 이래 신숭겸 내지 그의 일족이[14] 그처럼 표방한 데서 유래하였을 것으로 짐작된다. 신숭겸의 출신지로 알려진 곡성의 토성 신씨와 그의 본관지인 평산의 신씨 가운데 고려 후기에 이르도록 중앙에 진출하는 데 성공한 쪽은 평산 신씨였으며, 더욱이 고려 초기의 경우 신숭겸과 그 일족만이 중앙에 진출하였다는[15] 점에서 그러하다. 신숭겸의 출신지에 관한 고려 초기 이래 중앙에서의 공식적인 기록이, 신숭겸 및 그 일족의 주장에 의거하였을 개연성을 떠올리지 않을 수 없는 소이연이다. 다시 말해 고려시기 중앙에서의 신숭겸의 출신지에 관한 공식 자료에는 신

---

12) 『高麗史』 92 洪儒傳 附 申崇謙傳. 『高麗史節要』 1 太祖 10년 9월

13) 『高麗史』를 편찬할 때 주로 이용했던 자료들은 同書의 '進高麗史箋'과 '纂修高麗史凡例' 등에 언급되어 전하거니와, 『高麗史』와 『高麗史節要』의 母本 격인 『高麗國史』를 편찬할 때 이용했던 자료에 관해서는 邊太燮, 「'高麗國史'의 編纂內容과 史論」, 『「高麗史」의 硏究』 (三英社, 1982), 161~168쪽의 설명이 참고된다.

14) 고려 초기 申崇謙의 一族으로서는 그의 아우 能吉과 아들 甫가 기록에 나타난다(『高麗史』 92 洪儒傳 附 申崇謙傳).

15) 李樹健, 「高麗後期 支配勢力과 土姓」, 『韓國中世社會史硏究』, 279~280쪽 및 322쪽.

숭겸 내지 그 일족의 주장이 그대로 반영되었을 가능성이 높으며, 따라서 그와 같은 자료에 주로 근거해 편찬한 『고려사』 등에 나오는 신숭겸의 춘천출신설도 또한, 곧 그들 자신의 주장이었을 것으로 간주하여 좋지 않을까 헤아려지는 것이다.[16]

그렇다면 신숭겸 내지 그 일족이 그처럼 자신들의 출신지를 춘천으로 내세우려 든 까닭은 무엇이었을까. 신숭겸의 출신지로 알려진 곡성은 후삼국시기 내내 후백제의 영역에 속한 고장이었다. 그리하여 고려에 의해 후삼국이 통합된 이후에도 한동안은 반고려적反高麗的인 정서가 잔존하였을 것으로 판단되는 지역이다.[17] 반면에 신숭겸이 한때 거주하였고 마침내 그로 하여금 궁예군弓裔軍에 가담하는 계기를 제공하였을 것으로 추정되는 춘천지역은, 옛 고구려의 영역으로서 비교적 이른 시기에 궁예의 세력권 안으로 흡수되었으며,[18] 후일 그

---

16) 한편 그와 달리 조선 초기 平山 申氏 출신 인물들의 주장을 반영하여, 『高麗史』 등에 申崇謙의 '春川出身說'이 실리게 되었을 가능성도 생각해 볼 수가 있음 직하다. 하지만 비록 그렇다 하더라도, 그들의 주장이 받아들여졌던 데에는 그것을 뒷받침하는 증거가 존재하였을 터이며, 그것은 아마도 평산 지역이 아닌 중앙에서 고려시기 이래 전해 내려오던, 이를테면 신숭겸과 그 후예들의 주장이 반영된 바로 그 자료이지는 않았을까 여겨진다.

17) 鄭淸柱, 「王建의 成長과 勢力 形成」, 『新羅末高麗初 豪族研究』 (一潮閣, 1996), 125쪽.
한편 고려 조정에서 三國遺民意識을 걱정하지 않아도 되기에 이른 것은 대략 13세기 전반 이후에 들어서라고들 하거니와(閔賢九, 「高麗中期 三國復興運動의 역사적 의미」, 『韓國史 市民講座』 5, 一潮閣, 1989, 82~108쪽), 옛 후백제지역에서도 그러하기는 아마도 매한가지였음 직하다(邊東明, 「高麗時期 順天의 山神·城隍神」, 『歷史學報』 174, 2002, 56~57쪽).

18) 늦어도 弓裔가 철원에 처음 자리를 잡던 무렵이면(眞聖女王 10, 896), 春川地域이 그의 세력권 아래 흡수되었던 게 아닌가 짐작된다. 그 전 해(895)에 궁예는 猪足(麟蹄)·狌川(華川)을 쳐서 빼앗고 夫若(金化)·鐵圓(鐵原) 등 漢州 관내 10여 郡縣을 격파했다고(『三國史記』 11 眞聖王 9년 8월) 하거니와, 그러는 사

를 계승한 왕건정권 아래에서도 또한 늘 그 영역의 일부이기는 매한가지였다. 말하자면 궁예 휘하에서의 군사 활동으로 출세하여 마침내 고려왕조 개창의 주역으로 올라섰던 신숭겸이나,[19] 혹은 후백제와의 전투에서 그 시조 신숭겸을 잃었던 평산 신씨 일족의 입장에서, 그처럼 내내 후백제의 영역에 속하였던 곡성과 같은 지역을 자신 내지는 제 시조의 출신지로 내세우기에는, 여러 모로 탐탁스럽지 않았을 듯 짐작되는 것이다.[20] 아울러 기왕의 연구에서 지적되는 것처럼 신숭겸이 곡성의 몰락 농민으로서 춘천에까지 유망해 간 평민 출신이었다면,[21] 그다지 유쾌한 추억이 간직되었을 성싶지도 않은 곡성을 본래의 출발지로서 굳이 기억해내려 들 까닭이 없었음 직하기도 하다.

한편 고려왕조 치하의 곡성지역에서는, 신숭겸이나 그 일족의 입장과 달리 되레 그와의 연고를 더욱 강조하고 나섰을 것으로 판단된다. 왕조를 창업한 일등공신의 출신지역임을 내세움으로써 고려왕조에

이 춘천지역도 또한 그의 세력권 아래 들어가지는 않았을까 여겨지는 것이다(洪承基, 「弓裔王의 專制的 王權의 추구」, 『高麗政治史研究』, 一潮閣, 2001, 22쪽). 뒤이어 궁예에게 다수의 浿西 豪族이 항복해 오고, 松岳의 豪族이던 王隆·王建 父子가 來投하며, 한편으로 僧嶺(漣川)·臨江(長湍)이 그에 의해 공취 당했다고(896) 하는 기록(『三國史記』 50 弓裔傳) 등으로 미루어 그러하다. 그와 같이 북한강 및 임진강 일대까지를 석권해가기 위해서는, 그 상류에 위치하는 춘천지역을 미리 장악해 두는 게 궁예의 입장에서 거의 필수적이었을 듯 여겨지는 것이다.

19) 李樹健, 「後三國時代 支配勢力과 土姓」, 『韓國中世社會史硏究』 (一潮閣, 1985), 125쪽.

20) 하지만 세월이 흐를수록 점차 그러한 의식은 약화되어 갔을 법하다. 그리하여 옛 後百濟地域 출신의 중앙 진출이 차츰 활발해지고 百濟遺民意識이 사라지면서 모두가 高麗의 臣民이라는 인식이 일반화되어 가는 즈음이면, 申崇謙의 후손 측에서도 굳이 谷城과의 연고를 부정하려고 들 까닭이 없게 되지는 않았을까 헤아려지는 것이다.

21) 鄭淸柱, 「王建의 成長과 勢力 形成」, 124~126쪽.

기여한 고을로서의 존재를 인정받으며, 나아가 그에 의지하여 지역 토착세력의 위상을 강화하려 들었을 개연성이 높아 보이는 것이다. 따라서 고려시기의 곡성에서는 비교적 이른 시기부터 지역 출신으로서의 신숭겸에 관련된 자료를 보존하고자 힘써 왔을 법하며, 그리하여 조선 전기에 현지 지방관의 조사 보고를 바탕으로 편찬된 『신증동국여지승람』에서는 그를 곡성 출신으로 수록하기에 이르지 않았을까 헤아려진다.[22)]

그런데 여기에서 궁금해지는 것은, 고려시기 곡성지역에서 그처럼 신숭겸을 자기 고을 출신이라 주장하며 내세운 근거는 무엇이었을까라고 하는 점이다. 구체적인 관련 자료가 전하지 않는 지금 갑자기 무어라 단정지어 말할 수는 없다. 하지만 거기에는 반드시 누구나 수긍할 만한 근거가 있었음이 분명해 보이는데, 우선 아무런 증빙 자료도 없이 개국일등공신의 출신 고을임을 무작정 내세울 수가 없었으리라는 점에서 그러하다. 아울러 신숭겸의 주요 활동 지역이나 혹은 본관지로 사여 받은 고을이, 곡성과 전혀 무관하다는 사실에서도 그런

22) 그런데 마찬가지로 지방관의 보고를 바탕으로 편찬한 『世宗實錄』 地理志에서는 (金東洙, 『『世宗實錄』 地理志의 硏究』, 西江大 博士學位論文, 1991, 37~52쪽), 신숭겸을 谷城이 아닌 平山의 人物條에만 올려 놓았다(『世宗實錄』 151 地理志 全羅道 谷城縣, 같은 책 152 地理志 黃海道 平山都護府). 동일한 경로를 거쳐 확보된 자료를 바탕으로 편찬된 두 地理志가, 신숭겸의 출신을 두고 서로 다른 입장을 취했던 양 보인다. 하지만 그것은, 본관을 기준으로 해당 인물의 이름만 올리거나 기껏해야 역임 관직 내지 謚號 정도만을 간략히 기록했던 『세종실록』 지리지와, 그에 더하여 각자의 행적까지도 좀 더 소상히 수록했던 『신증동국여지승람』과의, 수록 기준 차이에서 빚어진 일로 이해하는 게 온당할 듯싶다. 『세종실록』 지리지의 경우 인물들의 행적을 제외하다 보니 그 본관지인 平山에만 신숭겸을 수록한 데 반해, 개인별 행적까지도 찾아 기록한 『신증동국여지승람』에서는 貫鄕과 함께 그 본래의 出身地와 寓居地인 谷城과 春川에도 관련 자료를 수록하게 되었던 것이 아닌가 여겨진다.

유추가 가능하다. 그처럼 아무런 연고도 없어 보이는 곡성과 같은 지역에서 자기 고을 출신임을 주장하려면, 그에 상응하는 강력한 증거가 필수적이었을 것이기 때문이다. 하지만 무엇보다도 신숭겸이 죽어서 곡성의 성황신이 되었다는 기록이[23] 그것을 반증하지는 않는가 싶다. 곡성지역의 주민이 신숭겸을 자기 고을의 성황신으로 믿어 추앙하였던 것은, 곧 그가 곡성 출신이었기 때문에 가능했다고 판단된다.[24] 기왕에도 널리 인정되어 왔듯이, 신숭겸은 곡성 출신이었음이 거의 틀림없어 보이는 것이다.

아마도 그는 곡성에서 출생하여 일정한 시기를 보내다가 춘천으로 이주하였던 듯 여겨진다. 이를테면 춘천은 신숭겸의 우거지寓居地였던 셈인데,[25] 그러면 신숭겸은 언제 그리고 무슨 이유에서 곡성을 떠나야만 하였으며, 본시 어떤 신분의 인물이었을까. 신숭겸의 곡성谷城 출향出鄕 내지는 춘천春川 이거移居에 얽힌 사정을 전해주는 기록은 찾아볼 수가 없다. 다수의 농민들이 그러하였듯이, 신라 말의 혼란기에 재해가 잦아지는 가운데 가중되는 공부나 역역 등의 무거운 부담을 이기지 못하고서 곡성을 떠났던 것이 아닌가 짐작될 따름이다. 말하자면 신숭겸은 몰락한 농민 출신이었던 셈이거니와, 그리하여 토지에서 이탈하여 곡성을 떠나 유민화流民化하였던 것이 아닌가 추정되는 것이다.[26]

따라서 그가 춘천을 새로운 거주지로 택하였던 데에도, 별다른 뚜

23) 詳春川 世傳 崇謙死 爲縣城隍之神 (『新增東國輿地勝覽』 39 谷城縣 人物 申崇謙 夾註)

24) 鄭淸柱, 「王建의 成長과 勢力 形成」, 125쪽.

25) 『新增東國輿地勝覽』 46 春川都護府 人物 寓居 申崇謙

26) 鄭淸柱, 「王建의 成長과 勢力 形成」, 125쪽.

렷한 이유가 있는 것은 아니었음 직하다. 두 고을 모두 농토가 귀한 산간지대에 위치한다는 지리적인 공통점은 있으나, 그것을 이유로 신숭겸이 춘천에 정착하게 되었다고 보기는 어렵다. 이곳저곳을 유망하다가 우연히 그곳에 머무르게 되었다고 보는 것이, 차라리 합리적인 이해이지 않을까 싶은 것이다. 하지만 그처럼 우연한 선택의 결과이었으되, 그것이 향후 신숭겸의 인생 행로에 끼친 영향은 실로 절대적이었다. 궁예의 휘하에서 군사 활동을 통해 성장하고, 나아가 그것을 기반으로 왕건 추대의 정변을 주도하며, 끝내는 후백제와의 팔공산전투에서 전몰하기에 이르기까지, 그 모든 것이 그의 춘천 거주에서 발단된 일이었기 때문이다.

신숭겸이 궁예의 휘하에서 군사 활동을 시작한 것은, 대략 진성여왕 10년(896)을 전후해서였던 것으로 보인다. 앞서 지적하였듯이 궁예가 처음 철원에 도읍하던 그 무렵이면 춘천지역이 그의 세력권에 포함되었음 직하며, 그렇다면 당시 춘천에서 거주하던 신숭겸이 그의 군대에 들어가 활동을 시작한 것도 대략 그 즈음이었을 것으로 보아 무방하지 않을까 싶은 것이다. 궁예의 휘하에서 신숭겸은 마군馬軍의 지휘관으로 활동하였다. 궁예왕 말년에 왕건을 추대하던 당시 그의 직책이 기장騎將 즉 마군장군馬軍將軍이었던 데서 짐작할 수가 있는 일이다.[27] 그는 처음 말단 병사에서 출발하여 그러한 무장武將의 반열에까지 올랐던 것으로 보인다. 경주 출신으로서 신숭겸과 동일하게 본디 평민 신분이었던 것으로 짐작되는 배현경裵玄慶이,[28] 남달리 뛰

27) 洪儒 初名術 義城府人 弓裔末年 與裵玄慶·申崇謙·卜智謙 同爲騎將 …(『高麗史』 92 洪儒傳)

28) 鄭淸柱, 「王建의 成長과 勢力 形成」, 123쪽.

어난 담력을 바탕삼아 궁예의 군대에 들어가 행오行伍에서 기장騎將에까지 승진하였다고 하듯이,[29] 기골이 장대하고 무예와 용맹이 있었다던 신숭겸도[30] 또한 마찬가지의 경로를 거치지 않았을까 추정되는 것이다.[31]

왕건을 추대하는 정변이 성공한 후, 개국일등공신에 책봉된 신숭겸은 새로운 왕조에 위해가 되는 요소를 제거하는 등 정권을 안정시키고자 노력하였다. 그는 배현경裵玄慶과 함께 왕건에게 건의하여 청주인青州人 현율玄律을 순군낭중徇軍郎中에 임명하지 말도록 하였다. 앞서 청주인青州人 임춘길林春吉이 순군리徇軍吏로서 모반을 일으킨 것을 경계로 삼아야 한다는 의미에서이었다.[32] 또한 그는 늘 정벌에 종군하여 공적을 남긴 인물이었다는 평가를 받기도 하였다.[33] 다른 일등공신들이, 정권에 비협조적인 세력을 견제하는 한편,[34] 모반세력을 색출 처단하고,[35] 정토征討에 참여하여 공을 세우는[36] 등 신흥왕조의

29) 玄慶 初名白玉衫 慶州人 膽力過人 起行伍 累進大匡 … (『高麗史』 92 洪儒傳 附 裵玄慶傳)

30) 崇謙 初名能山 光海州人 長大有武勇 … (『高麗史』 92 洪儒傳 附 申崇謙傳)

31) 河炫綱, 「高麗建國의 經緯와 그 性格」, 『韓國中世史硏究』 (一潮閣, 1988), 31~32쪽. 金炫廷, 「高麗 開國功臣의 政治的 性格」, 『高麗 太祖의 國家經營』(洪承基 編) (서울대학교출판부, 1996), 56~59쪽.

32) 以青州人玄律 爲徇軍郎中 馬軍將軍玄慶·崇謙等言 往者 林春吉爲徇軍吏 圖不軌 事泄伏辜 此乃典兵權 而以青州爲恃也 今又以玄律 爲徇軍郎中 臣等竊惑之 王曰 善 乃改授兵部郎中 (『高麗史節要』 1 太祖 元年 9月)

33) … 崇謙光海州人 勇猛長大 常從征伐有功 後謚壯節 配享太祖廟庭 (『高麗史節要』 1 太祖 10年 9月)

34) … 太祖慮青州反側 (洪)儒與庾黔弼 率兵千五百 鎭鎭州以備之 由是 青州不克叛 … (『高麗史』 92 洪儒傳)

35) 智謙 初名砂瑰 桓宣吉·林春吉之謀反也 智謙皆密告誅之 … (『高麗史』 92 洪儒傳 附卜智謙傳)

36) 大匡裵玄慶卒 玄慶慶州人 膽力過人 起於行伍 太祖之東征西討也 玄慶之功

안정을 위해 진력하였듯이, 그 역시 그러하였을 것임을 충분히 이해하고도 남음이 있는 것이다.

한편 그러한 신숭겸에 대하여 왕건은 남다른 신뢰와 애정을 표했던 것으로 보인다. 언젠가 왕건은 신숭겸에게 평산平山을 관향貫鄕으로 사여하였다. 현지에서의 설화를 기록한 자료에 따르면, 평산에서 보인 그의 활솜씨에 감탄한 왕이 그 고을을 관향으로 삼도록 명하였으며, 아울러 활을 쏘았던 지역에 300結의 전지를 하사하여 대대로 그 조租를 받아 생활하도록 배려하였다고 한다.[37] 아마도 어떤 일을 계기 삼아 그의 공훈을 기리려는 마음에서 사관賜貫・사전賜田의 은상을 베풀었는데, 그것이 그처럼 설화로 구전되기에 이르렀던 것이 아닌가 싶다. 같은 일등공신이었던 복지겸卜智謙에게 관향인 면천沔川의 전지 300경頃을 하사하여, 그 후손으로 하여금 세식世食하도록 포상하였다는 기록에[38] 비추어 그처럼 판단된다. 말하자면 본시 전라도 곡성 출신으로서 한동안 강원도 춘천에 거주하였으며 본명이 능산能山이었던 그에게, 황해도 평산을 본관으로 하는 신숭겸으로 다시 태어나도록 왕건이 은혜를 베풀었던 셈이다.[39] 한데 여기에서 떠오르

居多 … (『高麗史節要』 1 太祖 19년 12월)

37) 本全羅道谷城縣人 太祖賜姓于此 諺傳 崇謙嘗從太祖 獵至三灘 書膳 適三鴈盤廻 … 崇謙應命而射 果中如命 太祖嘉嘆 仍命賜平州爲鄕 並賜射鴈傍近田三百結 世食其租 因名其地 爲弓位 餘詳春州 (『新增東國輿地勝覽』 41 平山都護府 人物 申崇謙 夾註)

38) 金甲童, 「羅末麗初의 沔川과 卜智謙」, 『韓國中世社會의 諸問題』 (韓國中世史學會, 2001), 53~54쪽.

・新羅末 有稱卜學士者 自唐來居于此 能勦殺海賊 保聚遺民 智謙其後也 初名砂瑰 與裵玄慶 推戴太祖 爲開國功臣 賜本州田三百頃 子孫世食之 謚武恭 (『新增東國輿地勝覽』 19 沔川郡 人物 卜智謙 夾註)

39) 王建을 추대하던 정변 당시까지 申崇謙이 能山이라 稱名하였음은, 『三國史記』

는 의문은, 다른 일등공신들과 달리 유독 그에게만 아무런 연고가 없는 고을을 관향으로 삼도록 명한 까닭이 무엇이었을까 라고 하는 점이다. 의성부義城府 출신의 홍술洪術이 의성을 관향으로 하는 홍유洪儒로,[40] 경주慶州 출신의 백옥삼白玉衫이 경주를 관향으로 하는 배현경裵玄慶으로,[41] 면천沔川 출신의 복사괴卜砂瑰가 면천을 관향으로 하는 복지겸卜智謙으로,[42] 각각 관향 및 성명을 칭하였던 것과 비교되는 일이 아닐 수 없다.

복지겸의 출신지인 면천은 비교적 이른 시기에 고려의 영역으로 들어갔던 듯 여겨진다. 효공왕 4년(900)에 궁예의 부장이던 왕건이 광주廣州·충주忠州·청주靑州·괴양槐壤·당성唐城 등을 정복하던 무렵,[43] 후고구려로 편입되었던 것이 아닌가 추정되는 것이다.[44] 또한 홍유의 출신지인 의성은 신라의 영역이었다가 진보성주眞寶城主 김홍술金洪術이 항복해오면서(太祖 5, 922)[45] 고려의 영역에 포함되었던 것으로 여겨지며, 배현경의 출신지인 경주는 신라왕조와 운명을 함께 한 그 수도였다. 이들 3인이 모두, 고려의 지배를 받거나 혹은 그와

---

50 弓裔傳의 "… 貞明四年戊寅(918) … 夏六月 將軍弘述·白玉三·能山·卜沙貴 此洪儒·裵玄慶·申崇謙·卜知謙之少名也 四人密謀 夜詣太祖私第 言曰 …"이라는 기록으로 미루어 알 수가 있거니와, 아마도 平山을 貫鄕으로 賜與받으면서 申崇謙이라 改名하였던 것이 아닌가 싶다.

40) 『高麗史』 92 洪儒傳, 『新增東國輿地勝覽』 25 義城縣 人物 洪儒

41) 『新增東國輿地勝覽』 21 慶州府 人物 裵玄慶

42) 『新增東國輿地勝覽』 19 沔川郡 人物 卜智謙

43) … (光化)三年庚申(孝恭王 4, 900) (弓)裔命太祖 伐廣·忠·靑三州 及唐城·槐壤等郡縣 皆平之 以功授阿粲 … (『高麗史』 1 太祖)

44) 卜智謙과 마찬가지로 沔川(槥城) 출신이었던 朴述熙는 18세에 弓裔의 衛士가 되었다고 하는데(『高麗史』 92 朴述熙傳), 이 또한 빨라야 900년 혹은 그 후 어느 시기의 일로 보아야 할 것이다.

45) 『三國史記』 12 新羅本紀 12 景明王 6年 正月, 『高麗史節要』 1 太祖 5年 11月

우호적인 관계를 유지하던 신라에 속한 고을의 출신이었음을 알 수가 있는 것이다. 반면에 신숭겸의 출신지인 곡성은 후백제지역으로서, 적국敵國에 소속된 고을이었다. 말하자면 홍유 등 3인의 경우 그 출신지를 관향으로 지정하더라도 별다른 문제가 없어 보이는 데 반해, 신숭겸에게는 그것이 사실상 불가능한 실정이었던 셈이다.

왕건이 신숭겸의 관향을 평산으로 지정하였던 데에는, 일차적으로 그러한 속사정이 있었을 것으로 짐작된다. 하지만 그렇다고 하더라도, 굳이 패서지역浿西地域에 속하는 평산을 관향으로 사여한 까닭에 대한 궁금증은 여전하다. 본래의 출신지인 곡성이 적국에 속하였기에 자국 내의 고을을 본관지로 사여할 목적에서였다면, 평산보다는 신숭겸의 우거지寓居地이면서 당시 고려의 영역에 포함되었던 춘천春川이 더욱 합당하지 않았을까 여겨진다. 출신지를 대신하는 연고지로서라면, 한때 거주하였던 곳을 능가할 만한 지역이 달리 있을 수가 없을 것이기 때문이다. 가령 춘천에서의 신숭겸의 토착적 기반이 미약했다고 할지라도, 무연고의 평산보다는 그 관계가 더욱 긴밀했을 것임이 분명하다. 이치가 그러한데도 왕건은 신숭겸의 활솜씨 과시를 계기 삼아, 춘천이 아닌 평산을 그의 본관지로 지정하였다. 반드시 그럴 만한 까닭이 없었을 리가 없어 보인다.

왕건을 추대하는 정변에서 핵심적인 역할을 한 개국일등공신 4인은 모두 비고구려계열非高句麗系列이었다.[46] 홍유와 배현경은 신라 그리고 신숭겸과 복지겸은 옛 백제지역의 출신이었다.[47] 왕건 자신을

46) 金炫廷, 「高麗 開國功臣의 政治的 性格」, 『高麗 太祖의 國家經營』(洪承基 編) (서울대학교출판부, 1996), 64쪽.

47) 洪承基, 「高麗 太祖 王建의 집권」, 『高麗政治史研究』 (一潮閣), 44쪽.

포함하여 그 지지세력이 대체로 고구려高句麗 고토故土 출신자로 구성되었다는 기왕의 연구 성과와 비교되거니와,[48] 요컨대 이들 가운데 오랫동안 왕건의 세력기반에 속했던 것으로 추정되는 인물은 찾아볼 수가 없는 것이다. 다시 말해서 일찍이 왕건과 연고를 맺은 가운데 정변 이전에 벌써 그와 협력관계를 맺었을 것으로 추정되는 인물들은, 모두가 개국일등공신에서 제외되었던 셈이다. 그들이 실제로 정변 과정에서 주도적인 역할을 하지 못하였거나, 혹은 역할이 있었다고 하더라도 궁예의 측근 심복이었다가 정변을 앞장서 이끈 홍유洪儒 등을[49] 더욱 부각시켜야만 하는 정치적인 필요성에서, 그리 되었음이 분명하다. 하지만 어느 경우이든, 왕건의 정변이 성공하는 데 그의 주요한 세력기반이 아닌 저들 궁예의 심복이자 비고구려계열非高句麗系列 출신이었던 4인의 역할이 중요하였으리라는 점에는 차이가 없을 듯싶다. 그리하여 왕건은 즉위한 뒤로 상당한 기간 주로 그들 개국일등공신의 협조 속에 정국을 이끌어 가야만 했던 것이 아닌가 여겨지는데, 어느 연구에 따르면 그러한 추세는 대략 신숭겸이 전사하던 태조 10년(927) 무렵까지 지속되었으리라고 한다.[50] 말하자면 고려왕조를 개창하였을 당시 왕건에게는, 본시의 세력 기반에 속하는 이를테면 패서지역과 같은 고구려 고토 출신 인물들의 정치적 도움이 매우 아쉬운 상황이었다고 하여 좋을 것이다.

왕건이 신숭겸에게 평산을 관향으로 사여한 것은 그러한 속에서의

---

48) 鄭淸柱, 「王建의 成長과 勢力 形成」, 139쪽.

49) 洪儒를 비롯한 裵玄慶·申崇謙·卜智謙 등 4인이 弓裔의 측근에서 성장한 심복들이었음은, 洪承基, 「高麗 太祖 王建의 집권」, 30~36쪽의 설명을 참고하라.

50) 위 본문에서 서술한 거와 같은 고려왕조 성립 초기의 정치적 추이에 관해서는, 金炫廷, 「高麗 開國功臣의 政治的 性格」, 76~84쪽의 설명을 참고하라.

일이었다.[51] 따라서 이제 그와 같은 조치를 취한 왕건의 속셈도 또한 거의 드러나지 않았는가 싶다. 패서지역의 평산을 관향으로 사여하는 것은, 곧 그가 패서세력에 속하는 인물임을 공식적으로 선언하는 것이나 다를 바가 없다. 신숭겸은 이제 왕건의 주요한 세력 기반이었던 패서세력의 일부로 편입된 셈이며, 그리하여 이후 패서 출신들과 마찬가지로 그의 심복으로서의 역할이 기대되었음 직하다. 말하자면 왕건은 신숭겸에게 평산 신씨를 사성賜姓·사관賜貫하여 개국일등공신인 그를 고구려계열의 패서세력에 편입시킴으로써 심복으로 삼고자 하였으며, 그리하여 정권의 기반을 굳건히 하는 것은 물론 나아가 정치적 주도권을 확보하려는 의도를 지니었던 것이 아닌가 여겨지는 것이다.[52]

왕건은 집권 후반기로 갈수록 패서 출신과 같은 자신의 본래 세력 기반과 연결되는 인물들을 중용하였다고 한다. 그리하여 때로 개국일등공신과 패서세력 사이에 알력이 표출되기도 하였지만, 결국 그가 임종할 때에는 개국일등공신이 아닌 염상廉相과 박수문朴守文·왕규王規 등 고구려계열만이 고명대신顧命大臣에 들어가게 되었다는 것이다.[53] 왕건이 점차 자신과 동일한 정서적 배경을 지닌 고구려 고토 출신의 인물들을 우대해 갔음을 감지할 수가 있거니와, 요컨대 신숭겸에 대한 평산 관향 사여와 그의 패서세력 편입은 그러므로 곧 왕건

51) 王建이 申崇謙에게 平山을 本貫地로 賜與한 것이 언제였는지는 잘 알 수가 없다. 하지만 적어도 王建이 즉위한 918년 이후 申崇謙이 사망하던 太祖 10년(927) 이전의 어느 시기였던 것만은 분명하다 할 것이다.

52) 아울러 平山이 新羅下代 浿江鎭의 本營이었음을 떠올리면, 왕건에게는 이곳 출신을 중심으로 한 浿西勢力의 군사력 운용에 申崇謙을 개입시키려는 또 다른 속셈이 있었는지도 모르겠다.

53) 金炫廷, 「高麗 開國功臣의 政治的 性格」, 76~84쪽.

의 그에 대한 남다른 신임이자 우대의 의미를 지닌 정치적 조치였다고 하여 과언이 아닌 셈이었다.[54)]

신숭겸에게 평산 신씨를 사성賜姓·사관賜貫한 조치가 지니는 정치적 의미를 헤아려 보았다. 이제 마지막으로, 그러한 신숭겸의 평산 신씨와 그의 출신지인 곡성의 토성 신씨가 어떠한 관계였는지를 살피도록 하겠다. 처음 이름이 백옥삼白玉衫으로서 성姓을 갖지 않았던 경주慶州 출신의 평민 배현경裵玄慶은, 출세한 뒤 한식漢式의 성姓을 사용하면서 사로斯盧 육성六姓의 하나인 배씨裵氏를 칭하였다고 한다.[55)] 본디 혈연적 계통이 달랐음에도 불구하고,[56)] 자신의 출신지에서 이미 유력한 성씨로 확고히 뿌리를 내렸던 경주慶州 배씨裵氏를 모칭冒稱하였던 셈이다. 따라서 신숭겸 역시 그러하였을 가능성이 없지 않아 보이는데, 과연 실제는 어떠하였을까? 신라 말의 곡성에 고도古都 경주에서와 같이 모칭의 대상이 될 정도로 이미 칭성稱姓하던 토착세력이 존재하기는 했던 것일까?

고려왕조 하에서 곡성은 내륙의 벽읍僻邑이었다고 한다.[57)] 토성이족土姓吏族으로서 상경종사上京從仕한 사례마저 찾아볼 수가 없는 정도였다. 신라 하대에도 그러하기는 매한가지였다. 해상세력海上勢力이

---

54) 貫鄕 賜與가 恩典이라 함은, 朴恩卿, 「高麗時代 賜籍·賜貫研究」, 『한국중세사연구』 15 (2003), 226~233쪽을 참고하라. 한편 여기에는 平山을 貫鄕으로 삼아 後百濟地域 출신으로서의 한계를 극복하고자 하는 申崇謙의 의지도 또한 개재되었음 직하다. 一等功臣인 그가 王建의 전통적인 세력기반에 가담함으로 해서 그 지위를 확고히 하려 들었을 가능성 역시 없지 않아 보이는 것이다.

55) 鄭清柱, 「王建의 成長과 勢力 形成」, 123쪽.

56) 李樹健, 「後三國時代 支配勢力과 土姓」, 『韓國中世社會史研究』 (一潮閣, 1985), 125쪽.

57) 李樹健, 「高麗後期 支配勢力과 土姓」, 같은 책, 322쪽.

성장할 만한 지리적인 여건을 갖추지도 못하였으며, 유력한 군진軍鎭이 위치한 것은 더욱이 아니었다. 따라서 그러한 벽지 고을에 신라 하대에 이미 강력한 토착세력이 성장해 자리하였을 성싶지는 않다. 신숭겸이 곡성을 떠났던 것으로 여겨지는 9세기 후반 무렵에, 벌써 신씨申氏와 같은 성을 칭할 만한 능력을 갖춘 유력 호족豪族이 곡성에 뿌리를 내렸을 가능성은 희박해 보이는 것이다. 그러므로 기왕에 실재하였는지조차 그처럼 불분명한 신라 하대의 곡성 신씨에게서 영향을 입어, 신숭겸의 평산 신씨가 성립되었다고 볼 근거 또한 찾아보기가 어렵지 않을까 싶다. 오히려 반대로 토성土姓이 분정分定되었다는 태조 23년(940)[58] 혹은 그 이후 가령 본관제本貫制가 정비되었다는 성종 14년(995)까지의[59] 어느 시기에, 신숭겸과의 연고를 내세우는 곡성 토착세력의 존재를 인정한 중앙에서 그들에게 신씨를 분정하였거나, 혹은 그들 스스로 평산 신씨를 모방하여 같은 성姓을 칭했을 가능성이 더욱 높은 것으로 판단된다. 혈연적인 친연성의 여부는 잘 알 수가 없으되, 곡성 토호 측에서 자기 고을 출신의 개국일등공신인 신숭겸을 적극 끌어들여 그 위망威望에 의지하려 들었을 개연성이 더욱 높아 보이는 것이다.

지금까지 신숭겸의 생애를 더듬는 가운데 그의 출신이나 본관에 얽힌 몇몇 궁금한 사항을 살펴보았다. 이제 그러한 신숭겸이 곡성의 성황신으로 추앙된 경위를 따져 볼 차례가 되었는데, 그에 대해서는 절을 바꾸어 논의하도록 하겠다.

---

58) 李樹健, 「土姓의 形成過程과 內部構造」, 같은 책, 60~69쪽.

59) 蔡雄錫, 「고려 초기 본관제의 성립과정」, 『高麗時代의 國家와 地方社會』(서울대학교출판부, 2000), 69~83쪽.

2. 신숭겸申崇謙의 곡성谷城 성황신城隍神 추앙

곡성지역에 처음 성황사城隍祠가 설치된 것이 언제였는지는 잘 알 수가 없다. 한국에서 성황신앙은 대체로 신라 말 혹은 고려 초의 어느 시기에 비롯되어 고려 인종대(1122~1146)에서 의종대(1146~1170)를 거치면서 전국으로 널리 확산되었으며, 그 신사神祠라 할 성황당城隍堂(祠)의 경우 성종 15년(996) 이전에 이미 주현主縣과 함께 속현屬縣에도 설치된 곳이 나타난다고 한다.[60] 따라서 대략 무신난(1170)이 일어나기 전인 고려 중기 무렵이면, 나주羅州의 속현이던 곡성에도[61] 또한 성황사가 벌써 설치되지는 않았을까 생각한다. 곡성과 경계를 접한 이웃 고을인 순창淳昌의 경우, 늦어도 고종 원년(1214)에는 이미 성황사가 설치되었을 가능성이 큰 것으로 이해들을 한다.[62] 아마도 무인정권이 들어서기 이전에 벌써 그러하지는 않았을까 짐작되거니와, 통일신라시기에 주변의 두 현縣을 거느리던 군郡에서 고려왕조 들어 남원南原의 속현으로 강등되었다가 명종 2년(1172)에 감무관監務官으로 승격되는 등 곡성과 유사한 처지에 놓였던 순창의 그와 같은 사례로 미루어,[63] 곡성지역에도 고려 중기 즈음이면 또한 이미 성황신

60) 金甲童, 「高麗時代의 城隍信仰과 地方統治」, 『韓國史硏究』 74 (1991), 11~12·22쪽. 서영대, 「韓國·中國의 城隍信仰史와 淳昌의 '城隍大神事跡'」, 『성황당과 성황제』 (민속원, 1998), 399~406쪽.

61) 羅州의 屬縣이던 谷城에 監務가 파견되어 온 것이 明宗 2년(1172)인데, 자세한 것은 뒤이어 설명할 예정이다.

62) 순창 성황당이 들어선 시기와 관련하여, '淳昌城隍大神事跡'의 高宗 元年(1214) 기록을 둘러싼 諸說은, 서영대, 「韓國·中國의 城隍信仰史와 淳昌의 '城隍大神事跡'」, 456쪽의 요령 있는 정리를 참고하라.

63) 김갑동, 「高麗時代 淳昌의 城隍信仰과 그 意味」, 『성황당과 성황제』 (민속원, 1998), 98~99쪽.

앙이 자리 잡았던 것으로 간주하여 좋지 않을까 여겨지는 것이다.[64)]

그렇다면 신숭겸이 그러한 곡성 성황사의 신神으로 떠받들어진 것은 언제였으며, 또 누구에 의해 그러한 일이 추진되었을까? 관련 자료에는 단지,

> … 세상에 전하기를, 신숭겸은 죽어서 곡성현의 성황신이 되었다고 한다.[65)]

라 기록되어 전할 따름이거니와, 그리 된 내력이 궁금하다. 신숭겸과 같은 실존 인물을 신격화시키는 데에는, 그 일을 추진하는 세력의 존재와 더불어 그것을 정당화시킬 수 있는 명분과 계기가 있었음이 분명하다. 한데 이미 지적되었듯이, 전통시기의 성황신 내지 그에 대한 신앙은 지역사회 혹은 그것을 대표하는 토착 사회세력과 깊은 관계를 맺은 가운데 존립 전승되어 왔다.[66)] 신숭겸의 성황신 추앙이 곡성군의 위상 내지는 그 대표 격인 토착세력의 동향과 결코 무관하지 않은 가운데 성사되었음을 감지할 수가 있는 것이다.

고려시기에 곡성은 변방의 자그마한 고을에 지나지 않았다. 고려

---

64) 이때 설치된 고려시기 谷城 城隍祠의 위치에 관해서는, 아직 무어라 말할 만한 근거를 찾지 못하였다. 조선시기에 谷城 邑治 가까이의 남쪽 산 중턱에 자리 잡았던 城隍祠는, 高麗末 倭寇로 인해 곡성의 治所가 竹谷面 堂洞里에서 현재의 谷城邑 지역으로 옮겨가면서(金東洙, 「谷城郡의 沿革」, 『谷城郡 文化遺蹟 學術調査』, 全南大學校 博物館 · 全羅南道 · 谷城郡, 1996, 25~26쪽) 새로 설치되었을 가능성이 높거니와, 그 전에 위치하던 곳이 어디였던가에 관해서는 아직 관련 자료를 찾아내지 못하였다.

65) 詳春川 世傳 崇謙死 爲縣城隍之神 (『新增東國輿地勝覽』 39 谷城縣 人物 申崇謙 夾註)

66) 위의 주 8)

초기 이래 승평군昇平郡 및 나주목羅州牧의 속현屬縣이었으며, 명종 2년(1172)에 가서야 감무監務가 배치되는 정도였다.[67] 게다가 중앙에 진출한 인물마저 전혀 배출하지를 못하였다. 벽읍僻邑이라 지칭된다 한들 하등 이의를 제기하기가 힘든 상황이었던 셈이다.[68] 앞서 통일신라시기에 부유富有·구례求禮·동복同福의 세 고을을 영현領縣으로 거느리던 군郡이었음을 상기할 때,[69] 지나치게 왜소해진 느낌을 지울 수가 없다.

백제시기에 욕내군欲乃郡(욕천군浴川郡)으로 불리던 이 고을이 현재의 이름을 갖게 된 것은 신라 경덕왕 16년(757)에 가서였다. 당시만 하더라도 곡성군은 주위의 3개 현을 관하에 거느리던 고을로서, 변방에서나마 나름대로 위상을 유지하였다. 그러던 곡성군이 수령守令조차 배정받지 못하는 처지로 전락한 것은 고려왕조에 들어서였다. 고려가 후삼국을 통일한 후 지방제도를 정비해 가는 과정에서, 처음 승평군昇平郡의 속현이었다가 현종대에 나주목羅州牧의 속현으로 이속된 것이 그것이었다.[70]

그렇다면 고려시기 들어 곡성군의 위상이 그처럼 격하된 것은 무슨 까닭이었을까. 후삼국시기 내내 곡성지역은 왕건王建에게 적대적인 세력권에 속한 고장이었다. 견훤甄萱이 처음 신라에 반기를 들고 일어선 이래, 이 지역은 매우 이른 시기부터 계속하여 후백제의 영역에 소속되었던 것으로 보인다. 신라 말 순천지역에서 군인으로 복무

67) 『高麗史』 57 全羅道 羅州牧 谷城郡

68) 李樹健, 「高麗後期 支配勢力과 土姓」, 앞의 책, 322쪽.

69) 『三國史記』 36 地理 3 武州 谷城郡

70) 金東洙, 「谷城郡의 沿革」, 『谷城郡 文化遺蹟 學術調査』(全南大博物館·全羅南道·谷城郡, 1996), 20~25쪽.

하던 견훤은,[71] 진성여왕 3년(889) 이후 각지에서 농민봉기가 발생한 틈을 이용하여 거병하였다. 그리하여 그의 군대는 곧바로 무주武州의 동남지역東南地域을 석권하였으며, 뒤이어 그 치소治所가 위치하던 무주武州[光州]에 입성하였다.[72] 그리고 거기에서 자립하여 정권을 세우고 왕을 칭하였다. 그런데 곡성은 견훤이 그처럼 순천지역에서 광주를 향하여 북상하는 길목에 위치하는 고을이었다. 거병한 지 한 달만에 무리 5천을 모아 광주에 입성하였다고 하는 견훤의 급속한 세력 확장 과정에서,[73] 곡성지역은 그 초기에 벌써 후백제의 영역에 속하였을 가능성이 높아 보이는 것이다. 이후 곡성지역은 후백제가 멸망할 때까지 줄곧 그 영역 내에 들어 있었다. 말하자면 곡성군은 후삼국시기 내내 반고려세력反高麗勢力의 근거지에 속하였던 셈이거니와, 고려왕조의 통치 아래 들어서면서 그 읍격邑格이 강등된 이유 중의 하나가 여기에 있었던 것은 아닌가 짐작된다.

고려의 후삼국통일 후, 곡성군은 그 동안 영현領縣으로 거느리던 세 현縣을 각각 보성寶城 · 승평昇平 · 남원南原으로 이관하였다.[74] 그 자신 저들과 마찬가지로 승평군 혹은 나주목의 관할을 받는 속현으로 격하되어, 그 통제를 감수해야만 하는 처지로 떨어진 때문이었다. 승평 내지 나주를 통해서만 중앙과 연결되며, 그리하여 그들 주현主縣의 수령과 장리長吏를 상전으로 받들어야 하는, 최말단의 자그마한 행정 단위로 전락하고 말았던 것이다.[75] 고을 주민은 물론 지역 토착세력

71) 邊東明, 「甄萱의 出身地 再論」, 『震檀學報』 90 (2000), 40~42쪽.

72) 申虎澈, 「甄萱政權의 成立」, 『後百濟 甄萱政權研究』 (一潮閣, 1983), 35~48쪽.

73) 『三國史記』 50 甄萱傳

74) 『高麗史』 57 地理 2 全羅道 寶城郡 同福縣, 같은 책 昇平郡 富有縣, 같은 책 南原府 求禮縣

의 입장에서도 결코 바람직한 변화가 아니었다. 곡성이 그와 같은 속현의 굴레를 벗어난 것은, 명종 2년(1172)에 가서였다. 앞서 언급하였듯이, 그 해에 중앙에서 감무가 파견되어 왔던 것이다. 중앙과 직첩관계直牒關係를 갖는 자립적인 고을로 읍격邑格이 상승된 셈이거니와, 이는 곧 곡성 고을의 정치 사회적인 위상의 고양에 다름이 아니었다.[76] 지역 주민 그 중에서도 특히 토착 유력계층의 입장에서 환영할 만한 일이 아닐 수 없었다.

한데 고을의 감무관監務官으로의 승격 다시 말해서 곡성현에 감무가 파견되어 오는 것이, 반드시 그처럼 지역의 토착세력에 의해 환영받는 일이기만 하였던가에는 다소 의문이 없지 않다. 이미 알려진 바 있듯이, 감무는 본시 농민의 유망을 위한 대책의 일환으로 속현에 파견되기 시작하면서 비롯된 직임이었다.[77] 그 동안 지역의 토호인 장리長吏에게 일임해 두었던 속현의 통치에, 중앙 조정이 직접적인 개입의 손길을 뻗치고자 마련한 직책이었던 것이다. 12세기를 전후하여 유망민이 늘어나는 등 향촌질서가 요동치는 기미를 보이자, 고려 조정에서는 중앙의 주도 아래 문제를 해결하고자 하였다. 감무를 파견하여 중앙의 지배력을 강화함으로써, 국가가 직접 민을 다스리려는

---

75) 主縣과 屬縣의 그러한 관계 특히 賦稅收取에서의 속현의 불리한 처지에 대해서는, 박종기, 『고려의 지방사회』(푸른역사, 2002), 158~159, 224~243, 427~428, 449~452쪽 등의 설명을 참고하라.

76) 屬縣의 처지 및 고을의 昇格이 지니는 그러한 의미에 관해서는, 蔡雄錫, 『高麗時代의 國家와 地方社會』(서울대학교출판부, 2000), 90~92, 153~156쪽의 설명을 참고하라.

77) 詔曰 頃以西海道儒州·安岳·長淵等縣 人物流亡 始差監務官 使之安撫 遂致流民漸還 産業日盛 今牛峰·兎山等二十四縣 人物亦漸流亡 宜準儒州例 置監務 招撫 (『高麗史節要』 7 睿宗 元年 4月)

향촌정책을 취하였던 것이다.[78] 지역 토착세력을 중심으로 유지되어 오던 기왕의 자율적인 향촌질서와는 다소 거리가 있는 유민流民 대책을 마련하였던 셈이다.[79]

따라서 그처럼 향촌자치적인 전통과는 괴리된 중앙의 정책에 대하여, 토착 유력계층에서는 자칫 자신들의 기득권을 침해하는 것으로 판단하였을 소지가 있다. 자신들에게 불리한 측면이 없지 않은 감무의 파견을, 지방의 토착세력이 반드시 환영하였을 것 같지만은 않아 보이는 것이다. 오히려 그에 반발하는 것이 더욱 자연스럽지 않은가 여겨질 정도이다.[80] 굳이 반발까지는 아니더라도, 그에 대응하려는 움직임이 나타나는 것은 너무도 당연한 일이 아니었던가 싶다.

한편 곡성을 감무관으로 승격시킨 명종 2년(1172)의 감무 증치는, 유민流民의 안집安集을 위해서라기보다는 권력자의 정치적인 계산에 의해 강행된 조치로서의 성격이 강하였다. 당시 전국의 53개 속현에 감무를 설치하도록 건의한 것은 무인집권자 이의방李義方의 형인 이준의李俊儀였다. 그러자 국왕 명종이 이를 논의토록 명하였는데, 이준의의 위세에 눌린 신료들이 감히 그를 두고 왈가왈부하지 못하였다고 한다.[81] 이때의 감무 파견이 무인집권자의 정치적인 의도에 따른 조

78) 박종기, 「예종대 정치개혁과 정치세력의 변동」, 『역사와 현실』 9 (1993), 59~60쪽. 박종기, 『고려의 지방사회』, 423쪽. 蔡雄錫, 『高麗時代의 國家와 地方社會』, 7쪽.

79) 長吏와 같은 토착세력에 의한 自律的 鄕村秩序와, 地方官 등을 통한 中央 意思의 他律的 관철에 관해서는, 蔡雄錫, 『高麗時代의 國家와 地方社會』, 163~173쪽의 설명이 참고 된다.

80) 박종기, 「예종대 정치개혁과 정치세력의 변동」, 60쪽.

81) 左承宣李俊儀奏 諸州任內五十三縣 各置監務 安東任內甫州 以太子胎藏 陞爲縣令 固城縣 加置尉一員 王命群臣議之 以俊儀勢位旣重 性且猜險 莫敢是非 (『高麗史』 19 明宗 2年 6月 壬戌)

치였음을 암시하는 기록이거니와, 아무래도 무인들로 하여금 관직에 진출할 수 있는 기회를 더 갖도록 하려는 편법이라는 인상이 강하다. 그로써 무인집권자로서의 정치적 기반을 확고히 다지려는 의도에서였음은 물론이다. 그 동안 문신들이 독점해 오던 목민관牧民官에 무신도 함께 임명될 수 있도록 하였던 이듬해의 법 개정에서[82] 느낄 수가 있는 일이다.

그런데 명종대에 그처럼 감무를 포함해 지방관으로 나아간 무인들은, 토지를 탈점하고 과도한 수탈을 자행함으로써 민의 저항을 유발하고 그 유망을 가속화시켰다는 지적을 받아 왔다.[83] 유민의 안집 내지 향촌질서의 안정이라는 지방관으로서의 주요 임무에 위배되는 처사가 아닐 수 없거니와, 감무관으로 승격된 곡성지역에서도 또한 그러한 일이 벌어지기는 마찬가지이지 않았을까 짐작된다. 당시 곡성에 내려온 감무가 그처럼 토지를 탈점하고 과다한 수취를 자행하였다는 직접적인 기록은 눈에 띄지 않는다. 다만 굳이 곡성지역만이 명종대의 그러한 추세에서 예외이었으리라고 볼 만한 구체적인 근거 또한 전하지 않기는 매한가지이다. 감무를 맞이하던 무렵의 곡성 역시, 여타의 고을과 유사하게 중앙에서 내려온 지방관의 지나친 수탈 등으로 고통을 받았을 가능성이 높다고 보는 게 더욱 온당하지 않을까 여겨지는 것이다.

곡성의 감무관으로의 승격이, 반드시 고을에 대한 우대 내지는 토착 유력계층의 위상 제고로만 받아들여질 수 없는 측면도 지니었음을

---

82) 制 自三京四都護八牧 以至郡縣館驛之任 竝用武人 (『高麗史』 19 明宗 3年 10月 壬戌)

83) 박종기, 『고려의 지방사회』, 423~426쪽. 특히 『高麗史』 20 明宗 16年 閏7月 乙卯의 制와 『高麗史節要』 13 明宗 16年 8月 史臣 權敬中의 評이 참고 된다.

살폈다. 중앙의 지방 지배력을 강화시키는 조치로서 토착세력을 중심으로 유지되어 오던 향촌자치적인 전통과는 거리가 있으며, 더욱이 명종 2년 감무 증치의 경우 무인집권자의 정치적인 의도에 따른 편법의 성격이 강한 데다, 감무와 같은 지방관에 의해 불법적인 수탈이 자행됨으로써 민의 유망을 가속화시키는 결과를 낳기도 하였다. 감무의 파견이 도리어 곡성지역 향촌질서의 안정에 타격을 입히고, 그리하여 토착 유력계층의 반발을 불러일으키거나 혹은 그들로 하여금 대응책을 강구하도록 촉진하는 방향으로 작용할 가능성이 높았던 것이다. 토착세력의 입장에서는, 말하자면 감무 파견과 같은 중앙에 의한 직접적인 개입보다는, 자신들을 중심으로 한 자율적인 향촌질서의 유지가 더욱 긴요함을 강조할 필요가 있게 된 셈이었다.

곡성에서 신숭겸을 성황신으로 추앙한 것은 위와 같은 상황 속에서의 일이 아니었던가 싶다. 전통시기의 성황신앙은 지방 유력계층의 자발적인 참여와 주도 아래 존립 전승되어 왔다고 한다. 성황신앙 및 그와 관련된 제의祭儀를 통하여 지역적인 연대의식을 고취시키며, 나아가 그러한 행사를 주도함으로써 자신들을 중심으로 지역민을 결집시켜 토착세력으로서의 위상을 굳건히 하려는 의도에서였다. 또한 그들은 자신의 조상을 고을의 수호신인 성황신으로 추앙함으로써, 지역민들의 자발적인 복종심을 유도하려 들었다고도 한다.[84] 곡성현의 유력자들도 또한 그와 마찬가지이지는 않았을까 생각한다. 앞서 살핀 거와 같은 명종대의 상황으로 미루어, 그들 역시 성황신앙을 이용하여 지역을 이끄는 주도세력으로서의 자신의 존재를 과시하려 들었을

84) 金甲童, 「高麗時代의 城隍信仰과 地方統治」, 『韓國史研究』 74 (1991), 17~18쪽.

가능성이 매우 높아 보인다. 그로써 자신들을 중심으로 한 자율적인 향촌질서 유지의 중요성을 강조할 수가 있었을 것이기 때문이다. 그리고 그러는 과정에서 자신들과 연고가 있는 역사상의 실존 인물을 성황신으로 추앙함으로써, 더욱이 그 효과를 극대화하려 들었을 가능성 역시 크지 않을까 헤아려진다.

앞 절에서 검토하였듯이, 신숭겸은 곡성과 연고가 깊은 인물이었다. 기록상 고려시기 중앙에서 활동한 인물 중 곡성과 남다른 연고를 지닌 거의 유일한 존재였다. 곡성 토착세력의 상징으로서 내세워지기에 부족함이 없거니와, 성황신앙에 의지하여 자신들의 존재를 과시할 필요가 있었으며 나아가 역사상의 실존 인물을 성황신으로 추앙함으로써 그 효과를 제고시키려 하였다면, 신숭겸이야말로 최적의 조건을 갖춘 인물이 아니었을까 여겨지는 것이다.

한편 왕조의 중엽에 접어들면서, 고려 중앙에서는 새삼 신숭겸에 대한 추모의 분위기가 고조되는 경향이 나타났다. 예종 15년(1120)의 이른바 '도이장가悼二將歌'에서 그러한 징후를 엿볼 수가 있다. '도이장가'는 후삼국시기 팔공산전투에서 전몰한 장수인 신숭겸申崇謙과 김락金樂을 추모하고자 예종이 지은 시가詩歌라고 한다. 서경西京 팔관회八關會에서 그들을 기리는 연희를 관람한 끝의 일이었다. 한데 신숭겸의 경우 개국일등공신으로서 성종대에 태묘제太廟制가 정비되면서 태조묘정太祖廟廷에 배향된 이래[85] 국가적인 제향祭享의 대상으로 기림을 받아 온 인물이었다. 팔관회에서 그처럼 신숭겸을 기리는 연희 또한 태조대 이래 연례행사로 이어져 내려왔다고도 한다.[86] 따라서

85) 『高麗史』 3 成宗 13년 4월 甲辰

86) 李仁在, 「羅末麗初 申崇謙의 生涯와 死後評價」, 38~39쪽.

이때 예종이 시를 지으면서까지 새삼 신숭겸을 기리고자 나섰던 데에는 무언가 까닭이 있었음 직해 보인다. 여기에서 그것을 깊이 음미할 겨를은 없거니와, 궁금한 문제가 아닐 수 없다.[87] 다만 경위야 어떠하든 신숭겸의 권위나 명성에 의지하려던 곡성의 토착세력에게는, 그러한 추모의 분위기야말로 자신들의 목적을 달성하는 데 더 없이 유리한 환경이었음이 분명하다.

요컨대 감무관으로 승격되던 무렵의 곡성 토착세력에게는, 자신들을 중심으로 한 자율적인 향촌질서의 유지가 중요함을 강조할 필요성이 있었다. 그리하여 성황신앙을 이용하여 지역을 이끄는 중심세력으로서의 자신의 존재를 과시하려 들었는데, 그러는 과정에서 자신들과 연고가 있는 역사상의 실존 인물인 신숭겸을 성황신으로 추앙함으로써 더욱이 그 효과를 극대화하려고 시도하였다. 개국일등공신으로서 태조묘정에 배향되어 정기적으로 나라의 제향을 받는 권위의 상징이자, 더욱이 고려 숭엽에 들어 그에 대한 추모의 분위기가 고조되는 상황에 편승한 방책이었던 셈이다.

지금까지 신숭겸이 곡성의 성황신으로 추앙되기에 이르는 경위를 더듬어 보았다. 이제 그러한 일을 추진하는 데 앞장섰을 가능성이 큰 사람들을 알아보는 것으로 이 절을 마무리할까 한다. 신숭겸을 성황신으로 추앙한 것이 곡성의 유력계층이었다 함은 두 말할 나위가 없을 것이다. 다만 범위를 좀 더 좁혀 보자면, 아마 그 중에서도 곡성 신씨가 한층 주도적인 역할을 담당하였을 가능성이 높지 않을까 싶기는 하다.

신라 말에서 고려 초에 걸친 시기의 곡성에는, 토성土姓인 임任·

87) 後考를 기약한다.

신申·여呂·오吳를 비롯하여 망성亡姓인 박朴을 포함하는 네댓 집단의 토착세력이 존재하였던 것으로 보인다.[88] 명종 2년(1172)을 전후한 즈음에도 그에서 크게 벗어났을 것 같지는 않을 듯싶은데,[89] 그 중에서도 당시 신숭겸을 성황신으로 추앙하는 데 앞장선 것은 신씨측이 아니었을까 짐작된다. 앞서 지적하였듯이, 곡성의 토성 신씨는 평산 신씨의 시조인 신숭겸과의 연고를 내세우며 칭성稱姓하던 유력자 집단이었을 가능성이 높았다. 그들의 주장이 사실인가의 여부 내지는 나아가 혈연적인 친연성의 정도와 같은 것까지는 잘 알 수가 없다. 그렇지만 곡성지역의 경우 신숭겸과의 연고라는 측면에서 보자면 저들 곡성 신씨만한 존재를 달리 찾아보기 어려운 것이 사실이며, 따라서 신숭겸을 지역 토착세력의 상징인 성황신으로 추앙하는 데 그들이 앞장섰으리라고 하는 것이 그다지 큰 잘못인 것 같아 보이지는 않는 것이다.

3. 신숭겸申崇謙의 덕양사德陽祠 배향

신숭겸은 곡성에 감무가 파견되어 오던 즈음을(明宗 2년, 1172) 전후하여 곡성의 성황신으로 추앙되었다. 그 후 조선 초에 이르도록 그러한 사실에는 변함이 없었던 것으로 보인다. 조선 전기에도 그가 여전히 곡성의 성황신으로 좌정 중이었음이 기록에 전하는 것으로 미루어 이해할 수가 있는 일이다.[90] 그런데 그와 같은 사실이 기록되고 얼마

---

88) 『世宗實錄』 151 地理志 全羅道 谷城縣 土姓

89) 亡姓으로 기록된 朴氏의 경우 이 무렵이면 벌써 곡성지역에서 사라졌을 개연성도 없지 않지만, 역시 구체적인 사실은 파악할 길이 없다.

90) 中宗 23년(1528)에 간행된 『新增東國輿地勝覽』 39 谷城縣 人物 申崇謙의 夾

지나지 않아서, 곡성 고을에 신숭겸을 제향하기 위한 祠宇가 새로이 창건되었다. 덕양사德陽祠가 바로 그것이었다.[91]

덕양사는 신숭겸을 독향獨享하는 사우로서, 선조 22년(1589)에 건립되었다. 조선시기 전남지역에 세워진 서원書院·사우祠宇 중 비교적 이른 시기에 속하는 편이었다.[92] 아울러 그처럼 이른 시기에 건립된 서원·사우의 경우, 으레 학문이 깊어 유학자로서 이름이 높은 인물을 제향하였던 사실과도 비교가 된다. 학문으로서가 아니라 고려 태조를 대신하여 죽은 충신으로서 명성을 떨친 인물이 곧 신숭겸이었기 때문이다.[93] 말하자면 덕양사는 이미 성황신으로 받들어 모셔진 인

註에 "詳春川 世傳 崇謙死 爲縣城隍之神"이라 기록된 게 그것이다.

91) 德陽祠(德陽書院)에 관한 개괄적인 설명은, 『全南의 書院·祠宇』-賜額書院·祠宇篇-(木浦大博物館·全南道, 1988), 50~57쪽의 '谷城 德陽書院'과 『谷城郡 文化遺蹟 學術調査』(全南大博物館·全南道·谷城郡, 1996), 209~211쪽의 '德陽書院(德陽祠)'의 내용을 참고하라. '重修記' 등 덕양사에 관한 각종 자료는 申奭均에 의해 간행된 『德陽院誌』(1937, 昭和 12)와 申鳳湜·申紘琦에 의해 간행된 『德陽書院誌』(1973)에 수록되어 참고하기에 편하다.

92) 朝鮮時期 全南地域 書院·祠宇의 郡縣別 및 年代別 건립 현황은 윤희면, 「유교문화」, 『전라남도의 향토문화』(하) (정신문화연구원 편, 2002), 693~694쪽의 〈표 5〉에 정리된 내용을 참고하라.

93) 서원에서는 처음 安珦처럼 성리학의 정착과 발전에 크게 공헌한 인물이나, 혹은 金宏弼·鄭汝昌·趙光祖·李彦迪 등과 같이 士禍 때 피해를 입은 인물들을 주로 모셨다고 한다. 그러다가 차츰 學派의 領袖 및 성리학 발전에 기여한 인물들로까지 그 범위가 확대되어 갔다. 학문이 깊고 유학의 발전에 공이 많은 先賢들을 추모하며 본받고자 세워진 것이 서원이었던 까닭이다. 한편 서원에 祭享되는 인물의 기준이 모호해지면서 학문보다는 행의·충절이 두드러진 인물을 모시는 경우가 많아진 것은 17세기 중반 이후에 가서였다고 한다. 특히 18세기 중반에 들어서면서 그러한 경향이 매우 현저해진 것으로 알려졌거니와, 양반사족들에 의해 家廟的 성격이 강한 서원·사우가 늘어난 것이 그 배경이었던 것으로 지적된다(李樹煥, 「서원건립활동」, 『한국사』 28, 국사편찬위원회, 1996, 286~287쪽 및 295쪽. 윤희면, 「유교문화」, 『전라남도의 향토문화』(하), 686~687쪽 및 695쪽. 윤희면, 「18, 19세기 문중서원의 濫設과 서원의 퇴색」, 『조선시대 서원과 양반』,

물을 제향하기 위해 또 다시 별도로 창건되었다는 점에서도 새삼스럽거니와, 더욱이 그 건립 시기라든지 혹은 모셔진 인물의 성격에서도 당시의 추세에 비추어 다소 이색적이라 이를 만한 사우였던 셈이다.

그렇다면 그처럼 얼마간 이례적이라 할 수도 있는 사우를, 누가 왜 건립하려 들었을까? 처음 덕양사를 창건하고자 앞장선 것은 곡성현감谷城縣監으로 부임해 내려온 신옥申沃이었다. 신숭겸의 후손인 그가, 역시 신숭겸의 외예外裔였던 전라관찰사全羅觀察使 이광李洸과 협의하여 사우를 건립하는 데 앞장섰던 것이다. 당시 곡성 등 전라도 일대에 거주하던 신숭겸의 후예들이 그에 적극 참여하였음은 물론이다. 그런데 이때 세워진 사우는 얼마 못 가서 정유재란 때 그 일부가 소실되었다(선조 30, 1597). 바로 뒤이어 역시 신숭겸의 외예外裔였던 전라관찰사 한준겸韓浚謙의 노력으로 중수되거니와(선조 36, 1603), 그 뒤로도 몇 차례인가 중건이 행해졌으며, 숙종대에는 곡성 유림儒林의 요청에 의해 '덕양사德陽祠'로 사액賜額을 받았다(숙종 21, 1695). 조선 말기에 대원군의 서원훼철령으로 철폐되었다가(고종 8, 1871) 일제시기에 복건復建되었으며(1934), 중수를 거듭하는 가운데 오늘에 이르고 있다.[94)]

덕양사의 창건은 신숭겸의 내외후손, 그것도 주로는 신옥申沃·이광李洸과 같이 중앙에서 지방관으로 내려온 후예들에 의해 추진되었다. 중수도 대개는 그러하였는데, 전라관찰사 한준겸韓浚謙(외예外裔)을 비롯하여, 장흥長興·해남海南·진안鎭安의 수령으로 기록에 나타나는 신재익申在翼·신태희申泰羲·신재동申在東 및 전라병사全羅兵使 신경

집문당, 2004, 107~110쪽).

94) 『全南의 書院·祠宇』-賜額書院·祠宇篇-, 50~51쪽.

유申景裕·신성호申性浩 등이 그들이었다. 물론 그 중에는 덕양사 중수에 나선 곡성현감 최호崔暐처럼 신숭겸의 후예가 아닌 경우도 없지 않았으며, 그밖에도 전라도지역에 거주하는 신숭겸의 여러 후손을 비롯하여 김감金鑑이나 노량국盧良國 등 곡성의 사족士族들도 중수나 사액 요청에 참여하였던 것은 사실이다.[95] 그렇지만 적어도 지금까지 전하는 자료에 의거하는 한, 덕양사의 창건·중수 등을 주도한 것은 아무래도 신숭겸의 후예, 그 중에서도 지방관으로 부임해 내려온 내외후손들이었다고 하는 것이 온당할 듯싶다.

조선시기에 서원의 건립을 주도한 것은 크게 보아 후손, 후배後輩·문인門人, 향촌사족鄕村士族의 세 부류였다고 한다. 그것도 후손, 문인, 향촌사인들이 따로따로 하기보다는, 대개 서로 힘을 합쳐 세우는 게 일반적이었음이 지적되곤 한다.[96] 덕양사의 경우도 역시 거기에서 예외는 아니었다. 신숭겸의 후예들이 앞장서고 곡성의 향촌사족들이 그에 협조하는 양상이었던 것으로 미루어 그러하다. 단지 신숭겸이 무장武將 출신이었던 탓에 문인門人의 참여가 없었을 따름이다. 하지만 굳이 따지자면, 신숭겸의 후예 그 중에서도 지방관으로 부임해 내려온 내외후손들이 주도하여 세운 것이 곧 덕양사였다고 함이 마땅할 것으로 판단된다.

한편 덕양사에서는 신숭겸의 후손들이 별도의 조직을 마련하여 서원 운영에 깊이 개입하였음이 알려지기도 하였다. 건물수리나 본손공궤本孫供饋 등에 대비하고자 설립한 별고別庫가 그것으로서, 여기에는 경유사京有司와 향유사鄕有司를 두어 경향간에 긴밀한 연락을 취하였

95) 本院請額疏, 祠宇重修記(『德陽書院誌』, 1973)

96) 이수환, 「서원건립활동」, 288쪽. 윤희면, 「유교문화」, 687~688쪽.

다고 한다. 또한 뒤에는 동종간同宗間의 협의나 혹은 서원 재정의 확보와 안정을 명분으로 종계宗契를 설치하기도 하였다. 그리하여 본손 가운데 부지런하고 야무진 이를 별유사別有司로 삼아 서원의 재정 운영에 간여토록 하였음이 밝혀진 것이다.[97] 덕양사의 건립·중수와 함께 그 운영에도 신숭겸의 내외후손들이 깊이 개입하였음을 이해할 수가 있다.[98]

서원은 흔히 제향인祭享人의 후손들이 동족의 결합과 유대를 도모하는 근거지이자, 관련자들 당색黨色의 본원本源 내지는 지방양반들의 향촌활동의 중심지로 되기 마련이었다고 한다.[99] 덕양사의 건립 역시 그와 유사한 의미를 지녔던 것으로 보아 무방하지 않을까 싶다. 하지만 여기에서 궁금해지는 것은, 16세기 후반이라고 하는 상대적으로 이른 시기에, 학문이 깊은 선현先賢이라 보기에는 어려움이 있는 인물을 추모하고자, 굳이 사우를 건립하려 든 연유가 무엇이었을까 라고 하는 점이다. 신숭겸은 이미 성황신으로서 주민들의 추앙을 받는 인물이었다. 그 후손들이 따로 현양하려 들 만한 필요성이 별로 없어 보이는 조상이었던 셈이다. 그런데도 16세기 후반 들어 그 후손들이 앞장서서 그를 추모하고자 덕양사를 건립하였다. 무언가 연유가 있었음이 분명해 보이는 것이다.

널리 인정되는 바와 같이, 조선왕조에서는 유교적인 체제의 정비를 최우선 과제로 중시하였다. 특히 유교적인 예제禮制를 확립하고자 많

97) 윤희면, 「院任의 구성과 신분」, 『조선시대 서원과 양반』, 200쪽.

98) 申崇謙의 內外後孫은 물론 谷城의 士族으로서 德陽祠의 重修나 혹은 運營에 참여한 인물들도 다수인데, '本院刱建及重修實蹟'(『德陽書院誌』, 1973)에 그들 명단이 수록되어 참고가 된다.

99) 윤희면, 「유교문화」, 『전라남도 향토문화』(하), 688쪽.

은 노력을 경주하였는데, 그 과정에서 전래의 토속신앙은 음사淫祀로 규정하여 금지시켰다. 관련 제의祭儀를 유교적으로 표준화함으로써, 국왕 중심의 일원화된 제의체계를 수립하려는 의도에서였다.[100] 성황신앙 역시 그러한 정비의 대상이었음은 이를 나위가 없다. 수도 한양을 비롯하여 몇몇 지역의 성황을 중사中祀와 소사小祀에 포함시키고, 관련 제의를 유교식으로 정비하며, 나아가 각 고을마다 하나씩 일률적으로 성황사城隍祠를 설치하여 수령이나 혹은 국가에서 임명한 관리로 하여금 봄·가을로 제사지내도록 한 것 등이 그것이었다. 지방사회에서 자율적·독자적으로 행해져 온 민간 중심의 성황제의를 음사로 지목하여 금지하는 대신, 중앙의 의지를 대변하는 지방관이 개입하여 그것을 주도함으로써, 국왕 중심의 일원적인 지배체제를 확립하려는 속셈에서였다. 그리하여 대략 성종대에서 중종대 내지 명종대(1545~1567)에 이르면 성황제의를 유교적 의례에 맞춰 정비하는 작업이 나름대로 성과를 보이기도 하였다.

하지만 그렇다고 하여 모든 것이 중앙의 생각대로만 진척된 것은 아니었다. 토착세력과 연계되어 전해 내려오던 민간에서의 토속신앙 전통이 그만큼 뿌리깊이 잔존한 때문이었다. 따라서 지역에 따른 편차가 적지 않았는데, 대개는 유교식으로 변한 성황제의와 전통적이고 기복적인 그것이 병립 혹은 조화·절충되는 방향으로 정리되어 갔다. 그리고 그러는 가운데 향리鄕吏의 주도 아래 무격巫覡이 주제主祭하는, 이를테면 음사적淫祀的 성격의 성황제의가 조선후기에 이르도록 없어지기는커녕 되레 성행하는 경향마저 없지 않았다.[101]

---

100) 韓亨周, 『朝鮮初期 國家祭禮 研究』(高麗大 博士學位論文, 2000), 1~5쪽.
101) 조선왕조에서의 儒教的인 禮制의 확립에 관한 연구는 제법 많다. 여기에서는

한데 조선왕조에 들어 추진된 위에서와 같은 성황제의城隍祭儀의 유교의례화儒教儀禮化 작업은, 결국 성황신의 격을 하락시키는 방향으로 작용할 가능성이 높았다. 실제로 곡성의 이웃 고을인 순창淳昌의 경우 명종 18년(1563)에 추진된 성황제의의 유교의례화 과정에서 성황신이 격하되었음을 지적한 연구가 나오기도 하였거니와,[102] 고려시기 이래 지방에서 향리 등 토착세력과 연계된 가운데 유지 존속되어 오던 전통적인 성황신앙이, 이제는 음사로 매도되면서 통제의 대상으로 전락한 데 따른 현상이었다. 집권적인 통치를 추구하던 조선왕조에서는 중앙의 사족은 물론 지방사회를 이끌던 향촌사족들 역시, 성리학적인 이념을 앞세워 민간에서 행해지던 기복적인 성황신앙을 배격하였으며,[103] 이윽고 그것이 신앙의 대상이던 성황신의 격하로까지 이어졌던 셈이다. 곡성에서도 그러하기는 매한가지가 아니었던가 싶다. 이 고을만이 조선왕조에서 추진하던 성황신앙의 유교화儒教化 작업에서 제외되었을 리가 없으며, 그리하여 16세기 후반쯤이면 순창의 경우와 마찬가지로 그 성황신 역시 격하되는 운명을 피할 수가 없었던 것은

성황신앙과 관련되는 범위 안에서만 간략히 언급하였는데, 주로 참고한 논문은 다음과 같다.

鄭勝謨, 「城隍祠의 민간화와 鄕村社會의 變動」, 『泰東古典硏究』 7 (1991). 박호원, 「朝鮮 城隍祭의 祀典化와 民俗化」, 『성황당과 성황제』(한국종교사연구회 편), (민속원, 1998). 이해준, 「淳昌 城隍祭의 變遷과 主導勢力」, 같은 책. 정승모, 「조선중기 全羅道 淳昌郡 城隍祭儀의 성격」, 같은 책. 이기태, 「地域社會 理念의 統合과 城隍祠」, 같은 책. 金澈雄, 「조선시대의 城隍祭」, 『史學志』 35 (2002).

102) 이기태, 「地域社會 理念의 統合과 城隍祠」, 252쪽.

103) 이해준, 「淳昌 城隍祭의 變遷과 主導勢力」, 198 · 203~204쪽. 정승모, 「조선중기 全羅道 淳昌郡 城隍祭儀의 성격」, 226쪽. 이기태, 「地域社會 理念의 統合과 城隍祠」, 249~253쪽.

아닌가 헤아려지는 것이다.

이미 성황신으로 받들어 모셔지던 신숭겸을 제향하고자 그 후손들이 새삼 같은 고을에 덕양사를 건립하기에 이른 것은, 아마도 그러한 데에 까닭이 있었을 듯싶다. 덕양사가 세워지던 16세기 후반 즈음이면, 앞서 언급하였듯이 성황제의를 유교의례화하려는 정책이 나름대로 성과를 보이는 중이었다. 그리하여 이제까지 곡성의 수호신으로서 유력한 토착세력을 상징하던 성황신 신숭겸 역시, 음사의 대상으로 격하되는 운명을 피하지 못하였을 것으로 추정된다. 추앙받던 위치에서 배격의 대상으로 전락한 셈인데, 시조始祖의 위상이 그처럼 급전직하하는 사태를 그 후예들이 마냥 두고 보기만 하였을 리는 없었을 듯 싶다. 무언가 대책을 마련하였음 직하거니와, 그것이 곧 덕양사를 건립하기에 이른 배경이 아니었을까 헤아려지는 것이다.

조선왕조에서는 현인賢人·의사義士를 흠모하며 본받고자 서원·사우를 건립하였는데,[104] 한편으로 이는 음사淫祀를 배격하고 그것을 대신할 수 있는 장치로서의 의의를 지니기도 하였다고 한다.[105] 덕양사의 창건 역시 그러하였을 것임은 이를 나위가 없다. 덕양사를 세워 신숭겸을 모시는 것은, 성황신이던 그를 유교적인 제향의 대상으로 전환시키는 의미가 있다. 배격해야 할 음사의 대상으로 지목되던 존재를, 유교적인 덕목의 실천자로 재탄생시키는 작업이었다고 할 수가 있는 것이다. 고려 태조를 구하기 위해 목숨까지 바친 충절의 신하라는 신숭겸에 대한 그간의 평가를 염두에 둔 조치였음은 물론이다. 말

104) 『孝宗實錄』 18 孝宗 8년 6월 壬辰

105) 정승모, 「군현제의와 국가정책」, 『조선에서는 지방을 어떻게 지배하였는가』 (아카넷, 2000), 157~158쪽.

하자면 조선 사회의 유교화儒敎化에 발맞추어, 자신들의 선조를 음사의 대상인 성황신이 아니라 충忠을 실천하고자 목숨을 바친 유교적인 의열義烈의 인물로 자리매김함으로써 흠모의 대상으로 탈바꿈시키고자, 신숭겸의 후손들은 덕양사를 건립하는 일에 나섰던 셈이다.106) 그로써 이 사우를 중심으로 내외후손간의 유대와 단합을 도모하며, 나아가 자신들의 위상을 제고하려는 속셈에서였을 것임은 이를 나위가 없다.

앞서 언급하였듯이, 고려왕조에서 신숭겸은 국가적인 숭모의 대상이었다. 태조의 묘정에 배향되었으며, 팔관회에서는 그를 기리는 연희가 행해지곤 하였다.107) 조선왕조에 들어서도 신숭겸은 여전히 존숭을 받았다. 전왕조前王朝인 고려를 기리고자 조정에서 건립한 사우[崇義殿]에 배향되어 정기적으로 제향을 받도록 규정된 인물 가운데 하나였던 것이다.108) 그런데 이제 그에 더하여 출신지에도 유교적인 사우를 세워 그를 제향하게 되었다. 중앙과 함께 곡성과 같은 지방사

106) 조선시기에 申崇謙을 主享으로 모시던 書院·祠宇로는, 그밖에도 그의 본관지인 평산의 東陽書院(1642)과 묘소가 위치하는 춘천의 道浦書院(1650) 및 전몰지인 대구의 表忠祠(1607) 등이 있었다. 그런데 덕양사(1589)를 제외한 나머지는 모두 임진왜란 이후에 세워졌다. 신숭겸을 주향하는 서원·사우 중 곡성의 덕양사가 가장 먼저 창건된 셈인데, 이는 아마도 그가 곡성의 성황신이었다는 사실과 연관이 있어 보인다. 신숭겸의 후손들로서는, 그의 연고지라 할 곡성·평산·춘천·대구 중 어느 지역이든, 선조를 추모하기 위한 서원·사우 건립지로서의 비중은 비슷하였을 듯싶다. 그런데도 그들은 곡성에 맨 먼저 사우를 건립하였다. 곡성의 성황신 신숭겸이 淫祀로 지목받는 실정이었으리라는 점을 돌려놓고는 달리 해석할 방도가 없어 보인다. 그곳이 신숭겸의 출신지라는 사실도 고려되었겠지만, 그보다는 음사라 하여 배격되기에 이른 분위기를 해소하는 것이 더욱 급선무가 아니었을까 짐작되는 것이다.

107) 李仁在, 「羅末麗初 申崇謙의 生涯와 死後評價」, 37~39쪽.

108) 『新增東國輿地勝覽』 13 麻田郡 祠廟 崇義殿

회에서도, 신숭겸 내외후손들의 존재가 더욱 부각될 수 있는 환경이 조성되었을 것임은 물론이었다.

한편 곡성에서 16세기 후반 들어 그처럼 성황신으로 추앙된 인물을 유교적인 제향의 대상으로 전환시키기에 이른 것은, 지역사회에 일던 커다란 변화의 결과였던 것으로 판단된다. 고려시기 이래 성황신앙과 연결되어 관련 제의를 주도하던 향리鄕吏와 같은 전통적인 토착세력의 존재가 약화되면서, 16세기 후반 즈음이면 유교의례화를 추진하던 사족士族 내지는 지방관의 입김이 좀 더 강해지기에 이른 현실이, 그와 같은 변화의 동력으로 작용하지는 않았을까 헤아려지는 것이다.109)

이는 곡성의 이웃 고을인 순창의 경우와만 비교해 보더라도 금방 이해할 수가 있는 일이다. 순창에서는 고려 후기의 인물인 설공검薛公儉을 성황신으로 받들어 모셔 왔는데, 곡성에서와는 달리 조선 후기에도 변함없이 그러하였다고 한다. 16세기 후반 들어 지방관의 개입에 의해 다소 유교화儒敎化되는 변화를 겪기는 하였지만, 조선 후기에 이르도록 설공검은 변함없이 순창의 성황신으로서 받들어 모셔졌다는 것이다. 그런데 이에 대해, 순창지역에서는 고려 이래의 토착세력을 대표하는 토성집단土姓集團이 조선 전기에도 큰 변화 없이 지역에서의 주도권을 유지하였기 때문에 가능하였으리라는 해석이 나온 바 있다.110) 경청할 만한 견해로서, 그와 달랐던 곡성의 경우를 이해하

109) 城隍祭 등 지방 郡縣에서 행해지던 각종 祭儀의 儒敎的 정비를 둘러싼 기존 토호세력 대 사족, 특히 중앙에서 내려온 지방관과의 갈등 및 지역 주도세력의 교체와 같은 문제들에 관해서는, 정승모, 「군현제의와 국가정책」, 140~159쪽의 설명이 참고 된다.

110) 이해준, 「淳昌 城隍祭의 變遷과 主導勢力」, 204~208쪽.

는 데 도움을 준다.

곡성에서 성황신 신숭겸을 유교적인 제향의 대상으로 탈바꿈시키는 것은, 이를 나위 없이 당시까지 자율적으로 성황신앙을 이끌어 오던 향리 등 고려 이래의 지역 토착세력과는 그 이해利害를 달리하는 일이었다. 고려 말에서 조선 전기에 이르도록 성장을 거듭한 지역의 사족士族 내지는 중앙에서 내려온 지방관에 의해, 음사淫祀 배격 및 제의祭儀의 유교화가 추진된 결과 그러한 현상이 나타날 수가 있었던 것이다. 말하자면 지방관을 비롯한 저들 사족 계열의 입지가 강화되지 않고서는 일어나기 힘든 일이었던 셈이다. 한데 앞서 지적하였듯이, 덕양사는 중앙에서 지방관으로 내려온 신숭겸의 내외후손들이 지역 사족의 협조를 받아 건립한 사우였다. 지방관으로 부임한 그의 후손들이 향촌사족鄕村士族의 후원 속에 신숭겸의 탈성황신화脫城隍神化를 추진하였다고 할 수가 있으려니와, 요컨대 신숭겸의 후손들이 덕양사를 건립하여 신숭겸을 제향하기에 이른 데에는, 향리 등 전통적인 토착세력에 대신하여 지방관을 위시한 사족 계열이 점차 향촌에서의 주도권을 장악해간다고 하는, 곡성 지역사회의 변화가 반영되었다고 하여 무방하지 않을까 헤아려지는 것이다.

덕양사의 건립 이후 신숭겸이 곡성 성황신으로서 제향을 받았다는 기록은 더 이상 나타나지 않는다. 조선 후기에 편찬된 각종 지리지地理志와 읍지류邑誌類에서도 그가 덕양사德陽祠 혹은 신숭겸사申崇謙祠에[111] 모셔졌음을 전할 뿐, 곡성 성황사와 관련하여 언급되는 경우는 아직 찾아보지를 못하였다. 아마도 덕양사에서 신숭겸을 제향하기 시

111) 德陽祠를 申崇謙祠로도 칭하였음은,『東國輿地志』5下 谷城縣 祠廟條를 참고하라.

작하면서, 곡성 주민들이 더 이상 그를 성황신으로 받들어 모시지 않게 된 데 따른 현상이 아니었던가 싶다. 요컨대 조선 후기에 신숭겸은 덕양사에서 제향을 받는 유교적인 의미에서의 의열지사義烈之士 내지 선현先賢이었을 뿐, 더 이상 곡성의 성황신은 아니었던 것이다.

맺음말

신숭겸申崇謙의 생애와 함께 그가 곡성谷城 성황신城隍神으로 추앙되기에 이른 경위 및 덕양사德陽祠에 배향된 사실이 지니는 의미 등을 살폈다. 검토한 내용을 요약하면 다음과 같다.

신숭겸은 곡성 출신이었다. 그 후 언제인가 춘천春川으로 이주하였다가, 궁예弓裔의 휘하에서 군사 활동을 통해 성장한 끝에, 왕건王建을 추대하는 정변에 성공하여 고려왕조의 개국일등공신에 올랐다. 『고려사』 등 관찬의 정사正史에서 신숭겸을 춘천 출신으로 기록한 것은, 고려 전기 이래 중앙에서 생산해 전해 오던 자료에 근거해서였다. 그렇지만 그보다는 지방의 관아에서 보관 중이던 자료를 바탕으로 정리한 『신증동국여지승람』의 신숭겸 곡성출신설이 한층 믿을 만한 것으로 판단하였다.

개국일등공신으로서 신숭겸은 새로운 왕조에 위해가 되는 요소를 제거하는 등 정권을 안정시키고자 노력하였다. 그리고 끝내는 위기에 빠진 군왕을 구하고 자신은 전사하였다. 왕건은 그러한 신숭겸을 남달리 신임하였다. 그의 관향을 평산平山으로 사여한 데서 알 수가 있는 일이었다. 패서지역浿西地域의 평산을 관향으로 지정하는 것은, 곧 그가 패서세력에 속하는 인물임을 공식적으로 선언하는 것이나 다를 바가 없었다. 왕조를 개창한 이래 비고구려계열非高句麗系列의 개국일등공신에 둘러싸임으로 해서 자신과 같은 고구려 고토 출신의 도움을 절실히 필요로 하던 왕건이, 그를 패서세력에 편입시킴으로써 자신의 심복으로 삼아 정권의 기반을 굳건히 하는 것은 물론 정치적 주도권을 장악하고자 하는 의도에서였다. 아무런 연고도 없는 평산이 신숭겸의 관향으로 결정된 것은 그러한 연유에서였다. 아울러 곡성의 토성 신씨는, 그와 같은 신숭겸과의 연고를 내세우는 그들의 존재를 인정한 중앙에 의해 신씨로 분정되었거나, 혹은 신숭겸의 위망에 의지하고자 그들 스스로 신숭겸과 동일한 성을 칭하기 시작한 데서 연원하였을 가능성이 높은 것으로 이해하였다.

신숭겸이 성황신으로 추앙된 것은 곡성에 감무監務가 파견되어 오던 즈음(명종 2년, 1172)이었다. 감무관으로 승격되던 무렵의 곡성 토착세력에게는, 자신들을 중심으로 한 자율적인 향촌질서의 유지가 중요함을 강조할 필요성이 있었다. 그리하여 성황신앙을 이용하여 지역을 이끄는 중심세력으로서의 자신의 존재를 과시하려 들었는데, 그러는 과정에서 자신들과 연고가 있는 역사상의 실존 인물인 신숭겸을 성황신으로 추앙함으로써 더욱이 그 효과를 극대화하려고 시도하였다. 개국일등공신으로서 태조묘정에 배향되어 정기적으로 나라의 제향을 받는 권위의 상징이자, 또한 고려 중엽에 들어 새삼 그에 대한 추모의 분위기가 고조되는 상황에 편승한 방책이었다. 이후 신숭겸은 조선 전기에 이르도록 줄곧 곡성의 성황신으로 향사되었다.

곡성 성황신 신숭겸은 조선 중엽에 접어들면서 유교적인 제향의 대상으로 전환되었다. 16세기 후반 즈음 조선왕조에서 추진하던 유교화 정책이 나름대로 성과를 보이기 시작하면서, 전래의 성황신앙은 음사淫祀로 지목되어 배격을 당하게 되었다. 지역 토착세력의 상징이자 고을의 수호신으로 추앙받던 성황신이 비판의 대상으로 전락한 셈인데, 이에 신숭겸의 내외후손들이 그 시조를 음사가 아니라 충忠의 실천에 목숨을 건 유교적인 의열義烈의 인물로 탈바꿈시켜 흠모의 대상으로 자리매김하고자 덕양사를 건립하여 그를 배향하였던 것이다. 이 사우의 건립을 주도한 것은 신숭겸의 내외후손, 그것도 주로는 중앙에서 지방관으로 부임해 온 후손들이었다. 말하자면 지방관으로 부임한 그의 후손들이 향촌사족鄕村士族의 후원을 받아 신숭겸의 탈성황신화脫城隍神化를 추진하였던 것으로 이해할 수가 있으려니와, 여기에는 곧 향리鄕吏와 같은 전통적인 토착세력에 대신하여 지방관을 위시한 사족士族 계열이 점차 향촌에서의 주도권을 장악해간다고 하는, 곡성 지역사회의 변화가 반영되었다고 하여 지나치지 않은 셈이었다.

(「申崇謙의 城隍神 推仰과 谷城」, 『韓國史硏究』 126, 2004)

제2장 성황신城隍神 김인훈金忍訓 · 손긍훈孫兢訓과 양산梁山 · 밀양密陽

머리말

전통시기의 양산梁山과 밀양密陽 지방에서는 김인훈金忍訓과 손긍훈孫兢訓을 각각 성황신으로 섬기었다고 한다. 조선 전기의 지리지에 처음 나타나는 사실인데,

① 세상에 전하기를, 김인훈金忍訓은 고려高麗 태조太祖를 보좌하여 지위가 문하좌시중門下左侍中에 이르렀으며 사망해서는 성황사城隍祠의 신이 되었다고 한다.[1)]

② … 세상에 전하기를, 밀양부密陽府의 리吏인 손긍훈孫兢訓이 고려 태조를 보좌하여 공이 있었으므로 삼중대광三重大匡 사도司徒에 추증되고 광리군廣理君으로 책봉되었는데, 즉 성황사城隍祠의 신이라고 한다.[2)]

---

1) 世傳 金忍訓佐高麗太祖 位至門下左侍中 死爲祠神 (『新增東國輿地勝覽』22 梁山郡 祠廟 城隍祠 夾註)

2) 在推火山 世傳 府吏孫兢訓 佐高麗太祖 有功 追贈三重大匡·司徒 封廣理君 卽祠神也 (『新增東國輿地勝覽』권26, 密陽都護府 祠廟 城隍祠 夾註)

라는 기록이 그것이다. 김인훈과 손긍훈이 고려의 태조 왕건을 보좌하여 공을 세웠으며, 사후에는 각기 고을의 성황신으로 추앙되었음을 알려준다. 역사상 실재한 인물이 고을을 상징하는 신神으로 숭배되어 왔고, 그러한 사실이 중앙에 의해 공인을 받아 관찬서官撰書에 기록되었다는 점에서 자못 흥미로운 사례가 아닌가 한다.

이 글은 그와 같은 김인훈과 손긍훈의 출신이나 활동을 더듬으며, 아울러 사후 언젠가 그들이 고을의 성황신으로 떠받들어지기에 이른 사정을 헤아려보고자 마련되었다. 이들의 생애나 혹은 성황신 추앙을 다룬 글은 이제까지 별로 나오지 않았다. 전통시기의 성황신앙을 살피는 가운데 하나의 사례로 거론한다든지, 또는 신라 말 고려 초의 호족을 검토하면서 스치듯 언급하고 지나가는 정도가 대부분이었다. 김인훈을 소재로 삼은 한 편을[3] 제외하면 모두가 그러하였다. 이들이 중앙의 정치에서 중요한 역할을 담당하지 못했던 데 기인하는 일인 듯 여겨지거니와, 그리하여 자연히 이들은 중앙 중심의 정사류正史類에도 거의 기록을 남기지 못하다시피 하였다.[4] 연고를 맺었던 고장에만 영세하나마 관련 자료가 전해지다가, 조선왕조 들어 지리지를 편찬하는 과정에서 그 일부가 채록되어 알려진 정도이다. 과거의 기록자에서 현재의 역사가에 이르기까지, 이들은 가벼이 다뤄지며 심지어 무시되기까지 하였음을 짐작할 수가 있다. 하지만 그렇다고 해서 이들의 역사적 비중이 그처럼 몰각되어 마땅한 것이 아님은 물론이다. 중앙 중심의 역사 이해를 재검토하며 지방이 마땅히 누려야 하는 바

3) 이종봉, 「羅末麗初 梁州의 動向과 金忍訓」, 『지역과 역사』 13 (부경역사연구소, 2003), 87~112쪽

4) 王建의 활동과 관련해서, '良州帥 金忍訓'만 단지 한 차례 기록에 나타날 따름이다(『高麗史』 1 太祖 即位以前 天復三年 癸亥 三月).

역사상의 지위를 복권시켜야 한다는 차원에서도, 다뤄 볼 만한 가치가 충분하지 않을까 여겨지는 것이다.

김인훈과 손긍훈의 활동이나 성황신 추앙을 다룬 연구가 거의 없다시피 한 만큼, 궁금한 점도 한 둘이 아니다. 이들의 출신과 같은 사회적 배경이나 고을의 유력자로 성장하기에 이르는 과정 및 유력자로서의 정치적인 역할이라든지, 혹은 성황신으로 추앙되기에 이르는 배경과 경위 내지는 그 함의含意 등, 어느 것 하나 제대로 밝혀진 바가 없는 것이다. 김인훈의 경우, 후삼국시기에 양산을 지배하던 군소호족群小豪族으로서 왕건과 인연을 맺은 가운데 고려의 편에 서서 활동하였으며, 이후 지역을 대표하는 세력으로 자리 잡은 그의 후예들이 고을 내 다른 토성세력土姓勢力과의 차별화를 위해 김인훈을 성황신으로 섬기게 되었다는 연구가 발표된 바 있다.[5] 대강의 줄거리는 짚어낸 것으로 보이거니와, 그의 출신이나 혹은 호족으로 성장하고 나아가 왕건과 인연을 맺을 수 있었던 배경 등 좀 더 세밀하게 따져봤으면 싶은 사실이 아직도 제법 눈에 띈다. 아울러 성황신으로 추앙되기에 이르는 경위 내지는 그에 내포된 바의 의미와 같은 문제들에 대해서도 더욱 관심을 기울여야 할 것임은 물론이다. 여전히 해결해야 할 과제가 적지 않은 상황이라고 하여 지나치지 않은 셈이다.

한편 김인훈과 손긍훈은, 경계를 맞댄 이웃 고을에서, 비슷한 시기에, 왕건과의 연고를 배경으로 역사에 이름을 남겼다는 공통점을 지닌 인물들이었다. 또한 사후에 고을의 성황신으로 떠받들어졌다는 점에서도 동일하기는 매한가지였다. 공교롭기 이를 데 없거니와, 따라서 이들은 따로 떼어서 별개로 살피기보다는 함께 묶어 검토하는 것

5) 이종봉, 앞의 논문, 90~99쪽.

이 온당하지 않을까 생각한다. 동일한 시대에 이웃한 고을에서, 말하자면 시공時空을 함께 하였던 두 사람은 협조자로서이건 혹은 경쟁 내지는 적대 세력으로서이건, 운명적으로 상대방의 존재를 의식하는 가운데 활동할 수밖에 없었을 것이라 여겨지기 때문이다.

이 글에서는 먼저 김인훈과 손긍훈의 개인사個人史를 살피는 데서 시작해 실마리를 풀어갈까 생각한다. 이들의 출신 계층과 같은 문제를 비롯하여 고을을 대표하는 세력가로 성장하고 그리하여 왕건과 인연을 맺기에 이르는 과정 및 이후의 활동 등을 더듬어 봄으로써, 장차 이들이 신격화神格化되기에 이른 바탕을 알아보려는 것이다. 비록 관련 자료는 거의 전하지 않지만 시대적인 환경을 염두에 둔 가운데 조심스레 접근하다 보면, 다소나마 소득을 거둘 수가 있지 않을까 기대한다. 다음으로, 이들이 사망한 뒤 어떤 경위를 거쳐 성황신으로 추앙되었으며 또한 그에 내포된 바의 의미는 무엇인지를 살피도록 하겠다. 양산과 밀양의 성황신이 그처럼 역사상 실존했던 인물로 인격신화人格神化하기까지에는 전통시기 두 고을의 위상 내지는 그것을 뒷받침하는 토착 사회세력의 동향이 중요하게 작용했을 것으로 판단되는데,[6] 이제 그것을 구체적으로 음미해보고자 하는 것이다. 마지막으

6) 전통시기에 성황신이 지역의 수호신이었으며, 그에 대한 숭배와 신앙이 지역사회 내지는 그 주도계층이라 할 토착 사회세력과 긴밀한 관계를 맺은 가운데 전개되어 왔음에 관해서는, 다음의 연구가 참고 된다.
한국종교사연구회 편, 『성황당과 성황제—淳昌 城隍大神事跡記 硏究—』 (민속원, 1998). 金甲童, 「高麗時代의 城隍信仰과 地方統治」, 『韓國史硏究』 74 (1991). 鄭勝謨, 「城隍祠의 民間化와 鄕村社會의 變動」, 『泰東古典硏究』 7 (1991). 송화섭, 「全州의 城隍信仰과 甄萱政權」, 『후백제 견훤정권과 전주』(전북전통문화연구소 편) (주류성, 2001). 邊東明, 「金惣의 城隍神 推仰과 麗水·順天」, 『全南史學』 22 (2004). 邊東明, 「申崇謙의 谷城 城隍神 推仰과 德陽祠 配享」, 『韓國史硏究』 126 (2004).

로, 조선왕조 들어 추진된 사회의 유교화儒敎化가 양산과 밀양의 성황신앙에 끼친 영향을 검토하겠다. 다른 고을과의 비교를 통해 변화의 정도를 가늠하며 아울러 그리 된 연유를 헤아림으로써, 조선시기 성황신 김인훈과 손긍훈의 존재 양상을 떠올려 보고자 하는 것이다.

1. 김인훈金忍訓·손긍훈孫兢訓의 출신과 활동

김인훈과 손긍훈은 신라 말에서 고려 초의 시기에 양산과 밀양을 대표하던 유력자들이었다. '양주수良州帥' 혹은 밀양密陽'부리府吏'로서 고려 태조를 보좌하여 공을 세웠다느니, 그리하여 사후에 고을의 성황신으로 떠받들어졌다느니 하는 등의 사실들에서 짐작할 수가 있다.[7] 그렇다면 이들 두 유력자의 출신 신분은 어떠하였을까? '리吏'에서 몸을 일으켰다는 손긍훈의 경우는 어찌 이해해야 하며, 또한 김인훈은 어떤 계통의 출신이었을까? 적이 궁금하거니와, 이제 김인훈에서 시작하여 차근차근 살펴가도록 하겠다.

김인훈의 출신 계통을 말해주는 자료는 쉬이 찾아지지를 않는다. '양주수良州帥 김인훈金忍訓'이라는 기록이 거의 유일한데,[8] '수帥'의 용례와 더불어 검토한 연구에 따르면 양산지역을 기반으로 약간의 군사력을 보유한 가운데 활약하던 호족이었으리라고 한다.[9] 당시의 호족이 독자적인 군사력을 보유한 가운데 일정한 영역을 지배하는 존재였

---

7) 앞의 註 1), 2), 4) 참조.

8) … 天復三年癸亥三月 率舟師 自西海抵光州界 攻錦城郡 拔之 擊取十餘郡縣 仍改錦城爲羅州 分軍戍之而還 是歲 良州帥金忍訓 告急 (弓)裔令太祖往救 及還 裔問邊事 太祖陳安邊拓境之策 … (『高麗史』 1 太祖卽位 以前)

9) 이종봉, 앞의 논문, 90~92쪽.

다는 점에서 새삼스러울 게 없거니와, 그런 만큼 김인훈의 출신이 어떠하였는지를 이해하는 데에도 그다지 도움을 주지는 못한다 하겠다.

김인훈이 대를 이어 양산 일원에 거주해 오던 토착세력 출신이었는지, 아니면 지방관 내지 그 밖의 연고를 좇아 왕경王京 등에서 양산으로 옮겨와 정착한 중앙귀족 출신이었는지, 혹은 그도 저도 아니며 별다른 연고 없이 외부에서 이주해 들어와 자리를 잡은 세력가였는지[10] 등에 관해서는 잘 알 수가 없다. 다만 '양주수良州帥 김인훈金忍訓'이라는 표현으로 미루어, 왕경王京 경주慶州나 혹은 김해소경金海小京과 무슨 연고를 지닌 계통의 출신이 아니었을까 여겨지기는 한다. 그가 웅거한 양산지역의 지리적인 위치나 역사적인 배경 및 '김金'이라 칭성稱姓한 사실 등에서 그처럼 추정할 수가 있을 듯싶다.

10) 이 당시 별다른 연고가 없는 지역에 이주해 들어가서 세력을 불려 호족으로 자리 잡은 사례로(鄭淸柱, 1996, 「호족세력의 대두배경」, 『한국사』 11, 국사편찬위원회, 66쪽), '朔方 鶻巖城帥 尹瑄'을 들기도 한다(『高麗史』 1 太祖 元年 8월 庚戌). 본시 鹽州[延安] 출신이었던 그는, 궁예의 학정을 피해 '北邊'으로 달아나 鶻巖城을 근거로 무리를 모아 군림하던 중, 왕건이 즉위하자 귀부해 왔다고 한다(같은 책 92 王順式傳 附 尹瑄傳). 하지만 이러한 윤선의 사례를 곧바로 김인훈에게 대입시키는 것은 다소 문제가 있지 않을까 싶다. 김인훈 역시 그처럼 무연고 지역으로 옮겨가 자리 잡은 세력가였을 것으로 보기는 곤란할 듯 여겨지는 것이다. 윤선이 달아나 터를 잡았다고 하는 골암성은 '北界'의(『高麗史節要』 1 太祖 3년 3월) 아마도 현 安邊으로서 강한 토착세력이 존재하지 않던 지역이었다(金甲童, 「'高麗初'의 州에 대한 考察」, 『高麗史의 諸問題』(邊太燮 編), 三英社, 1986, 276쪽). 반면에 김인훈이 웅거하던 양산은, 수도 경주의 부근이자 9주의 하나인 양주의 치소가 위치하던 고을이었다. 말하자면 별다른 연고가 없는 이주세력이 외부에서 들어와 그처럼 쉽사리 자리를 잡고 호족으로 행세할 수 있을 만큼, 그 토착세력이 허약하지만은 않았을 법한 고장이었던 셈이다. '良州帥 金忍訓'의 경우, '鶻巖城帥 尹瑄'의 사례와 달리, 아무런 연고도 없이 양산지역으로 이주해 들어와 세력가로 군림했다고 보기에는 어려움이 클 것으로 판단된다.

양산 일원은 비교적 이른 시기에 신라의 영역으로 편입되었다. 그리하여 경주에서 가야의 김해로 향하는 경계 지대이자, 동시에 금관가야와도 무관하지를 않은 고장이었다. 신라의 초창기인 탈해脫解·지마왕대祇摩王代에 이미 신라군新羅軍이 양산지역의 낙동강과 그 너머에서 가야군伽倻軍과 충돌했다든지,[11] 혹은 금관가야의 거등왕居登王이 양산 땅에 거주하던 선인仙人을 초빙하여 함께 즐겼다는 설화가 조선 초까지 전해졌던 사실[12] 등에서 짐작할 수가 있는 일이다.[13] 아울러 통일신라시기 9주의 하나로서, 왕경 경주를 둘러싼 가운데 더욱이 김해소경을 관내에 거느리던 양주良州의[14] 치소가 이 고을에 들어섰었다는 사실도 잊지 말아야 할 것임은 물론이다. 김인훈이 자리 잡은 양산지역이, 경주 및 김해와 지리적으로 인접하여 일찍이 신라의 정치적·문화적 영향권 아래로 들어간 가운데 가야와도 무관치를 않았

---

11) 아래의 사료가 그것이거니와, 기록 중의 '黃山津口'와 '黃山河'가 양산지역을 흐르는 오늘의 洛東江을 가리키는 것임에 관해서는, 『新增東國輿地勝覽』 22 梁山郡 山川 黃山江 및 李丙燾, 『國譯三國史記』(乙酉文化社, 1977), 13·18쪽의 註를 참고하라.
   ① 阿湌吉門與加耶兵 戰於黃山津口 獲一千餘級 以吉門爲波珍湌 賞功也 (『三國史記』 1 脫解尼師今 21년 8월)
   ② 春二月 加耶寇南邊 秋七月 親征加耶 帥步騎度黃山河 加耶人伏兵林薄 以待之 王不覺直前 伏發圍數重 王揮軍奮擊 決圍而退 (같은 책 祇摩尼師今 4년)

12) ① 在郡南四十四里 海溢山有七峯如點故名 世傳 駕洛時 旵始仙人 所遊之地 (『新增東國輿地勝覽』 22 梁山郡 山川 七點山 夾註)
   ② … 俗傳 駕洛國居登王 招七點山旵始仙人 旵始乘舟抱琴而來 相與歡戲 因以爲名 王所坐蓮花石 與棋局石 至今存焉 (같은 책 32 金海都護府 古跡 招賢臺 夾註)

13) 참고삼아 말하자면, 脫解·祇摩尼師今은 각각 新羅의 4·6代 그리고 居登王은 金官伽倻의 제2代 君王으로 기록에 나타난다.

14) 『三國史記』 9 景德王 16년 12월. 같은 책 34 地理 1 良州

으며, 또한 신라에서 지방 통치의 핵심 거점 지역 중 하나로 자리 잡을 만큼 주요한 고을이었음을 이해할 수가 있는 것이다.

나아가 김인훈은 신라의 진골과 동일하게 '김金'성姓을 칭했었다. 그 혹은 그의 일족이 어느 시기에 비로소 '김'이라 칭성稱姓하기 시작했는지는 분명하지가 않다. 다만 『고려사』에서 그를 '김인훈金忍訓'이라 표기한 사실로 미루어,[15] 늦어도 그가 활동하던 당대에는 이미 '김'성을 칭했던 게 아닌가 여겨진다. 후손들의 칭성이 소급되어 그처럼 모칭冒稱되었다기보다는, 당대에 이미 '김'성을 칭했기에 정사正史에서 그처럼 표기하지는 않았을까 헤아려지는 것이다. 고려 초기에 역시 양산 출신의 인물로 기록에 나타나는 김극종金克宗과 김맹金猛의 사례에서 거듭 그 가능성을 확인할 수가 있다.

김극종은 김인훈과 마찬가지로 고려 태조를 도와 문하우시중門下右侍中에 올랐다고 전하는 양산 출신의 인물이었다.[16] 그런데 그는 후백제 신검神劒과의 일리천一利川 전투에서 왕건군王建軍의 지휘관으로 나오는 '간천군대장군杆天軍大將軍 김극종金克宗'과[17] 동일인일 가능성이 높다고 한다.[18] 일리 있는 지적으로서 후삼국시기에 양산 출신으로 '김金'을 칭성한 또 다른 사례가 정사正史에서 확인되는 셈이거니와, 이 역시 김인훈이 그러하였듯 당시의 실제를 반영한 표기였을 것으로 판단된다. 다음으로, '양주인梁州人' 김맹은 현종대에 큰 활약을 보이다[19] 동왕 21년(1030)에 병사했던 인물이다.[20] 그 조부인

---

15) 앞의 註 8) 참조.

16) 高麗太祖代 金忍訓 位至門下左侍中 金克宗 位至門下右侍中 事跡未詳 (『慶尚道地理志』 慶州道 梁山郡)

17) 『高麗史』 2 太祖 19년 9월 甲午

18) 이종봉, 앞의 논문, 98쪽

김연金衍이 평양으로 옮겨 살았는데, 그 김연이 통사사인通事舍人 그리고 김맹의 부 김지金贄가 급사중給事中 겸직한림원兼直翰林院을 역임했다고 하므로,[21] 김맹은 평양 혹은 개경에서 출생하여 성장하였음이 거의 틀림없다. 하지만 『고려사』에서는 그를 '양주인梁州人'이라 기록했거니와,[22] 이는 아마도 그의 조부 김연이 양산을 떠나 평양으로 이주할 무렵이면 이미 '양산梁山 출신出身의 김모金某'임을 널리 인정을 받았기에 가능한 표기였을 것으로 믿어진다. 그러했기에 그 손자 또한 '양주인梁州人 김맹金猛'으로 인식되었으리라 판단되거니와, 이 김맹이 현종대에 활동했음에 비추어 그 조부인 김연은 위의 김인훈과 비슷하게 태조대 즈음의 인물이었을 가능성이 높다. 말하자면 김맹의 조부 김연의 존재 역시 김인훈과 동시대에 양산 출신으로서 '김金'성姓을 칭하는 인물이 실재했다는 증거인 셈이며, 그리하여 위 김극종의 경우와 더불어 김인훈이 그 당대에 이미 '김金'성姓을 칭했으리라는 하나의 방증이지는 않을까 헤아려지는 것이다.

앞서 지적했듯이, 양산은 이른 시기에 벌써 지리적으로나 혹은 정치적 문화적으로나 경주 왕경과 자못 긴밀한 관계였으며, 또한 김해소경을 관내管內에 둔 양주의 치소治所이기도 하였다. 양산지역에서 함부로 김해가야의 전왕족이나 신라의 왕족과 동일한 '김金'성姓을 칭하기는 어려웠을 듯 여겨지는 것이다. '김金'을 칭성하는 것은 곧 가야

19) 『高麗史』 94 金猛傳

20) 中樞使金猛卒 (앞의 책 5 顯宗 21년 12월 丁酉)

21) 앞의 책 94 金猛傳.

22) 실제로는 '梁州 宜春縣人'으로 나타나는데(앞의 책, 金猛傳), 宜春은 곧 梁州의 別號로서 金猛이 梁州 管內의 다른 고을이 아닌 그 治所가 소재하는 고을, 즉 오늘날의 梁山 출신임을 적시했다 할 것이다.

의 전왕족이나 신라의 왕족과 동일한 존재임을 과시하는 것이나 거의 매한가지였음 직하다. 따라서 양산처럼 경주나 김해와 긴밀한 지리적·역사적 연고를 맺었던 고을에서, 설득력 있는 근거도 없이 '김金'을 칭성하는 것은 —비록 신라 하대의 혼란기였다고 하더라도— 거의 불가능하였으리라는 게 온당하지 않을까 싶다.[23] 통일신라 이래 5소경과 9주 치소를 중심으로 진골이나 6두품과 같은 중앙귀족이 점차 지방으로 확산되어갔다는 지적을[24] 굳이 떠올리지 않더라도, 경주·김해와 양산 사이의 지리·역사적인 긴밀성으로 미루어 김인훈이 활동하던 시기 즈음이면 이미 양산지역에는 경주나 김해와 연고가 있는 '김金'성姓들이 적지 않았을 법하며, 그런 만큼 아무런 근거 없이 양산지역에서 함부로 '김'을 칭성한다는 것은 있을 수 없는 일이었다고 하여 지나친 말이 아닐 듯 여겨지는 것이다.

'양주수良州帥 김인훈金忍訓'이 '김金'성姓을 칭했던 데에는 그만한 근거가 있었다고 믿는다. 양산을 지배하는 유력자였던 그가, 납득할 만한 증거도 제시하지 않은 채 난데없이 '김金'을 칭성함으로써 지역사회의 비판을 불러일으키고 스스로의 권위에 손상을 입히려 들었을 리가 없다. 그가 '김金'성姓을 내세웠던 데에는 그만한 까닭이 있었음이 거의 틀림없어 보이는 것이다. 그렇다면 그 근거는 무엇이었을까? 이를 나위 없이 그것은 경주 내지 김해지역 '김金'성姓들과의 무슨 연고였을 터이다. 좀 더 구체적으로 추정하자면, 본인 아마도 그보다는 선대의 어느 시기에 경주 혹은 김해에서 연고를 좇아 양산으로 낙향한

---

23) 이와 관련하여 新羅의 眞骨로 편입되면서 '金'姓을 칭하도록 인정받았던 伽倻의 前王族마저, 경우에 따라서는 '新金'이라 표기함으로써 新羅의 본래 王族과 구별하곤 하였음을 상기하는 것도 좋을 것이다.

24) 李基東, 「골품제도의 퇴화」, 『한국사』 11 (국사편찬위원회, 1996), 49~50쪽

중앙귀족 계열의 인물이었을 가능성을 배제하기 어려워 보인다. 앞서 언급했듯이, 왕경王京 경주慶州나 혹은 김해소경金海小京과 무슨 연관이 있는 계통의 출신, 각별히는 '김金'성姓으로 상징되는 중앙귀족과 연결되는 계열에 속하는 인물이 아니었을까 짐작되는 것이다.

신라 하대에는 중앙귀족이 낙향하여 지방에서 거주하는 것이 드물지 않은 현상이었다고 한다. 국가적인 사민徙民 조치에 의해서나 또는 권력투쟁에서의 패배 등으로 왕경에서 거주하기 어려워진 귀족들이 연고를 찾아 낙향하였으며, 혹은 지방관으로 나갔다가 그대로 주저앉는 경우도 적지 않았다. 그리하여 지역사회에 정착해서 세력을 키워가던 이들이 신라 말엽의 혼란기를 틈타 지방의 유력자로 대두하였다는 것이다.[25] 이른바 낙향귀족 출신 호족의 등장이거니와, '양주수良州帥 김인훈金忍訓'도 또한 그러한 경우에 해당하지는 않았을까 싶다. 무언가의 사연을 지닌 채 양산으로 들어와 토착적인 기반을 마련하는 데 성공한 중앙귀족의 후예로서, 신라 말에 마침내 양산을 지배하는 호족으로 그 모습을 드러내기에 이르렀던 것이 아닌가 헤아려지는 것이다. 양산의 지리·역사적인 배경과 '김'을 칭성한 사실 및 당시의 추세 등에 비추어, 그러했을 가능성이 자못 높을 것으로 생각한다.

'양주수良州帥 김인훈金忍訓'이 경주 혹은 김해와 연결되는 중앙귀족 계열, 다시 말해 낙향귀족 출신의 호족이었을 것임을 살폈다. 그렇다면 밀양密陽의 '부리府吏'였다던[26] 손긍훈孫兢訓의 출신은 어떠하였을까? 신라의 '주州·부府·군郡·현리縣吏'는 대개 지방의 촌주村主 출신이었다고 한다. 그리하여 지역사회에서 이직자吏職者의 상층부를 구

25) 鄭清柱, 「호족세력의 대두」, 『한국사』 11, 70~77쪽

26) 앞의 註 2) 史料.

성하던 저들이, 중앙의 지방통제가 약화되고 농민봉기가 집중 분출되던 신라 하대에 성주라든지 혹은 장군을 자칭하며 고을을 지배하는 호족으로 등장하였음이 밝혀진 지 오래인 것이다.[27] 밀양密陽 '부리府吏' 손긍훈의 경우 역시 그러한 사례에 해당하지는 않았을까 싶다. '부리府吏' 즉 촌주 출신으로서 독자적인 세력을 쌓아 고려에 협조한 밀양의 유력자, 말하자면 촌주에서 성장하여 밀양을 대표하는 호족으로까지 성장한 인물이 곧 그가 아니었을까 헤아려지는 것이다.

한편 그는 '손孫'성姓을 칭했던 것으로 미루어 신라 6두품과 무슨 연고를 지닌 인물이었던 것으로 여겨지기도 한다. 그 혹은 그의 일족이 처음 그러한 성을 칭하기 시작한 시기는 잘 알 수가 없다. 그렇지만 김인훈의 예에서 보듯 '손孫'성姓을 칭한 기록이 그가 생존한 당시의 현실을 반영한 것이었을 가능성이 높아 보이며, 아울러 그 성이 또한 6두품 귀족성貴族姓의 하나와 동일하다는 사실을 그냥 지나칠 수는 없다. 밀양이 경주와 그다지 멀리 떨어지지 않은 고장으로서, 금관가야 병합(532) 이전의 비교적 이른 시기에 신라 영역으로 편입되었으리라는 사실 등을 생각할 때,[28] 그가 칭한 '손孫'성姓이 혹시 신라 6두품의 그것과 무슨 연관이 있지는 않았을까 여겨지는 것이다. 추측건대 손긍훈은 그 선대 어느 시기 경주에서 밀양으로 이주해 왔거나, 혹은 본시 밀양을 근거로 토착하였던 6두품의 후예였음 직하다.[29] 경

27) 尹熙勉, 「新羅下代의 城主·將軍」, 『韓國史硏究』 39 (1982), 54~59쪽

28) 그 밖에도 密陽에는 金官伽倻와 大伽倻 방면으로 팽창해가던 新羅勢力의 존재를 전하는 說話上의 遺蹟이 여럿이라고 하는데, 그것을 포함해서 신라와의 긴밀한 관계 아래 전개되던 밀양의 고대 역사에 관해서는, 李佑成, 「歷史의 展開」, 『密陽誌』 (密陽文化院, 1987), 37~41쪽의 설명을 참고하라.

29) '孫'姓을 포함한 6두품은 斯盧 6村만이 아니고 신라의 팽창과 함께 密陽처럼 새로이 영토로 편입된 지역의 帥長層도 그 淵源의 하나임이 지적돼 왔거니와(李

주 인근이자 일찍이 신라의 영향권 안에 들어간 밀양지역에서 6두품과 동일한 '손孫'성姓을 칭하는 '부리府吏'였던 사실에 비추어, 그러한 추정이 반드시 사실과 어긋나지만은 않을 줄 여겨지는 것이다. 손긍훈은 6두품 계열의 촌주 출신으로, 신라 말에서 고려 초의 시기에 밀양을 지배하던 호족이었다고 믿는다.

김인훈과 손긍훈의 출신을 살폈다. 그리하여 이들이 왕경에서 이주해온 낙향귀족 내지는 그들 중앙귀족과 무슨 연고를 지녔음 직한 토착세력 계통의 호족이었음을 이해하게 되었다고 생각한다. 그런데 여기에서 떠오르는 의문은, 그들이 어떠한 과정을 거쳐 호족으로 성장해 대두하게 되었을까 라고 하는 점이다. 김인훈과 손긍훈이 각각 양산과 밀양을 대표하는 호족으로 등장하기까지 무슨 활동을 통해 그 세력을 키워나갔는지 궁금한 것이다.

이들의 세력 성장과 관련하여 우선 주목되는 것은, 그들이 지배하던 고을의 지리적 위치이다. 전통시기에 양산은 내륙을 바다로 이어주는 길목에 자리했었다. 현재는 바다와 제법 떨어져 내륙지대에 속하는 것처럼 보이지만, 19세기까지만 하더라도 그와 많이 달랐다. 토사土砂의 퇴적과 간척 등에 의해 낙동강 하구가 바다 쪽으로 내려가고, 동시에 양산의 일부가 김해 혹은 부산으로 편입되면서 고을이 바다와 서로 차단된 데 따른 결과일 뿐이다. 조선 초기의 지리지에서는, 낙동강이 양산의 동원진東院津에 이르러 바다로 들어간다고 하였다.[30] 1861년에 완성된 고산자古山子의 『대동여지도大東輿地圖』에도,

基白, 「新羅 六頭品 硏究」, 『省谷論叢』 2, 1971 ; 『新羅政治社會史硏究』, 一潮閣, 1974), 따라서 孫兢訓을 반드시 慶州에서 이주해온 6두품의 후예일 것으로만 생각해야 할 이유는 없을 듯 싶다.

30) ① 名山二 … 大川 洛東江 流至郡西 稱黃山津 至西南 稱東院津 入海 (『慶尙

양산의 남쪽 변경이 낙동강을 따라 하구河口로 뻗어 내려가 현재의 부산 구포龜浦[地圖上 甘同]를 넘어 명지鳴旨[鳴旨島]와 경계를 맞대었던 것으로 나타난다. 양산의 경역이 낙동강 하구까지 이어지며 그곳에서 곧장 바다와 잇닿았었음을 지도상으로 확인할 수가 있는 것이다. 또한 『양산군읍지梁山郡邑誌』와 같은 조선 말기의 지지류에서도[31] 양산군의 산천山川 항목에 '대해'大海'조條를 설정해 놓음으로써,[32] 이 고을이 바다와 접하였음을 분명히 하기도 하였다.

과거에 양산 고을이 내륙과 바다를 연결하는 길목에 위치하였음을 살폈다. 말하자면 양산은 대해大海로 이어지는 포구가 들어설 수 있는 지리적 여건을 갖춘 고장이었던 셈이다. 그런데 신라에서 왕경 경주를 해양과 연결시켜 주던 첫째가는 항구는 울산蔚山이었다. 경주의 외항 역할을 하던 이곳에서는, 국내외 상인의 활동이 자못 활발하였으며 멀리 당唐·일본日本과도 통하였다.[33] 따라서 그러한 국제항 울산에 비하면, 신라시기 포구로서의 양산의 역할은 그다지 보잘것없는 것이었을지도 모르겠다. 다만 그런 대로 이 고을이 수도 경주를 바다로 이어주는 또 다른 통로의 역할을 하였음은, 김우징金祐徵의 사례를

道地理志』 慶州道 梁山郡)

② 城隍山 … 黃山江·伽倻津·東院津 (夾註: 在郡南二十五里 黃山江下流) … (『新增東國輿地勝覽』 22 梁山郡 山川)

31) 이 글에서 주로 참고한 朝鮮末期의 『梁山郡邑誌』는 1832年本과 1895年本의 둘인데, 이하에서는 『梁山邑誌』(1832)와 『梁山邑誌』(1895)로 略記하겠다. 密陽都護府의 邑誌도 동일하다.

32) 在郡南 距七十里 (『梁山邑誌』(1832) 山川 大海 夾註)

33) 李龍範, 「處容說話의 一考察」, 『震檀學報』 32 (1969). 李佑成, 「三國遺事所載 處容說話의 一分析」, 『金載元博士回甲紀念論叢』(1969) ; 『韓國中世社會研究』 (一潮閣, 1991). 具山祐, 「羅末麗初의 蔚山地域과 朴允雄」, 『韓國文化研究』 5 (釜山大 韓國文化研究所, 1992).

통해 짐작할 수가 있다. 청해진清海鎭의 장보고張保皐에게 의탁하고자 김우징이 처자와 더불어 경주에서 도망쳐 배를 탄 곳이 황산진구黃山津口였는데,[34] 그게 바로 양산의 낙동강변에 위치한 포구였던 것이다. 양산에 위치하였다고 하는 황산강黃山江과[35] 황산진黃山津이[36] 그곳으로서, 예의 『대동여지도』에도 해당 지명이 표기되어 있음은 물론이다. 비록 울산에는 미치지 못하겠지만, 왕경 경주에서 바다로 나가는 길목 중의 하나가 양산이었음을 이해하기에는 부족함이 없는 것이다. 아울러 신라 자비왕慈悲王이 양산으로 쳐들어온 왜倭를 물리친 다음 그들의 잦은 침입을 막고자 성城을 축조하였다든지, 혹은 고려 말 수 차례에 걸쳐 왜구가 양산을 침략하였던 사실 등에서도 또한, 이 고을이 바다로 곧장 이어지는 해상 교통로의 연장선에 위치하였음을 능히 추정할 수가 있다.[37] 필시 훨씬 이른 시기 이래의 일이었을 터

---

34) (金)祐徵懼禍及 與妻子奔黃山津口 乘舟往依於淸海鎭大使弓福 (『三國史記』 10 僖康王 2년 5월)

35) ① … 又號順正 有伽倻津·黃山江(夾註: 與務安之龍津 光陽之蟾津 稱爲背流三大江水) … (『高麗史』 57 地理 2 慶尙道 梁州)
② … 黃山江 (夾註: 在郡西十八里 新羅爲四瀆之一 載中祀 高麗以務安之龍津 光陽之蟾津 及此江 稱爲背流三大水)·伽倻津 … (『新增東國輿地勝覽』 22 梁山郡 山川)

36) 名山二 … 大川 洛東江 流至郡西 稱黃山津 至西南 稱東院津 入海 (『慶尙道地理志』 慶州道 梁山郡)

37) 『三國史記』 3 慈悲王 6년 2월. 『高麗史』 39 恭愍王 10년 8월 癸巳. 같은 책 40 恭愍王 13년 3월 丙戌. 같은 책 133 叛逆 7 辛禑 2년 11월 辛巳. 같은 책 12월. 같은 책, 13년 4월.
한편 古山子의 해박한 고증이 돋보인다는 평가를 받는 地理書인 『大東地志』(1864)의 '典故'條에는 각 고을에서 벌어진 역사상의 주요 사실들이 수록되어 전하는데, 양산의 경우 두 사례를 제외하고는 삼국시기 이래 조선시기에 이르도록 이어진 倭의 침략에 관한 기록으로만 채워져 눈길을 끈다(『大東地志』 7 慶尙道 梁山 典故). 말하자면 古山子는 倭의 침략에 주안점을 두고서 양산의 역사를

이지만, 늦어도 삼국시기 이후 양산은 바다로 이어지는 포구를 지닌 고을로서 명맥을 유지해 왔음이 분명해 보이는 것이다.

따라서 신라의 하대처럼 해상무역이 활발해지는 시기를 맞이해서는, 양산지역에서도 해상세력이 성장할 수 있는 가능성이 충분하다 할 것이다. 왕경의 외항으로서 번영하던 울산에 비해, 다소 외져 보이는 이 지방이 어느 면에서는 해상세력의 성장에 되레 유리한 부분도 없지 않았을 법하다. 경주를 바다로 이어주는 통로이기는 매한가지이지만, 신라 중앙의 관심이 덜 집중되고 따라서 규제도 그만큼 덜 심했을 양산이, 해상세력의 활동에는 한층 이로운 여건의 고장이었을 가능성이 높아 보인다. 잘 알려졌듯이, 신라 하대에는 중앙의 통제에서 벗어나 민간의 사사로운 교역이 널리 행하여졌다. 당시 대두하던 해상세력이 왕성한 사무역私貿易을 바탕으로 성장했던 사실을 이름이거니와, 양산은 그러한 점에서 비교적 괜찮은 조건을 갖춘 고을이 아니었던가 여겨지는 것이다.

양산이 낙동강 하구와 같은 바다와 잇닿은 포구를 지닌, 그리하여 신라 하대에 해상세력이 성장할 수 있는 여건을 갖춘 고장이었음을 살폈다. 신라 말에서 고려 초에 걸친 시기의 양산 지배자는 그만큼 해상세력과 연관될 소지가 컸다고 할 수가 있으려니와, 요컨대 '양주수良州帥 김인훈金忍訓'은 그 자신이 해상세력 출신이었거나 아니더라도 그와 무슨 연관을 지닌 가운데 성장한 호족이었을 가능성을 배제하기 어려워 보이는 것이다. 가령 지리적인 여건만 하더라도, 신라 말 고려 초의 대표적인 해상세력으로 거론되곤 하는 왕봉규王逢規의 거

살핀 셈이거니와, 이 또한 전통시기의 양산이 바다와 긴밀한 관계에 있었음을 보여주는 방증이라 하여 지나치지 않을 줄 믿는다.

점지역이던 의령宜寧이나 진주晉州라든지 또는 나주羅州 오씨吳氏의 나주羅州 영산포榮山浦에 비해, 이미 설명한 데서 드러나듯 김인훈의 양산이 하등 불리할 게 없었다.

나아가 903년에 왕건이 '양주수良州帥 김인훈金忍訓'을 돕기 위한 원정에 선뜻 나설 수 있었던 것도, 그만큼 양산이 바다를 통해 접근하기 용이한 지역이었기에 가능한 일이었음 직하다. 당시 왕건은 수군을 이끌고 나주 공벌을 마친 후 막 송악에 돌아온 참이었다. 그랬는데 김인훈이 급보를 고하자 가서 구해 주도록 궁예가 명령을 하였고, 재차 출정한 왕건이 무사히 임무를 마치고 귀환하였다는 것이다.[38] 전후의 상황이나 문맥으로 미루어 당시 왕건은 수군을 이끌고 가서 위기에 처한 김인훈을 도왔던 것으로 추정되거니와, 해로海路를 이용한 접근이 쉽지 않은 지역이었다면 거의 불가능한 원거리 구원 작전이었음이 거의 틀림없어 보인다.[39] 신라 말에서 고려 초의 시기에 양산이 해상 교통로와 직결되는 고장이었으며, 자연히 해상세력이 들어서기에도 알맞은 여건이었음을 거듭 확인할 수가 있으려니와, 당시 그러한 양산을 지배하던 김인훈이 해상세력 출신의 호족이었을 가능성 또한 그만큼 높아진다고 하여 지나치지 않을 성싶은 것이다.

낙향귀족의 후예인 김인훈이 해상무역을 통해 세력을 키워간 끝에 양산을 지배하는 호족으로 성장 대두하였을 것임을 검토하였다. 이제 6두품 계열의 촌주 출신으로 짐작되는 밀양 호족 손긍훈의 경우를 살

---

38) 앞 註 8) 史料.

39) 이때 왕건이 육로를 통해 김인훈 구원 작전에 나선 것으로 볼 수도 있겠지만, 기록상의 맥락이나 당시 왕건이 주로 수군을 거느린 채 군사 활동에 나섰던 사실, 그리고 궁예의 세력권이나 교통 운송의 여건 등을 고려할 때, 해로를 이용했으리라고 보는 게 보다 합리적일 것으로 생각한다.

피도록 하겠다. 밀양의 지리적 위치로 미루어, 손긍훈 역시 해상세력과 연관시켜 이해할 수 있는 소지가 없지 않다. 밀양이 양산과 경계를 맞댄 고을로 낙동강 하구에서 그다지 멀리 떨어지지 않은데다, 고려시기에 낙동강을 이용한 수운水運의 주요 거점이었던 사실을[40] 떠올리면 더욱이 그러하다.[41] 신라 말과 고려 초에도 이 지역이 낙동강을 이용한 수운의 거점이었을 가능성이 높으며, 자연히 당시 밀양을 지배하던 손긍훈 역시 해상무역과 무슨 연관이 있었을 듯 여겨지는 것이다.

밀양의 호족 손긍훈을 해상세력과 전혀 무관했던 존재로만 단정지을 수는 없을 것으로 생각한다. 그렇지만 양산 김인훈의 경우에 비하면, 지리적 여건상 밀양의 '부리府吏' 손긍훈은 아무래도 내륙 호족, 이를테면 농업생산력에 좀 더 관심을 지닌 토착세력가로서의 성격이 보다 도드라진다는 게 온당할 성싶다. 그리고 또한 그의 세력 성장에는 '리吏'로서의 지위가 작용하였을 개연성이 크다고 믿는다. 추정컨대 촌주 신분의 '리吏'로서, 몰락 농민의 토지를 겸병하는 동시에 그들을 전호佃戶 내지 노비로 삼아 세력을 키워가는 사이에 고을의 유력자로 대두하게 되었던 것은 아닌가 여겨지는 것이다.[42] 신라 하대의 촌

40) 12세기 후반의 인물인 林椿이 密陽을 둘러보고서는, "山郡多佳麗 名高冠一方 地靈人自傑 野沃歲頻穰 路控舟車會 風存禮義鄕…"(『西河集』 2 遊密州書事)이라며, 배와 수레[舟車]가 모여들어 붐비는 모습을 묘사했던 데서 그것을 짐작할 수가 있다.

41) 조선시기에도 밀양이 水運의 요충이었음은, 全基浩, 「交通·運輸·通信」, 『密陽誌』 (1987), 166~167쪽의 설명을 참고하라.

42) 신라의 村主가 村落文書 작성, 租·調 수취, 力役 동원, 촌락 방위 등 村政 전체를 담당하면서 군·현의 행정기구인 郡·縣司에도 참여함으로써, 지방사회에서 세력기반을 확대하여 정치적·군사적 실력자로 성장할 수 있는 가능성을 지닌 존재였음에 관해서는, 鄭淸柱, 「호족세력의 대두」, 88~90쪽에 잘 정리되어

락에서는 촌주와 같은 부농층富農層이 자영소농自營小農의 토지를 겸병하고 자유민을 그 비호 아래 끌어들임으로써, 지주地主・전호제佃戶制에로 기우는 현상이 비로소 나타나기 시작했다고 한다.[43] 그리고 그처럼 성장한 유력한 촌주층을 주축으로 해서 촌락이 점차 재편성되어 갔다고 하는데,[44] 손긍훈의 세력 성장도 대략 그러한 경로를 거치지는 않았을까 짐작되는 것이다.

김인훈과 손긍훈의 출신 및 세력 성장 과정을 훑어보았다. 낙향귀족의 후예인 김인훈이 해상무역을 통해 성장하여 양산을 지배하는 호족으로 대두하였음에 비해, 6두품계 촌주 출신의 손긍훈은 '리吏'로서의 지위를 바탕으로 농민을 끌어들이고 농토를 집적하는 등 농업생산력에 근거하여 밀양을 대표하는 호족으로 성장하였을 것으로 추정하였다. 왕경 경주와 지리적・역사적으로 밀접하게 관련된 지역에서, 그 선대에 신라 중앙과 무슨 연고가 있었을 가능성이 높은 두 인물이, 각각 해상무역 혹은 농업생산력을 바탕으로 성장한 끝에, 신라 하대의 격변기를 맞이하여 마침내 고을을 지배하는 호족으로 대두하였던 셈이다.

한편 두 사람 가운데 경상慶尙 동남부東南部의 지역사회에서 주도적인 위치에 선 것은 김인훈이 먼저였던 것으로 보인다. 김인훈이 웅거한 양산은 통일신라시기 지방통치의 거점이었다. 삽량주歃良州 혹은 양주良州의 치소治所가 자리한 고을로서 관하에 1소경小京・12군郡・34현縣을 거느렸거니와, 그 중 하나가 곧 밀성군密城郡 즉 밀양이었

있다.

43) 金容燮, 「農業史」, 『韓國文化史新論』(中央大 中央文化研究院, 1975), 377~378쪽

44) 李基東, 「수취체제의 모순과 농민층의 피폐」, 『한국사』 11, 58~60쪽

다.[45] 통일신라시기에 양산이 밀양을 관할하던 주치州治로서 보다 상위의 대읍大邑이었음을 이해할 수가 있는 것이다. 그런데 신라 말에 이르면 9주의 치소와 5소경에서 보다 유력한 호족이 대두하는 경향이 있었다고 한다.[46] 행정・군사・경제・문화적인 거점 지역으로서의 오랜 지위를 바탕으로 가능한 일이었을 법하거니와, 양산 역시 거기에서 예외이었을 까닭이 없다. 바꿔 말해 그와 같은 양산을 본거지로 삼은 김인훈이, 그 관내 고을인 밀양에 자리 잡은 손긍훈보다는 지역사회에서 더욱 높은 위상을 차지한 호족이었을 것으로 간주하여 무방하지 않을까 여겨지는 것이다.[47]

나아가 김인훈은 시대적인 변화에도 한층 민감하게 반응하였던 것으로 판단된다. 후삼국이 전개되는 초기라 할 903년(孝恭王 7)에, 벌써 궁예・왕건과 연계되어 그 원조를 받았던 사실로[48] 미루어 그러하다. 그처럼 이른 시기에 지근거리인 경주의 신라를 등지고 멀리 후고구려와 손을 잡았던 것은, 정세 변동의 징후를 포착하기에 유리한 주치州治를 본거지로 하였기에 가능한 일이었음 직하다. 하지만 무엇보

---

45) 『三國史記』 9 景德王 16년 12월. 같은 책 34 地理 1 良州

46) 대체로 널리 인정받는 사실이지만, 여기에서는 주로 다음의 논문을 참고하였다. 金甲童, 「'高麗初'의 州에 대한 考察」. 鄭淸柱, 「호족세력의 대두」. 姜恩景, 「高麗初 州官의 形成과 그 構造」, 『한국중세사연구』 6 (1999).

47) 또한 金忍訓이 海上勢力 출신의 豪族이라는 앞서의 추정이 옳다면, 경제적인 측면에서도 한층 우위에 섰을 가능성이 높아 보인다. 주로 農業生産力에 의존하였을 孫兢訓에 비해, 海上貿易을 통한 富의 축적에 나섰을 김인훈의 경제력이 더욱 우월했을 듯싶은 것이다. 아울러 경제적인 뒷받침이 절대적으로 요구되는 군사력에서도 역시 그러하였음 직하다. 州의 治所로서 관내의 군사력에 대한 영향력도 적지 않았을 터이러니와, 경제력이 뒷받침됨으로써 보다 강한 군사력을 보유할 수가 있지 않았을까 헤아려지는 것이다.

48) 『高麗史』 1 太祖卽位 以前 天復三年癸亥(903)

다도 해상세력으로서의 활발한 대외활동이야말로, 그로 하여금 그와 같은 재빠른 정치적 선택의 필요성을 절감케 하였던 것으로 보인다. 대내외 정세에 민감하기 마련인 해상활동의 경험에서, 멀리 궁예・왕건과 손잡을 결심까지 하기에 이르렀던 것이 아닌가 여겨지는 것이다. 이를테면 해상세력 특유의 적극적이고도 개방적인 사고와 접근 태도가, 김인훈으로 하여금 모험에 가까운 선택을 시도하도록 이끌었다고 하여 과언이 아니었던 셈이다.

이후 김인훈은 후고구려와의 연계를 바탕으로 지역사회에서의 우세한 지위를 더욱 공고히 하려 들었음 직하다. 주치州治를 거점으로 삼은 위에 해상세력으로서 궁예・왕건과도 손을 잡은 그가, 이웃 밀양의 손긍훈에 비해 한층 활발히 활동하며 지역을 주도하였으리라는 것은 너무도 당연해 보이는 것이다. 반면에 손긍훈이 왕건과 연계를 맺은 가운데 활동에 나선 것은, 그보다 다소 뒤의 일이었던 것으로 여겨진다. 구체적인 시기는 불명이거니와, 고려 태조를 보좌하여 공을 세웠다는 지리지의 기록으로[49] 미루어 고려왕조 개창(918) 이후의 일이 아니었을까 추정하는 정도이다. 이른 시기에 또 그에 값할 만큼 주목할 만한 활동이 있었다면, 김인훈의 경우처럼 그 역시 『고려사高麗史』 등의 정사류正史類에 이름을 올렸을 가능성이 높아 보인다. 하지만 실제로는 그렇지를 못하였으며, 단지 지역에 전해지는 자료를 근거로 편찬한 『신증동국여지승람』에만 거명되는 데 그쳤을 따름이다. 활동 시기나 비중의 면에서 손긍훈은 김인훈에 비해 다소 뒤졌다고 하는 게 온당할 듯 여겨지는 것이다. 아마도 왕건과 연계를 맺은 김인훈이 고려의 편에 서서 적극적으로 활약하며 지역사회를 주도하는

---

49) 『新增東國輿地勝覽』 26 密陽都護府 祠廟 城隍祠 夾註

가운데, 이웃 고을의 손긍훈도 자연히 그 영향 속에서 왕건에게 귀부하기에 이르렀던 것으로 이해함이 순리일 듯싶다.

이들은 후삼국의 쟁패기를 맞아 모두 친왕건적親王建的 내지 친고려적親高麗的인 경향을 보인 호족들이었다. 활동 시기의 선후나 비중에서 차이가 있었을지는 모르지만, 또한 그런 만큼 왕건과의 정치적 연계에 적극적이거나 다소 소극적인 차이는 있었을지 모르지만, 후백제는 물론이고 이웃 경주의 신라까지도 등진 채 멀리 고려의 편에 선 호족들이었다. 그리하여 그와 같은 정치적 자산을 바탕으로, 본인을 비롯한 그 후손들이 고려왕조 치하에서 중앙에 진출하거나 혹은 지역의 유력자로 군림할 수 있는 발판을 마련하였다. 후일 이들이 그 후손을 포함한 지역 토호세력에 의해 신격화되어 고을의 상징인 성황신으로 추앙되기에 이른 토대가 그러한 데 있었으리라 함은 더 이를 나위가 없으려니와, 이제 절을 바꾸어 그 구체적인 경위를 더듬어보도록 하겠다.

2. 김인훈金忍訓·손긍훈孫兢訓의 양산梁山·밀양密陽 성황신城隍神 추앙

김인훈과 손긍훈은 고려 태조를 보좌한 공으로 고위직에 올랐거나 혹은 추증되었으며, 사후에 각각 양산 내지는 밀양의 성황신이 되었다고 한다. 앞서 제시하였듯이, 조선 전기의 지리지에 그처럼 기록되어 전한다. 그렇다면 이들은 언제 그리고 누구에 의해 성황신으로 추앙되었으며, 또 그것이 지니는 바의 의미는 무엇이었을까. 김인훈과 손긍훈이 각각 양산과 밀양의 성황신으로 떠받들어진 경위를 구체적으로 알려주는 자료는 없다. 다만 과거 두 고을의 위상 내지는 그것을 뒷받침하는 토착세력의 동향과 무관하지 않았으리라는 것은 분명해 보인다. 전통시기에 성황신이 지역의 상징이자 수호신이었으며, 그에 대한 숭배와 신앙이 지역사회 내지는 그 주도계층이라 할 토착사회세력과 긴밀한 관계를 맺은 가운데 전개되어 왔음에 비추어 그러하다.[50)]

두 사람 중 먼저 성황신으로 추앙된 것은 아마 김인훈이 아니었던가 싶다. 고려시기 양산과 밀양의 위상 변화 추이로 미루어 그처럼 생각된다. 양산이 본디 통일신라 9주의 하나인 양주良州의 치소였다 함은 이미 여러 차례 언급하였다. 지방통치의 핵심 거점으로서 손꼽히는 대읍大邑이었다. 그런데 고려시기 양산의 사정은 전혀 그렇지를 못하였다. 그것과 한참 거리가 있는, 변방의 자그마한 고을에 지나지 않았다. 고려 후기의 문인 최해崔瀣는 경주慶州를 관향으로 하며 또한 양산梁山을 둘러본 인연도 지닌 인물이었는데 양산을 가리켜,

> … 지역이 협소하고 … 홀로 풍년이 드물며 흉년이 잇따른다 … 사자使者가 왕래할 적에 역관驛館의 접대에서도 허둥대기 일쑤이거니와, 때로는 지출 비용을 감당하지 못해 모두 대숲[竹林] 속으로 달아나 숨는 게 마치 놀란 사슴이나 노루와 같다. 동남 방면의 여러 고을 중 이곳이 가장 가난하므로 평소 다스리기 어려운 것으로 이름이 있다 …[51)]

50) 앞의 註 6)을 참조하라.

51) 梁之州 距子雞林故里 百有餘里 今年夏 子旣除服 自故里廻 … 於是 道過巘陽 欲宿梁 … 不果入梁宿 直過河而西 望見官舍民居 隱見於竹林叢薄之間 人指爲州 因訪風俗 得其一二者焉 厥地狹 厥民輕以肆 厥田皆下濕 … 是故豊年獨少 而凶年相仍 地然也 家無男女 治竹爲用具 貿易他物 衣食租賦 惟竹是仰 而又無鉅商富民 賴以取給者 其於使華之往來 館待亦草草 事有不堪支應

라고 평하였다. 거점 지역으로서의 위상을 유지하기는커녕, 잔약하기 그지없는 변두리의 고을로 인식되었음을 보여 준다.

반면에 고려시기의 밀양은 꽤나 번성하는 지방으로 묘사되어 그와 대조를 이룬다. 무인정권시기의 문인 임춘林椿이 밀양을 유력하면서,

> … 땅이 신령스러우니 인재가 자연히 걸출하고, 들판이 비옥하여 해마다 풍년일세. 도로가 당겨 수레와 배가 모여들고, 풍속은 예의향禮義鄉이라. 유자儒者의 많음이 촉군蜀郡과 같고 … 빽빽이 늘어선 수많은 집이 세류細柳로 금빛인데, 잔 없은 술상엔 해륙海陸의 진미珍味가 넘쳐나는구나 …[52]

와 같이 읊었던 데서 알 수가 있다. 통일신라시기 양주良州 관내의 일개 군郡에 지나지 않던 고을이, 임춘 당시에는 어느 지방도 부럽지 않을 만큼 활기찬 가운데 번영을 누리었음이 생생히 묘사되어 전하는 것이다.[53]

임춘은 12세기의 중후반을 그리고 최해는 13세기 말에서 14세기의 전반을 살았던 인물이다. 두 사람의 생존 시기에 1세기 남짓 차이가 벌어지는 것이다. 두 고을에 관한 두 사람의 견문을 동일한 차원에서 직접 비교하기에는 무리가 있는 셈이다. 하지만 적어도 고려시기 두

者 卽皆竄匿竹林中 若驚麕駭鹿然 東南諸州 此州取貧 素稱難治 … (『拙藁千百』 1 送安梁州序)

52) 山郡多佳麗 名高冠一方 地靈人自傑 野沃歲頻穰 路控舟車會 風存禮義鄉 多儒如蜀郡 絕景甲餘杭 … 四序叢筠綠 千門細柳黃 杯盤饒海陸 絃管妙宮商 遇勝添詩興 餘閒泥酒觴 … (『西河集』 2 遊密州書事)

53) 고려시기 密陽의 번성하던 모습에 관해서는, 李佑成, 「歷史의 展開」, 『密陽誌』, 42~44쪽의 상세한 설명이 참고 된다.

고을의 분위기가 사뭇 달랐을 것임을 파악하는 데에는 별로 지장이 없어 보인다. 통일신라와 고려시기에 양산과 밀양이 서로 상반되는 처지에 놓였으며, 고려시기의 경우 양산이 보다 열악한 상황이었을 것으로 판단하여 그리 큰 잘못은 아니지 않을까 여겨지는 것이다. 따라서 고려시기의 양산 지역사회 내지는 그것을 이끄는 토착 유력계층의 입장에서는, 상황을 반전시키려는 노력이 자못 절실하였을 듯싶다. 과거에 누렸던 지역 거점으로서의 영화를 회고하며 열악한 처지에서 벗어나 대읍으로서의 위상을 회복하려는 움직임이 일게 마련이었으며, 양산의 주민들에게 그것은 너무도 당연한 일이었음 직해 보이는 것이다.

그렇다면 양산이 그처럼 밀양에 비해 잔약함을 면치 못하게 된 것은 고려왕조 치하의 어느 때에 이르러서였으며, 그 계기는 또 무엇이었을까. 양산은 신라 경덕왕 16년(757)에 삽량주歃良州에서 양주良州로 개칭되었다가 고려 태조 23년(940)에 다시 양주梁州로 바뀌었으며, 현종 9년(1018)에 방어사防禦使를 수령으로 맞이한 이래, 충렬왕 말기의 짧은 기간을 제외하고는 대체로 고려 말까지 동일한 읍격邑格을 유지하였다. 밀양은 신라 경덕왕 16년의 개명 이후 고려 초까지 밀성군密城郡으로 불렸으며, 성종 14년(995)에 자사刺史를 수령으로 하는 밀주密州로, 그리고 현종 9년에 지사知事를 수령으로 하는 밀성군密城郡으로 변하였다. 그 뒤 충렬왕 초기 한때 부곡部曲으로 강등되기도 하였으나 대체로 군郡과 현縣을 오르내리며 고려 말에 이르렀다가, 공양왕 2년(1390)에 밀양부密陽府로 승격되어 조선왕조의 개창을 맞이하였다.[54)]

54) 『高麗史』 地理志에서 위와 같이 두 고을의 沿革을 정리한 이래, 朝鮮時期의

밀양이 신라에서 고려에 이르도록 큰 변화 없이 일반 군현郡縣으로서의 읍격邑格을 유지하였던 반면에, 양산의 경우 신라시기에는 광역 지방행정단위인 주州의 치소治所였다가 고려시기 들어 일반 군현郡縣인 방어사군防禦使郡으로 격하되었음을 알 수가 있다. 그런데 양산의 그러한 격하는 고려 태조 23년에 시행된 양주梁州로의 개편에서 비롯되었던 것으로 보인다. 신라 말의 격동기에 이미 양주良州 치소로서 양산이 지니던 바 의의는 크게 약화되지 않았을까 싶다. 주치州治로서의 기능을 정상적으로 발휘하기란 실로 기대하기가 어려운 형편이었을 듯 여겨지는 것이다. 다만 양산을 지배하던 호족인 김인훈의 존재로 인해 나름대로 고을의 위상은 유지되었을 것으로 판단된다. 그가 비교적 이른 시기에 왕건과 연계를 맺고 활약함으로써, 그의 본거지인 양산이 경상 동남부 지역에서 고려의 전진기지 역할을 할 수가 있었고, 그리하여 여전히 지역사회에서 주도적인 위상을 유지할 수가 있었을 듯 생각된다. 주州의 치소였을 적과 비교하기는 어려울지 모르겠지만, 여전히 지역사회를 주도하는 고을로서의 명망에는 그다지 손상을 입지 않았음 직해 보이는 것이다.

그러나 그것은 그리 오래 가지 못하였다. 신라가 고려에 항복한 데 따른 변화였다. 천년 왕도였던 경주가 이제는 나라의 중심에서 멀리 떨어진 지방의 일개 고을로 격하되면서, 그 동안 양주良州를 거점으로

地理志나 邑誌類는 물론 근래에 편찬된 郡誌에서도 대체로 동일한 내용이 답습되어 반복 기술되어 왔다(『高麗史』 57 地理 2 慶尙道 梁州. 같은 책 密城郡. 『世宗實錄』 150 地理志 慶尙道 梁山郡. 같은 책 密陽都護府. 『新增東國輿地勝覽』 22 梁山郡 建置沿革. 같은 책 26 密陽都護府 建置沿革. 『梁山邑誌』(1832, 1895) 建置沿革. 『密陽邑誌』(1832, 1895) 建置沿革. 『梁山郡誌』(1986) 總論 略史 · 沿革. 『密陽誌』(1987) 歷史의 展開).

삼아 편제되었던 경상 동남부 지역의 군현郡縣들이 경주를 중심으로 재편되기에 이르렀으며, 그 시발점이 태조 23년의 지방제도 개편이었던 것이다.[55] 물론 계수관界首官 경주慶州 및 그 관하의 양주梁州(방어사防禦使)·밀양密陽(지군사知郡事)을 포함한 5개 영군領郡과 다시 그 예하의 수많은 속군현屬郡縣 등,[56] 경상 동남부 지역의 고을들이 경주를 중심으로 정연하게 편제되기에 이른 것은 현종 9년(1018)에 가서였다.[57] 하지만 그것은 태조대 특히 그 23년의 일제 개편에서 시작하여 성종과 목종대의 재편을 거치는 오랜 진통 끝에 형성된 지방제도였다.[58] 말하자면 양산은 태조 23년 양주梁州로의 개편에 의해 지역 거점 고을로서의 위상을 상실하면서 내리막길에 들어섰으며, 현종 9년에 마침내 경주 관내의 일개 방어사군防禦使郡으로 그 읍격邑格이 고정되기에 이르렀던 셈이다.[59]

---

55) 李樹健, 「土姓의 形成過程과 內部構造」, 『韓國中世社會史硏究』(一潮閣, 1984), 42쪽.

56) 『高麗史』 57 地理 2 慶尙道 東京留守官 慶州

57) 具山祐, 「地方制度의 편제와 지배구조」, 『高麗前期 鄕村支配體制硏究』(혜안, 2003) 182~183쪽.

58) 太祖代에서 顯宗代에 걸친 시기의 지방제도를 다룬 논문은 헤아릴 수 없이 많은데, 근래에 그러한 제도의 변화를 시간의 흐름에 따라 시기별로 종합하여 순서대로 설명한 연구가 나와(具山祐, 「地方制度의 성립과 개편」, 『高麗前期 鄕村支配體制硏究』, 117~181쪽) 참고하기에 편하다.

59) 한편 양산의 邑格 변화와 관련하여, "… 경덕왕이 良州로 고쳤다. 고려 태조 때에 바꾸어 中興府로 삼았다가, 뒤에 知梁州로 고쳤는데 연대는 미상이다. 본조 태종 때에 …"(一 新羅文武王 割上州下州地 初置歃良州 景德王改良州 高麗太祖時 改爲中興府 後改知梁州 年代未詳 本朝太宗時 歲在甲午 凡郡縣而稱州者 以山川二字代之 於是 改爲梁山郡 別號宜春 又順正. 『慶尙道地理志』 慶州道 梁山郡)와 같은 흥미로운 기록이 전한다. 양산이 고려 태조 때 中興府로 개편된 적이 있었다는 것이다. 다른 기록에는 나타나지 않는 데다 방증 자료조차 쉬이 찾아지지 않아, 선뜻 믿고 나서기에는 주저되는 점이 있다. 그렇지만

통일신라는 물론 고려 초까지도 경상 동남부 지역을 주도하는 고을이었던 양산이, 경순왕의 고려 귀부를 계기로 더욱이 태조 23년에서 현종 9년에 걸친 지방제도의 개편을 거치면서, 지역 거점 고을로서의 위상을 경주에 내어준 채 그 관하의 일개 영군領郡으로 읍격邑格이 고정되어갔음을 살폈다. 통일신라시기에 비해 고을의 위상이 자못 격하되었거니와,[60] 변함없이 영군領郡의 지위를 유지하던 이웃 밀양의 경우와만 비교하더라도 양산지역민 사이에 만연되었음 직한 상대

유력한 歸附豪族의 근거지에 '府'를 설치하여 우대하였다던 고려 태조의 정책에 비추어(旗田巍, 「高麗王朝成立期の'府'と豪族」, 『法制史研究』 10, 1960 ; 『韓國中世社會史の研究』, 法政大學出版局, 1972), 비교적 일찍이 왕건과 정치적으로 연계되었던 김인훈의 본거지인 양산에 '中興府'가 설치되었다고 하여 그다지 이상히 여길 까닭은 없어 보이기도 한다. 왕건과 정치적 인연을 맺은(903) 얼마 후 내지는 위 지리지의 기록대로 왕건이 고려를 개창한(918) 이후 언젠가, 김인훈이 남 먼저 귀부한 공로를 인정받아 그의 근거지인 양산에 '중흥부'가 설치되었다가, 태조 23년(940)에 시행된 전국적인 郡縣 개편에 발맞춰 다시 梁州로 고쳐졌던 게 아닌가 짐작되는 것이다(이종봉, 앞의 논문, 104~107쪽). 그러나 한편으로 생각하면, 이는 태조 23년의 慶州 6부 개편 사실이 梁山의 일로 잘못 인식되면서 비롯된 착오의 결과일 가능성이 한층 높아 보이기도 한다. 당시 6부 중 梁部가 中興部로 개편되었는데(『高麗史』 57 地理 2 慶尙道 東京留守官 慶州), 누군가 그것을 비슷한 명호의 이웃 고을 梁州[良州]의 中興府 개편으로 그릇 이해하여 기록한 것이 그처럼 전해졌던 게 아닌가 여겨지는 것이다. 어느 자료에도 나타나지 않으며 오직 『慶尙道地理志』에만 中興府 설치 사실이 기록되어 전하는 것은, 필시 그러한 데서 연유하였을 가능성이 높다고 생각한다.

60) 신라시기에 梁山은 9州 治所의 하나로 중시되었지만 고려와 조선의 시기에는 작은 고을로 취급되었으며, 土族이 거의 거주하지 않는 僻邑이었다고 한다. 土姓勢力도 미약하여 고려 전기에 일부 그 존재가 드러나는 梁山 金氏를 제하면 고려시기 내내 다른 土姓은 아예 기록에서 찾아볼 수가 없으며, 양산 김씨마저도 그 후의 기록에서는 전혀 나타나지 않는다는 것이다(李樹健, 「嶺南士林派形成의 社會的 基盤」, 『嶺南士林派의 形成』, 嶺南大出版部, 1979, 44쪽. 李樹健, 「高麗前期 支配勢力과 土姓」, 『韓國中世社會史研究』, 一潮閣, 1984, 202~203쪽). 고려시기 양산의 몰락이 邑格에서만이 아니라 고을 주도세력의 미약함에서도 명백히 드러나는 셈이다.

적인 박탈감을 능히 짐작하고도 남음이 있다. 고려시기의 양산 지역사회 내지는 그 주도세력이라 할 토착 유력계층의 입장에서, 고을 위상의 회복은 무엇보다도 절실한 과제였음이 거의 틀림없어 보이는 것이다.

김인훈이 양산의 성황신으로 추앙된 것은 그러한 상황 속에서의 일이 아니었던가 싶다. 고려 조정으로 하여금 양산지방의 중요성을 깨닫고 그에 걸맞게 우대해야 할 필요성을 느끼도록 하는 데, 양산 출신의 호족 김인훈과 고려 태조 왕건 사이의 오랜 인연만큼 내세우기 좋은 역사적 사례는 다시없었을 듯싶다. 꽤 이른 시기에 왕건과 연계를 맺은 가운데 활동하였으며, 그리하여 후대에 '고려 태조를 보좌한 공으로 문하좌시중門下左侍中에 올랐다'고까지 전해지던 김인훈이야말로,[61] 양산이 고려왕조에 기여했음을 상기시키는 데 가장 적절한 인물이었음이 거의 분명하다. 다시 말해 고을의 위상 회복을 도모하던 양산 지역사회에서 양산과 고려왕실 사이의 깊은 연고를 과시함으로써 조정으로 하여금 양산을 홀대하지 말도록 호소하고자 양산 출신의 김인훈을 내세우려 하였을 가능성이 높으며, 그처럼 양산을 상징하는 인물로 김인훈을 부각시키기 위해 그를 성황신으로 떠받들지는 않았을까 헤아려지는 것이다. 이미 밝혀진 바 있듯이, 전통시기에 성황신은 고을을 상징하는 존재였다. 따라서 김인훈을 성황신으로 추앙하는 것은 곧 그를 고을의 상징으로 내세우는 조치에 다름 아니며, 그리하여 양산이 고려왕조에 기여했음을 과시할 수가 있었을 것이기 때문이다.[62]

---

61) 앞 註 1) 참조.

62) 金忍訓의 城隍神 推仰을 주도한 것은 지역의 토착세력이었으려니와, 그 중에서

양산인梁山人들이 김인훈을 고을의 상징인 성황신으로 떠받듦으로써 대읍大邑으로서의 위상을 회복하며, 나아가 경상 동남부 지역사회에서의 주도적인 지위를 되찾고자 시도하였을 것임을 살폈다. 그렇다면 김인훈이 그처럼 양산의 성황신으로 추앙된 시기는 구체적으로 언제쯤이었을까. 앞서 살폈듯이, 양산의 읍격이 일반 군현급郡縣級으로 하강 고정된 것은 현종대의 일이었다. 따라서 김인훈의 성황신 추앙도 그 무렵이었을 가능성이 높아 보이는데, 실제는 어떠하였을까. 양산에 성황사城隍祠(堂)가 처음 들어선 게 언제였는지는 불명이다. 다만 한국 성황신앙의 유래 및 확산의 경위에 비추어 신라 말과 고려초에서 고려 중엽인 인종·의종대 사이의 언제쯤이었을 것임은 거의 확실하다.[63] 아울러 양산에서 그다지 멀리 떨어지지 않은 사천泗川의 경우 속현屬縣이었음에도[64] 성종 15년(996) 이전에 이미 성황당城隍堂이 존재하였음이 확인되는 만큼,[65] 양산 역시 그와 비슷하였을 가능

도 특히 김인훈의 후손 내지는 一族이었을 梁山 金氏가 앞장섰을 것으로 생각된다. 전통시기 지방의 유력계층에서는 성황신앙 및 그와 관련된 祭儀를 통하여 토착세력으로서의 위상을 굳건히 하며, 더욱이 자신들의 조상을 고을의 수호신이자 상징인 성황신으로 추앙함으로써 그 효과를 배가시키려 하였다고 한다(金甲童, 「高麗時代의 城隍信仰과 地方統治」, 17~18쪽). 말하자면 지역의 토착세력 그 중에서도 특히 양산 김씨 일족에서는, 김인훈을 성황신으로 떠받듦으로써 고을의 위상을 회복하는 것은 물론, 그와 함께 지역사회의 주도권을 장악하며 토호로서의 위상을 한층 확고히 하려는 목표도 또한 갖고 있었던 게 아닌가 헤아려지는 것이다(이종봉, 「羅末麗初 梁州의 動向과 金忍訓」, 97·104쪽).

63) 우리나라에 城隍信仰이 전해진 게 대체로 新羅末·高麗初 무렵이었으며, 仁宗代(1122~1146)에서 毅宗代(1146~1170) 즈음이면 이미 전국으로 널리 확산되었음에 관해서는, 앞 註 6)의 논문, 각별히는 金甲童, 「高麗時代의 城隍信仰과 地方統治」, 11~12·22쪽 및 徐永大, 「韓國·中國의 城隍信仰史와 淳昌의 '城隍大神事跡'」, 『성황당과 성황제』, 399~406쪽의 설명을 참고하라.

64) 『高麗史』 57 地理 2 慶尙道 晋州牧 泗州

65) 같은 책 90 宗室 1 太祖子 安宗郁

성이 높아 보인다. 양산지역 또한 성종대(981~997) 즈음이면 성황신앙이 전해졌음 직하며, 더욱이 현종대(1009~1031) 즈음이면 한층 그 개연성이 커진다고 하여 지나치지 않을 듯싶은 것이다.

양산 읍격의 변화 양상에 비추어 현종대 무렵 김인훈이 성황신으로 추앙되었을 가능성이 높은데, 더욱이 당시 양산에는 이미 성황신앙이 전해져 있었을 것임을 검토하였다. 현종대 즈음이면 김인훈이 성황신으로 떠받들어질 수 있는 여건이 갖춰졌으며, 그리하여 지역의 유력자들에 의해 그가 신격화되었을 개연성을 더듬어본 셈이다. 다시 말해 대략 현종대를 전후하여 양산에 성황사가 들어섰고 그러한 사당의 신으로 김인훈이 추앙되었다고 파악하여 크게 잘못은 아니지 않을까 생각하는 것이다. 아니더라도 현종대에서 그리 멀지 않은 언젠가, 늦어도 1세기 가량 후인 인종·의종대(1146~1170) 무렵이면 양산의 성황사에서 그 신격神格으로 자리 잡은 김인훈의 모습을 찾아볼 수가 있었을 것으로 믿는다. 김인훈의 생애와 양산 고을의 위상 변화 및 한국 성황신앙의 전개 추이로 미루어, 그러한 추정이 반드시 불가능하지만은 않을 것으로 판단되는 것이다.[66]

---

66) 한편 그밖에도 忠烈王代 말엽에 김인훈이 양산의 성황신으로 추앙되었을 가능성을 생각해 볼 직하다. 당시 원나라에서 '民少官多'를 책망하자(『高麗史』 32 忠烈王 27년 4월 己丑) 고려에서는 內外機構를 통폐합하게 되었는데(같은 책 5월 丙午), 그처럼 '官繁民弊'를 해소하는 일환으로 고을의 숫자를 줄이는 과정에서 양산은 이웃 밀양으로 병합되고 말았다(같은 책 57 地理 2 慶尙道 梁州). 말하자면 지역 유력자들의 입장에서는 충격적인 관아의 소멸 상황에서 벗어나 고을을 복구해야 할 필요성이 절실하였을 터이며, 그리하여 김인훈을 앞세워 고려왕실과의 뿌리 깊은 인연을 강조함으로써 양산을 홀대하지 말도록 호소하고자, 그를 성황신으로 떠받들지는 않았을까 헤아려지는 것이다. 그러나 당시 통합된 州郡은 불과 2년 남짓 만에 다시 원래로 되돌려졌으며(같은 책 32 忠烈王 30년 正月 癸亥), 자연히 양산 고을도 복구되었다(같은 책 57 地理 2 慶尙道 梁州).

현종대에는 양산인梁山人 김맹金猛이 개경의 고위직에서 활동 중이었다.[67] 고을과 연고가 있는 인물이 중앙에서 활약하였던 셈이거니와, 이는 양산의 위상 회복을 조정에 건의하는 데 도움 되는 일이었음이 분명하다. 김맹은 양산 김씨로서 김인훈과도 혈연적으로 무관하지를 않았을 법한 인물이었다. 김맹의 입장에서, 본관지인 양산의 위상을 회복하며 또한 일족이었을 김인훈을 부각시키는 일에 수수방관만 하였을 리가 만무해 보이는 것이다. 바꿔 말해 양산 지역민들은 중앙에서 활동 중이던 연고자 김맹이 고을의 위상을 회복시키려는 자신들의 노력에 동참해 줄 것을 기대하였음 직하며, 김맹 역시 그것을 굳이 마다하였을 이유가 없었을 듯 여겨진다. 현종대 중앙의 고위 관직자로서 양산과 연고를 지닌 인물이자 김인훈과도 무관하지만은 않았을 김맹의 존재가, 또한 양산 주민으로 하여금 김인훈을 성황신으로 추앙토록 하는 데 일조하였던 것은 아닌가 생각되는 것이다.

하지만 그처럼 김맹金猛을 건의의 통로로 이용했을 법한 양산인梁山人의 고을 격상 노력은 끝내 성공을 거두지 못하였다. 이미 살폈듯이, 그 후에도 양산의 읍격에 별다른 변화가 나타나지 않았던 것으로 미루어 그러하다. 사실 고려시기에 양산이 양주良州의 치소였던 신라 시절과 같은 영화를 다시 누리는 것은 거의 불가능해 보인다는 게 온당한 표현일 듯싶기도 하다. 어느 모로 보더라도 양산지역에서 경계를

밀양에 병합되어 독자적인 고을로 존립하지 못하던 양산에서 지역의 새로운 상징을 내세울 여력이 있었는지도 다소 의문이거니와, 더욱이 그 기간이 매우 짧았음을 생각하면 당시 비로소 김인훈을 성황신으로 추앙하였을 가능성은 자못 낮아 보인다. 밀양으로 병합된 다음 양산 지역사회에서 김인훈을 앞세워 고을의 복구를 중앙에 호소했을 수는 있다. 하지만 그렇다고 해서 당시 비로소 그를 성황신으로 추앙했다고까지는 생각되지를 않는 것이다.

67) 『高麗史』 94 金猛傳

맞댄 이웃 경주를 능가할 만한 역량을 갖추는 것은 쉽지가 않아 보이는 데다, 그렇다고 하여 중앙의 입장에서 경주에 버금가는 또 다른 통치 거점을 양산에 설치해야 할 만한 타당성을 찾기도 힘들 듯싶기 때문이다.

지금까지 김인훈이 양산의 성황신으로 추앙되기에 이른 경위를 더듬어보았다. 이제 밀양 성황신 손긍훈의 경우를 살필 차례이다. 앞서 설명하였듯이, 밀양은 신라에서 고려 중엽에 이르도록 별 다른 변화 없이 대개 '군郡'으로서의 읍격邑格을 유지하였다. 나아가 임춘林椿의 시에서처럼, 고려시기에는 자못 번성을 자랑하는 고을이기도 하였다. 고을의 위상에 급격한 변화가 일지도 않았으며, 궁벽한 시골의 빈촌으로 전락한 것은 더더욱 아니었다. 고려 중엽까지의 밀양에는, 양산의 경우에서 보았던 거와 같은 읍격 회복을 위한 노력이 일어날 만한 소지가 거의 없었다고 하여 지나친 말이 아니었던 것이다. 그 밖에 지역의 토착세력이 그 조상을 앞세워 자신의 존재를 과시하며 또한 지역민들의 자발적인 복종심을 유도하려 들만큼 향촌의 질서를 뒤흔드는 심각한 사건이 발생한 적도 없었다. 다시 말해 손긍훈과 같은 인물을 성황신으로 추앙함으로써 고려왕조와의 뿌리 깊은 연고를 내세워 고을의 위상 회복을 도모한다든지, 혹은 그 명성에 기대어 토호로서의 존재를 정당화해야만 할 정도의 절박함을 찾아보기 힘든 게, 고려 중기까지의 밀양지역 상황이었던 셈이다.

그렇다면 손긍훈은 언제 그리고 어떠한 경위를 거쳐 밀양의 성황신으로 떠받들어졌던 것일까. 밀양지방에 성황신앙이 전파된 것은, 앞서 살핀 양산의 경우와 마찬가지로 대략 성종에서 현종대 어간이 아니었던가 싶다. 그리 멀리 떨어지지 않은 사천泗川의 예로 미루어 그와 같이 추정되거니와, 늦어도 고려 중기인 인종·의종대에 이르면 이미 밀양에도 성황사城隍祠가 건립되었으리라고 간주하여 큰 잘못은 아닐 것으로 생각한다. 한국 성황신앙의 전개에 비추어 그러했음이 거의 틀림없어 보인다. 아울러 그러한 고려 중엽 즈음이면 아마 손긍훈이 밀양의 성황신으로 추앙되어 있지는 않았을까 짐작되기도 한다. 향교鄕校의 활기찬 운영[68] 등 그 무렵 밀양은 이름 있는 고을로서[69] 이미 읍치邑治의 시설을 제대로 갖추었던 듯 여겨지거니와, 따라서 성황사의 건립은 물론 그러한 사당의 신으로서 왕조 초기 이래 지역을 대표하는 상징적 인물이던 손긍훈이 추앙되었을 개연성 또한 없지 않아 보이는 것이다.

나아가 혹은 밀양지방이 무인정권시기에 빈발했던 농민·천민 봉기의 소용돌이에 휘말려들던 즈음의 언제인가, 손긍훈을 성황신으로 추앙하려는 움직임이 일었을 가능성도 배제하기 어려워 보인다. 무인정권이 들어선 얼마 후부터 경상도 일대에서는 민중의 봉기가 자주 발생하였다.[70] 그 중 눈길을 끄는 게 운문산雲門山 주변의 동향인데, 경상도 농민·천민 봉기세력의 주요 거점 가운데 하나였던 이곳은

68) 무인정권 초기의 인물인 林椿이 密陽 鄕校에서의 모임을 읊은 詩 '鄕校諸生見招會飮作詩謝之'(『西河集』 2)에 그러한 사실이 잘 드러나는데, 그리하여 당시 밀양의 인재와 문물이 번성하였음은, 李佑成, 「歷史의 展開」, 『密陽誌』, 43~44쪽의 설명이 참고 된다.

69) 林椿은 詩 '鄕校諸生見招會飮作詩謝之'의 마지막 句에서 密陽을 '名都'라 칭하였다.

70) 무인정권시기의 농민봉기에 관심을 보인 연구는 적지 않은데, 그 성과를 요령 있게 정리한, 朴宗基, 「武人政權下의 農民抗爭」, 『韓國史 市民講座』 8 (一潮閣, 1991), 64~66쪽 및 李貞信, 「농민·천민의 봉기」, 『한국사』 20 (국사편찬위원회, 1994), 121~138·141~161·170~171쪽의 경상도 관련 내용을 여기에서는 주로 참고하였다.

밀양密陽과 청도淸道의 경계에 위치함으로 해서, 밀양지방과 결코 무관할 수가 없는 지역이었던 것이다. 그리고 실제로 명종 24년(1194)에 운문산 일원을 거점으로 삼은 김사미金沙彌와 효심孝心의 난이 진압되는 도중 밀성密城 저전촌楮田村에서 농민군 7천 명이 참살을 당했다든지,[71] 혹은 신종 3년(1200)에 밀성密城 관노官奴 50여 명이 관청의 은기銀器를 훔쳐 운문적雲門賊에게로 달아난 사건[72] 등이 발생하기도 하였다. 명종에서 신종대에 이르는 무인정권 초반기를 휩쓴 농민・천민 봉기의 소용돌이가, 밀양지방에도 어김없이 밀어닥쳤음을 이해하고도 남음이 있는 것이다.

따라서 밀양의 향촌사회가 크게 요동치며 혼란에 빠져들었으리라는 것은 불을 보듯 뻔하다. 지역 토착세력의 입장에서 결코 좌시할 수 없는 심각한 사태가 벌어진 셈이었다. 우선 주민 가운데 봉기에 참여하지 않은 일반인들의 향촌 안정을 향한 희원을 돌아보지 않을 수가 없었을 터이다. 나아가 무엇보다 자신들을 중심으로 짜인 기존 향촌질서의 동요를 수수방관한다는 게 애초에 불가능한 일이었을 법하다. 향촌사회를 이끄는 유력계층으로서 지역의 안녕을 담보하는 수호자의 이미지를 강화시킬 필요성을 절감하던 시기였음이 틀림없어 보이는 것이다.

손긍훈을 성황신으로 떠받든 것은 그러한 상황 속에서의 일이 아니었던가 싶다. 이미 밝혀졌듯이, 전통시기의 성황신은 국가와 지역을 수호하는 신이었다. 그리고 그러한 성황신에 대한 신앙은 지방 유력계층의 자발적인 참여와 주도 속에 존립 전승되어 오는 게 상례이

71) 『高麗史』 20 明宗 24년 4월 戊戌. 『高麗史節要』 13 明宗 24년 4월
72) 『高麗史』 21 神宗 3년 5월. 『高麗史節要』 14 神宗 3년 5월

었다. 성황신앙 및 그와 관련된 제의祭儀를 통하여 지역 내의 연대의식을 고취시키며, 더욱이 그러한 행사를 주도함으로써 토착세력을 중심으로 지역민을 결집시켜 그 위상을 굳건히 하려는 데서 말미암은 일이었다. 또한 그들은 고을의 수호자임을 자처하며 자신의 조상을 성황신으로 추앙하기도 하였다. 그로써 지역민의 자발적인 복종심을 유도해낼 수 있으리라는 기대감에서였다.[73] 밀양의 유력자들도 또한 그와 매한가지이지는 않았을까 싶다. 명종대 후반에서 신종대에 이르는 12세기 말~13세기 초 밀양 일대의 상황으로 미루어, 그들 역시 성황신앙을 이용하여 스스로를 지역의 수호자로 상징 조작함으로써 그 존재를 정당화하며, 그리하여 자신을 중심으로 한 기존 향촌질서가 동요하는 것을 막으려 들었을 가능성이 높아 보인다. 그리고 그러는 과정에서 자신들과 연고가 깊은 역사적인 인물을 성황신으로 추앙함으로써, 더욱이 그 효과를 극대화시키려 들지는 않았을까 여겨지는 것이다.

앞서 지적한 대로 손긍훈은 신라 말에서 고려 초에 걸쳐 밀양을 지배하던 대표적인 호족이었다. 말하자면 후삼국의 혼란기에 외부의 압력에서 밀양을 지켜내는 데 앞장서던 유력한 토착세력가였던 셈이거니와, 더욱이 고려의 태조 왕건과 연계함으로써 지역 수호자로서의 그러한 역할을 충실히 수행하였을 것으로 예상되는 인물이었다. 무신난 이전의 밀양 출신 가운데 손긍훈 만큼 토착 유력계층을 대표하는 동시에 지역 수호자로서의 상징성을 함께 갖춘 인물은 달리 찾아보기가 힘들 듯싶은 것이다. 다시 말해 밀양의 토착세력가들이 성황신앙에 의지하여 지역 수호자로서 그 존재를 과시하며 나아가 역사상의

73) 앞 註 6)의 논문을 참고하라.

인물을 성황신으로 추앙함으로써 그 효과를 제고시키려 하였다면, 그에 필요한 조건을 두루 갖춘 최적의 인물로서 손긍훈을 떠올리는 게 자연스러운 일이지는 않았을까 판단되는 것이다.

한편 이와 관련하여 조선시기의 기록에 손긍훈이 흔히 지역민 수호자의 모습으로 묘사되곤 하였던 사실도 잊을 수가 없다. 그를 '장군將軍' 혹은 '명장名將'이라 칭하며, 더불어 그러한 '손장군孫將軍'이 활쏘기를 연습하였다는 '장군석將軍石'이 후대에까지 전해 내려온 게 그것이었다.[74] 그가 지역을 지켜낸 장수, 즉 지역민의 수호자라는 인식이 주민 사이에 널리 공유되었음을 느낄 수가 있는 대목이다. 또한 병자호란을 맞아 전투에 동원된 밀양의 사졸들이 손긍훈의 음조陰助로 대부분 생환生還하였다는 설화를 통해서도,[75] 역시 그가 지역민의 수호자로서 널리 떠받들어졌음을 이해할 수가 있다. 밀양지역에서 성황신 손긍훈이 어떠한 의미를 지니는 존재인지, 그리하여 그가 성황신에 추앙되기에 이른 연유가 무엇인지를 암시하는 사례라 아니할 수가 없는 것이다. 그리고 그것이 곧 그를 성황신으로 떠받들고자 나선

---

74) · 在府東五里 有孫將軍兢訓祠 (『密陽邑誌』(1832) 山川 推火山 夾註)
· 祠卽高麗名將孫兢訓神也 (같은 책 古蹟 城隍祠 夾註)
· 有將軍石 四方平正 可坐五六人 諺傳 孫將軍射帿處 (같은 책 坊里 上東面 新院里 夾註)

75) · 丙子之亂 府使李必達 提府兵赴戰雙嶺 行至忠州達川 夢見魁傑一丈夫 自稱孫兢訓曰 主將非材 全軍無祿 吾亦莫施神功 寧救我府兵 不使全沒 必達覺而異之 果於雙嶺敗衄 南道士卒 糜爛殆盡 惟必達所帶密兵 咸得生還 人以爲孫將軍陰功 (『輿地圖書』 慶尙道 密陽都護府)
· 祠卽高麗名將孫兢訓神也 曾於丙子之亂 府伯李必達 提府兵赴雙嶺之戰 行至忠州達川 夢見魁傑一丈夫 自稱孫兢訓而言曰 主將失制勝之謀 戰必僨績 吾欲竭力以救 而不可得 寧扶護密兵 不使全沒也 必達得是夢 心甚異之 果於雙嶺之戰 一道士卒 糜爛殆盡 而惟必達所帶兵 免死生還者十八九 時人皆以爲 孫兢訓陰助之功也 (『密陽邑誌』(1832) 古蹟 城隍祠 夾註)

토착 유력계층의 의중을 반영한 결과이기도 하였을 것임은 물론이다. 자신들 역시 성황신 손긍훈과 같은 지역의 수호자임을 자처함으로써, 고을의 안녕을 갈망하는 주민을 회유함과 동시에 토착 세력가로서의 지위를 정당화하며, 그리하여 자신을 중심으로 한 기존 향촌질서를 고수하려던 그들의 속셈을 여기에서 거듭 확인할 수가 있지 않을까 헤아려지는 것이다.

요컨대 손긍훈이 밀양의 성황신으로 추앙된 것은 어림잡아 무인정권 초반기, 즉 명종에서 신종대에 이르는 12세기 말~13세기 초의 어느 때였을 가능성이 높다고 하여 크게 어긋나지 않을 것으로 생각한다. 농민・천민의 봉기가 빈발하던 혼란기를 맞아, 고을 수호자로서의 이미지를 강화할 필요성을 절감하던 토착 유력계층에 의해서였다.

한데 그로부터 얼마 후 밀양 향촌사회에 또 다시 새로운 파동이 밀려들었다. 밀양의 토호인 박경순朴慶純 등이 진도 삼별초정권에 호응하여 봉기했던 사건을 이름이다.[76] 삼별초 난이 발발한 이듬해였다(원종 12, 1271).[77] 밀양지역이 거듭 농민봉기의 소용돌이에 휘말렸던 셈이거니와, 당시 봉기를 주도한 게 지역 내 유력자 중의 일부였다는 점에서 향촌사회에 미친 영향이 적지 않았을 법하다. 밀양의 토착세력가라면 향촌질서의 복구와 안정을 또 다시 주요한 과제로 떠올릴 수밖에 없는 상황이지는 않았을까 짐작되는 것이다. 그 여파 또한 만만치 않았다. 봉기 자체는 머지않아 평정되었으나, 반역향叛逆鄕으로 낙인찍혀 고을 전체가 부곡部曲으로 재편되고 말았던 것이다. 충렬왕

76) 김윤곤, 「삼별초의 反蒙抗戰과 군현민의 동향」, 『한국 중세의 역사상』(영남대출판부, 2001), 362~368쪽

77) 『高麗史』 27 元宗 12년 正月 丙戌

즉위 초의 일로서, 귀화부곡歸化部曲으로의 격하가 그것이었다. 뒤이어 귀화부곡에 소복별감蘇復別監이 설치되었으며, 몇 년 지나 밀성현密城縣 그리고 밀성군密城郡으로 복구되어 그 기간이 그리 길지는 않았다.[78] 그렇지만 밀양인密陽人 각별히는 그 주도세력이라 할 지역 토호의 입장에서 읍격의 회복은 자못 절실한 과제였음이 분명해 보인다.[79]

실제로 밀양인들은 조정의 권세가를 뇌물로 매수하면서까지, 읍격이 강등되고 그리하여 향촌사회가 동요하는 것을 막고자 진력하였다. 그렇지만 대성臺省의 격렬한 논의 끝에 고을이 결국 부곡으로 격하되자,[80] 밀양 출신의 중앙 유력자는 소복별감의 설치를 국왕에게 건의하도록 가까이 지내던 관리를 뇌물로 꾀어 성사시키기도 하였다.[81] 읍격의 강등을 저지하고 또한 고을의 위상을 지켜내려는 끈질긴 노력이 엿보이거니와, 이로써 당시 밀양의 유력계층이 지녔던 위기의식을 능히 짐작하고도 남음이 있다 할 것이다.

---

78) 밀양이 귀화부곡으로 강등된 것은 충렬왕 즉위년(『世宗實錄』 150 地理志 慶尙道 密陽都護府) 혹은 동왕 원년(1275)이었으며(『高麗史』 57 地理 2 慶尙道 密城郡·『新增東國輿地勝覽』 26 密陽都護府 建置沿革), 동왕 2년(1276)에 소복별감이 설치되었고(『高麗史』 28 忠烈王 2년 4월 庚午), 그 후 언제인가 밀성현으로 승격되었다가 동왕 11년(1285)에 밀성군으로 복구되었다(앞의 세 地理志).

79) 당시에 密陽人 그 중에서도 고장의 토착세력이 部曲으로의 강등을 받아들이지 못해 매우 힘겨워했으며, 조선 초기까지도 그것을 수치스러워하는 정서가 이어졌음은, 李佑成, 「歷史의 展開」, 『密陽誌』, 46~48쪽의 상세한 설명을 참고하라.

80) … 忠烈王元年 以郡人趙仟 殺郡守 以應珍島叛賊三別抄 降爲歸化部曲 屬之雞林 先是 臺省屢請降號 用事者受邑人賂 每沮之 至是復極論 從之 … (『高麗史』 57 地理 2 慶尙道 密城郡)

81) 置歸化部曲蘇復別監 先是 臺省論 密城人趙仟 殺守應賊之罪 降爲歸化部曲 郡人朴義 以養鷹嬖於王 賂左右白王曰 密城大邑 貢賦甚多 降爲部曲 而無鎭撫者 恐其民流散 莫能禦也 故有是命 (『高麗史節要』 19 忠烈王 2년 4월)

따라서 이러한 시기, 즉 원종 12년(1271)의 농민봉기에서 충렬왕 즉위 초의 부곡 강등과 동왕 11년(1285) 밀성군으로의 복구에 이르는 동안을 즈음한 어느 시기에, 손긍훈을 밀양의 성황신으로 떠받들려는 움직임이 일었을 가능성도 없지 않아 보인다. 밀양지역이 고려왕조에 기여했음을 강조함으로써 반역향이라는 세평에 대응하고 또한 읍격의 회복을 정당화하며, 더욱이 지역의 유력계층을 고을의 수호자로 상징 조작함으로써 향촌질서의 복구와 안정을 도모하는 데에, 손긍훈의 성황신 추앙이야말로 자못 효과적인 방법으로 여겨졌음 직해 보이는 것이다. 적어도 지역의 토착세력에게는 그처럼 받아들여졌을 듯싶다. 앞서 언급하였던 바 손긍훈의 생애와 성황신앙의 의의에 비추어 그러하다.[82)]

그런데 당시 밀양지역을 대표하는 유력한 토호로는 손긍훈의 일족一族인 손씨 외에도 박씨가 더 있었다. 밀양 박씨는 고려 중엽에 이미 중앙으로 진출하는 등 밀양 손씨보다 더욱 강성했다는 평가를 받

---

82) 한편 성황신앙이 그처럼 지역사회 및 주민과 밀접한 관계였음에 비추어, 농민봉기군 측에서도 성황신앙에 의지하여 목적을 달성하고자 도모하지는 않았을까 헤아려지기도 한다. 봉기군 지도부가 농민들의 불안을 해소시키는 한편 사기를 드높이기 위한 방법으로, 성황신앙을 이용하려 들었을 가능성을 배제하기가 어려워 보이는 것이다. 실제로 비슷한 시기 경주에서는 봉기군 지도자인 '慶州都領' 利備가 城隍祠를 찾아 남몰래 무언가를 기원하였음이 기록에 전하기도 한다(『高麗史節要』 권14, 神宗 6년 4월). 성황사의 巫覡에게 속은 利備가 진압군에게 잡히고 말았다는 점에서, 경주의 경우 결과적으로 성황신이 봉기군 아닌 개경조정을 陰助한 형세가 되기는 하였다. 하지만 결과야 어찌 되었든 농민군 측에서도 그에 의지하여 봉기의 성공을 기원하려 하였음은 사실이며, 따라서 밀양의 경우에도 그러했을 개연성이 없지 않아 보인다. 말하자면 봉기를 주도함으로써 향촌사회를 뒤흔든 측에서나 그에 반대하며 기존 질서를 고수하려던 측에서나, 모두 성황신앙에 의지하여 자신을 정당화하려 들었다는 점에서는 동일하였던 게 아닌가 판단되는 것이다.

는 대성大姓이었다.[83] 조선 전기의 관찬지리지官撰地理志에서도 밀양의 인물 항목은 박씨 출신으로만 채워지다시피 하였다. 변계량卞季良과 손비장孫比長, 당성唐誠을 제하고는 나머지 11인이 모두 박씨가朴氏家의 인물이었던 것이다.[84] 그들이 번성한 정도를 쉬이 느낄 수가 있거니와, 13세기 후반 부곡으로 격하된 고을을 복구하는 데에도 박씨가朴氏家의 인물이 크게 기여하였다.[85] 가문의 번성이나 읍격 회복에 이바지한 정도를 놓고 따지자면, 박씨 가문의 선조가 밀양의 성황신으로 추앙되는 게 마땅하지 않았을까 여겨질 정도이다. 실제 박씨 가문의 선조로서 신라 말 고려 초에 활동하였다고 문중門中에서 내세우는 인물인 박욱朴郁이 조선 후기 언젠가 밀양의 성황신으로 떠받들어졌다고 전해지기도 하므로,[86] 그러한 예상이 반드시 터무니없는 것만은 아니라고 믿는다. 만약 위에서 살핀 거와 같은 파동이 일던 13세기 후반에 누군가가 밀양의 성황신으로 추앙되었다면, 손긍훈보다는 박욱이 더욱 제격이었을 듯 여겨지는 것이다. 그렇지만 고려에서 조선에 이르도록 밀양 고을의 공인된 성황신은 박욱이 아니라 손긍훈이었다. 그만한 이유가 없지 않았으려니와, 무엇보다 손긍훈의 성황

83) 李樹健, 「嶺南士林派 形成의 社會的 基盤」, 37~39쪽

84) 『新增東國輿地勝覽』 26 密陽都護府 人物

85) 『高麗史』 124 嬖幸 2 朴義傳

86) 朴郁이 어떤 인물이었으며, 어느 시기에 밀양의 성황신으로 추앙되었는지에 관해서는 믿을 만한 기록이 전하지 않는다. 다만 밀양 박씨 가문에서 해방 후 그를 享祀하고자 세운 사당[翊聖祠]에 옛 성황사[推火祠]에서 모셔 왔다는 그와 두 부인의 塑像이 봉안되어 전할 따름이다(李雲成, 「文化財 · 史蹟」, 『密陽誌』, 1987, 624쪽). 조선 후기에 편찬된 邑誌類에도 그에 관한 내용이 나타나지 않는 것으로 미루어, 적어도 조선왕조 하에서 공식적으로 官祭를 받는 밀양의 성황신이었다고 보기는 어려울 듯싶다. 다만 조선 후기 언젠가 민간 사이에서 섬김을 받기 시작한 성황신이었을 가능성은 없지 않다.

신 추앙이 이때에 들어 비로소 성사된 게 아니었음을 암시하는 건 아닌가 생각된다.

13세기 후반 밀양에서 삼별초의 난에 호응하는 농민봉기를 주도한 것은 밀양 박씨가의 인물들이었다.[87] 말하자면 그처럼 반정부 봉기를 주도한 인물이 속한 가문의 조상을, 지역의 상징이자 수호신인 성황신으로 추앙하기는 어려웠을 듯싶은 것이다. 비록 그 즈음 박씨 가문이 번성하고 또 그 집안 출신이 밀양의 읍격 회복에 기여했다 손치더라도 그러하다. 반면에 지역 토호로서 당시 농민봉기를 진압하는 데 공을 세운 쪽은 밀양 손씨 측이었다.[88] 밀양의 주민들에게는 그러한 손씨 가문의 선조이자, 왕조 초창기의 어려운 시기에 왕건에 협조함으로써 일찍이 고려왕조에 충성을 바친 것으로 알려진, 따라서 밀양의 존재를 과시하며 고을의 위상을 높이는 데 유리할 것으로 생각되는 손긍훈이야말로, 성황신으로서 필요한 요건을 갖춘 인물로 받아들여지지는 않았을까 여겨지는 것이다.

한편 고려 전기만 하더라도 밀양의 여러 토성土姓 중 지역사회를

87) 朴平·朴公·朴慶純·朴慶祺 등 密陽 朴氏들이 삼별초에 호응한 농민봉기를 주도하였음은, 김윤곤, 「삼별초의 反蒙抗戰과 군현민의 동향」, 363~364쪽 설명을 참조하라.

88) 농민군을 진압하는 데 공을 세운 밀양 토착세력으로는 一善縣令 趙阡과 密陽人 孫逸이 기록에 전하는데, 조천의 경우 그에 앞서 봉기군과 내응하기로 약속했다가 등을 돌린 사실이 밝혀져 후에 파직 당하는 처벌을 받았다. 따라서 기록상 봉기군 진압에 기여한 토착 세력가로는 결국 孫逸이 거의 유일한 셈이다.

① … 時密城人趙阡 爲一善縣令 賊召阡 約與同叛 阡從之 尋聞其黨 殲於淸道 乃與郡人孫逸 謀殺賊魁 … 阡等斬方甫等降 賊遂平 (『高麗史』 27 元宗 12년 正月 丙戌)

② 慶尙道按廉使奏 長史趙阡 嘗爲一善縣令 與密城人謀叛 今雖革面 不可使立於朝 請罷職 從之 (같은 책 29 忠烈王 5년 7월 戊申)

대표한 것은 손씨였던 것으로 판단된다. 신라 말에서 고려 초에 걸친 시기의 밀양 출신 인물로서는 유일하게 기록에 나타나는 손긍훈의 위상으로 미루어 그러하다. 그러다가 왕조의 중엽에 밀양의 향리 출신인 박의신朴義臣이 과거에 급제하여 중앙에 진출하면서[89] 박씨 가문이 대두하였으며, 후기로 내려갈수록 이 가문이 점차 우위를 점해 갔던 것으로 보인다. 그리하여 고려 말에서 조선 전기에 이르면 위 지리지 인물 항목의 점유율에 나타나듯이 박씨가 압도적인 우세를 자랑하게 되었으며, 손씨의 경우 비록 번성했다지만[90] 그에 버금가는 지위에 머무르게 되지는 않았을까 짐작되는 것이다. 따라서 손긍훈이 성황신으로 떠받들어진 것은 그의 후예라 할 손씨가 강성할 때인 고려 전기이거나, 혹은 아직 박씨가 압도적 우위를 점하기 이전인 무인정권 초반으로서, 어림잡아 12세기말~13세기초 즈음이었을 가능성이 높아 보인다. 말하자면 밀양이 격하되었다가 복구되던 13세기 후반 즈음이면 벌써 손긍훈이 성황신으로 추앙된 상태였을 가능성이 높으며, 그러했기에 당시 박씨가 번성하고 또 고을 위상을 회복하는 데 보다 기여하였음에도 불구하고, 그 조상인 박욱을 성황신으로 추앙하기가 어려웠던 게 아닌가 헤아려지는 것이다.

요컨대 밀양지역에서 삼별초 난에 호응한 민중봉기가 발생하고 이어 읍격이 강등되었다가 회복되는 격변이 일던 13세기 후반에, 손긍훈을 성황신으로 추앙하려는 움직임이 일었을 가능성도 없지는 않았다. 그렇지만 당시 박씨 가문이 번성하고 또 읍격 회복에 기여했음에도 그 조상이 성황신으로 추앙되지 못했던 사실 등으로 미루어,

---

89)『高麗史』17 仁宗 22년 11월 甲寅.『新增東國輿地勝覽』26 密陽都護府 人物
90) 李樹健,「嶺南士林派 形成의 社會的 基盤」, 37~38쪽.

이때 비로소 손긍훈이 밀양의 성황신으로 떠받들어졌을 개연성은 그리 크지 않아 보인다. 그보다 앞서, 이미 지적하였듯이 아마 늦어도 12세기 말~13세기 초 즈음인 명종 후반에서 신종대에 이르는 어느 시기 이래로, 이미 그러해왔던 것으로 간주함이 온당할 듯 여겨지는 것이다.

따라서 13세기 후반에 밀양지역민 특히 고을의 유력자들이 격동의 시기를 헤쳐 나가 향촌사회의 질서를 회복하며 또한 강등된 읍격을 복구하는 과정에서, 성황신 손긍훈의 존재에 의지함이 자못 크지는 않았을까 짐작된다. 토착 유력계층의 조상으로서 지역 수호자의 이미지가 강한 그에 기대어 지역민의 자발적인 복종심을 유도함으로써 자신들을 중심으로 짜인 기존 향촌질서의 유지가 가능했음은 물론, 나아가 일찍이 고려왕조에 충성을 다한 손긍훈을 앞세워 읍격의 회복을 정당화할 수가 있었던 게 아닌가 헤아려진다. 이를테면 밀양 토착세력의 입장에서, 13세기 후반이야말로 성황신 손긍훈의 존재 의의가 새삼 각별해지는 시기였다고 하여 지나친 말이 아니었던 셈이다.

이상에서 김인훈이 11세기 전반인 현종대에, 그리고 손긍훈은 늦어도 12세기 말~13세기 초인 명종 후반에서 신종대 어간에, 각각 양산과 밀양의 성황신으로 추앙되었을 것임을 더듬어 보았다. 그런데 그 후 두 고을에 다시 큰 변화가 밀어닥쳤다. 양산 고을이 폐지되어 밀양에 합병된 것이 그것이었다. 고려高麗의 주현州縣들이 한갓 이름만 지닐 뿐 '민소관다民小官多'하여[91] '관번민폐官繁民弊'하다는[92] 원元

91) … 中書省移咨日 … 又本國王京裏外 諸司衙門州縣 摠三百五十八處 設官大小四千三百五十五員 刻削於民 甚爲冗濫 … 城郭州縣 虛有其名 民小官多 … (『高麗史』 32 忠烈王 27년 4월 己丑)

92) … 顯宗九年 置防禦使 後元中書省 以本國官繁民弊爲言 故併于密城 然州縣

의 지적에 따른 관제 개편의 결과로서, 충렬왕 27년(1301)의 일이었다.[93] 밀양이야 마다할 일이 아니로되, 양산으로서는 존망의 기로에 서게 된 셈이었다. 양주良州의 치소로서 밀양을 관내 고을 중의 하나로 거느리던 통일신라시기를 떠올리면, 더욱이 견디기 힘든 노릇이 아닐 수가 없었음은 직해 보이는 것이다.

양산이 다시 분리되어 독립된 고을로 회복되는 충렬왕 30년까지는[94] 겨우 2년 남짓에 불과하였다. 그렇지만 지역 주민 특히 그들을 대표하는 토착세력에게는 시련의 시기였으며,[95] 고을을 복구하기 위해 온갖 노력을 다했을 것임은 불을 보듯 뻔하다. 그리고 그러는 과정에서 그 정당성을 과시하고자 성황신 김인훈이 내세워졌을 가능성이 커 보인다. 고을 혁파의 부당함을 호소하며 그 복구를 추진하는데, 일찍이 왕건과 연계됨으로써 고려왕조에 공을 세웠던 양산 호족 김인훈의 존재가 보탬이 되지 않았을 리가 없다. 그러한 역사상의 인물을 고을의 상징인 성황신으로 추앙했다는 것은, 곧 양산 고을의 존재 의의를 안팎에 과시하는 것이나 다름없는 일이기 때문이다. 다시 말해 양산이 독자적인 고을로 존속해야 하는 근거를 제시하며 그리하여 병합의 부당함을 강조하는 데, 성황신 김인훈의 존재가 자못 도움이 되었을 듯 여겨지는 것이다. 한편 밀양에서는 성황신 손긍훈을 내세워 양산의 그러한 움직임에 대응하려 들었을 법하다. 양산을 병합함으로써 확대된 고을의 영역을 그대로 유지하기 위해서는 그에 대처

稟命守宰 勞於往來 其弊愈甚 至忠烈王三十年復舊 …(『高麗史』57 地理 2 慶尙道 梁州)

93) 같은 책 32 忠烈王 27년 5월 丙午. 앞의 註 66) 참고.

94) 『高麗史』32 忠烈王 30년 正月 癸亥

95) 앞 註 92)의 史料를 참조하라.

하는 방안을 마련하였을 터이며, 그리하여 양산에 못지않게 밀양 또한 고려왕조에 공헌하였음을 내세워 밀양의 존재를 과시하고자, 성황신 손긍훈의 존재에 의지하려고 들지는 않았을까 생각된다. 말하자면 양산이 밀양에 병합된 사건을 둘러싸고 충렬왕대 말기의 한동안 두 지역 사이에 힘겨루기가 벌어졌음 직하며, 거기에 성황신 김인훈과 손긍훈이 각각 상징적인 존재로 내세워져 서로 대립하는 형세를 연출했던 것은 아닌가 헤아려지는 것이다.

3. 조선 유교사회와 양산梁山·밀양密陽의 성황신城隍神

김인훈과 손긍훈이 각각 양산과 밀양의 성황신으로 추앙된 경위를 살폈다. 이후 두 지역에서는 전통시기 내내 두 사람을 지역의 상징이자 수호신으로 숭배하였다. 고려는 물론 조선에서도 그러하였다. 왕조의 말엽에 이르도록 두 사람은 관제官祭를 흠향하는 성황신으로서, 관아에 의해 공식적으로 인정을 받은 존재였던 것이다.[96]

한편 여기에서 주목되는 사실은, 조선 유교사회에 들어서도 이들이 변함없이 성황신으로서 숭배를 받았다는 점이다. 잘 알려졌듯이, 조선왕조에서는 성리학을 지도이념으로 내세우며 유교적인 체제의 정비를 최우선 과제로 중시하였다. 특히 유교적인 예제를 확립하고자 애를 썼는데, 그 과정에서 전래의 토속신앙을 음사淫祀로 규정해 금지하였다. 유교적인 표준화를 통해 전국적으로 국왕 중심의 일원화된

96) 『新增東國輿地勝覽』을 비롯한 여러 地誌·邑誌類의 해당 기록과 함께, 梁山郡誌編纂委員會, 『梁山郡誌』(梁山郡, 1986), 1434·1583~1584쪽 및 密陽誌編纂委員會, 『密陽誌』(密陽文化院, 1987), 540~541쪽의 설명을 참조하라.

제의체계祭儀體系를 수립하려는 의도에서였다.[97] 성황신앙 역시 그러한 정비의 대상이었음은 이를 나위가 없다. 수도인 한양을 위시하여 몇몇 지역의 성황을 중사中祀와 소사小祀에 포함시키고, 관련 제의祭儀를 유교식儒教式으로 정비하며, 나아가 각 고을마다 한 곳씩 성황사를 일률적으로 설치하여, 수령이나 혹은 국가에서 임명한 관리로 하여금 봄과 가을이면 제사를 지내도록 한 것 등이 그것이었다. 그 이전 오랜 기간 지역사회에서 자율적 독자적으로 행해져 온 민간 중심의 성황제의城隍祭儀를 음사淫祀라 하여 금지하고, 중앙의 의지를 대변하는 지방관이 개입하여 그것을 주도함으로써, 국왕 중심의 일원적인 지배체제를 확립하려는 속셈에서였다. 그리하여 대체로 성종대(1469~1494)를 거쳐서 중종대(1506~1544) 내지 명종대(1545~1567)에 이르면, 성황제의城隍祭儀를 유교적 의례에 맞춰 정비하는 작업이 나름대로 성과를 보이기도 하였다.

하지만 그렇다고 하여 모든 것이 중앙의 의지대로만 곧장 진척된 것은 아니었다. 토착 사회세력의 주도 아래 전해 내려오던 민간에서의 토속적인 신앙 전통이 그만큼 뿌리깊이 남아 전해진 때문이었다. 따라서 지역에 따른 편차가 적지 않았는데, 대개는 유교식화한 성황제의와 전통적이며 기복적인 그것이 병립 혹은 조화・절충되는 방향으로 정리되어 갔다. 그리고 그러는 가운데 한편에서는 고을 이서吏胥의 주도 아래 무격巫覡이 주제主祭하는, 이를테면 음사적淫祀的 성격의 전통적인 성황제의가 조선 후기에 이르도록 없어지기는커녕 되레 성행하는 경향마저 없지 않았다.[98]

97) 韓亨周, 『朝鮮初期 國家祭禮 研究』(高麗大 博士學位論文, 2000), 1~5쪽.
98) 조선왕조에서의 儒教的인 禮制 확립을 다룬 연구는 제법 많다. 여기에서는 성황

양산과 밀양에서도 대략의 추세는 그러했을 것으로 생각된다. 다만 다른 고을의 경우, 성황신에 추앙된 인물을 제향祭享하기 위한 유교식儒敎式 사우祠宇를 별도로 건립함으로써 배격해야 할 음사의 대상이던 인물을 유교적인 덕목의 실천자로 재탄생시킨다든지,[99] 혹은 유생儒生을 보내어 제의祭儀를 주재하도록 함으로써 성황신앙의 유교화를 유도하기도 하였다.[100] 반면에 양산과 밀양에서는 그러했음을 보여주는 자료가 나타나지 않는다. 앞서 언급했듯이, 왕조의 말엽까지 김인훈과 손긍훈을 성황신으로 떠받들었다는 기록뿐이다. 갑오개혁(1895) 이후에야 그러한 관제官祭를 폐지하였던 것이다.[101] 그 연유는 무엇이었을까?

이와 관련하여 우선 지역 내에 대성명문大姓名門의 사족士族이 거주한 사례가 별로 나타나지 않는다는 사실을 들어야 할 것 같다. 양산이 그러한데, 이 고을의 경우 토성土姓 출신의 사족이 미약할 뿐만 아

신앙과 관련되는 범위 안에서만 간략히 언급하였는데, 주로 참고한 논문은 다음과 같다.
鄭勝謨, 「城隍祠의 민간화와 鄕村社會의 變動」, 『泰東古典硏究』 7 (1991). 박호원, 「朝鮮 城隍祭의 祀典化와 民俗化」, 『성황당과 성황제』 (한국종교사연구회 편, 민속원, 1998). 이해준, 「淳昌 城隍祭의 變遷과 主導勢力」, 같은 책. 정승모, 「조선중기 全羅道 淳昌郡 城隍祭儀의 성격」, 같은 책. 이기태, 「地域社會 理念의 統合과 城隍祠」, 같은 책. 金澈雄, 「조선시대의 城隍祭」, 『史學志』 35 (2002).

99) 邊東明,「申崇謙의 谷城 城隍神 推仰과 德陽祠 配享」, 105~113쪽.

100) 邊東明, 「金惣의 城隍神 推仰과 麗水·順天」, 184~186쪽.

101) 양산의 경우, 폐지되던 당시 城隍壇의 修理 담당자라든지 혹은 祭儀 주재자에게 지급하는 料米 등에 관한 규정이 『梁山邑誌』(1895)의 事例에 기록되어 흥미로운데, 참고삼아 관련 내용을 적시하면 다음과 같다.
一 城隍壇 在南距五里許茶方里 修理段該里擔當事
一 城隍·厲祭·伽倻祭·社稷祭 獻官諸執事料米 每員七合式上下事

니라 외래 사족의 우거寓居도 거의 없었다고 한다.[102] 번성한 사족이 고을 내에 부재함으로 인해, 성황신앙의 유교화가 상대적으로 더디고 또한 그 추진력도 약하지는 않았을까 추정되는 것이다.

다음으로, 성황신에 추앙된 인물의 후손이 번창하였던가의 여부도 크게 작용하였음 직하다. 후손이 번성한 경우, 성황신으로 추앙된 조상을 배향하기 위한 유교식 사우祠宇를 별도로 건립하는 사례가 때로 나타난다. 조상을 음사淫祀의 대상에서 제외시켜 유교적 선현先賢으로 재탄생시킴으로써, 사회의 유교화에 대응하려는 의도에서였다. 특히 직계 후손이 번성하면 대응도 그만큼 빨리 이뤄지는 게 보통이었다.[103] 그런데 김인훈과 손긍훈에게는 그러한 행운이 주어지지 않았던 것으로 보인다. 김인훈의 양산 김씨는 고려 전기를 제하고는 공적公的인 기록에 거의 등장하지 않는다고 한다.[104] 가세가 미약했다는 의미이려니와, 더욱이 김인훈의 직계 후손은 아예 찾아보기조차 쉽지를 않다. 양산 김씨의 가문에서마저 그는 실질적으로 잊힌 존재였던 셈이다.[105] 한편 손긍훈의 밀양 손씨는 그와 달리 매우 번성하였다.[106] 김인훈과는 경우가 아주 달랐던 셈이거니와, 다만 손긍훈은 그 파계派系가 자못 불분명하다는 한계가 있었다. 족보상의 그에 관한

102) 李樹健, 「嶺南士林派 形成의 社會的 基盤」, 44쪽.

103) 邊東明, 「申崇謙의 谷城 城隍神 推仰과 德陽祠 配享」, 106~111쪽.

104) 李樹健, 「高麗前期 支配勢力과 土姓」, 202~203쪽.

105) 『萬姓大同譜』(萬姓大同譜發行所 編, 1931)에는 梁山 金氏 관련 기록이 전혀 없으며, 『青邱氏譜』(宋允湜·朴海徹, 1925 ; 1996, 民昌文化社) 卷6의 梁山 金氏 항목에는 '金衍(舍人)'만이 수록되었다. 『梁山金氏世譜』(金廷煥 外, 2002, 湖南文化社)에도 金忍訓은 나타나지 않으며, 金衍—金贊—金猛 계열의 일부만, 그것도 중간의 몇몇 세대는 빈 칸으로 남겨둔 채 수록되었을 따름이다.

106) 李樹健, 「嶺南士林派 形成의 社會的 基盤」, 37~38쪽

기록은 너무 혼란스러워 도무지 종잡을 수가 없다.[107] 말하자면 종족 내에서 손긍훈의 위상이 매우 애매하였으며, 그런 만큼 주목을 받을 만한 위치가 아니었던 듯 여겨지는 것이다. 요컨대 두 사람은, 그 직계 후손이 번성하지 못한 가운데 종족 내에서 시조 혹은 중시조처럼 뚜렷한 위상을 차지하지 못한 인물이었다는 공통점을 지녔으며, 그러했기에 일족의 후예들도 그들을 음사淫祀의 대상에서 제외시켜 유교적인 덕목의 실천자로 재탄생시키려는 노력을 거의 기울이지 않았고, 결국 조선 말까지 성황신으로 남겨지기에 이른 셈이었다.[108]

마지막으로, 성황신에 추앙된 인물의 행적 특히 그 죽음이 얼마나 극적劇的이었던가의 여부도 살펴야 할 듯싶다. 군왕을 구하고자 목숨을 바쳤다는 곡성谷城 성황신城隍神 신숭겸申崇謙이나 의성義城 성황신城隍神 김홍술金洪術의 경우, 그 극적인 죽음으로 인해 충의忠義에 생명을 건 의열지사義烈之士로 재탄생시키는 데 별다른 장애가 없었음직하며, 마침내 별도로 건립된 유교식 사우에 배향됨으로써 음사의 대상에서 벗어났다.[109] 반면에 김인훈과 손긍훈은 그 죽음이나 기타

---

107) 孫兢訓은 密陽 孫氏의 始祖인 孫順과 동등하게 그 옆에 기록되거나(『靑邱氏譜』 17, 606쪽), 혹은 始祖 孫順의 後(『萬姓大同譜』 下, 451쪽) 내지 後孫(『靑邱氏譜』 17, 611쪽), 또는 始祖 孫順의 4代孫인 聖祖의 子(같은 책, 599 및 614쪽) 내지 後(『萬姓大同譜』 下, 524쪽) 등으로, 매우 다양하게 나타난다. 한편 1935년에 安秉禧가 編刊한 『密州徵信錄』 1 姓氏 密陽孫氏 孫兢訓의 夾註에 의하면, 그 후손이 校洞·竹東·德谷·松栢·上峰 등지에 거주한다고 한다.

108) 역시 조선말까지 順天의 城隍神이었던 것으로 보이는 金惣은(邊東明, 「金惣의 城隍神 推仰과 麗水·順天」, 184~186쪽), 順天 金氏의 시조였다. 종족 내에서 중시되는 인물이었음이 분명하거니와, 그런데도 그가 儒敎的 祭享의 대상으로 전환되지 않았던 것은 아마도 朝鮮 中後期에 그 家勢가 그다지 떨치지 못했던 데 기인하는 건 아닌가 생각된다.

109) 앞 註 103)의 論文. 『列邑院宇事蹟』 義城縣 忠烈祠 事蹟

행적에서 그와 같은 극적인 요소를 찾아볼 수가 없다. 남달리 유교적인 덕목을 실천했다고 내세울 만한 사실도 쉬이 눈에 띄지를 않는다. 의열지사義烈之士로 재탄생하는 데 제약이 컸음 직하거니와, 결국 그들은 조선 말까지 성황신으로 남겨진 채 음사의 대상에서 벗어나지 못하고 말았던 것이다.110)

요컨대 양산과 밀양의 성황신 김인훈과 손긍훈은 본시 고을 수호신으로서의 상징성을 지닌 존재였으나, 조선왕조 들어 규제의 대상으로 전락하였다. 사회의 유교화와 함께 전통적인 성황신앙이 음사로 지목된 탓이었거니와, 이후 조선 말까지 성황신으로서 그처럼 격하된 지위를 감수할 수밖에 없었다. 고을 내 사족士族이 그리 번성하지 못한 여건이나 혹은 종족 내에서의 불분명한 위상 및 극적인 요소가 부족한 그 자신의 행적 등으로 말미암아, 시대적인 변화에 적응할 수 있는 행운이 주어지지 않은 때문이었다.

맺음말

김인훈은 경주慶州 혹은 김해金海와 연결되는 낙향귀족의 후예로서 해상무역을 통해 성장하여 양산梁山을 지배하는 호족으로 이름을 남겼다. 반면에 손긍훈은 경주慶州와 연결되거나 혹은 본시 밀양密陽에 토착한 6두품 계열의 촌주村主 출신이었다. 그리하여 '리吏'로서의 지위를 이용해 농민을 끌어들이고 농토를 집적하는 등 농업생산력에 근

110) 역시 儒敎的 祭享의 대상으로 전환되지 못했던 順天 城隍神 金惣의 경우, 떨치지 못한 그 家勢와 더불어 전통시기에 반역아로 평가받던 甄萱의 편에 섰다는 한계 때문에, 忠義를 실천한 인물로 재탄생시키는 데 어려움이 컸을 듯싶다.

거하여 밀양을 대표하는 호족으로 성장하였다. 경상 동남부의 지역사회에서 주도적인 위치에 선 것은 김인훈이 먼저였다. 주치州治를 거점으로 삼은 위에 해상세력으로서 궁예弓裔·왕건王建과도 손을 잡은 그가, 이웃 밀양의 손긍훈에 비해 한층 활발히 활동하며 지역을 이끌었다. 손긍훈은 고려왕조의 개창 이후 그러한 김인훈의 영향 속에 왕건에게 귀부하였다. 이들은 후삼국시기에 친왕건적 내지 친고려적인 경향을 보인 호족들이었다. 그리하여 그와 같은 정치적 자산을 바탕으로 본인을 비롯한 그 후손들이 고려왕조 치하에서 중앙에 진출하거나 혹은 지역의 유력자로 군림할 수 있는 발판을 마련하였다. 후일 이들이 그 후손을 포함한 지역 토호세력에 의해 신격화되어 고을의 상징인 성황신으로 추앙될 수 있었던 것은 그에 말미암은 일이었다.

두 사람 중 먼저 성황신으로 추앙된 것은 김인훈이었다. 김인훈이 웅거하던 양산은 통일신라에서 고려 초까지 경상 동남부지역을 주도하는 고을이었다. 그러던 것이 경순왕의 귀부를 계기로 더욱이 태조 23년에서 현종 9년에 걸친 지방제도의 개편을 거치면서, 경주慶州 관하의 일개 영군領郡으로 읍격邑格이 고정되어갔다. 그리하여 양산 주민들은 김인훈을 고을의 상징인 성황신으로 떠받듦으로써, 고려왕조에 기여한 그를 앞세워 대읍大邑으로서의 위상을 회복하며 또한 지역사회에서의 주도적인 지위를 되찾고자 시도하였던 것이다. 대략 현종대 즈음의 일이었다. 한편 손긍훈이 밀양의 성황신으로 추앙된 것은, 명종에서 신종에 이르는 12세기 말~13세기 초의 어느 때였다. 농민·천민의 봉기가 빈발하던 혼란기를 맞아, 손긍훈에 의지하여 고을 수호자로서의 이미지를 강화할 필요성을 절감하던 토착 유력계층에 의해서였다. 이후 삼별초 난에 호응한 민중봉기가 발생하고 이어 읍격이 강등되었다가 회복되는 격변이 일던 13세기 후반에도, 지역의 유력자들은 성황신 손긍훈에 기대어 자신들을 중심으로 짜인 기존 향촌질서를 유지함은 물론 나아가 읍격의 회복을 정당화하는 데 도움을 얻을 수 있었다. 한편 충렬왕대 말 양산이 밀양에 병합된 사건을 둘러싸고 두 지역 사이에 한동안 힘겨루기가 벌어졌을 때, 성황신 김인훈과 손긍훈은 각각 제 고장의 상징적인 존재로 내세워져 서로 대립하는 형세를 연출하기도 하였다.

양산과 밀양의 성황신 김인훈과 손긍훈은 본시 그처럼 고을 수호신으로서의 상징성을 지닌 존재였다. 그런데 이들은 조선왕조 들어 규제의 대상으로 전락하였다. 사회의 유교화儒教化와 함께 전통적인 성황신앙이 음사淫祀로 지목된 탓이었다. 다른 고을의 경우와 달리 음사의 대상에서 벗어나지 못한 그들은, 그리하여 조선 말까지 성황신으로서 그처럼 격하된 지위를 감수해야 하는 처지가 되었다. 사족士族이 번성하지 못한 고을이라는 지역 여건과 종족 내에서의 뚜렷하지 못한 위상 및 극적인 요소가 부족한 그 자신의 행적으로 말미암아, 시대적인 변화에 적응할 수 있는 행운이 주어지지 않은 때문이었다.

(「城隍神 金忍訓·孫兢訓과 梁山·密陽」, 『韓國史學報』 22, 2006)

제3장 성황신城隍神 김홍술金洪術과 의성義城

머리말

김홍술金洪術(?~929)은 신라 말에서 고려 초의 시기에 활동하던 성주城主·장군將軍이었다. 후삼국의 혼란기를 맞아 경상慶尙 내륙 동북부 지역의 호족 중 비교적 이른 시기에 고려 태조 왕건王建을 지지하고 나섰으며, 그리하여 군사적으로 강하게 압박해 오던 후백제왕 견훤甄萱에 대항하여 싸우다 전사하였던 것으로 이름이 있는 인물이다.[1] 아울러 사후死後 언제인가 경상도 의성義城 지역에서는 그를 성황신으로 추앙하여 모셨던 것으로 기록에 전하기도 한다.[2] 전통시기의 한때 그가 고을을 수호하는 상징적인 인물로 기려지며 더욱이 신격화되어 제향祭享되었음을 보여준다. 역사상의 실존 인물로서 특정 고을의 주민들에 의해 수호신으로 숭배되었으며, 더욱이 그것이 관아官衙에 의해 공인公認을 받았던[3] 흔치 않은 사례 중의 하나라 하

1) 『高麗史』 1 太祖 5년 11월 辛巳. 같은 책 6년 11월 戊申. 같은 책 12년 7월 辛巳
2) 『新增東國輿地勝覽』 25 慶尙道 義城縣 祠廟 城隍祠 夾註
3) 朝鮮時期에 官祭의 대상이었던 고을 城隍祠의 神이자, 그러한 사실이 중앙에서

겠다.

이 글은 그와 같은 김홍술의 활동과 더불어, 그가 성황신으로 신격화되기에 이른 전말이라든지 혹은 이후의 사정을 더듬어 보고자 마련되었다. 신라 말에서 고려 초에 걸친 시기의 호족을 검토하는 논문 등에서 가끔씩 거명된 것을 제외하면, 이제까지 김홍술을 다룬 연구로는 두엇 정도가 눈에 띈다.[4] 그리하여 신라의 촌주村主 출신으로서 진보현眞寶縣의 현사縣司를 구성하는 상층 리吏였던 그가, 진성여왕 3년(889)의 농민봉기를 계기로 자립하여 거점지역의 성城에 웅거하는 한편 주민을 무장시켜 성주·장군으로 등장하였으며, 이어지는 후삼국의 혼란기에는 왕건에게 귀부하여 의성부義城府를 성립시킴으로써 이후 그의 후손인 의성義城 김씨金氏가 지역의 유력한 토착세력으로 자리 잡았다는 사실 등을 파악하게 되었다.[5] 그를 이해하는 데 필요한 핵심적인 사항들은 대략 밝혀진 셈이다.

하지만 그럼에도 불구하고 궁금한 점은 여전히 남아 있다. 이를테면 진보성주眞寶城主였던 김홍술이 지리적으로 다소 떨어진 의성義城의 호족으로 등장하기에 이른 경위와 같은 것이 그러하다. 진보현을 견훤에게 빼앗겨서라거나[6] 혹은 의성이 전략적으로 중요한 위치였기에 왕건의 명에 의해서[7] 그리로 옮겼으리라는 해석이 제기되었지만,

---

官撰한 地理志에 수록되었다는 점에서(앞 註 2) 그처럼 판단하였다.

4) 旗田巍, 「高麗王朝成立期の'府'と豪族」, 『法制史研究』 10 (1960) ; 『朝鮮中世社會史の研究』 (法政大學出版局, 東京, 1972). 尹熙勉, 「新羅下代의 城主·將軍」, 『韓國史研究』 39 (1982).

5) 旗田巍, 같은 논문, 15~22쪽. 尹熙勉, 같은 논문, 54~59, 63~64쪽.

6) 旗田巍, 같은 논문, 21쪽.

7) 尹熙勉, 같은 논문, 63쪽. 류영철, 「후삼국정립기 고려의 지방경영과 府의 성립」, 『韓國中世社會의 諸問題』 (韓國中世史學會, 2001), 102·137쪽. 한편 의성부

당시의 정황으로 미루어 반드시 그러했던가에는 의문이 없지 않다. 또한 김홍술이 의성부장군義城府將軍으로 변신한 뒤 그의 본래 출신지였던 진보현과 그와의 연고緣故 문제라든지, 혹은 뒤이어 진보현을 관할구역으로 아우른 보성부甫城府가 성립하면서 그 지역을 이끄는 호족으로 사서史書에 등장하는 선필善弼과의 상호관계 등, 미심쩍은 부분이 한둘이 아니다. 나아가 그가 의성의 성황신으로 추앙되기에 이른 사연도 궁금하기는 매한가지이다. 언제 그리고 어떠한 인간들이 그를 성황신으로 신격화하였으며, 또 그래야만 되는 까닭이 무엇이었는지, 어느 것 하나 제대로 밝혀지지를 않은 것이다. 김홍술의 활동이나 혹은 그의 성황신 추앙에 관해 풀어야 할 문제가 적지 않은 셈이다.

이 글에서는 먼저 김홍술의 생애를 검토하는 데서 시작하여 실마리를 풀어갈까 생각한다. 후삼국시기라고 하는 정치 사회적인 환경을 전제로 하는 가운데 그의 출신이나 활동 따위를 차분히 음미하다 보면, 김홍술 본인은 물론 그와 진보현·의성부와의 관계를 둘러싼 몇몇 궁금증이 해소되며, 나아가 그가 장차 의성 지역의 성황신으로 받들어지기에 이르는 배경의 일단도 자연히 드러나게 되지 않을까 싶은 것이다. 다음으로, 김홍술이 성황신으로 추앙되기에 이른 사정을 더 듬어보도록 하겠다. 전통시기의 성황신앙과 지역사회 내지는 그것을 주도하는 토착세력 사이의 긴밀한 관계를 떠올릴 때,[8] 김홍술의 경우

를 포함한 '府'를 신라에서 설치한 지방제도로 이해하는 논자도 있으나(黃善榮, 「新羅下代의 府」, 『한국중세사연구』 1, 1994), 적어도 의성부의 경우는 그에 해당하지 않는 것으로 판단하여 취하지 않았다.

8) 城隍信仰은 본시 中國에서 발원하여 한국으로 전파되었다고 하는데, 그러한 중국의 성황신앙에 관한 외국에서의 연구 성과가, 徐永大 編, 『中國城隍關聯

역시 의성 지역사회의 동향과 연계하여 이해함이 마땅할 것으로 판단되거니와, 그처럼 지역을 상징하는 수호신으로 신격화되기에 이른 경위를 구체적으로 따져 보고자 하는 것이다. 마지막으로, 성황신 김홍술의 충렬사忠烈祠 배향이 지니는 의미를 새겨 보도록 하겠다. 조선 숙종대(1674~1720)에 김홍술을 독향獨享하는 충렬사가 의성의 치소治所 부근에 들어섰다.[9] 성황신이던 그를 제향하기 위한 사우祠宇가 새삼 모습을 드러낸 게 흥미를 끌거니와, 그리 된 연유를 살핌으로써 당시 지역사회에 일던 변화의 한 측면을 가늠해 보고자 하는 것이다.

1. 김홍술金洪術과 진보현眞寶縣·의성부義城府

김홍술은 본시 진보현의 촌주村主 출신이었다고 한다. 그리하여 현사縣司의 상층부를 구성하는 리吏로서 활동하던 중, 신라 말엽의 혼란기를 틈타 자립하여 성주城主·장군將軍으로 등장하였다는 것이다.[10] 신라 말에서 고려 초의 시기에 대두한 주도적인 사회세력이었다는 이

論文選』(民俗苑, 1999)에 모아져 참고하기 편하다. 한편 전통시기의 한국에서는 성황신앙 내지 성황신이 지역사회 특히 그 대표 격인 토착 사회세력과 깊은 관계를 맺은 가운데 존립하였음이 밝혀졌거니와, 그에 관해서는 다음의 글들이 참고 된다.

한국종교사연구회 편, 『성황당과 성황제』 (민속원, 1998). 金甲童, 「高麗時代의 城隍信仰과 地方統治」, 『韓國史硏究』 74 (1991). 鄭勝謨, 「城隍祠의 民間化와 鄕村社會의 變動」, 『泰東古典硏究』 7 (1991). 송화섭, 「전주의 성황신앙과 견훤정권」, 『후백제 견훤정권과 전주』 (전북전통문화연구소 편, 주류성, 2001). 邊東明, 「高麗時期 順天의 山神·城隍神」, 『歷史學報』 174 (2002). 邊東明, 「金惣의 城隍神 推仰과 麗水·順天」, 『全南史學』 22 (2004). 邊東明, 「申崇謙의 谷城 城隍神 推仰과 德陽祠 配享」, 『韓國史硏究』 126 (2004).

9) 『輿地圖書』 慶尙道 義城縣 壇廟 忠烈祠

10) 尹熙勉, 위의 논문, 54~59쪽.

른바 호족豪族이, 진보현에서도 그 존재를 드러낸 셈이었다. 그 후 왕건에게 귀부한 그는 언젠가 이웃 고을[聞韶郡]로 거점을 옮겨갔다. 그리하여 그곳에 의성부義城府를 성립시키며 지배하다가, 거기에까지 세력을 확장해 온 후백제왕 견훤에게 대항하여 싸운 끝에 전사하였던 것으로 전한다.[11] 현縣의 유력자로서 몸을 일으켜, 보다 상급의 행정단위인 군郡에까지 진출함으로써 더욱 너른 영역에 군림하는 영향력 있는 호족으로 성장하였던 그가, 후삼국시기 왕건과 견훤의 쟁패전에 휘말려 전몰하는 것으로 그 일생을 마쳤던 셈이다.

김홍술이 사서史書에 그 존재를 드러낸 것은, 위의 서술에서도 드러나듯이 고려 태조 왕건에게 귀부함으로 해서였다. 또한 진보성주眞寶城主에서 의성부義城府의 성주장군城主將軍으로 성장한 것,[12] 다시 말해 의성으로까지 진출하여 그곳의 유력한 호족으로 자리 잡기에 이른 것도 그 뒤의 일이었다. 왕건에게로의 귀부가 김홍술의 생애와 활동에서 하나의 전환점으로 작용하였음을 충분히 느낄 수가 있다.

사실 김홍술은 왕건에게 귀부한 다음 상당한 후대를 받았던 것으로 보인다. 그가 사자를 보내어 항복을 청하자, 왕건은 곧바로 원윤元尹 왕유王儒와 경卿 함필含弼 등 중앙의 고관을 파견하여 그를 위무하도록 조치하였다. 또한 이듬해 개경으로 찾아 온 그의 아들 왕립王立에게는 원윤元尹이라는 고위의 관계官階를[13] 내리기도 하였다.[14]

---

11) 旗田巍, 위의 논문, 17~21쪽. 尹熙勉, 위의 논문, 63쪽.

12) ① 眞寶城主洪術 遣使請降 … (『高麗史』 1 太祖 5년 11월 辛巳)
② 甄萱以甲卒五千 侵義城府 城主將軍洪術戰死 … (같은 책 太祖 12년 7월 辛巳)

13) 이 무렵을 포함하여 太祖 19년(936) 이전의 官階에서 元尹이 豪族勢力의 大小를 가르는 기준과 같은 의미를 지닌다는 점 등에 관해서는, 武田幸男, 「高麗初期の官階」, 『朝鮮學報』 41 (奈良, 1966), 37~39쪽의 설명을 참고하라.

따라서 김홍술은 아마도 그 아들보다 더 높은 관계官階를 받았던 것으로 추정되거니와,[15] 동일한 해에 불과 수개월 앞서 왕건에게 귀부한 하지현장군下枝縣將軍[16] 원봉元奉의 경우 그 자신이 원윤元尹을 받는데 그쳤던 것과 비교되는 일이 아닐 수 없다.[17] 경상 북부의 내륙으로서 비슷한 지역에 위치하며 또한 동급同級의 행정단위인 현縣의 호족으로서 수개월을 전후하는 비슷한 시기에 귀부하는 등 자못 유사한 조건이었음에도, 김홍술의 경우와 달리 왕건은 원봉에게 위무의 사절을 보내지 않았으며 아울러 하사한 관계官階도 보다 하위의 것이었다. 귀부 후의 처우를 놓고 볼 때, 김홍술의 경우는 오히려 두어 해 전 고려로 귀부해 온 강주장군康州將軍 윤웅閏雄이나 혹은 한 해 뒤 항복해 온 벽진군장군碧珍郡將軍 양문良文의 사례와 더욱 유사하였다. 왕건은 인질로 온 윤웅閏雄의 아들 일강一康에게 아찬阿粲의 관계를 내리는 한편 낭중郎中 춘양春讓을 강주에 파견하여 위무하였으며,[18] 또한 양문良文의 경우 항복 사절로 파견되어 온 그의 생甥 규환圭奐을 원윤元尹으로 봉하는 조치를 취하였다.[19] 말하자면 상급上級 행정단위인 군

14) ① 眞寶城主洪術 遣使請降 遣元尹王儒·卿含弼等 慰諭之 (『高麗史』 1 太祖 5년 11월 辛巳)
② 眞寶城主洪術 遣其子王立 獻鎧三十 拜王立元尹 (같은 책 太祖 6년 11월 戊申)

15) 尹熙勉, 위의 논문, 64~65쪽.

16) 下枝縣은 오늘의 安東 豊山地域이다.(『高麗史』 57 地理 2 慶尙道 安東府 豊山縣)

17) ① 下枝縣將軍元奉 來投 (『高麗史』 1 太祖 5년 6월 丁巳)
② 以下枝縣將軍元奉 爲元尹 (같은 책 太祖 6년 3월 甲申)

18) 康州將軍閏雄 遣其子一康爲質 拜一康阿粲 以卿行訓之妹妻之 遣郎中春讓 於康州 慰諭歸附 (같은 책 太祖 3년 春正月)

19) 碧珍郡將軍良文 遣其甥圭奐來降 拜圭奐元尹 (같은 책 太祖 6년 8월 壬申) 한편 이 碧珍郡將軍 良文을 碧珍郡 本邑將軍 李悤言과 동일인으로 간주하려

郡이나 혹은 그 군郡보다도 상급의 광역 행정단위인 주州의 치소治所에 웅거하던 호족에 준하는 대우가, 진보현의 호족 김홍술에게 주어졌던 셈이다.

왕건이 그처럼 김홍술을 후대하였던 것은, 우선 그가 웅거하던 지역이 지니는 지리적 중요성 때문이었던 것으로 보인다. 위의 하지현만 하더라도 경상 중부 내륙의 북쪽에 위치하는 고을로서, 이미 소백산맥에까지 진출했던 것으로 여겨지는 고려와[20] 거의 잇닿다시피 하는 지역이었다. 반면에 김홍술의 진보현은 그보다 약간 더 동부로 치우쳐 남쪽으로 내려온 곳에 위치하였다. 왕건의 세력권에서 다소 떨어져 그의 영향력이 미치기 힘든 지역이자, 좀 더 경주慶州에 가까이 위치하면서 그리로 향하는 통로에 자리 잡은 고장이었다. 왕건의 입장에서 보자면, 그만큼 진출하기를 갈망해 마지않았음 직한 고을이 곧 진보현이었다고 하여 지나치지 않은 셈이었다.[21] 왕건이 김홍술

는 견해와(旗田巍, 위의 논문, 27쪽) 그에 반대하는 견해가(류영철, 「후삼국정립기 고려의 지방경영과 府의 성립」, 116~119쪽) 있는데, 만약 前者가 옳다면 本邑將軍에 除拜되는 것과 함께 傍邑의 丁戶 229호와 忠州·原州·廣州·竹州·堤州의 倉穀 2200석 및 소금 1785석까지 더해 받았다고 하는 李悤言[良文]이(『高麗史』 92 王順式傳 附 李悤言傳), 김홍술보다 더욱 우대받았다고 해야 할 것이다. 하지만 이 경우에도 列傳에 수록되지 않아 관련 기록이 빈약한 김홍술을, 상당한 傳記的 자료를 남긴 이총언의 경우와 직접 비교하는 것은 다소 어떨까 싶다. 동일하게 世家의 기록을 기준으로 할 경우 둘에 대한 왕건의 대우에는 별다른 차이가 없어 보이며, 따라서 이 자료에 무게를 두어 판단하는 것도 그다지 잘못은 아니지 않을까 여겨지는 것이다.

20) 앞서 弓裔가 榮州의 浮石寺를 순행하던 중 사찰의 벽에 그려진 新羅王의 초상화를 보고는 칼을 빼어 쳤다고 하거니와(… 嘗南巡至興州浮石寺 見壁畫新羅王像 發劍擊之 其刃迹猶在 …『三國史記』 50 弓裔傳), 그것이 사실이라면 하지현과 같은 소백산맥 이남의 경상 중북부 지역에도 벌써 고려의 영향력이 미쳤던 것은 아닌가 헤아려진다.

21) 後三國時期 王建에게서 우대를 받은 고을은, 대부분 그와 유사한 조건을 갖춘

의 귀부를 반겨하며 또한 그를 후대한 첫 번째 이유가 여기에 있었다고 생각한다.

다음으로, 김홍술의 세력이 그만큼 강했으리라는 점을 지적할 수가 있다. 강주장군 윤웅이나 벽진군장군 양문과 같이 주州나 군郡을 대표하는 호족에 비견할 만한 유력자였기에 그만한 우대를 받았던 게 아닌가 여겨지는 것이다. 적어도 하지현장군 원봉과 같은 현급縣級의 호족보다는 우세한 실력자였으며, 그의 근거지인 진보현을 영현으로 거느리던 문소군聞韶郡의 관내에서는 아마도 가장 유력한 호족이었던 것으로 보인다.[22] 그러했기에 왕건에게 귀부한 후 문소군에까지 진출하여 의성부를 성립시키면서, 그곳을 거점으로 삼아 성주장군으로 군림하였던 게 아닌가 헤아려지는 것이다.

김홍술의 처음 근거지였던 진보현은 신라 경덕왕대景德王代에 칠파화현漆巴火縣을 개명한 고을로서, 역시 소문국召文國을 개명한 문소군聞韶郡의 관내에 속하였다. 문소군에는 비옥현比屋縣·안현현安賢縣·단밀현單密縣 등 4개의 영현領縣이 있었는데, 그 중의 한 고을이 진보현이었던 것이다.[23] 김홍술은 이 진보현의 리吏에서 몸을 일으켜

지역이었다. 고구려 계승이라는 명분과 北邊의 안정 및 왕실의 새로운 근거지 마련이라는 다목적용 신개척지였던 西京이나, 혹은 후백제의 배후를 노리는 전진기지였던 羅州 등 몇몇 고을을 제외하면 대개가 그러하였다. 오늘날의 晉州地域에 해당하는 康州를 비롯하여, 특히 소위 '府'가 설치되었던 고을 즉 星州地域의 京山府[碧珍郡], 永川地域의 高鬱府, 蔚山地域의 興麗府, 그리고 靑松地域의 甫城府와 安東地域의 安東府 등이 그것이었다. 모두가 고려에서 멀리 떨어져 위치하면서 경주로 향할 경우 거쳐 가야 할 요충에 해당하였으며, 그리하여 흔히 견훤과 치열한 다툼을 벌이던 고장들이었는데, 결국 왕건에게 귀부하여 우대를 받았던 것이다.

22) 眞寶城主 金洪術이 中小豪族을 거느리는 大豪族이었으리라는 이해에 관해서는, 尹熙勉, 위의 논문, 64~65쪽의 설명을 참고하라.

진보성주가 되었다.[24] 신라 말기의 혼란을 틈타 독자적인 세력으로 성장한 끝에, 마침내 진보현을 대표하는 호족으로 그 모습을 드러내기에 이른 것이었다. 나아가 후삼국의 소용돌이 속에서 그는, 왕건의 세력권에서 멀리 떨어졌음에도 일찍이 고려에 귀부함으로써 남다른 대우를 받았다. 김홍술이 진보현을 관할하던 상위 고을인 문소군으로 진출하여 의성부義城府를 성립시키면서 그곳까지 지배하는 실력자로 대두하기에 이른 것은 그러한 과정에서의 일이었다.

김홍술의 문소군 진출은 그 자신의 독자적인 세력에다 왕건의 후원을 더하여 이뤄진 일이었던 것으로 판단된다. 진보현을 견훤에게 빼앗겼기에 그가 문소군으로 옮겨갔고 그리하여 그곳에 의성부가 설치되었으리라는 추측이 제기된 바 있지만,[25] 견훤의 경상 동북지역 진출의 시기나 방향 등으로 미루어 쉬이 수긍이 가지를 않는다. 견훤이 의성에 처음 그 모습을 나타낸 게 태조 12년(929) 7월, 즉 의성부의 성주장군이던 김홍술이 전사하던 바로 그때였거니와,[26] 그 의성보다 더욱 동북 방향에 위치하는 진보현이 그보다 앞서 견훤에게 탈취 당했을 가능성은 거의 없어 보이는 것이다.

한편 왕건의 명령(태조 6) 내지는 고려정부의 조치에(태조 8) 의해 김홍술이 의성부로 옮겨갔으리라는 해석도 있는데,[27] 당시 왕건의

---

23) 『三國史記』 34 地理 1 新羅 聞韶郡. 같은 책 眞寶縣 · 比屋縣 · 安賢縣 · 單密縣

24) ① 金洪術 高麗太祖時 以吏爲城主將軍 … (『慶尙道地理志』 安東道 義城縣)
② 眞寶城主洪術 遣使請降 … (『高麗史』 1 太祖 5년 11월 辛巳)

25) 旗田巍, 위의 논문, 21쪽.

26) 『高麗史』 1 太祖 12년 7월 辛巳

27) 태조 6년(923) 무렵에 王命으로(尹熙勉, 위의 논문, 63쪽), 혹은 동왕 8년(925)의 曹物城戰鬪와 관련한 고려정부의 조치에 따라(류영철, 위의 논문, 102 · 137쪽),

처지나 혹은 정책 방향을 생각할 때 과연 그러하였을까는 의문이다. 궁예왕弓裔王을 몰아낸 정변 직후 내부에서의 반발을 어느 정도 제어하기에 이른 다음에도, 왕건은 각처의 호족을 회유함과 동시에 조세를 감면하는 등 농민의 삶을 보살피는 정책을 추진함에 따라, 군사력 강화에 나설 여유를 거의 갖지 못했다고 한다.[28] 그리하여 적어도 군사적인 측면에서는 한동안 견훤에게 밀리는 형국이었다고 하거니와, 실제로 태조 9년(926)까지만 하더라도 가능한 한 견훤과의 직접 대결을 회피하려는 정책을 취하는 게 고작이었다.[29] 그러다가 태조 10년 무렵 본격적인 군사 활동에 들어가 견훤과 대결하였으나, 그나마도 공산동수公山桐藪에서 대패하는[30] 등 열세를 면치 못하는 형편이었다. 왕건이 견훤에 대해 우세를 확립한 것은, 잘 알려진 바와 같이 태조 13년(930) 정월의 고창전투古昌戰鬪에서 승리한[31] 이후부터였던 것이다. 따라서 그와 같은 당시의 추세를 생각할 때, 태조 6년 무렵 내지는 김홍술이 의성부의 성주장군으로 기록에 나오는 동왕 12년 7월 이전의 어느 시기에,[32] 왕건이 경상 동북지역에 적극적으로 개입한다는 것은 자못 힘든 일이었을 듯싶다. 그리고 그처럼 군사적인 면을

김홍술이 의성으로 옮겨갔다고 한다.

28) 洪承基, 「後三國의 분열과 王建에 의한 통일」, 『高麗政治史研究』 (一潮閣, 2001), 66~69쪽.

29) 甄萱質子眞虎病死 遣侍郞弋萱 送其喪 甄萱謂我殺之 殺王信 進軍熊津 王命諸城 堅壁不出 新羅王遣使曰 … (『高麗史』 1 太祖 9년 4월 庚辰)

30) 같은 책 太祖 10년 9월

31) 같은 책 太祖 13년 正月 丙戌

32) ① 眞寶城主洪術 遣其子王立 獻鎧三十 拜王立元尹 (같은 책 太祖 6년 11월 戊申)

② 甄萱以甲卒五千 侵義城府 城主將軍洪術戰死 … (같은 책 太祖 12년 7월 辛巳)

포함한 직접적인 개입이 힘든 상황에서, 지방 호족으로 하여금 이웃의 더 큰 세력권으로 진출하도록 중앙에서 일방적으로 조치 내지 명령한다는 것은 아무래도 어려운 일이 아니었을까 여겨지는 것이다.

다만 진보성주 김홍술로 하여금 진보현을 영현으로 거느리는 문소군과 같은 상급 행정단위의, 보다 큰 세력권으로 진출하도록 왕건이 권유 내지 후원하는 정도는 가능하였을 것으로 생각된다. 김홍술에게 그만한 실력이 갖춰졌음을 전제로 한 일이었을 것임은 물론이다. 진보현에서 성장을 거듭하던 김홍술이 왕건에의 귀부를 계기로 고려국왕의 권위와 후원을 앞세워 문소군을 비롯한 관내 영역을 장악하자, 고려 조정에서 그의 지배권을 인정하는 한편 지역의 전략적 중요성을[33] 살펴 그곳에 의성부를 설치하였던 게 아닌가 여겨지는 것이다. 말하자면 진보현을 거점으로 세력을 키워가던 김홍술이 왕건의 후원을 배경으로 삼아 더욱 그 영향력을 확대하였으며, 의성부의 설치는 곧 그와 같은 김홍술의 성장과 지배 영역의 확대를 고려 조정에서 공식적으로 인정해준 조치이자 더욱이 의성 지역의 전략적 중요성을 파악한 결과였던 셈이다.

김홍술이 자신의 세력을 바탕으로 왕건의 후원을 앞세워 문소군 관내를 장악해간 끝에 의성부를 성립시켰을 가능성을 살폈다. 그만한 잠재력을 지닌 존재였기에 왕건에 의해 그처럼 후대 받았음을 이해할 수가 있지 않을까 싶은 것이다. 김홍술은 경상 동북부에서 남 먼저 왕건에게 귀부하는 정치적 수완을 발휘하였다. 그리고 그것을 바탕으로 삼아 의성부를 성립시키며 보다 너른 영역까지 호령하는 대호족으로 군림하였다. 경상 동북부의 내륙에 위치하는 자그마한 고을을[34]

33) 윤희면, 위의 논문, 63쪽 및 이 글의 註 38).

기반으로 두각을 드러내던 토착의 유력자가, 신라 말에서 고려 초에 걸치는 격동의 시기를 배경으로 주변 고을까지 아우른 이름 있는 세력가로 성장하기에 이르렀던 셈이다.

의성부가 설치될 즈음 김홍술은 진보현에 위치하던 거점을 의성으로 옮겨갔다. 처음 진보성주라 칭해지던 그가 뒤에는 의성부의 성주장군으로 기록되었던 데서 그러한 짐작이 가능하다.[35] 태조 6년 11월 이후, 아마 그에서 그리 멀지 않은 언젠가의 일이었을 것으로 생각된다.[36] 그리고 자신을 우대했던 왕건의 기대에 어긋나지 않게, 경상 동북부 지역에서 고려왕조를 대표하는 토착세력가로서의 역할을 충실히 수행하고자 고심하였다. 고려에 우호적인 분위기를 조성하며, 나아가 그 세력을 뿌리내리도록 하고자 나름의 노력을 기울였던 게 아닌가 여겨지는 것이다. 후백제왕 견훤이 경상 동북부 지역에까지 손길을 뻗쳐 오자, 의성의 호족[城主將軍]이자 고려의 장수[高麗將]이던 김홍술이 그에 맞서 싸우는 데 앞장섰으며, 마침내 목숨을 잃었다는 기록으로 미루어 짐작할 수가 있다.[37] 지역을 잠식해 들어오는 반고려세력反高麗勢力에 죽음을 무릅쓰고 대항하던 대표적인 토착세력가이자 고려의 장수였으며, 그리하여 그러는 과정에서 전사한 그를 두

---

34) 朝鮮時期에 眞寶縣은 僻邑으로 간주되었으며, 本邑 土姓이 他邑으로 이주하여 토착 士族이 별로 없었다고 한다(李樹健, 「嶺南士林派 形成의 社會的 基盤」, 『嶺南士林派의 形成』, 嶺南大出版部, 1979, 92쪽).

35) 『高麗史』 1 太祖 5년 11월 辛巳. 같은 책 6년 11월 庚申. 같은 책 12년 7월 辛巳

36) 尹熙勉, 위의 논문, 63쪽.

37) ① 甄萱以甲卒五千 侵義城府 城主將軍洪術戰死 王哭之慟曰 吾失左右手矣 又侵順州 將軍元奉遁 (『高麗史』 1 太祖 12년 7월 辛巳)

② 甄萱攻義成府城 高麗將洪述出戰 不克死之 順州將軍元逢 降於甄萱 太祖聞之怒 然以元逢前功宥之 但改順州爲縣 (『三國史記』 12 敬順王 3년 7월)

고 왕건이 '두 팔을 잃은' 듯 남달리 애통해 하였다던 데서, 김홍술 생전의 그러한 활약을 충분히 느끼고도 남음이 있지 않을까 싶은 것이다. 김홍술과 비슷한 시기에 고려로 귀부한 앞서의 순주順州[下枝縣]장군將軍 원봉元奉(逢)이 당시 견훤에게 항복하여 왕건으로 하여금 진노케 하였다는 기록과 비교할 때, 그러한 추정을 반드시 지나치다고만은 할 수가 없을 것으로 믿는다.

그렇다면 김홍술이 그처럼 의성부로 옮겨간 다음 진보현은 어찌 되었을까? 그 뒤로도 아마 진보현은 여전히 김홍술의 지배를 받았을 것으로 짐작된다. 기왕에 문소군의 영현이었던 진보현이, 그 문소군을 계승해서 의성부가 설치되었다고 하여 새삼 그 관할을 벗어났을 것 같지는 않다. 변함없이 의성부의 관내, 다시 말해 김홍술의 통제권 내에 속하였을 가능성이 높아 보이는 것이다. 아울러 그곳이 본디 김홍술의 거점 지역이었음을 떠올리면 더욱이 그러하다. 의성부 성주장군으로 성장한 김홍술이, 그 본거지였던 진보현을 다른 유력자의 손에 넘어가도록 방치해두었을 까닭이 없어 보이는 것이다. 적어도 그가 전몰하기까지는 그러하였음이 거의 분명하다.

태조 6년 이후 언젠가에서 동왕 12년 전사할 때까지, 김홍술은 경상 동북부 일대에서 고려왕조의 전진기지 역할을 하던 의성부를[38] 지배하였다. 고려왕조를 대표하여 지역 내 친고려적親高麗的인 성향의

---

38) 義城府가 전략적으로 중요한 위치였으며(尹熙勉, 위의 논문, 63쪽) 그리하여 慶尙 東北部에서 新羅를 향한 高麗의 前進基地 역할을 담당하였음은, "征南大將軍庾黔弼 守義城府 王遣使謂曰 予慮新羅爲百濟所侵 嘗遣將鎭之 今聞百濟劫掠槥山城·阿弗鎭等處 如或侵及新羅國都 卿宜往救 黔弼遂選壯士八十人赴之 … 黔弼 至新羅 … 留七日而還 …"(『高麗史節要』 1 太祖 16년 5월)에서와 같이, 金洪術 사망 후 高麗의 大將軍 庾黔弼이 王建의 두터운 신임 아래 義城府에 주둔하면서 활약을 보였던 사실에서도 능히 짐작할 수가 있다.

호족을 이끌었을 것으로 짐작되는 실력자였다. 따라서 그 무렵 진보현의 이웃 고을인 진안현眞安縣을 지배하는 호족이었다던 선필善弼도[39] 아마 그와 무슨 관계를 맺었음 직하다. 선필은 태조 13년(930) 정월의 고창전투古昌戰鬪 직후 고려로 '내투來投'해 왔다는 기록에 처음 나타나는 인물이다.[40] 앞서 고려가 신라와 통교하는 데 도움을 주는 등 친고려적 태도를 취하던 그가, 고려의 대승大勝과 함께 웅거하던 성城을 들어 고려로 '내부內附'해 왔다는 것이다.[41] 김홍술이 사망한 다음에야 비로소 선필이 사서史書에 등장하였음을 보여주거니와,[42] 이로 미루어 그때까지 경상 동북부 지역에서 친고려적인 호족을 대표하던 인물은 김홍술이었던 것으로 간주하여 좋을 듯싶다. 선필은 아직 그에 필적할 만큼 성장하지 못했다는 의미이다. 그랬다가 후백제와의 전투에서 전사한 김홍술을 대신하여, 그가 비로소 지역 내 고려계 호족의 대표주자로 떠올랐던 게 아닌가 여겨진다. 귀부한 선필을 왕건이 '상보尙父'라 칭하며 우대했다든지, 혹은 김홍술의 처음 근거지였던 진보현이 진안현에 합해져 보성부甫城府가 성립되면서 선필이

39) 旗田巍, 위의 논문, 19~20쪽. 尹熙勉, 위의 논문, 59~60쪽.

40) 『高麗史』 1 太祖 13년 正月 丁卯

41) 『高麗史』 92 王順式傳 附 善弼傳

42) 善弼은 慶州로의 통로가 막힐 것을 염려하던 王建으로 하여금 신라와 通好할 수 있도록 계책을 마련하여 도와주었다고 하는데, 이는 아마도 甄萱이 경상 북부지역에 진출하면서 고려의 對新羅通路를 차단하고자 나섰던 太祖 11년(928)~12년 무렵의 상황을 말하는 것이 아닌가 싶다(申虎澈, 『後百濟 甄萱政權研究』, 一潮閣, 1996, 74~78쪽. 邊東明, 「甄萱의 出身地 再論」, 『震檀學報』 90, 2000, 45~47쪽). 선필이 왕건과 관계를 맺게 된 게 대략 그 즈음이었으리라는 의미로서, 말하자면 선필이 역사에 그 모습을 내밀기 시작한 것은 김홍술이 戰歿하기 직전이며, 그처럼 성장을 거듭한 끝에 태조 13년(930) 正月 마침내 史書에 그 이름을 올릴 수가 있었던 셈이다.

그곳을 지배하기에 이르렀던 사실 등에서,[43] 김홍술의 사후 비었던 자리가 그에 의해 점차 채워져 갔음을 느낄 수가 있는 것이다.

지금까지 김홍술과 진보현 및 의성부와의 관계를 검토하였다. 진보현의 호족이던 그가 의성부를 성립시키며 경상 동북부 내륙 지역을 대표하는 강자로 떠오르기에 이른 사정 및 이후 진보현과의 연고 문제라든지, 혹은 그의 사망을 전후해서 등장하여 보성부甫城府의 성립과 함께 역내域內의 새로운 실력자로 떠오른 선필善弼과의 관계와 같은 것 등을 주로 다루었다. 말하자면 김홍술이 장차 의성 지역의 성황신으로 받들어지기에 이르는 배경의 일단을 더듬은 셈이거니와, 이제 이를 바탕으로 삼아 다음 절에서는 그가 성황신으로 추앙되기에 이른 구체적인 경위를 살피도록 하겠다.

2. 김홍술金洪術의 의성義城 성황신城隍神 추앙

김홍술이 의성의 성황신으로 받들어져 숭배된 사실을, 조선 전기의 지리지에서는 다음과 같이 전한다.

> … 세상에 전하기를, 김홍술의 외모가 고려 태조와 닮았는데 백제 견훤과 싸우다 패하여 사망하였으므로 이에 여기[城隍祠]에서 제사를 지낸다고 한다.[44]

---

43) 旗田巍, 위의 논문, 20쪽. 尹熙勉, 위의 논문, 60·64쪽.

44) 在縣北三里 新增 俗傳 金洪術貌似麗祖 與百濟甄萱戰 敗死之 仍祠于此 (『新增東國輿地勝覽』 25 義城縣 祠廟 城隍祠 夾註)
위에 제시한 사료 중 '仍祠于此'의 '祠'를 '祭祀지내다'는 의미로 새기었거니와, 한편으로는 '祠'의 또 다른 訓인 '祠堂'을 動詞化하여 '祠堂을 세우다'는 의미로도 새길 수가 있음 직하다. 전자에서의 경우 그 뒤의 '此'는 '城隍祠'를 가리키는 지역민들이 김홍술을 기리고자 그리하였다는 뜻으로 읽히거니와, 요컨대 그가 의성의 성황신으로서 치제致祭의 대상이었음을 일러주는 셈이다. 한편 조선 성종대(1469~1494)에 의성의 수령으로 재임하였던 유호인兪好仁은 영송신가迎送神歌를 지어 고을의 성황제城隍祭에서 독송하도록 시켰는데,[45] 당시의 상황을 다음과 같이 기록하였다.

> 사서史書에서는 김홍술을 의성인義城人이라고 하였다 … 세상에 전하기를, 고을의 성황신이 대개 김홍술이라고 하는데 옳고 그름은 알지 못하겠다 …[46]

정작 본인은 판단을 유보하였지만, 의성 주민들이 고을의 성황신을 김홍술이라 인식하였음을 분명하게 밝혀 두었다. 위 지리지의 기록이 단순히 김홍술을 기리고자 성황사에서 제사지냈다는 사실만을 전하는 건 아니며, 그가 고을의 성황신으로서 숭배의 대상이었음을 알려

것으로 보고 '이에 戰死한 金洪術을 城隍祠에서 祭享하였다'로 번역함이 온당할 듯싶거니와, 만일 후자로 생각한다면 '此'를 '金洪術이 戰死한 곳'으로 이해하여 '이에 金洪術이 戰死한 터에 그를 기리고자 祠堂 즉 城隍祠를 건립하였다'라고 해석하여 무방할 듯싶기도 하다. 하지만 양자 중 어느 쪽으로 이해하든 김홍술이 의성의 성황사에서 제향을 받는 성황신이었음을 전한다는 사실에는 변함이 없다. 아울러 뒤에서 다룰 예정이지만, 의성의 성황사는 실제로 김홍술이 전사한 곳에 세워졌다.

45) 『新增東國輿地勝覽』 25 義城縣 祠廟 城隍祠 夾註. 『輿地圖書』 慶尚道 義城縣 題詠 俗帶召文風 夾註. 같은 책 名宦 俞好仁 夾註.
한편 『列邑院宇事蹟』(民昌文化社, 1994)에 따르면, 俞好仁이 義城縣에 부임하여 迎送神歌를 지은 것은 成宗 18년(1487)이었다고 한다(제2책, 慶尚道 義城縣 忠烈祠, 694쪽).

46) 史云 金洪術 義城人 … 俗傳 縣城隍神 蓋洪術也 然未知是否 … (『濡谿集』 7 城隍祭迎送神歌 序)

준다는 게 확인되는 대목이다.

그렇다면 김홍술이 그처럼 의성의 성황신으로 추앙되기에 이른 것은 언제쯤이었을까. 한국에 성황신앙이 전해진 것은, 대체로 신라 말에서 고려 초에 걸치는 어느 시기였을 것으로 추정들을 한다. 그리하여 인종대(1122~1146)에서 의종대(1146~1170)를 거치는 즈음이면 널리 전국으로 확산되기에 이르렀으며, 그 사우祠宇라 할 성황사城隍祠(堂)도 성종 15년(996) 이전에 이미 속현屬縣에까지 세워진 사례가 나타난다고 한다.47) 말하자면 의성 지역에도 또한 대략 무신난武臣亂(1170)을 전후한 고려 중기 무렵이면 이미 성황신앙이 전해졌으며, 성황사 역시 벌써 건립되었던 것으로 간주하여 좋지 않을까 싶은 것이다.

한데 위 지리지에서 전하는 내용을 음미하다 보면, 의성의 성황사는 김홍술이 전사하고 나서 그리 긴 시간이 흐르지 않은 어느 시기에 세워졌던 듯 여겨지기도 한다. '김홍술이 패사敗死하자 이에 성황사에서 (그를) 제향祭享하였다[敗死之 仍祠于此]'라는 문투에서 풍기는 어감이 그러하다. 그가 전사하고(929) 오랜 세월이 흐른 뒤, 가령 무신의 난(1170)을 전후한 시기처럼 250년가량 지난 뒤에 성황사가 들어섰고, 그리하여 그때에야 비로소 그곳에서 김홍술을 기리며 제향하기에 이르렀던 사실을 가지고, 그와 같이 표현하지는 않았을 법해 보이는 것이다. 의성의 성황사는 김홍술이 전몰하고 나서 얼마 되지 않은 시기에 건립되었으며, 아마도 그 건립과 거의 때를 같이 하여 그곳에

47) 金甲童, 「高麗時代의 城隍信仰과 地方統治」, 11~12·22쪽. 徐永大, 「韓國·中國의 城隍信仰史와 淳昌의 '城隍大神事跡'」, 『성황당과 성황제』(민속원, 1998), 399~406쪽.

서 김홍술을 추모하는 제향의식祭享儀式을 거행하기 시작하였던 게 아닌가 여겨진다. 말하자면 의성지역의 성황신앙은 김홍술을 기리는 데서 비롯된 것이나 다름이 없었으며, 따라서 그가 전사하고 그리 멀지 않은 어느 시기에 성황사가 세워지는 것과 함께, 김홍술이 성황신으로 모셔져 숭배의 대상으로 받들어졌을 가능성이 높아 보이는 것이다.

그렇다면 의성의 성황사는 고려 중기 이전의 어느 시기에 건립되었을까. 다시 말해 김홍술이 의성의 성황신으로 추앙된 것은 구체적으로 언제쯤이었을까. 김홍술과 같은 역사상의 실존 인물을 신격화시키는 데에는, 그 일을 추진하는 세력의 존재와 더불어 그것을 정당화시킬 수 있는 명분과 계기가 필요하였음이 분명하다. 한데 이미 지적되었듯이, 전통시기의 성황신 내지 그에 대한 신앙은 지역사회 혹은 그것을 대표하는 토착 사회세력과 깊은 관계를 맺은 가운데 존립 전승되어 왔다.[48] 김홍술이 사망한 후 성황신으로 추앙되기에 이른 것이, 의성 고을의 위상 내지는 그 대표 격인 토착세력의 동향과 결코 무관하지 않은 가운데 이루어졌을 것임을 감지할 수가 있는 것이다.

고려시기에 의성은 그 읍격邑格의 부침이 무상하였다. 무어라 한 마디로 이르기가 힘들만큼 고을의 위상에 변화가 잦았다. 의성에는 본시 삼한 소국 중의 하나인 소문국召文國이 자리를 잡았었다. 그 후 신라의 영역으로 편입된 이 고을은 경덕왕대에 문소군聞韶郡으로 개칭되었으며, 더불어 진보眞寶 · 비옥比屋 · 안현安賢 · 단밀현單密縣 등 경상 동북부 내륙의 4개 영현領縣을 관할하였다. 뒤이어 신라 말과 고려 초에 들어서는 김홍술의 등장과 함께 의성부로 승격되었으나, 그에서

48) 앞의 註 8)과 같음.

한 세기 가량 흐른 뒤인 현종 9년(1018)에 급전직하하여 안동부 관할하의 속현으로 강등되었다. 그랬다가 인종 21년(1143)에 현령관으로 승격되면서 속현의 처지를 벗어났지만, 또한 얼마 가지 못해 아마도 농민봉기군에게 함락당한 징벌인 듯 감무관으로 격하되었으며(신종神宗 2, 1199),[49] 충렬왕대(1274~1308)에는, 역시 추정이지만 관원官員의 숫자를 줄이라는 원元의 권고에 따라, 한때나마 아예 대구大邱로 병합된 적도 있었다.[50] 곧 이어 현령관으로 복구되었거니와, 이후 조선말에 이르도록 의성은 내내 동일한 읍격을 유지하였다.[51]

고려왕조에 들어 의성의 읍격이 유독 자주 오르내렸음을 한 눈에 알 수가 있다. 그만큼 지역사회도 조용하지만은 않았을 듯 여겨지거니와, 그와 같은 고려시기 고을의 부침 가운데서도 특히 눈길을 끄는 것이 현종 9년에 단행되었던 속현으로의 강등이 아닌가 싶다. 소국小

---

49) 이때의 사정이 史書에는, "… 神宗二年 以嘗陷賊 降爲監務 …"(『高麗史』 57 地理 2 慶尙道 安東府 義城縣)라 기록되어 전한다. 賊에게 함락 당했던 잘못을 처벌하는 조치로서 監務官으로 강등시켰다는 의미이거니와, 여기에 나오는 賊은 무인정권시기 경상 지역에서 빈발하던 농민봉기, 아마도 신종 2년 초반 溟州·三陟·蔚珍과 東京 등지에서 발생한 그것을(『高麗史節要』 14 神宗 2년 2월, 3월) 가리키는 게 아닌가 짐작된다.

50) 이때 義城이 大邱로 병합된 시기나 이유 등에 관해서는 알려진 바가 없다. 그런데 마찬가지로 충렬왕대에 密陽으로 병합된 적이 있는 梁山의 경우 "… 顯宗置防禦使 後元中書省 以本國官繁民弊爲言 故併于密城 忠烈王復舊 …"(『新增東國輿地勝覽』 22 梁山郡 建置沿革) 라고 하여, 元의 권고에 따른 조치였음이 기록에 전한다. 義城의 경우 역시 그러하였을 것임을 짐작할 수가 있거니와, 元의 권고가 忠烈王 27년(1301) 4월 己丑에 그리고 그에 따른 기구의 병합이 동년 5월 丙午에 각각 있었으며, 병합했던 郡縣을 분할하여 원래로 되돌린 것은 2년 남짓 지난 동왕 30년(1304) 正月 癸亥였다(『高麗史』 32 世家 32 該當日字).

51) 『三國史記』 34 地理 1 新羅 尙州 聞韶郡. 『高麗史』 57 地理 2 慶尙道 安東府 義城縣. 『新增東國輿地勝覽』 25 義城縣 建置沿革. 『輿地圖書』 慶尙道 義城縣. 『義城縣誌』(1871年 撰) 官號沿革.

國에서 신라로 편입되어 4개 영현領縣을 관할하는 군郡으로 자리를 잡았고, 거기에서 다시 부府로 승격되어 경상 동북부의 내륙 지역을 대표하는 거점으로까지 부상하였다가, 급전직하하여 이웃 고을의 지배를 받는 변방의 자그마한 행정단위로 격하된 사태가 심상치 않아 보이는 것이다. 뒤이은 신종대 감무관으로의 강등에는 그럴 만한 사유가 있었으며 더욱이 속현으로까지 전락하지는 않았다는 점에서, 그리고 충렬왕대에 가해진 대구로의 병합은 원元의 권고에 따른 조치로서 그나마 곧 바로 현령관으로 복구되었다는 점에서, 각각 파장이 그처럼 크지는 않았음 직하다. 속현으로 전락함에 따라, 고을의 역사상 처음으로 수령조차 배정받지 못하고 독자적인 행정단위로서의 지위를 거의 상실한 채 다른 고을의 관할 아래로 들어가게 된 데 따른 타격이 훨씬 심대하지 않았을까 헤아려지는 것이다.

당시 의성이 그처럼 속현으로까지 격하된 것은, 고려의 후삼국 통일 이후 점차 그 지리적 위치에 따른 전략적 중요성이 감소된 때문이었을 것으로 판단된다. 후삼국의 쟁패기에 고려에서 경주慶州로 향하는 통로에 위치함으로써 김홍술의 귀부와 함께 의성부로 승격되었던 만큼, 신라의 소멸 이후 그 비중이 줄어드는 것은 자연스러운 추세였음 직하다. 그리하여 현종대에 지방제도를 정비함에 이르러서는,52) 그와 같은 현실을 반영하여 읍격이 강등되었던 게 아닐까 짐작되는 것이다. 경계를 맞댄 이웃 고을로서 의성보다 약간 뒤에 부府로 승격되었다가 현종 9년(1018)에 함께 속현으로 격하된 보성부甫城府53) 역

52) 高麗前期의 地方制度 整備와 관련하여 顯宗代를 다룬 논문은 적지 않은데, 專考로는 具山祐, 「高麗 顯宗代 鄕村支配體制 개편의 배경과 성격」, 『한국중세사연구』 1 (1994) 및 金甲童, 「高麗 顯宗代의 地方制度改革」, 『韓國學報』 80 (1995) 등이 있다.

시 대략 그와 유사한 경우이었으려니와, 말하자면 의성 읍격의 하강에는 중앙에 의한 지방통치조직의 합리적 조정이라고 하는 나름의 배경이 존재했던 셈이다.

그렇다면 당시 의성 지역의 그에 대한 반응은 어떠하였을까. 지역주민 내지는 그 대표라 할 토착세력의 입장에서, 그와 같은 사태의 전개를 수수방관만 한다든지 혹은 나아가 적극적으로 그 합리성을 수긍하고 나섰을 까닭은 없지 않았을까 싶다. 오히려 격렬한 반향을 불러일으켰을 가능성이 높아 보이거니와, 속현屬縣인 의성義城을 관할하는 주현主縣으로서 바로 이웃 고을인 안동安東이 부각되었다는 점에서 더욱이 그러하였을 것으로 판단된다. 안동은 신라시기에 의성과 동일한 읍격의 '군郡'이었다. 또한 신라 말에서 고려 초의 격동기에 들어서는 의성보다 더 늦게 고려로 귀부하였고, 따라서 '부府'로의 승격도 상대적으로 뒤늦은 고을이었다.[54] 김홍술이 의성부의 성주장군으로서 경상 동북부의 내륙 지역을 이끌며 한창 활동하던 무렵, 그가 주도하는 지역질서 내에 편입되었음 직해 보이는 고을이었던 셈이다. 그런데 이제 그러한 안동이 지역 내에서의 주도권을 굳건히 한 가운데 되레 의성을 지배하기에 이르렀다. 의성지역 주민 내지 그 토착 유력자들로서는 쉬이 인정하려 들기 어려운 반전이 아닐 수가 없었을 듯싶다. 의성 지역의 중요성을 강조하며 그에 합당한 처우를 요구해야 할 필요성이 절실했을 듯 여겨지는 것이다. 말하자면 고려왕실과 의성 사이의 깊은 연고 내지는 왕조를 위하여 지역사회가 기여했던 바를 상기시키는 것이 필수적이었음 직하거니와, 그러할 경우 의성 사람들

53) 『高麗史』 57 地理 2 慶尙道 禮州 甫城府

54) 安東府의 沿革은, 旗田巍, 앞 논문, 22~24쪽의 설명을 참고하라.

에 의해 가장 먼저 내세워졌을 법한 일이 곧 김홍술金洪術의 고려귀부高麗歸附 및 전몰戰歿 사건은 아니었을까 헤아려진다.

경상 동북부의 내륙을 대표하는 호족이던 김홍술이 귀부해 옴으로써 신라를 두고 견훤과 쟁패하던 왕건이 자못 힘을 얻었으며, 그리하여 그를 우대하면서 마침내 의성부가 성립되기에 이르렀다 함은 이미 살핀 대로이다. 나아가 후백제의 견훤이 군사력을 앞세워 경상 일대를 석권하며 내륙의 동북부 지역에까지 압박해 들어왔을 때, 목숨을 던져 그에 대항하여 싸운 것도 그였다. 왕조 초기의 어려운 시기에 죽음을 불사한 채 고려에 충성을 다한 인물이 곧 김홍술이었던 셈이다.

아울러 태조 왕건과 비슷한 외모의 김홍술이 후백제왕 견훤과의 싸움에서 패하여 전사하였다는 위 지리지의 기록을 곰곰이 음미하다 보면, 아마도 의성 지역사회에는 그가 위기에 처한 태조 왕건을 구하고자 대신해서 목숨을 던졌다는 식의 설화가 전해 내려왔던 게 아닌가 여겨지기도 한다. 실제로 조선 성종대의 유호인兪好仁은, 왕건을 구하고자 김홍술이 짐짓 국왕의 의위儀衛를 갖춘 채 싸우다 전사하였다는 지역민 사이의 설화를 전하면서, 그를 한漢 고조高祖 대신 죽은 기신紀信의 사례에 비유하기도 하였다.[55] 또한 조선 후기에 작성된 자료에서는, 견훤에게 쫓겨 위험에 빠진 왕건의 탈출을 돕고자 김홍술이 국왕의 의장儀仗으로 나아가 싸우던 중 죽음에 이르는 광경을 세세한 부분까지 감동적으로 묘사해 두기도 하였다.[56] 마치 대구大邱

55) 俗傳 洪術免以太祖 備儀衛力戰而死 故以紀信比焉(『濡谿集』 7 城隍祭迎送神歌 夾註)

56) 將軍 姓金名洪術 義城人 俗傳 麗太祖爲甄萱所逐 登皇帝峯上 萱以大軍 圍匝四面 絕其汲道 勢甚危急 將軍率麾下八將 在圍中 請於太祖日 事急矣 臣

팔공산八公山 전투에서 왕건으로 하여금 탈출할 수 있도록 기회를 만들어 주고자, 비슷한 외모의 신숭겸申崇謙이 적을 유인하여 싸우던 끝에 전사하였다는 설화를 대하는 듯하다.[57] 과연 사실이 그러했던가의 여부를 떠나서, 역사적으로 고려왕실과 의성과의 사이에 그만큼 떼지 못할 깊은 인연이 있으며, 또한 고을의 대표적 토착세력가인 김홍술이 개국일등공신인 신숭겸에 못지않게 고려왕조에 이바지하였음을 애써 주장하려는 의도가 엿보인다.

의성 지역이 고려왕실과 깊은 연고를 지니었으며 또한 고려왕조에 기여한 바가 크다는 사실을 강조하는 데, 김홍술만큼 내세우기에 적당한 인물은 달리 찾아보기가 어려울 것으로 생각한다.[58] 말하자면

當依紀信古事 行誑賊計 具王者儀 將下山 八將帶劒隨之 萱望見 容貌恰似太祖 甚喜之重圍 諸軍皆聚觀 太祖因是得脫 將軍將近萱 拔白刃突前 八將亦皆奮力 多殺賊將 而勢孤力單 同時被戮 世俗所傳 似難准信 而按麗史 … (『列邑院宇事蹟』 義城縣 忠烈祠 事蹟)

57) 申崇謙에 관해서는 다음 논문이 참고 된다. 閔丙河, 「申崇謙과 公山桐藪 戰鬪」, 『軍史』 29 (1994). 李仁在, 「羅末麗初 申崇謙의 生涯와 死後評價」, 『江原文化史研究』 6 (2001). 邊東明, 「申崇謙의 谷城 城隍神 推仰과 德陽祠 配享」, 『韓國史研究』 126 (2004).

58) 金洪術 외에도 고려 초기 의성 출신의 이름 있는 인물로 洪儒가 있었다. 고려왕조 창업의 일등공신이자 그 딸을 왕건의 后妃로 들인 유력자인데(『高麗史』 88 后妃 1 太祖 義城府院夫人. 같은 책 92 洪儒傳), 고려왕조와의 관계라는 면에서 보자면 김홍술보다 한층 유력하다고 하여 무방한 인물이었다. 하지만 홍유는 의성과의 연고가 매우 취약한 한계를 지녔던 것으로 보인다. 裵玄慶이나 申崇謙과 마찬가지로 流亡한 平民 출신이었던 것으로 여겨지는 그는, 일찍이 의성을 떠남으로써 별다른 지역적 연고를 지니지 못했던 듯하며, 또한 기록에 오를 만한 후손도 남기지 못하였던 것이다(李樹健, 「後三國時代 支配勢力과 土姓」, 『韓國中世社會史研究』, 124~125쪽. 鄭淸柱, 「王建의 成長과 勢力 形成」, 『新羅末高麗初 豪族研究』, 一潮閣, 1996, 122~126쪽). 나아가 김홍술이 견훤의 침입에서 의성을 지켜내기 위해 싸우다 전사하는 등 지역 수호자로서의 이미지가 강했던 반면에, 홍유는 그렇지도 못하였다. 적어도 의성에 관한 한, 지역을 대표할

현종대에 들어 안동安東의 위상 강화와 함께 경상 동북부 내륙 지역에서 주도권을 상실한 채 속현으로 전락한 의성義城 토착세력의 입장에서 사태를 반전시키기 위한 노력은 필수적이었음 직하며, 그리하여 지역 출신으로서 고려왕조에 남달리 기여한 것으로 인정받을 만한 인물인 김홍술을 앞세워 자신들의 주장을 관철시키려 들었을 가능성이 크지 않을까 여겨지는 것이다. 중앙 조정으로 하여금 의성을 안동의 속현으로 격하시킨 조치의 타당성을 재고再考하도록 환기시키는 데, 김홍술의 경우만큼 적절한 사례는 달리 찾아보기가 어려울 것으로 판단되기 때문이다.[59)]

김홍술이 의성의 성황신으로 추앙되기에 이른 것은 위와 같은 과정 속에서 비롯된 일이 아니었던가 싶다. 널리 알려졌듯이, 성황신은

만한 상징적인 인물로서의 요건에서 홍유가 김홍술보다 앞선다고는 할 수가 없었을 듯 여겨지는 것이다.

59) 이와 관련하여, 고을 출신의 유력자가 왕조에 기여한 功臣임을 배려해서 邑格을 원래대로 회복시켰다고 하는 다음의 사례가 참고 된다. 蔚州는 처음, "… 在高麗時 郡人朴允雄 佐太祖興高麗國 以其功 合東津縣·河曲縣·洞安縣·虞豊縣·臨關郡 賜號興麗府 謂興高麗也 成宗代淳化二年辛卯(成宗10, 991) 降改恭化縣 統和九年(成宗10, 991) 以功臣朴允雄之鄉 復號興麗府 後改知蔚州 其年代未詳 …"(『慶尙道地理志』 慶州道 蔚山郡)이라 하였듯이, 고려 초 朴允雄의 공에 의해 興麗府로 탄생한 고을인데, 성종대에 縣으로 강등되었다가 공신 박윤웅의 鄕이라 하여 다시 홍려부로 복구되었다고 한다. 읍격의 강등과 복구가 같은 해에 이뤄졌음에도 각각 宋[淳化]과 遼[統和]의 年號를 앞에 내세워 다른 해의 일인 양 표기했다든지, 혹은 그처럼 홍려부로 복구된 사실을 입증할 만한 기록을 달리 찾아보기가 어려우며 한결같이 縣으로 강등되었다가 知事州로 그리고 다시 防禦使州로 바뀐 사실만 전하는 등(『高麗史』 57 地理 2 慶尙道 蔚州 夾註. 『新增東國輿地勝覽』 22 蔚山郡 建置沿革), 자료의 신빙성에 다소 문제가 있어 보이기는 한다. 그렇지만 적어도 왕조와 관계를 맺은 고을 출신 유력자의 존재가 읍격의 승강에 영향을 끼칠 수 있다는, 당시 사람들의 인식을 반영한 기록 정도로 이해하는 것은 가능하지 않을까 싶다.

국가나 지역의 수호신으로 숭배를 받던 존재였다. 의성의 경우에도 그것은 매한가지이었으려니와, 그처럼 고을을 수호하는 상징적 존재인 성황신으로 김홍술을 추앙함으로 해서 그와 의성과의 연고를 안팎에 과시할 수가 있었을 터이며, 나아가 고려왕조에 큰 공을 세운 김홍술과의 그러한 연고를 바탕으로 의성 지역 또한 그러하였음을 부각시킴으로써 그에 합당한 처우를 요구하는 게 가능하였으리라 여겨지기 때문이다. 앞서 살폈듯이, 성황신 김홍술을 설명하는 글에서마다 그와 태조 왕건 사이의 깊은 인연 내지 왕건을 구하기 위한 그의 죽음을 유난히 강조하는 듯한 느낌을 받는다. 김홍술의 성황신 추앙이 그러한 사실들에서 연유하였음을 애써 주장하는 듯 느껴지거니와, 이 또한 그가 성황신으로 숭배되기에 이른 경위를 암시하지는 않는가 싶다. 그처럼 김홍술과 고려왕조와의 인연이 뿌리 깊음을 강조할수록, 고을의 상징인 성황신으로 그를 모시는 의성 지역의 중요성을 부각시킬 수가 있었을 것이며, 그리하여 중앙을 향해 그에 걸맞은 대우를 요구하는 게 가능하였을 것이기 때문이다. 요컨대 의성 지역민들은 김홍술을 성황신으로 받들어 숭배함으로써 의성을 안동의 속현으로 격하시킨 조치의 부당함을 하소연하는 한편, 나아가 읍격의 회복을 설득력 있게 호소하려는 의도를 지녔던 것은 아닌가 헤아려지는 것이다.

김홍술의 성황신 추앙이, 현종대에 의성을 속현으로 격하시킨 조치에 항의하여 그 재고를 요청하며 읍격의 회복을 도모하는 과정에서 이루어진 일이었을 것임을 더듬어보았다. 김홍술이 의성의 성황신으로 떠받들어진 게 현종대 어간이었으며 따라서 의성의 성황사도 그 무렵에 건립되었을 것으로 추정한 셈인데, 그렇다면 그처럼 성황사를 건립하고 더욱이 김홍술을 성황신으로 추앙하는 데 앞장선 것은 누구였을까? 고려시기에 성황사는 본시 지방 유력계층의 자발적인 참여와 주도 아래 설치되는 경향이 있었다고 한다. 성황신앙 및 그와 관련된 제의祭儀를 통하여 지역적인 연대의식을 고취시키며, 나아가 그러한 행사를 주도함으로써 자신들을 중심으로 지역민을 결집시켜 토착 유력자로서의 위상을 굳건히 할 수가 있었기 때문이라는 것이다. 또한 이들은 자기의 조상을 고을의 수호신인 성황신으로 추앙함으로써, 지역민들의 자발적인 복종심을 유도하려 들었다고도 한다.[60] 고려시기 의성의 성황사도 그와 마찬가지에 해당하는 경우이진 않았을까 싶다. 의성의 토착 유력자들이라고 해서 성황신앙을 이용하여 지역을 이끄는 중심세력으로서의 자신의 존재를 과시하려 들지 않았을 리가 없어 보인다. 그리고 그러는 과정에서 자신들과 연고가 깊은 역사상의 실존 인물인 김홍술을 성황신으로 추앙함으로써, 더욱이 그 효과를 극대화시키려 들었을 가능성 역시 매우 크지 않을까 여겨진다.

실제로 조선 후기의 자료에서는, 김홍술을 성황신으로 추앙하는 데 앞장선 것이 의성의 토착세력이었음을 다음과 같이 명시해 전하기도 한다.

> 장군將軍은 성이 김이고 이름은 홍술로서 의성인이다 … 이 고을의 이서吏胥들이 장군의 충의忠義를 미루어 느끼며 황제봉皇帝峰 아래 오천동烏川洞에 드디어 사당 건물을 세웠으니, 곧 장군이 절의節義로써 사망한 장소이다. 해마다 봄과 가을이면 삼반三班의 관속官屬이 3차로 나눠

60) 金甲童, 「高麗時代의 城隍信仰과 地方統治」, 17~18쪽.

어 향사享祀하는데, 반드시 무격巫覡으로 하여금 북을 두드리고 생황을 불도록 한다. 그 후 우리 왕조로 들어와 성화成化 23년 정미丁未(성종 18, 1487)에 뇌계㵢溪 유호인兪好仁이 이 고을의 수령으로 (부임해) 와서 고을 사람들이 장군을 잊지 아니했음을 보고는, 제의祭儀가 황탄荒誕하므로 영향송신곡迎享送神曲을 지었다 …[61]

고을의 이서吏胥들이 김홍술의 충절을 기리고자 그가 전몰했던 자리에 사당을 세우고서는, 봄과 가을마다 삼반三班이[62] 세 차례에 걸쳐 제향祭享해 왔다고 한다. 이 사당이 곧 성황사이었음은 전후의 문맥이나 다른 자료 등에 비추어 명백하거니와,[63] 의성에서 성황사를 건립하고 또한 성황신으로 김홍술을 떠받들며 제의祭儀를 주도해 온 것이 '본읍이서本邑吏胥'로 표현된 의성의 토착세력이었음을 명기하여 전한다. 비록 고려왕조가 멸망하고 나서도 한참이 지난 시기의 기록

61) 將軍姓金名洪術 義城人 俗傳 … 以此觀之 俗傳之不妄可知 本邑吏胥 追感將軍忠義 遂建立祠屋 於皇帝峯下烏川洞 卽將軍死節之地 每年春秋 三班官屬分三次享祀 必用巫覡 擊鼓吹笙 其後 入我朝成化二十三年丁未 俞㵢溪好仁來守是邑 見邑人不忘將軍 而祭儀荒誕 作迎享送神曲曰 … (『列邑院宇事蹟』 義城縣 忠烈祠 事蹟)

62) 三班이란 職掌을 셋으로 나눠 운영하던 鄕吏組織을 가리키는데, 고려시기에는 上戶長과 詔文記官 및 都領이 각 분야의 首位였다고 한다.(李勛相, 「高麗中期 鄕吏制度의 變化에 대한 一考察」, 『東亞硏究』 6 (1985) : 洪承基 編, 『高麗武人政權硏究』 (서강대 출판부, 1995), 265~270쪽)

63) 고을의 吏胥들이 巫覡을 동원하여 '擊鼓吹笙'하였다던 이 사당에서의 享祀儀禮가 의성 수령 俞好仁에 의해 '簫鼓歌舞'하는 '城隍祭儀'로 묘사되었다든지(『㵢溪集』 卷7, 城隍祭迎送神歌 序), 혹은 이 祠堂에서 祭儀를 행할 적에 독송하도록 지었다는 迎享送神曲을 작자인 유호인 자신이 '城隍祭'迎送神歌라 명명하였으며(같은 책) 조선 전기의 지리지에서도 '城隍祠'의 迎送神歌라 기록하는(『新增東國輿地勝覽』 25 義城縣 祠廟 城隍祠 夾註) 등, 이 사당이 곧 성황사였음을 보여주는 증거는 수없이 많다.

이긴 하지만, 앞서의 추정이 반드시 근거 없는 것만은 아님을 보여준다 하겠다.

고려시기의 일반적인 추세에 비추어, 의성의 성황신앙에 관한 위 사료의 설명은 거의 사실에 부합하는 것으로 판단된다. 지역의 유력 계층에 의해 김홍술이 의성의 성황신으로 추앙되었음을 굳이 의심해야 할 까닭은 없어 보이는 것이다. 각별히는 아마도 그의 후손인 의성義城 김씨金氏가 그 일을 추진하는 데 앞장섰던 것이 아닌가 추정되는데, 사적私的인 연고도 그러하거니와 고려시기에 의성의 토착세력으로서 유일하게 중앙에 진출하는 등 지역 내에서 가장 유력한 갈래가 그들 일족이었다는[64] 점에서도 그러하다. 조선 성종대에 김종직金宗直은 의성 수령으로 부임하는 유호인兪好仁을 전송하는 시의 한 구절에서, '지역민의 다수가 김홍술의 후예'임을 지적하였다.[65] 조선 전기까지도 성황신 김홍술이 의성을 상징하는 존재였으며, 지역에서 가장 유력한 가문으로 크게 번성한 그 후손들에 의해 김홍술의 존재가 뒷받침되어 왔음을 암시하는 듯 보인다. 아니더라도 김홍술을 내세우는 그들 의성 김씨 일족이 지역을 대표하는 존재였음은 틀림없어 보이며, 따라서 그들의 주도 아래 지역을 상징하는 성황신으로서의 김홍술에 대한 숭배가 이어져 왔으리라는 추정이 전혀 터무니없는 것만은 아님을 확인할 수가 있다 할 것이다.

한편 위에 제시한 자료에 의하면, 김홍술이 전몰한 장소에 그의 충절을 기리고자 세운 사당이 곧 의성의 성황사였다. 견훤에게 밀린

---

64) 李樹健, 「嶺南士林派 形成의 社會的 基盤」, 85~87쪽.

65) 文簡公金宗直 送兪好仁詩 侍講分符地 川原僅一同 人多洪術裔 云云[俗帶召文風] 蚕課何須急 鷄刀亦有功 北樓佳句在 酬詠韻應窮 (『輿地圖書』 慶尙道 義城縣 題詠 夾註)

왕건이 쫓겨 와 주둔하였다던 황제봉皇帝峯 아래 오천동烏川洞이 그곳이었다.66) 한데 조선 후기의 다른 자료에는, 김홍술이 전사한 곳인 오천烏川 쪽에다 숙종 32년(1706)에 충렬사忠烈祠를 세워 그를 배향하였다고도 한다.67) 김홍술이 전사하였다는 동일한 장소에, 고려 이래의 의성 성황사와 조선 후기에 세워진 충렬사가 함께 들어서 자리하였던 셈이다.68) 하지만 실제로 두 사당은 각각 별개가 아니고 하나였다. 다음의 기록이 그것을 보여준다.

> … 고을의 이서吏胥들이 … 황제봉皇帝峰 아래 오천동烏川洞에 드디어 사당 건물을 세웠으니, 곧 장군이 절의節義로써 사망한 장소이다 … 숙종肅宗 병술년丙戌年(1706)에 향공진사鄕貢進士 김석겸金錫兼이 오천동烏川洞에 서당書堂을 지었는데, 장군의 사당과 가까이 위치하여 그 예禮에 맞지 않는 음사淫祀를 (대하고는) 탄식하였다 … 즉시 위패를 만들어 옛 사당 건물[舊廟]에 안치하면서 '충렬사忠烈祠'라 편액을 걸고 이어 서당書堂으로써 재사齋舍를 삼았다 …69)

---

66) 將軍姓金名洪術 義城人 俗傳 麗太祖爲甄萱所逐 登皇帝峯上 萱以大軍圍匝四面 … 本邑吏胥 追感將軍忠義 遂建立祠屋 於皇帝峯下烏川洞 卽將軍死節之地 … (『列邑院宇事蹟』 義城縣 忠烈祠 事蹟)

67) 在縣東北烏川上 肅廟丙戌 邑人相議建祠 享金洪術 烏川卽洪術戰死處也 (『輿地圖書』 慶尙道 義城縣 壇廟 忠烈祠 夾註)

68) 그런데 자료에 따라 동일 장소에 있었다던 城隍祠와 忠烈祠의 위치가 다소 다르게 표기되기도 하여 혼란스럽다. 성황사는 '縣北三里'로(『新增東國輿地勝覽』, 『大東地志』, 『義城縣誌』 該當條目), 그리고 충렬사는 '縣東北烏川上'(『大東地志』,『義城縣誌』 該當條目) 또는 '縣東三里'(『列邑院宇事蹟』 該當條目) 등으로 달리 나타나는 것이다. 아마도 같은 장소를 시기별로 撰者에 따라 약간씩 달리 인식하였던 데서 생겨난 표현상의 미묘한 차이인 듯 여겨지거니와, 대략 邑治에서 東北方 3里 즈음의 烏川邊 부근 어느 지점(現 義城邑 義城女中 뒤 사당골)을 가리키는 것으로 이해하여 좋을 듯싶다.

69) … 本邑吏胥 追感將軍忠義 遂建立祠屋 於皇帝峯下烏川洞 卽將軍死節之地

고려시기에 의성의 이서吏胥들이 김홍술의 전몰지에 사당 즉 성황사를 건립하였는데, 조선 숙종 32년(1706)에 향공진사鄕貢進士 김석겸金錫兼 등이 그 옛 건물에다 김홍술의 위패를 안치하면서 충렬사忠烈祠라는 편액을 걸었다고 한다. 본시 그 자리에 소재하던 의성의 성황사는 이미 30여 년 전에(顯宗 11, 1670) 치소治所 남쪽의 7리쯤에 위치하는 오토산五土山 아래로 옮겨갔다고 하거니와,[70] 요컨대 고려 이래로 의성의 성황당이던 건물에 조선 후기 들어 충렬사가 들어앉았음을 위 기록은 전하는 셈이다.

고려시기 의성의 성황사는 조선 후기에 충렬사가 들어선 곳과 동일한 위치에 자리하였다. 충렬사가 그러하였듯이, 성황사 역시 김홍술이 전몰하였다는 바로 그 자리에 위치하였다. 의성의 성황사가 곧 고려시기에 고을 사람들이 김홍술을 추모하고자 그의 전몰지에 세운 사당이었음을 능히 이해하고도 남음이 있는 것이다. 의성 지역의 성황신앙이 김홍술을 기리고자 그를 성황신으로 추앙하는 데서 비롯되었으며, 그리하여 그 시기도 그가 사망하고(929) 그리 많은 세월이 흐르지 않은, 아마도 현종대(1009~1031) 어간으로서 대략 1세기 가량이 지난 무렵이었을 가능성이 높아 보인다는, 앞서의 추정을 거듭 되새기게 하는 대목이 아닐 수 없다.

지금까지 김홍술이 의성의 성황신으로 추앙되기에 이른 경위를 살폈다. 의성의 성황신앙은 김홍술을 추모하는 데서 비롯되었다. 그리

… 肅廟丙戌 鄕貢進士金錫兼 創建書堂于烏川洞 與將軍廟近 歎其淫祀無禮 … 即造位板 安于舊廟 以忠烈祠三字 揭扁額 仍以書堂爲齋舍 … (『列邑院宇事蹟』 義城縣 忠烈祠 事蹟)

70) … 新增 顯廟庚戌 移設于縣南七里 五土山下 … (『輿地圖書』 慶尙道 義城縣 壇廟 城隍祠 夾註)

하여 그의 사망 후 그리 오랜 세월이 흐르지 않은 현종대 무렵, 그의 후손을 비롯한 지역의 유력계층에 의해 성황사가 세워지는 동시에 그가 성황신으로 추앙되었을 가능성이 높았다. 현종대의 지방통치체제 정비에 따라 의성이 안동의 속현으로 격하되자, 지역 출신의 김홍술이 고려왕조에 크게 기여하였던 사실을 내세워 안팎에 읍격의 회복을 호소하려는 의도에서였다.[71]

3. 김홍술金洪術의 충렬사忠烈祠 배향

고려시기 이래 김홍술은 의성의 성황신으로 숭배를 받아 왔다. 그런데 조선 후기 들어 그러한 김홍술을 배향하기 위한 사당이 새로이 나타났다. 숙종 32년(1706)에 설립된 충렬사가 그것이었다. 성황신이던 그를 제향하기 위한 사우祠宇가 새삼 모습을 드러내어 흥미를 끌거니와, 이제 그리 된 경위를 더듬어보도록 하겠다.

전통시기의 성황제의城隍祭儀는, 앞 절에서 언급하였듯이 지역 토착세력에 의해 주도되는 것이 보통이었다. 김홍술을 성황신으로 모신 의성 지역의 경우도 역시 그러하였음은,

71) 그렇지만 屬縣 탈출을 위한 의성 주민들의 그와 같은 노력이 곧바로 성공을 거두지는 못하였다. 그에서 100여 년이 지난 仁宗 21년(1143)에야 비로소 의성이 縣令官으로 승격되었던 데서 짐작할 수가 있는 일이다. 고을의 위상을 만회하려는 義城人들의 노력이 그다지 효과적이지 못했던 것은, 지역의 여론을 중앙에 전달하고 또 관철시킬 만한 연고세력이 조정 내에 존재하지 않았던 데 기인하는 것으로 보인다. 고려 후기에 金晅·金開物 부자가 科擧에 급제하여 중앙에 진출하기까지, 의성 출신으로서 개경에 진출한 인물은 찾아보기가 어려운 실정이었던 것이다(李樹健, 「嶺南士林派 形成의 社會的 基盤」, 85쪽).

… 고을 이서吏胥들이 장군의 충의忠義를 미루어 느끼며 황제봉皇帝峰 아래 오천동烏川洞에 드디어 사당 건물을 세웠으니, 곧 장군이 절의節義로써 사망한 장소이다. 해마다 봄과 가을이면 삼반三班의 관속官屬이 3차로 나뉘어 향사享祀하는데, 반드시 무격巫覡으로 하여금 북을 두드리고 생황을 불도록 한다. 그 후 우리 왕조에 들어 …[72]

와 같은 기록에 명백히 나타난다. 해마다 봄과 가을이면 고을의 삼반三班 이서吏胥들이 성황신 김홍술에게 세 차례씩 제사를 올렸다는 것이다. 아울러 그처럼 성황제의를 베풀 적이면 반드시 무격을 동원하여 북과 생황을 두드리고 불도록 하였다는 사실도 눈에 띈다. 아마 고려시기 이래의 관행이었으려니와, 위 사료의 마지막에서 '그 후 우리 왕조에 들어 …' 라고 하여 그것이 조선왕조 성립 이전의 일이었음을 애써 강조한 게 그 증거라 할 것이다. 하지만 그것이 고려시기로만 한정되는 일이 아니었음은, 조선 성종대에도 여전히 ―아마도 고을 이서吏胥들이 무당을 동원하여― '소고가무簫鼓歌舞'하였다는 유호인兪好仁의 술회에서 드러난다. 그리고 그것이 조선 후기에까지 이어졌음은, 그러한 '음사淫祀'를 근절시키려던 유호인의 노력이[73] 끝내 뿌리내리지 못하고 숙종대에도 여전히 '예향禮享'이 이뤄지지 않은 채 잘못된 풍습이 계속되는 현실을 개탄하는 글에서 알 수가 있다.[74] 고려시기

---

72) 앞의 註 61)과 같음.

73) … 俗傳 縣城隍神 盖洪術也 然未知是否 至今里巷之民 多以淫怪荒誕之辭 和諸簫鼓歌舞以慢神 其爲鄙野孰甚焉 今觀祀典 州府郡縣 有以時祭城隍之文 故作此詞 截以邪正 以遺縣人 且申朝令淫祀之禁 庶幾俾絕荒怪之風云 (『濡溪集』 7 城隍祭迎送神歌 序)

74) … 俞濡溪好仁 來守是邑 見邑人不忘將軍 而祭儀荒誕 作迎享送神曲日 … 濡溪以此曲遺邑人 且欲行禮享 事未成而去 而遺俗襲謬 有志節義之士 莫不慨

에서 조선 전기를 거쳐 조선 후기에 이르도록, 내내 고을의 이서吏胥와 같은 토착세력의 주도 아래 무격이 동원된 가운데 성황제의가 베풀어졌음이 분명해 보이는 것이다.

한편 의성의 성황신은 여귀厲鬼 즉 돌림병을 퍼뜨리는 해로운 잡귀를 쫓아내는 능력이 있는 걸로 믿어졌다. 유호인의 성황제城隍祭 송신가送神歌 중 '구여귀혜수신휴驅厲鬼兮垂神休'라는 구절이 그것이다.[75] 유호인이 활동하던 조선 전기에 그러했다는 의미이려니와, 아마도 고려시기 이래로 지역 주민 사이에 그러한 믿음이 뿌리내려 전해졌던 것으로 판단된다. 돌림병에서 주민을 지켜주는 신통력을 발휘하는 등, 고을 수호신으로서의 성황신 김홍술의 이미지가 깊이 각인되어 이어져 왔음을 느낄 수가 있는 것이다.

고려에서 조선에 이르도록 의성의 성황제의가 토착 유력계층의 주도 아래 이어져 왔으며, 거기에는 또한 현세기복적인 측면이 강하게 반영되었을 것임을 살폈다. 토착세력을 비롯한 의성 고을 주민들 사이에 기복적인 성황신앙이 깊이 뿌리내려 전해졌으며, 그러한 민간신앙의 대상으로서 김홍술이 기나긴 세월 동안 추앙받아 왔음을 이해할 수가 있는 것이다. 그런데 잘 알려진 바와 같이, 조선왕조에서는 성리학을 지도이념으로 내세우며 유교적인 체제의 정비를 최우선 과제로 중시하였다. 특히 유교적인 예제禮制를 확립하고자 많은 노력을 경주하였는데, 그 과정에서 전래의 토속신앙은 음사淫祀로 규정되어 금지당하게 되었다. 유교적인 표준화를 통해 전국적으로 국왕 중심의 일

然 肅廟丙戌 鄕貢進士金錫兼 創建書堂于烏川洞 與將軍廟近 歎其淫祀無禮 … (『列邑院宇事蹟』 義城縣 忠烈祠 事蹟)

75) 『濡溪集』 7 城隍祭迎送神歌

원화된 제의체계祭儀體系를 수립하려는 의도에서였다.[76] 성황신앙 역시 그러한 정비의 대상이었음은 이를 나위가 없다. 수도인 한양을 위시하여 몇몇 지역의 성황을 중사中祀와 소사小祀에 포함시키고, 관련 제의祭儀를 유교식儒教式으로 정비하며, 나아가 각 고을마다 하나씩 일률적으로 성황사를 설치하여, 수령이나 혹은 국가에서 임명한 관리로 하여금 봄과 가을에 제사를 지내도록 한 조치 등이 그것이었다. 지역사회에서 자율적이며 독자적으로 행해져 온 민간 중심의 성황제의를 음사라 지목하여 금지하고, 중앙의 의지를 대변하는 지방관이 개입하여 그것을 주도함으로써, 국왕 중심의 일원적인 지배체제를 확립하려는 속셈에서였다. 그리하여 대략 성종대(1469~1494)를 거쳐 중종대(1506~1544)나 혹은 명종대(1545~1567) 즈음에 이르면 성황제의를 유교적 의례에 맞춰 정비하는 작업이 나름대로 성과를 보이기도 하였다.

하지만 그렇다고 하여 모든 것이 중앙의 의지대로만 진척된 것은 아니었다. 토착세력과 연계되어 전해 내려오던 민간에서의 토속신앙 전통이 그만큼 뿌리깊이 남아 전해진 때문이었다. 따라서 지역에 따른 편차가 적지 않았는데, 대개는 유교식화儒教式化한 성황제의城隍祭儀와 전통적이고 기복적인 그것이 병립 혹은 조화·절충되는 방향으로 정리되어 갔다. 그리고 그러는 가운데 한편에서는 고을 이서吏胥의 주도 아래 무격巫覡이 주제主祭하는, 이를테면 음사적淫祀的 성격의 성황제의가 조선후기에 이르도록 없어지기는커녕 되레 성행하는 경향마저 없지 않았다.[77]

---

76) 韓亨周, 『朝鮮初期 國家祭禮 硏究』(高麗大 博士學位論文, 2000), 1~5쪽.
77) 조선왕조에서의 儒教的인 禮制 확립을 다룬 연구는 제법 많다. 여기에서는 성황

의성의 경우에도 대략의 추세는 그러하였던 것으로 보인다. 성종대 의성의 수령이었던 유호인의 사례에서 짐작할 수가 있는 일이다. 그렇지만 성황제의를 유교화하기 위한 유호인의 노력은 그다지 성공적이지를 못하였다. 앞서 살폈던 대로 조선 후기 숙종대까지도 의성에서는 여전히 성황신 김홍술에 대한 음사적 성격의 제의가 지속되었던 것이다. 한편 그러는 가운데 의성의 성황신앙에도 변화가 일 조짐이 보이기 시작하였다. 현종 11년(1670)에 성황사를 오토산五土山 아래로 옮겨간 것이 그것이었다.[78] 성황사를 이전한 이유는 불명인데, 아마도 오랜 기간 향리의 주도 아래 유지되어 오던 음사적 성황신앙의 근거지에서 벗어나려는 의도에서가 아니었던가 싶다. 그 후로도 옛터에서는 여전히 김홍술을 숭배하는 음사행위淫祀行爲가 지속되었던 사실로 미루어,[79] 새로 옮겨진 성황사에서는 더 이상 김홍술을 성황신으로 모시지 않았으며 또한 음사적淫祀的 제의祭儀도 행해지지 않았을 가능성이 높아 보인다. 말하자면 성황제의를 유교식으로 정비하려는 노력의 일환으로 다른 곳에다 성황사를 신축하여 옮겨갔으며, 그리하

신앙과 관련되는 범위 안에서만 간략히 언급하였는데, 주로 참고한 논문은 다음과 같다.
鄭勝謨, 「城隍祠의 民間化와 鄕村社會의 變動」, 『泰東古典硏究』 7 (1991). 박호원, 「朝鮮 城隍祭의 祀典化와 民俗化」, 『성황당과 성황제』 (한국종교사연구회 편, 민속원, 1998). 이해준, 「淳昌 城隍祭의 變遷과 主導勢力」, 같은 책. 정승모, 「조선중기 全羅道 淳昌郡 城隍祭儀의 성격」, 같은 책. 이기태, 「地域社會 理念의 統合과 城隍祠」, 같은 책. 金澈雄, 「조선시대의 城隍祭」, 『史學志』 35 (2002).

78) 『輿地圖書』 慶尙道 義城縣 壇廟 城隍祠 夾註

79) 현종 11년(1670)에 성황사가 옮겨간 이후인 숙종 32년(1706)까지도 옛 성황당 건물에서 淫祀行爲가 여전하였음은, "… 肅廟丙戌 鄕貢進士金錫兼 創建書堂于烏川洞 與將軍廟近 歎其淫祀無禮 …"(『列邑院宇事蹟』 義城縣 忠烈祠 事蹟)라는 기록에서 짐작할 수가 있다.

여 전통적인 관습에 따른 김홍술을 향한 음사적 제의는 그가 사망한 자리에 위치하던 옛 성황사에만 잔존하였던 게 아닌가 헤아려지는 것이다.[80)]

그런데 그처럼 옛 성황사에서 여전히 행해지던 김홍술에 대한 음사는, 그의 후예를 비롯한 향촌사족鄕村士族들의 입장에서 볼 때 그리 바람직스러운 일은 아니었다. 지역 내 유력한 가문의 선조이자 나아가 고을의 상징이기도 하였던 김홍술이, 음사의 대상으로 전락하여 자칫 지탄받을지도 모르는 현실을 달가워했을 까닭이 없어 보이는 것이다. 김홍술을 배향하는 사우로서 충렬사忠烈祠가 모습을 드러내기에 이른 배경이라 하겠거니와, 다음의 기록에서 그러한 사정을 감지할 수가 있다.

> … 유호인兪好仁이 이 노래(영향송신곡迎享送神曲)로써 읍인邑人을 교화하며 또한 예향禮享을 행하려 하였으나 미처 이루지 못하고 떠나니, 후세의 습속이 잘못을 답습하므로 뜻있는 절의節義의 선비로서 개탄하지 않음이 없었다. 숙종 병술년(1706)에 향공진사鄕貢進士 김석겸金錫兼이 오천동烏川洞에 서당書堂을 지었는데, 장군의 사당과 가까이 있어 그 예禮에 맞지 않는 음사淫祀를 (대하고는) 탄식해 이르기를 '뛰어난 절의節義가 저와 같은데 그 신神을 모멸함이 이러한가' 하였다. 이서吏胥와 상의하여, '충렬忠烈한 이를 모신 사당으로서 음사淫祀를 행함이 옳겠는가, 어찌 유호인兪好仁이 이룩하지 못한 뜻을 이루지 않으려는가' 하니, 모

80) 이와 관련하여, 고려시기 이래 특히 조선시기 들어 官衙에서 공식적으로 祭享을 주관하는, 다시 말해 官祭를 받드는 성황사가 각 郡縣別로 하나씩 설치된 이외에, 지방의 토착세력이 주도하는 민간신앙 차원의 성황당이 별개로 존재하는 경우가 적지 않았다고 하는 지적이 있어 참고가 된다(鄭勝謨, 「城隍祠의 民間化와 鄕村社會의 變動」, 4~12쪽).

> 두가 '좋습니다' 하였다. 즉시 위패를 만들어 옛 사당 건물[舊廟]에 안치하고서는 '충렬사忠烈祠'라 편액을 걸었다. 이어 서당書堂으로써 재사齋舍를 삼고 그 생도를 시켜 향사를 봉행시키면서, 모든 제례祭禮는 하나같이 서원書院에서의 예例에 따르도록 하였다 …[81]

옛 성황사에서 베풀어지던 바 김홍술을 모시는 제의가 여전히 '음사무례淫祀無禮'함을 개탄하던 향촌의 사족 김석겸金錫兼이,[82] 향리들을 설득하여 그 건물에다 김홍술의 위패를 안치토록 한 다음 충렬사忠烈祠라는 편액을 걸고서 제의祭儀 일체를 서원書院에서의 그것과 동일하게 하였다고 한다. 음사를 주도한 당사자이었을 법해 보이는 고을의 이서吏胥를 설득하는 한편, 음사가 행해지던 건물을 아예 유교적인 사우祠宇로 전환시킴으로써 음사의 근본을 제거해 버린 셈이었다.

조선왕조에서는 현인賢人·의사義士를 흠모하며 본받고자 서원·사우를 건립하였는데, 동시에 이는 음사淫祀를 배격하고 그것을 대신할 수 있는 장치로서의 의의를 지니기도 하였다고 한다.[83] 충렬사의 창

---

81) … 濡溪以此曲遺邑人 且欲行禮享 事未成而去 而遺俗襲謬 有志節義之士 莫不慨然 肅廟丙戌 鄕貢進士金錫兼 創建書堂于烏川洞 與將軍廟近 歎其淫祀無禮而曰 卓節如彼 而慢神若此 與吏胥相議 以爲忠烈廟 行淫祀可乎 盍成俞濡溪未成之志乎 咸曰諾 卽造位板 安于舊廟 以忠烈祠三字 揭扁額 仍以書堂爲齋舍 享祀使其生徒奉行 而凡祭禮一依書院例 … (『列邑院宇事蹟』義城縣 忠烈祠 事蹟)

82) 金錫兼은 鄕貢進士가 아니라, 숙종 25년(1699)의 生員試에 급제한 인물이었다. 『司馬榜目』(韓國精神文化研究院 刊)에 의하면, 安東 金氏로서 忠武衛 司果인 金汝純의 子이었다. 현종 14년(1673) 생이며, 의성에서 거주하였다.

83) 정승모, 「군현제의와 국가정책」, 『조선에서는 지방을 어떻게 지배하였는가』 (아카넷, 2000), 157~158쪽.

건 역시 그러하였을 것임은 이를 나위가 없다. 옛 성황사 건물을 충렬사로 바꿔 김홍술을 모시는 것은, 성황신이던 그를 유교적인 제향의 대상으로 전환시키는 의미가 있다. 배격해야 할 음사의 대상으로 지목되던 존재를, 유교적인 덕목의 실천자로 재탄생시키는 작업이었다고 할 수가 있는 것이다. 고려 태조를 구하기 위해 목숨까지 바친 충절忠節의 인물이라는, 김홍술에 대한 지역 내에서의 평가를 염두에 둔 조치였음은 물론이다. 말하자면 사회의 유교화儒教化에 발맞추어 지역 내 유력한 가문의 조상이자 고을의 상징이기도 하였던 인물을, 음사의 대상인 성황신이 아니라 충절의 실천에 목숨을 바친 유교적인 절의지사節義之士로 자리매김함으로써 흠모의 대상으로 탈바꿈시키고자, 김석겸과 같은 향촌사족이 충렬사를 설립하는 일에 앞장섰던 셈이다. 그로써 김홍술을 향한 음사를 종식시키는 것은 물론, 나아가 충렬사에서의 유교적인 의례를 주도함으로 해서 향촌사족으로서의 위세를 과시하려는 의도에서였을 것임은 이를 나위가 없다.

한편 충렬사를 설립하는 데 앞장선 것은, 앞서 언급하였듯이 향촌사족 김석겸金錫兼이었다. 그리고 건물이 누추하다 하여 후일 사우를 중창하고 또 그 상량문上樑文을 지은 것은 수령 송요보宋堯輔와 향촌사족 김경천金敬天이었으며(英祖 21, 1745), 경내에 '홍술장군순절비洪術將軍殉節碑'를 세우고 비문을 찬한 것은 의성현령 김이복金履復과 그 형 김이곤金履坤이었다.84) 그런데 충렬사와 관계된 이들 주요 인물 가운데, 의성에 거주하는 향촌사족은 김석겸과 김경천의 두 사람뿐이었다. 나머지 셋은 대개 중앙에서 수령으로 내려왔거나 혹은 그러한 수

84) 『列邑院宇事蹟』 義城縣 忠烈祠 事蹟 및 上樑文. 『義城誌』(柳川 撰, 1932), 廟祠壇社 城隍祠 및 忠烈祠 夾註.

령과의 연고자이었다. 또한 이들 중 김홍술의 후예인 의성義城 김씨金氏는 김경천 하나였으며, 김석겸과 김이곤·김이복 형제는 안동安東 김씨金氏 그리고 송요보는 은진恩津 송씨宋氏였다.[85] 언뜻 살피기에, 제향을 받는 인물의 후손과 향촌사족 그리고 지방관이 합심 협력하는 가운데 충렬사가 세워져 운영되었음을 보여주는 듯하다.

그러나 내막을 찬찬히 들여다보면, 향촌사족과 지방관이 주도적이었으며 막상 김홍술의 후손은 그다지 적극적이지를 않았던 듯한 느낌이 강하다. 맨 처음 옛 성황사에서 김홍술을 모시는 전통적인 음사적 성향의 제의가 잘못임을 지적하며, 그 해결을 모색하고자 고을 이서吏胥를 설득하는 등 충렬사를 설립하는 데 주도적으로 나선 이는, 안동 김씨 출신의 김석겸이었다. 또한 뒤에 충렬사 사우를 중건하거나 김홍술 순절비를 세우는 데에도, 고을의 수령이 더욱 적극적이었던 듯 기록에 나타난다. 제향을 받는 김홍술의 후손으로는, 상량문을 지은 김경천의 참여가 고작인 정도였다. 이를 두고서, 후손後孫과 문인門人 및 향인鄕人들이 힘을 합쳐 서원·사우를 설립하던 당시의 일반적인 추세에서[86] 벗어났다고까지 하기는 힘들지 모르겠다. 그렇지만 다른 사우와 비교해 충렬사의 경우 후손의 역할이 다소 소극적이었던 듯 보이는 것도 또한 부인하기 어려워 보인다.

앞 절에서, 고려시기에 김홍술을 성황신으로 추앙하는 데 앞장선 것은 그의 후예인 의성 김씨였을 것이라고 하였다. 그런데 조선 후기의 충렬사 설립이나 운영에서는 그 후손의 활동이 별로 도드라져 보

85) 韓國精神文化研究院 刊, 『司馬榜目』. 와그너·宋俊浩 共編, 『補註 朝鮮文科榜目』.

86) 윤희면, 「서원정책의 추이와 서원의 설립실태」, 『조선시대 서원과 양반』 (집문당, 2004), 69~70쪽.

이지를 않는다. 뭔가 모순되는 듯 여겨지거니와, 그처럼 후손들의 대응에 차이가 나타나기에 이른 까닭이 궁금하다.

고려 말과 조선 초 이래로 의성 김씨 문중에서는, 거의 시조始祖나 다름없는 김홍술보다도 중시조中始祖인 김용비金龍庇를 추모하는 데 보다 열심이었던 듯 보인다. 김용비는 대략 무인정권 말기에서 원 간섭의 초기, 그러니까 13세기 후반 내지 일러도 그 중반을 넘어서지는 않는 시기에 활동하였을 것으로 추정되는 인물이다.[87] 아마도 조선 시기에 의성 김씨 문중에서 자신들의 계보상 더듬어 올라갈 수 있었던 가장 선대先代에 해당하였음 직해 보이거니와, 그리하여 지역에 토착하였다가 고려 후기 이래 점차 상경종사上京從仕하면서 성장을 거듭하던 그 후손들에 의해 그는 실질적인 시조나 다름없는 정도로 추앙되었던 듯싶다. 김용비의 공덕을 기리고자 읍인邑人들이 ―아마도 그 후손의 주도 아래― 현사縣司에 위패를 설치하여 그에게 제사를 드려 왔다든지, 혹은 그리해오던 것을 중종대에 경상도 관찰사로 부임한 그의 방계 일족 김안국金安國이 읍치邑治에 별도로 사당을 건립하여 모셨으며(중종 12, 1517), 다시 그 직계 후손인 김성일金誠一이 거기에 진민사鎭民祠라 현액懸額하였다는(선조 10, 1577) 등의 사실에서 알 수가 있는 일이다.[88] 그보다 훨씬 전에 벌써 가문의 선조인 김홍술이 고을의 성황신으로 숭배되어 왔음에도 불구하고, 김용비를 비슷한 성격

---

87) 金龍庇의 직계 후손인 金誠一과 金宇顒의 문집(『鶴峯集』 7. 같은 책 附錄 1 世系圖. 『東岡集』 17)에 실린 墓碣이나 行狀 등을 통해 확인되는 義城 金氏의 世系 및 후대의 관련 연구(李樹健, 「嶺南士林派 形成의 社會的 基盤」, 85~87쪽) 등을 종합해 그처럼 추정하였다.

88) 『輿地圖書』 慶尚道 義城縣 壇廟 鎭民祠. 『義城縣誌』(1871) 壇廟 鎭民祠. 『列邑院宇事蹟』 義城縣 鎭民祠. 『鶴峯集』 附錄 2 行狀. 『東岡集』 17 始祖太子詹事府君墓碑.

의 —이를테면 홍수나 가뭄 및 질병 등을 물리쳐주도록 기원하는— 신神으로 현사縣司에서 떠받들었으며, 또한 조선시기에 들어서도 숙종 32년(1706)에 비로소 충렬사에 제향된 김홍술보다 훨씬 먼저 김용비만을 별도의 사당 즉 진민사에 모심으로써 음사의 대상에서 유교적인 선현先賢으로 전환시키고자 서두는 등,[89] 김홍술은 치지도외한 채 김용비만을 떠받들기에 여념이 없었던 듯 여겨지는 것이다.

김홍술이 의성 김씨 가문 내에서 그처럼 소외되었던 것은, 아마도 그의 직계 후손이 약해졌거나 혹은 몰락하여 아예 단절되었던 데 기인하는 것은 아닌가 싶다. 김홍술에게는 왕립王立이라는 아들이 있었음이 사서史書에 전하는데,[90] 족보에서는 그 존재가 전혀 드러나지를 않는다. 또한 고려에서 조선에 걸쳐 크게 경파京派와 향파鄕派로 구분된다고 하는 의성 김씨의 여러 파계派系[91] 가운데, 김홍술과 직접 연결되는 계통도 쉬이 찾아지지를 않는다. 김용비가 두각을 나타낼 수 있는 여건이 갖춰지고 그리하여 또 부각되어 갈수록, 가문 내에서 김홍술의 입지는 좁아져 갈 수밖에 없었을 것이며, 따라서 적어도 의성 김씨 가문에 관한 한 김홍술을 성황신으로 숭배한다는 사실이 지니는 정치·사회적인 의미도 또한 점차 퇴색되어 가는 추세이지는 않았을까 짐작되는 것이다. 요컨대 조선 숙종대에 성황신 김홍술을 배향하고자 충렬사를 설립하는 일에 그 후손이 그다지 적극적이지 않았던 것처럼 보인 데에는, 의성 김씨 내의 각 파계별 소장성쇠消長盛衰라고 하는 이를테면 종족 내에서의 사회적社會的인 분화현상分化現象이 반영

89) … 龍庇官至太子詹事 有功德於民 邑人設位牌于縣司 水旱疾疫有禱焉 公以爲瀆也 議于宗黨 立廟司東 揭號曰鎭民祠 …(『鶴峯集』附錄 2 行狀)

90)『高麗史』1 太祖 6년 11월 戊申

91) 李樹健,「嶺南士林派 形成의 社會的 基盤」, 85쪽.

되었다고 하여 지나치지 않은 셈이었다.[92]

나아가 의성 고을에서 조선 후기 들어 그처럼 성황신으로 추앙된 인물을 유교적인 제향祭享의 대상으로 전환시키기에 이른 것은, 가문 내에서의 문제를 넘어 지역사회에서 일어나던 커다란 변화의 결과이기도 하였다. 고려시기 이래 성황신앙과 연결되었던 향리鄕吏와 같은 전통적인 토착세력이 점차 약화되면서, 조선왕조 개창 이후 의례儀禮의 유교화儒敎化를 추진하던 사족士族 내지는 지방관의 입김이 더욱 강해지기에 이른 현실이, 그러한 변화를 이끌어냈던 것은 아닌가 판단되는 것이다.[93]

앞서 살폈듯이, 성종대에 의성 수령으로 재임한 유호인兪好仁은 김홍술을 제향하는 고을의 성황제의를 유교화하기 위해 노력하였으나 결국 실패하였다(1487). 그런데 불과 그 30년 뒤(1517)에 경상도 관찰사로 부임한 김안국金安國은, 김용비를 음사에서 유교적 제향의 대상으로 탈바꿈시키는 데 성공하였다. 불과 한 세대 사이의 변화이거니와, 이러한 성취는 관찰사인 그의 깊은 관심과 함께 그를 비롯한 김성일金誠一과 같은 의성 김씨 후손의 적극적인 노력에 힘입은 바가 컸

92) 마치 順天 朴氏 가문에서 나타났던 朴英規系와 朴蘭鳳系의 세력교체 사례를 대하는 듯한 느낌이다. 고려 초기에 순천지역을 이끄는 한편 중앙에까지 진출하며 승승장구했던 박영규계에 대하여, 박난봉계가 지역에 토착해서 성장해가다 고려 후기 들어 점차 대두하여 주도권을 장악해 가면서, 海龍山神 朴英規를 대신하여 麟蹄山神 朴蘭鳳이 고을을 상징하는 존재로 부각되어가던 모습이 연상되는 것이다(邊東明, 「高麗時期 順天의 山神 · 城隍神」, 『歷史學報』 174, 2002, 62~63쪽).

93) 城隍祭 등 지방 郡縣에서 행해지던 각종 祭儀의 儒敎的 整備를 둘러싼 기존 토호세력 대 사족, 특히 중앙에서 내려온 지방관과의 갈등 및 지역 주도세력의 교체와 같은 문제들에 대해서는, 정승모, 「군현제의와 국가정책」, 140~159쪽의 설명이 참고 된다.

을 법하다.

하지만 그것만이 전부는 아니었으며, 아마도 거기에는 향리와 같은 전통적인 토착세력과의 타협이 바탕에 깔려 있었던 것은 아닌가 여겨진다. 그 동안 현사縣司에서 —아마도 향리의 주도 아래— 음사적 제향을 받아왔던 김용비는 진민사鎭民祠의 건립과 함께 유교적 제향의 대상으로 전환된 반면, 김홍술이 모셔진 성황사에서는 여전히 무격을 동원한 음사적 제의가 베풀어져 왔던 데서 짐작할 수가 있는 일이다. 김용비를 모신 진민사에서 사족의 주도 아래 유교적 제의를 거행하는 대신, 김홍술을 모신 성황사에서는 향리가 주도하는 음사적 제의를 허용할 수밖에 없었던 데서, 조선왕조 들어 추진한 유교적 예제의 확립이 얼마나 지난한 과제였던가를 능히 짐작할 수가 있다. 아울러 향리와 같은 기존 토호세력에게는 그 어느 것보다도 마지막까지 고수하려 했던 그들 고유의 전통이 곧 성황신앙이었으며, 그런 만큼 성황신으로 숭배 받아온 김홍술이야말로 진정 그들 토착세력을 상징하는 대표적인 존재였다고 하여 지나치지 않을 것이다.

하지만 그러한 성황신 김홍술도 결국에 가서는 유교적인 선현先賢으로 전환되었다. 의성 성황사의 옛 건물에 그의 위패를 안치시키고 충렬사忠烈祠라 현액懸額함으로써, 김홍술을 배향하는 사우가 설립되었던 것이다(1706). 진민사鎭民祠가 건립되고(1517) 약 2세기 가량이 흐른 뒤였다. 의성 김씨 측의 무관심 탓도 없진 않았을 터이나, 무엇보다도 향리와의 타협이 필요 없을 만치 향촌사족의 주도권이 확고해지는 데 그만한 세월이 필요했던 셈이다. 충렬사 설립을 주도한 김석겸金錫兼은 안동 김씨였다. 그 자신 내지는 선대 어느 때 다른 고장에서 이주해 온 외래의 향촌사족이었다. 그런 김석겸이 음사淫祀의 잘못을 지적하자 그에 복종한 향리들이 앞장서 성황사를 충렬사로 전환시켰으며, 또한 충렬사에서의 유교적인 제향에 들어가는 일체의 제수祭需도 향리조직鄕吏組織에서 받들어 올렸다.[94] 이제 향리는 의례를 주도하기는커녕, 비용만 부담한 채 사족이 주관하는 제향에 참예參詣조차 할 수 없는 보조자로 전락한 셈이었다. 요컨대 성황신 김홍술의 충렬사 배향이란, 향리로 대표되는 고려 이래의 전통적인 토호세력을 제압한 사족이 향촌에서의 우위를 더 없이 확고히 하기에 이른, 사회적 변화의 상징적인 사건이라 하여 과언이 아닐 듯싶은 것이다.

맺음말

김홍술金洪術은 신라 말엽 진보현眞寶縣의 리吏에서 자립하여 성주城主로 성장한 호족이었다. 후삼국의 소용돌이 속에서 그는, 왕건의 세력권에서 멀리 떨어졌음에도 일찍이 고려에 귀부함으로써 남다른 대우를 받았다. 웅거한 지역의 전략적 중요성에다, 주변 고을까지 아우를 만큼 강한 세력을 지닌 덕택이었다. 진보현을 거점으로 세력을 키워가던 그는, 왕건의 후원을 바탕으로 더욱 영향력을 확대하면서 문소군聞韶郡으로 진출하여 관내 영역을 장악하였다. 그리하여 그곳에 고려의 전진기지 격인 의성부義城府를 성립시켜 지배하는 한편, 경상동북지역 내 친고려적親高麗的인 성향의 호족을 이끄는 실력자로 활약

94) … 肅廟丙戌 鄕貢進士金錫秉 創建書堂于烏川洞 與將軍廟近 歎其淫祀無禮而曰 卓節如彼 而慢神若此 與吏胥相議 以爲忠烈廟 行淫祀可乎 盍成俞溜溪未成之志乎 咸曰諾 卽造位板 安于舊廟 以忠烈祠三字 揭扁額 仍以書堂爲齋舍 享祀使其生徒奉行 而凡祭禮 一依書院例 祭需則自掾班供進 …(『列邑院宇事蹟』 義城縣 忠烈祠 事蹟)

하였다. 그러다가 거기에까지 세력을 확장하며 지역을 침식해 들어오던 후백제왕 견훤에게 대항하여 싸우던 끝에 전사함으로써 생을 마감하였다. 경상 동북부의 내륙에 위치하는 자그마한 고을을 기반으로 대두한 토착 유력자가, 신라 말에서 고려 초에 걸친 격동의 시기를 배경으로 주변 고을까지 아우른 이름 있는 세력가로 성장하였다가, 마침내 후삼국의 쟁패전에 휘말려 전몰하기에 이르렀던 것이다.

의성의 주민들은 그처럼 외부의 침입에서 지역을 지키는 데 앞장서고, 나아가 고려왕조를 위해 충성을 다한 김홍술을 깊이 추모하였다. 그리하여 그가 전몰한 장소에 사당을 건립하고 그를 성황신으로 받들어 모시었다. 그가 사망한 후 그리 오랜 세월이 흐르지 않은 현종대顯宗代 무렵이었다. 말하자면 의성지역의 성황신앙은 김홍술을 기리는 데서 비롯된 것이나 다름없는 셈이었거니와, 그의 후손을 비롯한 고을 유력계층의 적극적인 추진을 바탕으로 이뤄진 일이었다. 현종대의 지방통치체제 정비에 따라 의성이 안동安東의 속현屬縣으로 격하되자, 지역 출신의 김홍술이 고려왕조에 크게 기여하였음을 내세워 읍격邑格의 회복을 안팎에 호소하려는 의도에서였다.

고려에서 조선에 이르도록 김홍술을 모시는 의성의 성황제의城隍祭儀는 향리와 같은 토착 유력계층에 의해 주도되었다. 현세기복적인 경향의 이러한 성황신앙은 조선왕조에 들어 음사淫祀로 규제되었음에도, 의성지역에서는 후기인 숙종대肅宗代까지도 여전히 그 명맥을 유지하였다. 향촌사족鄕村士族 김석겸金錫兼이 고을의 이서吏胥를 설득하여 의성의 옛 성황사 건물을 충렬사忠烈祠로 전환시킨 것은 그러한 속에서의 일이었다. 지역 내 유력한 가문의 조상이자 고을의 상징이기도 하였던 인물을, 사회의 유교화儒敎化에 발맞춰 음사의 대상인 성황신에서 충절의 실천에 목숨을 바친 유교적인 절의지사節義之士로 전환시키려는 조치였다. 그로써 김홍술을 향한 음사를 종식시키는 것은 물론, 나아가 충렬사에서의 유교적인 의례를 주도함으로 해서 향촌사족으로서의 위세를 과시하려는 속셈에서였다.

충렬사를 설립하고 운영하는 데에는, 김홍술의 의성 김씨보다는 오히려 타성他姓의 향촌사족과 지방관이 더욱 적극적이었다. 그의 직계 후손이 몰락하고 여타의 파계派系가 번성함에 따라, 의성 김씨 가문 내에서 김홍술이 소외된 때문이었다. 김홍술을 제향하는 충렬사의 설립과 운영에는, 말하자면 의성 김씨의 각 파계별 소장성쇠라고 하는 씨족 내에서의 사회적인 분화현상이 반영되었다고 하여 지나치지 않은 셈이었다. 나아가 여기에는 향리로 대표되는 고려 이래의 전통적인 토호세력을 제압한 사족이, 향촌에서의 우위를 더 없이 확고히 하기에 이른 사회적인 변화가 개재되어 있음도 또한 놓쳐서는 안 될 것이다.

(「城隍神 金洪術과 義城」, 『歷史學報』 189, 2006)

제4장 성황신城隍神 소정방蘇定方과 대흥大興

머리말

소정방蘇定方은 잘 알려진 대로 삼국시기 말엽에 백제와 고구려를 침입했던 당唐의 장수이다.[1] 그런데 그러한 그가 충청도忠淸道 대흥大興 고을의 성황사城隍祠에 신神으로 받들어 모셔졌다고 한다. 조선 전기의 기록에 그처럼 나타난다.[2] 이를테면 현 충남 예산군 대흥면 일대의 주민들은 전통시기에 그를 지역의 상징이자 수호신으로 숭앙하였던 셈이다. 이제까지 밝혀진 바의 성황신에 관한 일반적인 의미 규정에 따르자면 그러하다.[3] 자못 이색적이라 이르지 않을 수 없거니

---

1) 노중국, 「당군 지휘관과 당의 백제 옛 땅 지배기구」, 『백제 부흥운동사』(일조각, 2003), 58~60쪽. 拜根興, 「蘇定方的活動及行迹」, 『七世紀中葉唐與新羅關係研究』(中國社會科學出版社, 北京, 2003), 123~147쪽. 『舊唐書』 83 蘇定方傳. 『新唐書』 111 蘇定方傳.

2) 城隍祠 (夾註: 在鳳首山 俗傳 唐將蘇定方爲祠神 春秋本邑致祭) (『新增東國輿地勝覽』 20 大興縣 祠廟)

3) 城隍信仰은 본시 中國에서 발원하여 한국으로 전파되었다고 하거니와, 그러한 중국의 성황신앙에 관한 외국에서의 연구 성과를 모아놓은 책이 발간되어 참고하기에 편하다(徐永大 編, 『中國城隍關聯論文選』, 民俗苑, 1999). 한편 전통시

와, 그리 된 경위가 궁금하다.

대흥은 삼국시기에 백제百濟의 임존성任存城이었다.[4] 삼국시기 내내 백제의 영역에 포함된 고을이었을 뿐만 아니라, 더욱이 백제가 멸망한 후에는 그 부흥운동군이 최후의 거점으로 삼은 지역이기도 하였다.[5] 백제인百濟人으로서의 의식이 뿌리 깊었으며, 그만큼 백제에 대한 회고의 감정이 남다른 고장이었을 것임을 짐작하고도 남음이 있다.[6] 그런데 그러한 지역에서 백제를 멸망시킨 당장唐將 소정방蘇定方을 고을의 상징이자 수호신인 성황신으로 떠받들었다고 한다. 쉽게 납득이 되지를 않는 일이다.

한편 같은 고을의 대잠도大岑島에는 소정방사蘇定方祠[7] 혹은 소도독

기의 한국에서는 성황신이 고을의 상징이자 수호신이었으며, 그리하여 성황신 내지 성황신앙이 지역사회 특히 그 대표 격인 토착 사회세력과 깊은 관계를 맺었다고 하는데, 그와 관련해서는 다음의 논문들이 참고 된다.

한국종교사연구회, 『성황당과 성황제』 (민속원, 1998). 金甲童, 「高麗時代의 城隍信仰과 地方統治」, 『韓國史硏究』 74 (1991). 鄭勝謨, 「城隍祠의 民間化와 鄕村社會의 變動」, 『泰東古典硏究』 7 (1991). 송화섭, 「전주의 성황신앙과 견훤정권」, 『후백제 견훤정권과 전주』 (전북전통문화연구소 편, 주류성, 2001). 邊東明, 「高麗時期 順天의 山神·城隍神」, 『歷史學報』 174 (2002). 邊東明, 「金惣의 城隍神 推仰과 麗水·順天」, 『全南史學』 22 (2004). 邊東明, 「申崇謙의 谷城 城隍神 推仰과 德陽祠 配享」, 『韓國史硏究』 126 (2004). 邊東明, 「城隍神 金忍訓·孫兢訓과 梁山·密陽」, 『韓國史學報』 22 (2006). 邊東明, 「城隍神 金洪術과 義城」, 『歷史學報』 189 (2006).

4) 任城郡 本百濟任存城 景德王改名 今大興郡 (『三國史記』 36 地理 3 熊州)

5) 백제부흥운동과 임존성을 다룬 글은 적지 않은데, 여기에서는 주로 근래에 출간된 『禮山 任存城』(禮山郡·忠南發展硏究院, 2000)과 『백제 부흥운동사』(노중국, 일조각, 2003)의 현장조사 결과 및 정밀한 연구 성과에 의지하여 관련 내용을 정리할 생각이다.

6) 百濟故土 住民의 百濟遺民意識에 관해서는, 노중국, 「신라의 백제 옛 땅 지배」, 『백제 부흥운동사』 (일조각, 2003), 363~370쪽의 상세한 설명이 참고 된다.

7) … 唐蘇定方祠 在大岑島 (夾註: 春秋降香祝 致祭) (『高麗史』 56 楊廣道 洪州

사蘇都督祠라[8] 불리는 사당이 자리하여, 역시 소정방을 향사享祀하였다고 한다. 앞서의 성황사가 대흥의 주산主山인 봉수산鳳首山에 소재했다고 하므로,[9] 이 대잠도의 소정방사(소도독사)는 그와 서로 다른 사당이었음이 명백하다. 말하자면 대흥은 백제를 멸망시킨 당나라 장수 소정방을 신으로 섬기는 사당을 두 곳이나 지녔던, 한국의 유일한 고을이었던 셈이다. 특이한 사례가 아닐 수 없다. 필유곡절이려니와 그리 된 내력을 알아보려는 게 이 글의 목표이다.

여기에서는 우선 소정방과 대흥과의 사이에 어떠한 연고가 있었는지 살피는 데서 시작하여 실마리를 풀어가도록 하겠다. 이로써 그가 대흥지역에서 신격화되어야만 했던 배경이 드러나게 될 것으로 생각한다. 다음으로, 소정방사가 창건되기에 이른 경위를 더듬어보려 한다. 백제를 멸망시킨 당나라 장수였던 그를 굳이 백제부흥운동의 마지막 거점지역인 대흥에 사당을 건립하여 제향祭享하였던 데에는 반드시 그만한 까닭이 있었음 직한데, 그리 된 연유를 밝히고자 하는 것이다. 마지막으로, 소정방이 대흥의 성황신으로 들어앉기에 이른 과정을 검토하겠다. 소정방사와 성황사는 어떠한 관계이며, 또한 지역의 수호신이자 상징인 성황신으로 소정방이 떠받들어지기에 이른 경로는 어떠하였던가를 알아보려는 것이다. 그리하여 삼국의 쟁패전에 끼어들어 한국의 역사에 그 이름을 남긴 외국인 장수가, 지방의 자그마한 고을에서 신격화된 사실이 지니는 의미를 따져 보는 기회로 삼고자 한다.

大興郡)

8) 蘇都督祠 (夾註: 在大岑島 自高麗 春秋降香祝 致祭) (『大東地志』 5 忠淸道 大興 祠院)

9) 앞의 註 2)에 제시한 史料를 참고하라.

1. 소정방蘇定方과 대흥大興

소정방이 처음 대흥 고을과 인연을 맺은 것은 백제부흥군이 봉기하면서였다. 현전하는 자료에 의거하는 한 그러하였다. 다음의 기록을 살펴보자.

> 흑치상지黑齒常之는 백제百濟 서부인西部人이다 … 상지가 두려워하며 마침내 좌우의 10여 인과 함께 본래의 부部로 도망쳐 돌아가, 빠져 달아난 사람들을 불러 모아 함께 임존산任存山을 지켰다. 책柵을 쌓아 스스로 굳게 지킨 지 열흘만에 귀부해 온 자가 3만여 명이었다. 소정방이 군대를 보내어 공격하였으나 상지가 죽기를 각오한 병사를 이끌고 맞서 싸우니 관군官軍이 잇달아 패배하였고, (상지는) 드디어 본국의 200여 성을 수복하였다. 소정방이 능히 토벌하지 못한 채 귀국하였다.[10)]

『삼국사기』에도 동일한 내용이 나타나거니와,[11)] 요컨대 대흥의 임존산에 성책을 쌓고 웅거한 흑치상지를 당군唐軍이 공격하였으나 패배만 쌓이는 가운데 소정방은 귀국하고 말았다는 것이다. 흑치상지가 이끄는 대흥지역의 백제부흥군을 진압하는 데 실패한 채, 소정방이

---

10) 黑齒常之 百濟西部人 … (蘇定方)仍縱兵劫掠 丁壯者多被戮 常之恐懼 遂與左右十餘人 遁歸本部 鳩集亡逸 共保任存山 築柵以自固 旬日而歸附者三萬餘人 定方遣兵攻之 常之領敢死之士拒戰 官軍敗績 遂復本國二百餘城 定方不能討而還 (『舊唐書』 109 黑齒常之傳)

11) ① … 初黑齒常之 嘯聚亡散 旬日間歸附者 三萬餘人 (蘇)定方遣兵攻之 常之拒戰敗之 復取二百餘城 定方不能克 常之與別部將沙吒相如據嶮 … (『三國史記』 28 百濟本紀 6 義慈王 20년)

② … 蘇定方平百濟 (黑齒)常之以所部降 而定方囚老王 縱兵大掠 常之懼 與左右酋長十餘人遯去 嘯合逋亡 依任存山自固 不旬日 歸者三萬 定方勒兵攻之 不克 遂復二百餘城 龍朔中 … (『三國史記』 44 黑齒常之傳)

그냥 당나라로 돌아가야만 하였음을 알려준다.

이미 밝혀졌듯이, 임존성 즉 대흥은 백제부흥군이 처음 일어선 고장이자 또한 맨 마지막까지 저항한 근거지였다.12) 위의 흑치상지를 비롯하여 복신福信과 도침道琛 그리고 지수신遲受信 등이 그것을 주도한 인물들이었다. 문제의 소정방은 그 중 백제부흥군이 처음 봉기하였을 때와 관련이 있었거니와,

> … (8월) 26일에 임존대책任存大柵을 공격하였다. (저들의) 병력이 많고 지형이 험준하여 이길 수가 없었으며, 다만 소책小柵을 공파攻破하였을 따름이다. 9월 3일 … 소정방이 백제의 왕 및 왕족과 신료 93명에 백성 1만2천명을 데리고 사비泗沘에서 배에 올라 당唐으로 돌아갔다…13)

라는 기록에서 보듯이, 귀국을 며칠 앞두고서 임존성의 백제부흥군을 공격하고자 나섰다가 실패하고는 뒤이어 당으로 돌아가고 말았다. 아마도 백제부흥군의 핵심 거점을 깨뜨림으로써 그 예기를 꺾음과 동시에 개선의 기념물로 삼으려다, 뜻을 이루지 못한 채 이미 정해진 일정에 따라 귀환해야만 했던 게 아닌가 싶다. 소정방으로서야 전승의

---

12) 李道學, 「百濟復興運動의 시작과 끝, 任存城」, 『百濟文化』 28 (1999). 심정보, 「任存城과 百濟復興運動」, 『禮山 任存城』(禮山郡·忠南發展硏究院, 2000). 노중국, 「부흥백제국의 성립」·「주요 거점성」·「나당점령군과의 전쟁」, 『백제부흥운동사』.

13) … (八月)二十六日 攻任存大柵 兵多地嶮 不能克 但攻破小柵 九月三日 郎將劉仁願 以兵一萬人 留鎭泗沘城 王子仁泰與沙飡日原·級飡吉那 以兵七千副之 (蘇)定方以百濟王及王族·臣寮九十三人·百姓一萬二千人 自泗沘 乘船廻唐 金仁問與沙飡儒敦·大奈麻中知等 偕行 二十三日 百濟餘賊入泗沘 … (『三國史記』 5 新羅本紀 5 武烈王 7년)

마지막 희생물쯤으로 여기며 공격에 나섰으려니와, 결사적으로 저항하는 백제부흥군을 만나 뜻밖의 좌절을 맛보았던 셈이다.

소정방이 대흥지역과 지닌 인연은 이상이 전부였다. 최소한 기록상으로는, 백제가 멸망한 직후 임존성을 거점으로 일어선 백제부흥군을 진압하려다 실패한 게 모두였다. 그렇다면 그밖에 다른 가능성은 아예 찾아볼 수가 없는 것일까. 이와 관련하여 눈길을 주어야 하는 게, 그를 모신 사당이 위치하였다고 하는 대잠도大岑島가 아닌가 싶다.[14] 소정방을 신으로 떠받들 정도였다면 그와 무관한 지역이 아니었음은 이를 나위가 없어 보인다. 무언가 연고가 있었음이 거의 분명한데, 그곳이 곧 대흥의 대잠도였던 셈이다.

다만 문제는 그 연고의 구체적인 내용을 전혀 알 수가 없다는 점이다. 기록이 전하지 않는 탓이거니와, 아마도 소정방이 백제를 침공해 들어오거나 혹은 당으로 귀환하는 과정에서 거쳐 지난 곳이 아니었던가 여겨지는 정도이다. 그 지명으로 미루어 대잠도는 필시 섬이었을 터이며, 섬이라면 결국 소정방이 중국과 한반도를 오가는 중도에 무언가 연고를 맺었을 개연성이 커 보이는 것이다. 그밖에 다른 가능성도 없지는 않겠으나, 얼른 떠오르지를 않는다. 하지만 연고의 내용이 전하지 않는다고 하여, 연고 자체를 아예 없었던 것으로 치부할 수만은 없을 듯싶다. 소정방사의 존재로 미루어, 대흥의 대잠도와 소정방의 사이에 무슨 연고가 있었을 가능성마저 배제하기는 쉽지 않아 보인다.

소정방과 대흥지역이 백제부흥군의 봉기를 계기로 맺은 상호의 관계에 더하여, 또 다른 인연으로 엮이었을 가능성도 없지 않음을 더듬

14) 앞의 註 7)과 8)에 제시한 史料를 참조하라.

어 보았다. 소정방이 대흥 고을에서 신격화되기에 이르렀던 데에는 그러한 관계 내지 인연이 배경으로 작용하였을 것임을 예감할 수가 있거니와, 그 구체적인 경위는 절을 바꾸어 검토하도록 하겠다.

2. 소정방사蘇定方祠(소도독사蘇都督祠)의 창건

대흥지역에서 소정방을 향사享祀했던 사당으로는 우선 소정방사蘇定方祠를 들 수가 있다. 다음의 기록을 살펴보자.

> 당나라 장수 소정방蘇定方을 모신 사당이 대잠도大岑島에 있다. (夾註) 고려高麗 때에는 봄과 가을이면 사자를 파견해서 향香과 축문祝文을 내려 제향祭享토록 하였으나, 지금은 다만 소재하는 고을의 관리로 하여금 제사를 지내도록 한다.[15]

동일한 내용이 『고려사高麗史』와 『대동지지大東地志』에도 전하거니와,[16] 대흥 고을의 대잠도에 소정방을 제향하는 사당이 위치하였음을 확인할 수가 있다. 아울러 고려시기에는 중앙에서 향과 축문을 지닌 사자를 파견해서 소정방사蘇定方祠의 제의를 주관토록 시켰으나, 조선왕조에 들어서는 단지 대흥현의 관리로 하여금 제향하도록 격하시킨 사실도 파악할 수가 있다.

그렇다면 소정방사는 언제 그리고 또 누구에 의해서 창건되었을까.[17] 소정방사가 처음 대잠도에 들어선 시기를 알려주는 기록은 아

15) 唐將蘇定方祠 在大岑島 (夾註: 高麗時 春秋遣使 降香祝致祭 今但令所在官行祭) (『世宗實錄』 149 地理志 忠淸道 大興縣)

16) 앞 註 7)과 8)에 제시한 史料를 참조하라.

직까지 알려진 바가 없다. 다만 고려시기에 이미 치제致祭하였다는 위 기록에 따라, 고려 내지는 그 이전이었으리라는 막연한 추정만이 가능할 따름이다. 한데 이와 관련하여, 소정방과 마찬가지로 신라의 삼국통일전쟁에 개입한 당의 장수 설인귀薛仁貴를[18] 모신 사당이 사서史書에 전해져 눈길을 끈다. 경기도 적성현積城縣의 감악산사紺嶽山祠가 그것이다. 다음의 자료를 살펴보자.

> … 감악紺嶽이 있다. (夾註) 신라新羅에서 소사小祀였다. 산의 위에 사우祠宇가 있어 봄과 가을이면 향香과 축문祝文을 내려 제사를 지낸다. 현종顯宗 2년에 거란병이 (쳐들어와) 장단長湍에 이르렀는데, 감악산신紺嶽山神의 사당에 마치 깃발과 군사軍士와 마필馬匹이 있는 듯하여 거란병이 두려워하며 감히 (진격해) 나아가지 못하였으므로, 보답하는 제사를 올리도록 명하였다. 세간에서 전하기를, 신라인新羅人들이 당나라 장수 설인귀薛仁貴를 향사享祀하여 산신山神으로 삼았다고 한다.[19]

17) 여기서 말하는 蘇定方祠의 創建이란 반드시 사당 건물 자체의 처음 축조만을 의미하지는 않는다. 그보다는 소정방을 神格化하여 처음 享祀하기 시작한 사실에 더욱 무게가 주어진 표현임을 환기하고자 한다. 엄격히 따지자면, 소정방을 신격화하여 향사하는 게 먼저이며, 사당 건물의 건립은 기껏해야 동시이거나 아니면 뒤의 일이라고 해야 옳을 것이다. 하지만 신격화하여 향사하자면 최소한 祭壇 정도는 마련되어야 하므로 양자는 거의 함께 이뤄지는 일이라 할 수가 있으며, 아울러 祭壇과 祠宇의 기능이 또한 별로 다르지 않아 —地理志나 邑誌類의 '壇廟' 항목에서 함께 묶어 처리하듯이— 둘을 거의 구별하지 않는 게 전통시기의 관행이었음을 떠올리면, 享祀의 시작과 祠宇의 창건을 동일시하더라도 큰 혼란은 없을 듯싶다. 建築史에서처럼 사당 건물 자체를 다루는 경우가 아니라면, 실제 사당 건물의 축조 여부와 무관하게 소정방을 신격화하여 향사가 시작된 것을 소정방사의 창건이라 표기해도 무방하지 않을까 여겨지는 것이다.

18) 拜根興, 「薛仁貴的活動和羅唐關係」, 『七世紀中葉唐與新羅關係研究』. 『舊唐書』 83 薛仁貴傳. 『新唐書』 11 薛仁貴傳.

19) … 有紺嶽 (夾註: 自新羅爲小祀 山上有祠宇 春秋降香祝 行祭 顯宗二年 以丹

적성현에 위치하는 감악산을 신라에서 소사小祀의 제장祭場으로 삼아 제사 지내었는데,[20] 고려 현종 2년(1011)에 감악산신이 거란 침략군을 물리치는 데 기여했다고 하여 그에 보답하는 제사를 올리도록 명하였다는 것이다.[21] 『세종실록』 지리지 등에도 동일한 사실이 기록되어 전하거니와,[22] 여기에서 주목되는 것은 신라인들이 당나라 장수 설인귀를 이 감악산의 산신山神으로 받들어 사당에서 제향祭享하였다는 사실이다. 신라인들이, 다시 말해서 신라가 적성지역을 통치하던 시기에 —설인귀의 생애와 행적으로 미루어 아마도 통일신라시기에— 그러했다는 뜻으로서, 말하자면 설인귀를 제향하는 감악산사紺嶽山祠가 통일신라 치하의 어느 때 창건되었음을 전하는 셈이다.

신라인들이 그처럼 설인귀를 적성현의 감악산신으로 추앙한 연유 내지 그에 내포된 바의 의미는 별도로 검토되어 마땅할 것으로 생각한다.[23] 다만 여기에서는 그 시기에 우선 주목하고자 하거니와, 설인귀와 소정방이 동일한 방식으로 삼국 말엽의 한국사에 끼어든 당의 장수들이었던 만큼, 두 사람을 제향하는 사당의 창건도 유사한 경위를 거쳐 이루어졌을 개연성을 배제하기 어려워 보인다. 감악산에 사당을 세워 설인귀를 제향하기 시작한 것이 통일신라시기였듯이, 대흥의 대잠도에 사당을 세워 소정방을 제향하는 것도 또한 통일신라의

兵至長湍 嶽神祠若有旌旂士馬 丹兵懼而不敢前 命修報祀 諺傳 羅人祀唐將薛仁貴 爲山神云) (『高麗史』 56 地理 1 王京開城府 積城縣)

20) 『三國史記』 32 志 1 祭祀 小祀

21) 以丹兵至長湍 風雪暴作 紺岳神祠 若有旌旗士馬 丹兵懼不敢前 令所司修報祀 (『高麗史』 63 禮 5 雜祀 顯宗 2년 2월)

22) 『世宗實錄』 148 地理志 京畿道 積城縣. 『新增東國輿地勝覽』 11 積城縣 祠廟 紺岳祠

23) 後考를 기약한다. (補)본서 1부의 제4장 紺岳山神 薛仁貴와 積城

어느 시기에 비롯된 일이 아니었을까 헤아려지는 것이다.

설인귀를 제향하는 감악산사의 경우로 미루어, 대흥의 소정방사도 처음 세워진 게 통일신라시기였을 가능성이 높다고 믿는다.[24] 앞서 대잠도의 소정방사가 고려 내지 그 이전의 어느 시기에 창건되었을 것임을 지적하였거니와, 이제 그 범위를 좁혀 통일신라시기의 어느 때로 간주하고자 하는 것이다. 그렇다면 당시 대흥의 대잠도에 소정방사를 창건하고자 나선 것은 누구였을까. 통일기의 신라인 중에서도 왕경王京 경주慶州를 근거로 삼던 신라계新羅系였는지, 아니면 대흥 내지 그 주변 지역의 백제유민百濟遺民들이었는지 궁금하다.[25]

소정방이 백제를 멸망시킨 당의 장수였음을 생각하면, 통일신라시기에 백제유민들이 그를 신격화시켜 제향하고자 자발적으로 나섰을 성싶지는 않아 보인다. 대잠도가 속한 대흥지역이 백제부흥군의 핵심 거점이었으며, 그리하여 소정방은 그곳을 공격한 적장이었음을 떠올리면 더욱이 그러하다. 백제인으로서의 자의식自意識이 남달랐을 게 틀림없는 대흥지역민들이, 적개심의 대상이었음 직한 소정방을 신으로 떠받드는 일에 앞장섰으리라고는 도대체 상상이 되지를 않는 것이다. 통일신라시기에 소정방의 사당을 창건하고자 나선 게, 백제유민 그 중에서도 사당이 위치하던 대흥지역의 그들이었을 가능성은 없다고 믿는다. 도무지 그래야만 되었을 까닭이 없어 보이는 것이다.

반면에 신라계, 다시 말해 삼국시기 이래 본시 신라인이었던 사람들의 경우에는 그와 달랐음 직하다. 그들 역시 소정방에게 호감을 갖

24) 李道學, 「羅唐同盟의 性格과 蘇定方被殺說」, 『新羅文化』 2 (1985), 21~22쪽.

25) 高句麗系의 경우 굳이 언급할 필요조차 느끼지 않는다. 통일신라 치하의 고구려 계통에서 大興 大岑島의 蘇定方祠와 무슨 관계를 가졌을 가능성은 전혀 없어 보인다.

지 만은 않았을 터이지만,26) 그렇다고 해서 백제유민들처럼 강한 적개심을 지니지도 않았을 법해 보인다. 특히 신라가 당군을 몰아내어 한반도 중남부를 차지하고 다시 당과 수교한 이후에는 더욱이 그러하였을 듯싶다. 뭔가 도움이 된다면 소정방을 내세우는 데 굳이 주저하였을 것 같지도 않다. 통일기의 신라인으로서 소정방을 신격화하는 작업에 나섰다고 한다면, 아무래도 백제유민보다는 신라계 쪽에 좀 더 무게를 두는 게 온당하지 않을까 싶은 것이다.

나아가 소정방사가 들어선 곳이 대흥 관내의 대잠도였다는 사실에 이르고 보면, 한층 그러한 생각을 떨치기가 어렵다. 누차 지적하였듯이, 대흥은 백제부흥운동의 본 고장이나 진배없는 지역이었다. 백제의 고토를 지배하던 신라인의 입장에서는 자못 주목되는 지역이 아닐 수 없었다. 지역 내에 팽배한 백제인으로서의 자의식을 억제시키며, 백제를 향한 회고의 감정이 분출되지 못하도록 억누를 필요성이 절실하였을 듯싶다. 적어도 통치를 담당하던 위정자의 입장에서는 그러하였음이 틀림없어 보인다.

신라인들이 소정방을 신격화하여 대흥지역에 사당을 세우고 향사享祀하였던 데에는 위와 같은 배경이 작용하였다고 믿는다. 우선 백제를 멸망시킨 장수를 내세움으로써, 그의 무력武力에 대한 백제유민들의 공포심 유발을 기대하였을 법하다. 그리하여 백제유민들로 하여금 백제인으로서의 자의식이나 혹은 백제를 향한 회고의 감정을 함부로 표출시키지 못하도록 자제시키는 효과를 노렸던 게 아닌가 여겨지는 것이다. 아울러 그러한 공포감이나 두려움이 흔히 외경심으로 이어지곤 하는 인간의 심리를 이용하여, 소정방을 신격화하는 데 성공

---

26) 李道學, 앞의 논문, 28~32쪽.

하였던 것으로 보인다.[27] 한국의 여러 지역에서 호랑이를 산신山神 등으로 섬겼던 게 본시 그에 대한 친밀감이나 호의에서가 아니며, 도리어 공포감 내지 외경심의 산물이었던 것이나 매한가지인 셈이다.

나아가 그에 더하여 당나라 장수를 앞세움으로써, 백제의 멸망이 중국의 개입에 의한 것이었음을 선전하려는 의도를 지녔던 게 아닌가 여겨지기도 한다. 신라가 아니라 강대한 제국 당에 의해 백제가 멸망하였음을 내세움으로써, 반신라 감정의 억제와 더불어 그것이 불가항력의 어찌할 수 없는 일이었음을 설득하는 효과를 노렸을 듯싶다. 그리하여 백제유민들로 하여금 체념하는 가운데 백제를 그리워하는 마음이 희미해지며 또한 백제인이라는 귀속의식을 잊어버리도록, 정신적으로 순화시키는 효과를 염두에 두었을 법해 보이는 것이다.

요컨대 신라인들은 백제를 멸망시킨 소정방을 신격화하여 대흥지역에 사당을 세우고 향사함으로써, 백제유민들로 하여금 백제인으로서의 정체성을 잊은 채 백제를 향한 회고의 감정을 버리도록 억압하며 또한 체념하도록 유도하려는 속셈을 지녔던 셈이다.[28] 백제부흥

27) 고려 무인정권의 시기에 경주 일대의 농민봉기를 진압하는 데 참여한 李奎報는 '祭蘇挺方將軍文'(『東國李相國集』 38)에서, '… 奮將軍昔日虎步鷹膦之威 俾官軍汎掃醜俗 不日班師 …' 라고 기원하였다. 소정방이 상징하는 바 武將으로서의 권위 내지 위엄에 의지해 반란이 신속히 진압되기를 희원하는 마음이 담겼거니와, 이 또한 소정방의 신격화가 그에 대한 공포감이나 외경심을 바탕으로 이루어졌음을 전하는 방증으로 간주하여 좋지 않을까 싶다.

28) 통일신라에서는 대흥을 포함하여 웅주 일대에 만연한 反新羅感情을 '완화 내지 위무'하기 위해, 이 지역에 위치하는 산천을 大·中·小 三祀의 祭儀體系에 다수 포함시켰다고 한다(노중국, 「신라의 백제 옛 땅 지배」, 『백제 부흥운동사』, 346~347쪽). 山川祭儀를 통한 민심회유정책인 셈이거니와, 蘇定方祠의 건립도 또한 그러한 정책의 연장이었을 것으로 이해하여 좋을 줄 믿는다. 한편 그와 반대로 대흥지역의 백제유민들이 신라와 사이가 좋지 않은 소정방(李道學, 앞의 논문, 27~31쪽)을 내세워 신라에 대한 적개심 내지 대항의식을 표출하고자 蘇定

운동을 정신적인 측면에서 억제시키고자 하는 정치적인 의도에서, 신라인들은 대흥의 대잠도에 소정방사를 창건하였던 것이다. 따라서 소정방사의 창건은 신라인 중에서도 아마 정치를 이끌던 사람들, 구체적으로는 왕경인王京人이 주도하였을 가능성이 높아 보인다. 진골 내지 6두품과 같은 중앙귀족中央貴族이 앞장선 가운데, 소정방의 신격화와 사당의 창건이 추진되었음 직하다. 경주를 본거로 한 그들 중앙귀족이야말로 신라의 정치를 이끄는 주요세력이자, 그리하여 백제 멸망의 열매를 실질적으로 향유한 계층이었다는 점에서 그러하다. 굳이 백제부흥군의 핵심 근거지에 백제를 멸망시킨 장본인이라 할 소정방의 사당을 창건하는 것과 같은 정치적 의미를 지닌 사업이, 그들을 제외한 다른 계층에 의해 추진되었으리라고는 상상하기가 어렵지 않을까 판단되는 것이다.29)

方祠를 창건하였을 가능성도 생각할 수가 있을 듯싶기는 하다. 그렇지만 백제를 멸망시킨 장본인이 소정방이었음을 떠올리면, 백제유민들이 신라에 대한 저항의식에서 그를 신격화하고 또 享祀하였을 가능성은 전혀 없어 보인다.

29) 이와 관련하여 통일신라의 시기에 熊州로 내려와 정착하였으며, 그리하여 大興의 가까운 이웃 고을인 保寧에 聖住山門이 자리 잡는 토대를 제공하였을 가능성이 지적되어 온, 武烈王의 第2子 金仁問 系列의 존재가 주목된다(崔柄憲, 「新羅 下代 禪宗九山派의 成立」, 『韓國史研究』 7, 1972, 105~106쪽). 蘇定方을 神格化하여 享祀하는 데 이들이 실제로 관계되었는지의 여부는 잘 알 수가 없다. 다만 百濟遺民意識이 잔존하던 熊州地域에서 신라에 더욱 친근감을 지녔을 그들 김인문 연고세력이, 신라의 백제 통합을 기정사실화하며 그에 대한 저항감을 희석시키고자 설치한 蘇定方祠를 과연 무심하게만 대하였을 지에는 의문이 없지 않다. 蘇定方祠가 창건되고 그리하여 유지 운영되는 데에 이들이 어떠한 형태로든 연관을 맺지는 않았을까 짐작되는 것이다. 한편 하대의 신라왕실에서는 保寧의 옛 烏合寺를 聖住寺로 중창하도록 후원함으로써, 백제유민을 비롯한 지방세력을 통제하는 데 도움을 얻으려 하였다고 한다(金壽泰, 「烏合寺」, 『성주사와 낭혜』, 서경문화사, 2001, 39쪽). 신라의 중앙귀족이 대잠도에 소정방사를 창건하려던 의도와도 부합하는 일이어서 주목되거니와, 나아가 웅주에

한편 여기에서 궁금해지는 것은, 대흥지역 중에서도 하필 대잠도에 소정방사가 들어선 까닭이 무엇이었을까 라고 하는 점이다. 구체적인 내용은 알려진 바가 없거니와, 앞 절에서 언급하였듯이 소정방과 무슨 연고가 있었을 가능성을 추정하는 정도이지는 않을까 싶다. 백제 유민으로서의 자의식을 잠재우고자 대흥지역에 소정방사를 건립하려고 하는데, 관내에서 그와 연고를 지닌 장소가 유일하게 대잠도이었던 듯 여겨지는 것이다. 아울러 그 연고라는 것도, 소정방이 군대를 거느리고 침입해 들어오거나 혹은 귀국하던 중 거쳐 지난 것쯤으로 간주하여 무방하지 않을까 싶다. 지명으로 미루어 그곳이 분명히 섬[島]이었으리라는 점에서 그처럼 판단된다.30)

자리 잡은 김인문 계열이 소정방사와 무관하지만은 않았을 것임을 암시하는 방증으로도 유용하지 않을까 싶다.

30) 大興의 大岑島는 아직 그 소재가 불명이다. 또한 대흥은 내륙에 위치하는 고을로 해안에서 제법 떨어져 위치한다. 바다와 무관한 고장으로서, 관내에 섬을 거느렸을 가능성이 다소 희박해 보이는 것이다. 대흥 대잠도의 존재 자체가 의문시되기 십상이려니와, 그리하여 蘇定方祠(蘇都督祠)가 애당초 서해의 섬이 아닌 내륙지대, 구체적으로는 대흥의 治所 부근이자 鎭山인 鳳首山에 위치하였던 것으로 생각하는 견해가 나오기도 하였다(忠淸南道, 『忠南의 書院 · 祠宇』, 1999, 666~667쪽). 대흥의 옛 이름이 任存城 혹은 今州였다고 하는데(『高麗史』 56 地理 1 楊廣道 洪州 大興郡. 『新增東國輿地勝覽』 20 大興縣 建置沿革 · 郡名), '今'과 '岑'의 유사성을 생각하면 '今州→岑州→大岑'으로 이어질 가능성도 떠올려 봄 직하다. 大岑을 大興의 또 다른 옛 지명으로 간주할 수가 있을 법하거니와, 말하자면 대잠도를 섬이 아니고 그냥 대흥 고을 자체의 지칭으로 이해하는 것도 반드시 불가능해 보이지만은 않는 것이다.
그런데 조선 초기의 實錄에 따르면, 대흥의 대잠도는 분명히 국가에서 파악하는 수많은 祭享處 가운데 하나였다(『世宗實錄』 46 世宗 11년 11월 癸丑). 구체적으로는 '大岑島之神'의 祭場이었거니와(같은 책 76 世宗 19년 3월 癸卯), 또한 같은 책에는 제향의 대상 바꿔 말해 '大岑島之神'이 '唐將 蘇定方'이라 명기되어 전하기도 한다(같은 책 149 地理志 忠淸道 大興縣). 지방 관아의 보고를 바탕으로 조정에서 파악한 바에 의하면, 대잠도는 명백히 대흥 고을 관내의 島神 祭場으로, 다시 말해 섬의 신을 섬기는 사당이 위치하는 섬으로 실재하였으며, 그

대잠도의 소정방사는 고려왕조에 들어서도 여전히 국가적인 제향처祭享處이었다. 소정방 사당이 대잠도에 위치하는데 봄과 가을이면 향과 축문을 내려 제향하였다느니, 혹은 고려왕조에서 봄·가을로 그곳에 사자를 파견하여 향과 축문을 내려 제사 지내었는데 이제[朝鮮]는 다만 현지 관리로 하여금 제사를 지내도록 한다든지 하는 등의 기록에서 알 수가 있다.[31] 그렇다면 고려시기에도 그처럼 대잠도의 소정방사가 국가적인 관심의 대상으로 살아남을 수 있는 배경은 무엇이었을까.

고려 조정이 처음 소정방사에 주목한 것은 신라와 매한가지의 이유에서가 아니었을까 추정된다. 후삼국시기에 대흥 일원의 주민이 후백제後百濟에 호의적이었으며, 후백제의 영역이던 임존군任存郡이 3천여 사상자를 내면서까지 버티다가 결국 함락되어(925) 고려 영역으로 편입되었던 사실[32] 등으로 미루어 그처럼 판단된다. 대흥지역이 여전히 백제를 향한 회고의 감정에서 벗어나지 못하였음을 짐작할 수가 있는 것이다. 그리하여 그와 같은 대흥을 위시하여 주변에 만연하였을 것으로 여겨지는 백제유민百濟遺民으로서의 자의식自意識에 신경을

것을 부정해야 할 까닭이 없어 보이는 것이다. 아울러 대흥이 비록 내륙에 위치하는 고을이라고는 하지만, 그렇다고 해서 반드시 섬을 관할하지 말라는 법은 없다. 전통시기에 널리 존재하였던 허다한 飛入地를 떠올리면 되는 일이다. 요컨대 현재 대흥 대잠도의 위치를 알 수가 없다고 하여 그 존재를 부정하는 것만이 능사는 아니며, 여러 증거들에 비추어 보면 —비록 아직까지 그 위치는 불명이지만— 도리어 그 실재가 명백해지는 것은 아닌가 판단되는 것이다.

31) ① … 唐蘇定方祠 在大岑島 (夾註: 春秋降香祝 致祭) (『高麗史』 56 地理 1 楊廣道 洪州 大興郡)
② … 唐將蘇定方祠 在大岑島 (夾註: 高麗時 春秋遣使 降香祝致祭 今但令所在官行祭) (『世宗實錄』 149 地理志 忠淸道 大興縣)

32) 金甲童, 「百濟 이후의 任存城」, 『禮山 任存城』, 59~62쪽.

곤두세우기 마련이었던 고려 조정에서, 자연히 대흥 대잠도의 소정방사에 주목하여 국가적인 제장祭場으로서 공인하였던 게 아닌가 싶다. 그로써 지역사회에서 여전히 위력을 발휘하던 백제인으로서의 자의식이 약화 내지는 소멸되기를 기대하였음 직한 것이다.[33]

이후 세월이 흘러 고려 중엽을 넘어서는 즈음이면, 소정방은 점차 주민들에 의해 고을의 수호신으로서 숭배를 받는 존재로 자리매김되어 갔던 듯 여겨진다. 대흥지역을 포함한 백제고토의 주민 사이에서 백제의 후예라는 자의식이 차츰 희미해지며 사라져간 데 따른 현상이었다. 한국사에서 삼국유민의식三國遺民意識이 소멸되기는 대략 13세기 전반前半을 지나면서였다고 한다.[34] 이즈음에 이르러, 하나의 왕조에 속한 동일한 신민臣民으로서 주변의 중국이나 북방 종족 및 일본 등과 자신을 구별해서 생각하는, 일종의 동포의식同胞意識이 고려 내부에 자리를 잡아갔던 셈이다. 그리하여 삼국 이전에서 그 시원始原을 찾아 고려인高麗人 전체, 그리고 나아가 그 전통까지를 함께 아우르려

---

33) 이때 고려 조정에 의해 처음으로 소정방이 신격화되고, 또한 그 사당이 창건되었을 가능성도 배제하기 어렵다. 왕건이 후삼국을 통일하는 과정에서 후백제로 인해 받았던 고통을 생각하면, 대흥지역 주민 사이에 그처럼 잔존하던 백제인으로서의 自意識을 고려 조정에서 모르는 체 덮어 둘 수만은 없었음 직도 하다. 그렇지만 대흥지역 주민이 지녔던 백제인으로서의 자의식의 강도라든지 혹은 그 정치적인 폭발성을 따져 봤을 때, 신라 조정의 그에 대한 우려가 훨씬 더 크지는 않았을까 헤아려진다. 백제를 향한 회고의 감정을 억압해야 할 정치적인 필요성이라는 측면에서, 신라는 고려에 비할 수 없을 만큼 깊이 절감하였음이 틀림없어 보인다. 소정방사의 창건이 신라인에게 그만큼 간절히 요청되었으리라는 의미이거니와, 요컨대 그 필요성의 측면에서 판단했을 때 —설인귀 사당의 창건도 그와 매한가지였겠지만— 고려보다는 신라시기에 소정방사가 창건되었을 가능성이 더욱 높다는 게 온당한 이해이지 않을까 싶은 것이다.

34) 閔賢九, 「高麗中期 三國復興運動의 역사적 의미」, 『韓國史 市民講座』 5 (一潮閣, 1989), 82~108쪽.

는 자각이 일어나, 마침내 한국사의 출발을 조선朝鮮과 단군檀君으로 잡는 단군신화檀君神話의 정착으로 이어졌다는 이해이다. 대흥지역에서도 또한 그러하였을 것임은 이를 나위가 없다. 그와 같은 흐름에서 예외였을 까닭이 없거니와, 고종 24년(1237) 무렵 현 전남지역의 일부를 휩쓸었던 백제부흥운동에[35] 대해 지역민들이 어떠한 반응도 보이지 않았던 데서 감지할 수가 있는 일이다.

그런데 대흥지역에서의 그와 같은 백제유민의식의 소멸은, 자연히 고을 주민으로 하여금 소정방에 대한 적개심을 망각하도록 유도하였을 가능성이 높아 보인다. 그리고 그처럼 적개심이 사라진 자리에는, 단지 신라 이래로 소정방사蘇定方祠에서 그를 제향祭享해온 관습만이 남아 전해지게 마련이었을 법하다. 애초엔 적개심과 공포감으로 바라보던 대상이 적개심의 소멸과 함께 외경의 대상으로 바뀌면서, 그를 신神으로 섬기는 일에 대한 거부감이 차츰 옅어져 갔음 직한 것이다. 대흥인大興人들 사이에서 대잠도大岑島 '소정방신蘇定方神'의 위상이 점차 굳건히 뿌리를 내려갔을 성싶거니와, 무장武將이라는 소정방의 출신 성분으로 미루어 아마도 수호신적守護神的인 성격으로 자리잡아갔던 듯 여겨진다. 실제로 조선 초기에 제의체계祭儀體系를 정비하던 당시, 대잠도의 사당 즉 소정방사에서는 한때 '대잠도호국지신大岑島護國之神'이라는 위패位牌를 사용하였던 것으로 기록에 전한다.[36] 소정방

---

35) 金塘澤, 「崔氏政權과 國王」, 『韓國學報』 42 (1986) ; 「최씨정권과 國王」, 『高麗의 武人政權』(國學資料院, 1999). 閔賢九, 같은 논문. 金光植, 「崔沆의 雙峰寺 寺院勢力 構築과 李延年亂」, 『朴永錫華甲紀念論叢』(1992). 邊東明, 「武人政權時期의 百濟復興運動과 李延年」, 『韓國中世의 地域社會硏究』(學硏文化社, 2002).

36) 『世宗實錄』 76 世宗 19년 3월 癸卯

이 호국의 신이었음은 물론, 본시 대잠도大岑島 나아가 대흥大興 고을을 수호하는 신으로 섬겨져 왔었음을 암시하는 것이다. 원래 적개심의 대상이었던 인물이 정치 환경의 변화와 세월의 흐름 속에서 점차 지역민을 수호하는 신격神格으로, 그리하여 고을의 상징으로 자리잡아간 역설逆說의 역사적 현실화였던 셈이다.

고려 중엽을 지나면서 소정방이 대흥의 수호신으로, 다시 말해 고을을 상징하는 존재로 그 위상을 굳혀갔을 것임을 살폈다. 한데 그 즈음 고려 국내에는 벌써 성황신앙이 널리 전파된 상태였다. 그리하여 대개의 고을마다에는 성황사가 갖춰지는 게 보통이었다.[37] 따라서 고려 중기에 들어설 즈음이면 대흥지역에도 성황사가 이미 건립되었을 가능성이 높았다. 한편 조선 전기의 지리지에 따르면, 그러한 대흥의 성황신이 곧 소정방이었다고도 한다.[38] 이미 지적하였듯이, 대흥 한 고을에만 소정방을 제향하기 위한 사당이 두 곳이나 들어선 셈이었다. 자못 눈길을 끄는 일로서 과연 실상이 어떠하였는지 궁금하거니와, 구체적인 것은 절을 바꾸어 검토하도록 하겠다.

3. 대흥大興 성황사城隍祠와 성황신城隍神 소정방蘇定方

대흥지역에 성황신앙이 전파되고 또 성황사가 건립된 시기를 알려주는 기록은 없다. 다만 한국 성황신앙사城隍信仰史의 일반적인 추이에 비추어, 고려 중엽 즈음의 일이었을 것으로 추정하는 정도이다. 한

37) 金甲童, 「高麗時代의 城隍信仰과 地方統治」, 11~12·22쪽. 서영대, 「韓國·中國의 城隍信仰史와 淳昌의 '城隍大神事跡'」, 『성황당과 성황제』 (민속원, 1998), 399~406쪽.

38) 『新增東國輿地勝覽』 20 大興縣 祠廟 城隍祠 夾註

국의 성황신앙은 대체로 신라 말에서 고려 초의 어느 시기에 비롯되어, 인종에서 의종의 재위기간을(1122~1170) 거치면서 널리 전국적인 확산을 보았던 것으로 전한다. 아울러 그 사당인 성황사城隍祠(堂)의 경우, 성종 15년(996) 이전에 벌써 속현屬縣에까지 건립된 사례가 나타날 정도였다고도 한다.[39] 대흥 고을 역시 대략 그러한 추세이지는 않았을까 싶다. 그 읍격의 변화라든지 이웃 고을의 사례에서 그것을 추정할 수가 있다.

대흥은 본시 백제의 임존성任存城이었다. 그것이 신라 경덕왕대에 임성군任城郡으로 그리고 고려 초에 대흥군大興郡으로 잇달아 개칭되었으며, 조선 태종대에 대흥현大興縣이 되었다. 백제시기 임존성의 위상은 잘 알 수가 없다. 5방方 중 서방西方(部)의 치소治所가 위치하였을 가능성이 있다지만,[40] 그 이상의 확인은 불가능하다. 통일신라시기에 웅주熊州의 임성군任城郡은 두 현縣을 관할하였다. 오늘날 청양靑陽과 예산禮山의 일부인 청정靑正(武)현縣과 오산현烏山縣을 영현領縣으로서 관내에 거느렸던 것이다. 그러다가 고려시기에는 홍주洪州 관내의 속현屬縣으로 격하되었다. 아마도 앞서 거론하였던 바의 후백제 편에 서서 고려에 저항한 일 때문이었을 터이다. 대흥이 속현의 제약을 벗어난 것은 명종 2년(1172)에 가서였다. 감무관監務官으로의 승격이 그것이었다.[41] 이제 홍주洪州의 직접적인 간섭을 받지 않고서도 지방행정

---

39) 앞의 註 37)과 같음.

40) 千寬宇, 『古朝鮮 · 三韓史研究』(一潮閣, 1995), 387~389쪽. 강종원, 「百濟時代의 任存城」, 『禮山 任存城』, 40쪽.

41) 『三國史記』 36 地理 3 熊州 任城郡. 『世宗實錄』 149 地理志 忠淸道 大興縣. 『高麗史』 56 地理 1 楊廣道 洪州 大興郡. 『新增東國輿地勝覽』 20 大興縣 建置沿革

이 가능한 고을로 자립한 셈이거니와, 따라서 늦어도 이 즈음이면 대흥군大興郡에도 성황사가 들어서지는 않았을까 생각된다. 속현조차도 이미 성황사를 갖춘 터에, 감무관으로 승격된 고을에 그 상징이라 할 성황사가 없었을 것 같아 보이지는 않는다. 조선시기에 그 진산鎭山인 봉수산鳳首山에 위치하였다는 대흥의 성황사는,[42] 아마도 고려 중엽 이래의 그것을 계승한 사당이었음이 거의 틀림없을 듯싶다.

아울러 경계를 맞대다시피 가까운 이웃 고을인 온양溫陽이 13세기 전반에 이미 성황사를 갖추었던 사실에서도, 대흥 역시 그러하였을 것임을 능히 추찰할 수가 있다. 온양은 본시 백제의 탕정군湯井郡이었다가 고려 초에 온수군溫水郡 그리고 조선 세종대에 온양군溫陽郡으로 각각 개칭되었다. 통일신라시기 웅주熊州 관하에서 두 영현領縣을 거느리던 이 고을은, 고려 현종대에 들어 천안부天安府 속현屬縣으로 편입되었으며 명종 2년에 감무관監務官으로 승격되었다.[43] 읍격邑格의 승강昇降 및 그 시기 등에서 대흥과 매우 흡사하였음을 알 수가 있다. 이를테면 대흥과 거의 동일한 여건의 이웃 고을이었던 셈이거니와, 그러한 온양지역에 늦어도 고종 23년(1236) 이전에 이미 성황사가 존재하였음이 확인된다.[44] 대흥지역에도 또한 그 즈음이면 성황사가 들어섰을 개연성이 그만큼 크지 않을까 여겨지는 것이다.

고려 중기를 지나는 무렵 대흥 고을에 성황사가 설립되었을 가능

---

42) 『新增東國輿地勝覽』 20 大興縣 祠廟 城隍祠 夾註

43) 『三國史記』 36 地理 3 熊州 湯井郡. 『高麗史』 56 地理 1 楊廣道 天安府 溫水郡. 『新增東國輿地勝覽』 19 溫陽郡 建置沿革

44) 蒙兵圍溫水郡 郡吏玄呂等 開門出戰 大敗之 斬首二級 中矢石死者二百餘人 所獲兵仗甚多 王以其郡城隍神 有密祐之功 加封神號 以呂爲郡戶長 (『高麗史』 23 高宗 23년 9월 丁巳)

성을 헤아려보았다. 그런데 당시 이 고장에는, 앞서 살폈듯이 고을의 수호신인 소정방을 향사하기 위한 사당이 벌써 들어선 상황이었다. 성황사 말고도 고을의 상징을 신神으로 모시는 사당이 하나 더 존재하였던 것이다. 말하자면 대흥지역에는 그 상징이라 할 수호신을 제향하는 유사한 성격의 두 사당이 공존하였던 셈이다.

한편 조선 전기의 지리지에 따르면, 언제인가 대흥 고을에서는 소정방을 그 성황신으로 제향하기 시작하였다고도 한다. 지방의 자그마한 고을에 유사한 기능을 지닌 사당이 둘이었는데, 어느 시기엔가 둘 모두 동일인을 —그것도 당唐의 무장武將을— 신神으로 모시었다는 것이다. 자못 이색적인 일이 아닐 수 없어 보인다. 무언가 혼선이 빚어진 듯싶어 어리둥절하거니와 구체적인 내막이 궁금하다.

대흥 대잠도의 소정방사와 봉수산의 성황사는 본시 별개의 신당神堂이었다. 앞서 지적하였듯이 대흥 고을의 관내에 대잠도라는 섬이 존재하였으며, 그 —봉수산이 아닌— 대잠도에 조선 세종대까지 사당祠堂이 자리를 잡았었고, 고려시기의 경우 중앙에서 내려온 관리가 그리고 조선왕조에 들어서는 소재관所在官이 그 제향을 담당하였던 사실 등이 기록으로 확인이 된다.[45] 그런데 대잠도의 사묘祠廟에서 조선 초기에 이르도록 그처럼 오랜 기간에 걸쳐 제향을 받아온 신은 성황신이 아니었다. 그냥 대잠도의 신일 따름이었다. 조선 초기의 한 자료에 따르면, 여러 성황신의 존재가 함께 언급되었음에도 대잠도의 경우 그저 '대잠도지신大岑島之神'으로만 표기되어 나타난다. 대잠도의 사당에 모셔진 것은 성황신이 아니었으며, 같은 기록에 함께 등장하는 무수한 '섬의 신'[島神] 가운데 하나에 지나지 않았던 것이다.[46] 다

45) 앞의 註 30), 31) 참조.

만 대잠도의 이 신이 소정방이었던가의 여부는 해당 기록에 나타나지 않는다. 그러나 동일한 자료의 또 다른 곳에서는 "당장소정방사재대잠도唐將蘇定方祠在大岑島"라고 하여,[47] 대잠도 사당의 신이 소정방이었음을 드러내 명기하였다. 분명히 성황사와 구별되는 사묘祠廟가 대잠도에 소재하였고, 거기에 모셔진 신이 곧 소정방이었던 것이다. 대잠도의 소정방사와 봉수산의 성황사가 원래 별개의 사묘祠廟였음은 이론의 여지가 없어 보인다.

아울러 소정방은 기록상 조선 초까지 대잠도 사당의 신이었을 뿐, 대흥 고을의 성황신은 아니었다. 조선 초기인 15세기 전반의 자료에도 대잠도의 소정방사만 나오며,[48] 소정방과 봉수산 내지 그곳 성황사와의 관계를 보여주는 내용은 나타나지 않는다. 그가 대흥의 성황신이었음을 암시하는 문구文句는 어디에서도 찾아볼 수가 없는 것이 조선 초기까지의 실정이었다. 고려 무인정권의 시기에 활동한 이규보李奎報의 글에서도 그러하기는 매한가지였다. 그가 지었던 바의 소

46) 禮曹據諸道巡審別監啓本 詳定嶽海瀆山川壇廟及神牌制度 京畿…仁川郡 紫燕島·水深島·龍流島·孤島·松家島·長峯島·黔對島·召忽島·靈興島·犢牛島·龍媒島·苟陰島·馭鬱島·彌正島·麻田島·搆桑島·大忍島 上項諸島於猿島壇 引請致祭 … 咸吉道 … 永興府 永興城隍 祠廟位版 書永興城隍之神 … 末應島·未勿串·聲島·北島·鼠島·猪島·古非島·葛島·小島·熊望島·松島·骨城 已上諸島 引祭於主山末應島壇 位版十二 各書諸島之神 請各書某島之神 且一邑內致祭諸島 多至十餘 不得已致祭諸島外 其餘可革處革除 咸興府 咸興城隍 祠廟位版 書咸興城隍護國伯神 請削護國伯三字 … 大興縣 大岑島 廟位版 書大岑島護國之神 請削護國二字 … 全州城隍 壇位版 書全州城隍之神 … (『世宗實錄』 76 世宗 19년 3월 癸卯)

47) 같은 책 149 地理志 忠清道 大興縣

48) 앞 註 31)에 제시한 『세종실록』 지리지와 『고려사』 지리지의 해당 기록이 그것인데, 전자는 세종 14년(1432)에 그리고 후자는 문종 원년(1451)에 각각 편찬이 완료된 자료들이다.

정방을 향사하는 제문祭文 중 어디에도 성황신을 연상시키는 내용은 수록되지를 않았다.[49] 동일한 자료에 산신山神·용왕龍王 등을 구체적으로 거명하며 지은 제문祭文이 다수 실렸음에도,[50] 소정방을 제향하는 글에서는 성황신을 전혀 거론하지 않았다. 당시 소정방이 성황신앙과 무관한 존재였기에 그러했음이 거의 틀림없어 보인다. 만일 소정방이 성황신이었다면, 이규보가 굳이 그것을 표기하지 않았을 까닭이 없을 듯싶은 것이다.

요컨대 대잠도의 소정방사와 봉수산의 성황사는 본시 별개였으며, 아울러 조선 초의 15세기 전반까지도 소정방은 대흥의 성황신이 아니었다. 현전 기록에 의거하는 한 그러하였다. 한데 그 얼마 후의 『신증동국여지승람』에는 소정방이 봉수산 성황사의 신, 즉 대흥의 성황신으로 나타난다.[51] 대잠도의 소정방사가 기록에서 사라지고, 거기에 모셔진 신이었던 소정방만 남아 대흥의 성황신으로 등장하는 것이다. 마치 원래 둘이 동일한 신당神堂이었는데, 처음 대잠도 소정방사로 표기되던 것이 뒤에 봉수산 성황사 및 성황신 소정방으로 달리 표기된

---

49) 云云 夫外國之不賓中國久矣 太宗將臣伏萬國 混一文軌 使將軍統帥 侵軼我高麗 將軍不幸 駐騶騎于我國 便未西轅 故有遺祠在玆 且外國不賓 常理也 文皇帝猶憤然怒作 使勞師遠役 迺至自將而經略 是將軍所識也 況東京者 是我國之陪邑也 敢舉兵叛國 呀喙吠主 爲狗畜所尙不爲 未識將軍之意 其視何如也 伏望酌今古所以伐下國輕重之宜 奮將軍昔日虎步鷹瞵之威 俾官軍汛掃醜俗 不日班師 則將軍雖以客魂得食於此 無愧矣 (『東國李相國集』 38 祭蘇挺方將軍文)

50) 『東國李相國集』 38 黃池院龍王祭文, 祭一善津龍王文, 智異山大王前願文, 祭公山大王文, 北兄山祭文, 慶州東西兩岳祭文, 山海神合屈祭文, 開泰寺祖前願文, 蔚州戒邊城天神祭文

51) 城隍祠 (夾註: 在鳳首山 俗傳唐將蘇定方爲祠神 春秋本邑致祭) (『新增東國輿地勝覽』 20 大興縣 祠廟)

데 불과한 것인 양, 착각을 불러일으키기 십상이다. 또한 그 뒤 조선 후기에 편찬된 지리지와 읍지에서도, 대개 대잠도 소정방사에 관해서는 침묵한 채 봉수산 성황사와 성황신 소정방만을 언급하는 게 보통이어서,[52] 더욱이 그러한 혼동을 부채질한다. 그렇다면 본시 서로 별개였던 두 사당이 그처럼 하나인 양 혼선을 빚고, 그리하여 소정방이 성황신으로 알려지기에 이른 사정은 무엇이었을까.

앞서 설명하였듯이, 대잠도의 소정방사와 봉수산의 성황사는 대략 고려 중엽 즈음 이래로 대흥 고을 내에서 공존 중일 가능성이 높았다. 그런데 두 사당은 그 기능이 자못 흡사하였다. 대잠도 사당의 소정방이 고을의 수호신으로서 그 상징적인 존재였던 것처럼, 전통시기 한국의 성황신 역시 고을의 상징이자 수호신이었던 것이다. 이를테면 고려 중기를 넘어서면서 대흥지역에는 유사한 성격의 사우祠宇 둘이 공존했던 셈이거니와, 필시 이것이 빌미가 되어 두 사우 내지 거기에 모셔진 신神이 마침내 서로 혼동되기에까지 이르렀던 듯 여겨진다. 지방의 자그마한 고을에서 비슷한 역할이 기대되는 두 신神을 모시는 사당이 오랜 기간 공존하였다면, 지역민들 사이에서 양자에 대한 혼동이 이는 것은 거의 피할 수 없는 일이었을 듯싶은 것이다. 예컨대 산악신앙山岳信仰과 성황신앙城隍信仰이 그 발생이나 유래에서 서로 달라 본시 별개였으나, 기능의 유사성 등으로 말미암아 세월의 흐름과 함께 고려 후기로 갈수록 혼효 현상이 나타나면서 혼동이 일기도 하였던 사례를[53] 떠올리면 되는 일이다. 고려 중기를 지나 고려말~조

52) ① 城隍祠 (夾註: 在大興山[山川條;一名鳳首山] 俗稱唐將蘇定方爲祠神) (『東國輿地志』3 忠清道 大興縣 祠廟)
② 城隍祠 (夾註: 在鳳首山 俗傳唐將蘇定方爲祠神 春秋本邑致祭云 今則廢) (『大興郡邑誌』(17c末 · 18c初編, 奎章閣圖書番號17389) 祠廟)

선초에 이를 무렵이면, 더 이상 대잠도 소정방사와 봉수산 성황사를 구별할 필요성을 느끼지 못할 만큼, 대흥지역 주민들 사이에서는 두 사당 내지 그 신격神格이 서로 뒤섞여 인식되었던 게 아닌가 헤아려지는 것이다. 좁은 고을에서 공존하던 두 사당이 시간의 흐름과 함께 흡사했던 성격만큼이나 지역 주민들 사이에서 곧잘 혼동을 불러일으켰음 직하거니와, 반드시 그렇지는 않았더라도 최소한 둘 사이에 혼동이 일 가능성은 늘 잠재한 상황이었다고 하여 지나치지 않을 줄 믿는다.

한편 조선왕조가 개창되고 전국적으로 일제히 사묘祠廟의 정비가 추진되면서, 각 지역에 산재하던 수많은 신당神堂은 존폐의 기로에 서게 되었다. 유교적인 예제禮制를 확립하려는 정책의 추진 과정에서 전래의 다양한 민간신앙은 규제의 대상으로 전락하였으며, 그 중 상당수는 음사淫祀로 지목되어 금지되고 억압당하였다. 아울러 혁파를 면한 사당이라 할지라도 제의祭儀를 유교화하도록 강제되는 등, 그 존재 양상에 큰 변화가 초래되었을 것임은 물론이다.[54)]

대흥지역의 경우 역시 거기에서 예외였을 까닭이 없다. 고을 내에 산재하던 신당神堂이 정비되며, 유사한 기능의 그것끼리 정리되고 통

---

53) 金甲童, 「高麗時代의 山嶽信仰」, 『韓基斗博士華甲紀念論叢』上 (1993), 53~54쪽. 邊東明, 「高麗後期의 無等山信仰과 光州」, 『東亞硏究』 38 (2000), 159~160쪽.

54) 태조대에서 세종대에 걸쳐 조선의 祀典이 대략 정비되었으며, 그것이 세조~성종대의 손질을 거쳐 『國朝五禮儀』에 수록되었다. 따라서 祠廟의 정비·혁파·통폐합 등을 추진한 사례는 조선 초 실록의 곳곳에서 살필 수가 있는데, 그 경위나 정비 내용 등에 관해서는, 김태영, 「국가제사」, 『한국사』 26 (국사편찬위원회, 1995) 및 韓亨周, 『朝鮮初期 國家祭禮 硏究』 (一潮閣, 2002) 그리고 이욱, 「조선 전기 유교국가의 성립과 국가제사의 변화」, 『韓國史硏究』118 (2002)의 설명을 주로 참고하였다.

폐합되어갔을 것임은 불을 보듯 뻔하다.[55] 대잠도의 소정방사와 봉수산의 성황사도 그러한 대상에서 예외이지는 않았을 성싶다. 두 사당만이 거기에서 제외되도록 특혜를 받았다고 볼 근거가 없거니와, 도리어 그 기능의 유사성에 비추어 양자 사이에는 통폐합이 추진되었을 개연성이 자못 높아 보이기까지 한다. 그리고 만약 그것이 실제로 추진되었다면, 그 방향은 아마도 소정방사를 폐지하여 성황사로 합치는 형태였을 법하다. 고을마다 일률적으로 성황사를 한 군데씩 설치하여 소재관所在官 등으로 하여금 그 제향을 주관토록 제도화했던 조선왕조의 정책으로 미루어 그러하다. 구체적인 기록은 없지만, 대세에 비추어 그와 같은 흐름이었을 것으로 간주하여 크게 어긋나지는 않을 줄 믿어지는 것이다.[56]

조선왕조에 들어 음사를 억압하며 각종 사묘를 정리 통폐합하는 과정에서, 대잠도의 소정방사가 약화되어 봉수산에 위치하는 대흥 성황사로 통합되었을 가능성을 살폈다. 앞서 언급하였듯이, 당시 대흥

55) 예컨대 세종대에 京畿道 仁川과 咸吉道 永興의 여러 '島神'祠堂을 두고 '汰其不知所在之島'하며 '一邑內致祭諸島多至十餘 不得已致祭諸島外 其餘可革處革除'하려 했다든지, 혹은 함길도 宜川의 여러 '城神'祠堂이나 安邊의 '島·串·城·嶽·峴·浦' 59곳처럼 고을 내 유사한 성격의 神堂을 한 곳으로 통합해 제향하려고 하는 등, 祠廟를 혁파하고 또 통폐합하려는 정책을 추진한 적이 있었다(『世宗實錄』 76 世宗 19년 3월 癸卯). 비록 곧장 그대로 실행에 옮겨진 것은 아니었지만, 이러한 정책으로 미루어 대흥지역에서도 유사한 일이 벌어졌을 개연성은 충분하다 할 것이다.

56) 江陵의 경우 城隍祠와 金庾信祠가 각기 별도로 설립 유지되어 왔는데, 조선 전기인 成宗代에서 中宗代에 이르는 사이, 좀 더 구체적으로는『東國輿地勝覽』이 일단 편찬되었다가 증보되어 다시 완성되기에 이르는 동안의 언제인가, 김유신사가 폐지되고 성황사로 통합되어 하나로 합쳐진 사례가 있었음을 참고할 일이다. (城隍祠 [夾註: 在府西百步] … 金庾信祠 [夾註: 在花浮山 【新增】 今合于城隍祠]. 『新增東國輿地勝覽』 44 江陵大都護府 祠廟)

의 주민들 사이에서는 이미 대잠도신 소정방과 대흥 성황신을 혼동하는 현상이 나타났던 것으로 보인다. 그런데 이제 그에 더하여 두 사당이 공식적으로 통합되었을 개연성마저 없지 않았던 셈이다. 대흥지역에서 소정방과 성황신을 동일시하는 현상이 더욱 가속화되었으리라는 것을 쉬이 감지할 수가 있으려니와, 소정방이 대흥의 성황신으로 알려진 것은 그와 같은 경위를 거치면서였던 것으로 판단된다. 조선왕조가 개창되고 1세기 가량이 지날 즈음 비로소 지리지에 등장하는 대흥 성황신 소정방의 존재는,[57] 그처럼 이해하는 게 온당하지 않을까 헤아려지는 것이다.

조선 초기의 세종대까지 실록에도 수록되어 그 존재를 확인시켜 주던 대잠도 소정방사가 그 뒤 공식 자료에서 모습을 감추고, 그에 대신하여 소정방이 대흥의 성황신으로 널리 알려지기에 이른 것은, 위와 같은 연유에서였다고 믿는다. 이후 대흥 일대에서 대잠도 소정방사의 존재에 관한 기억은 차츰 희미해져갔다. 소정방은 단지 성황신으로만 주민들 사이에 각인되었다. 그나마도 조선 후기에 들어서는 봉수산 성황사의 퇴락과 함께, 소정방이 고을의 상징인 성황신이었다는 인식조차도 점점 사라져갔다.

대략 17세기 말에서 18세기 초엽 아마도 숙종대 즈음에 편찬되었던 것으로 알려진 대흥의 읍지에,

> … 봉수산鳳首山 앞 퇴락한 작은 건물, 연못가 쓸쓸한데 수목樹木만 무성하구나, 황량한 사당祠堂이여 단지 소정방장군蘇定方將軍 제사지내

57) 大興 城隍神 蘇定方이 처음 등장하는 『新增東國輿地勝覽』은, 成宗 12년(1481)·16년(1485)에 편찬된 『東國輿地勝覽』에다 '新增'을 더하여 中宗 25년(1530)에 완성되었다.

던 표시일 뿐이오, 무너진 성첩城堞이여 이곳이 임존성任存城인 줄 뉘 알리 …[58]

와 같은 시귀詩句가 수록되어 전한다. 이미 퇴락해버린 성황사와 더불어 대흥지역에서 소정방이 차츰 잊혀갈 것임을 예감할 수가 있거니와, 과연 18세기 후반에 편찬된 『여지도서輿地圖書』와 19세기 후반의 상황을 전하는 『호서읍지湖西邑誌』에는 그냥 대흥 봉수산의 성황사만 기록에 나타날 따름이었다.[59] 대잠도 소정방사는 말할 것이 없고 성황신 소정방도 기록에서 사라지고 없다. 소정방 자체가 송두리째 서술 대상에서 제외되어 버린 셈이었다. 통일신라시기에 대잠도 소정방사가 창건되면서 대흥 주민과 얕지 않은 연고를 맺은 이래, 늦어도 고려의 중엽 이후 성황신과 공존의 세월을 거치는 가운데 15세기 후반 즈음 그 자신 대흥 성황신으로 들어앉았던 소정방이, 조선후기를 거치면서 주민들 사이에서 아예 잊혀갔음을 확인할 수가 있는 것이다.

한편 고산자古山子 김정호金正浩의 해박한 고증이 돋보이는 19세기 중반의 『대동지지大東地志』(1864)에는, 봉수산 성황사가 제외되고 새삼 대잠도 소도독사가 등장하여 눈길을 끈다.[60] 이미 퇴락하여 그 존재 의미를 찾아보기 힘든 봉수산의 성황사 및 멀리 기억에서조차 사

---

58) 觀察使宋謙詩 鳳首山前敞小軒 池邊寥落樹林繁 荒祠但識尊蘇將 毁堞誰知是任存 千里風塵龍鬪野 百年烟火犬嘷村 秋風別有興懷處 獨對霜岑日歡昏(『大興郡邑誌』(奎章閣圖書番號17389) 樓亭 見思亭 夾註)

59) ① 城隍祠 (夾註: 郡西三里 鳳首山下) (『輿地圖書』12 大興郡 壇廟)
② 城隍祠 (夾註: 在郡西二里 鳳首山下) (『湖西邑誌』(1871編) 大興郡 壇廟)

60) 蘇都督祠 (夾註: 在大岺島 自高麗 春秋降香祝 致祭) (『大東地志』5 忠淸道 大興 祠院)

라진 성황신 소정방을 빼는 대신, 옛 기록을 뒤져 대잠도에 위치했다던 소정방사를 찾아내 수록한 셈이었다. 또한 일제강점기에 편찬된 『조선환여승람』(1929)에는 갑자기 '봉수산' 소도독사가 등장하여 주목된다.[61] 대잠도 소정방사와 봉수산 성황사 및 성황신 소정방이라고 하는 여러 요소가, 희미한 기억 속에서 한데 뒤섞여 혼선을 빚은 끝에 그와 같은 형태로 모습을 드러냈던 게 아닌가 싶다. 좁은 고을에서 상당한 기간 공존하던 흡사한 기능의 두 사당 및 거기에 모셔진 신이라고 하는, 애초에 그와 같은 가능성을 안고 있던 혼효와 혼동의 요소에서 초래되게 마련인 인식상의 혼선이 낳은 필연의 결과였던 셈이다.

61) 蘇都督祠 (夾註: 在大興鳳首山 都督蘇定方) (『朝鮮寰輿勝覽』 忠淸南道 禮山郡 院祠) (補) 근자에 이 글을 넣어 한 권의 책으로 묶고자 관련 자료를 정리하는 과정에서 동일한 주제의 연구를 발견하였다.(姜成福, 「大興 蘇都督祠와 邑治 城隍祠」, 『百濟硏究』 49, 2009) 늦게 발견한 허물이 크거니와, 현장성을 바탕으로 전개하는 논의가 인상적이다. 다만 口傳을 역사로 끌어들이기 위한 주도면밀한 배려라든지, 또는 조선왕조 들어 각별히는 世宗代의 대대적인 神堂과 祭場의 정비를 거치면서 관찬 자료에서 蘇都督祠가 사라지고 그에 대신하여 蘇定方이 성황신으로 등장하는 연유 등에 좀 더 관심을 베풀었더라면 하는 아쉬움이 있다. 大岑島를 둘러싼 논의의 경우 일리가 있지만 그 역시 하나의 가능성 제기이며, 더욱이 소도독사가 성황사로 통합됨으로써 官祭를 받지 못하게 된 사실이 지니는 의미 등에 관해서는 상당한 오해가 있는 듯싶다. 이제까지 본문에서 논의해온 대강의 줄거리, 즉 소정방의 행적 속에서 蘇都督祠의 소재를 가늠하며, 신라의 對百濟遺民 시책과 연관시켜 소도독사의 설치를 이해한다든지, 또는 고려에서 조선 초기에 걸쳐 소정방이 고을의 수호신이자 호국의 신으로 인정받기에 이르고, 더불어 조선 전기의 유교적인 제례 정비 과정에서 소도독사가 성황사로 통합되어 소정방이 대흥의 성황신으로 좌정했다가 점차 세인의 뇌리에서 사라져 간 경위를 파악하는 거와 같은, 이 글의 기본적인 틀을 굳이 바꾸지 않은 까닭이다.

맺음말

충청도 대흥大興 및 거기에 소재하던 소정방사蘇定方祠와 성황사城隍祠 그리고 거기에 모셔진 신神이었다고 알려진 소정방蘇定方 사이의 관계를 살폈다. 백제가 멸망한 다음 소정방은 당唐으로 귀환하기 바로 전에 임존성任存城의 백제부흥군을 공격하다 실패한 적이 있었다. 또한 백제를 침공하던 전후의 어느 때인가 대흥의 대잠도大岑島를 거쳐 지났을 가능성도 없지 않았다. 당唐의 장수로서 백제를 멸망시킨 주역 중의 하나였던 그가 대흥지역에서 신격화되기에 이른 데에는 그와 같은 연고가 작용하였다.

대흥 고을의 두 사묘祠廟 중 먼저 세워진 것은 대잠도大岑島의 소정방사蘇定方祠였다. 통일신라의 중앙귀족들은 백제인百濟人으로서의 자의식自意識이 남달랐던 지역 주민을 억누르며 또한 그들의 체념을 유도해내기 위해 소정방의 신격화를 추진하였다. 당唐의 장수 소정방蘇定方을 내세워 공포감을 불러일으킴으로써 백제를 향한 회고의 감정을 자제토록 억압하며, 아울러 백제의 멸망이 신라가 아니고 강대국 당에 의한 것이었음을 강조함으로써 불가항력의 어찌할 수 없는 사태였던 것으로 체념하는 동시에 반신라 감정의 분출을 억제토록 유도하기 위함이었다. 백제부흥운동의 핵심 근거지였던 대흥, 그 중에서도 소정방과 연고가 있었을 것으로 추정되는 대잠도에, 그를 제향하는 소정방사가 세워진 것은 그러한 정치적 속셈에 따른 일이었다. 그 후 고려 중엽을 넘어서는 무렵, 대흥지역에서는 백제유민의식百濟遺民意識이 점차 희미해져 갔다. 그리고 그와 함께 지역민의 소정방에 대한 적개심도 차츰 옅어져 갔다. 소정방은 단지 관습에 따른 제향祭享과 외경畏敬의 대상으로만 인식되었으며, 그리하여 마침내 고을의 수호신이자 상징으로 자리를 잡게 되었던 것이다.

한데 고려의 중엽 즈음, 대흥 봉수산鳳首山에는 마찬가지로 고을의 상징이자 수호신을 제향하는 사묘인 성황사가 새로이 들어섰다. 지방의 자그마한 고을에 유사한 성격의 두 사당이 공존했던 셈이거니와, 자연히 시간의 흐름과 함께 둘은 지역민들 사이에서 곧잘 혼동을 불러 일으켰다. 그리하여 고려 말에서 조선 초에 들어설 때쯤이면 서로 구별할 필요성을 느끼지 못할 만큼, 주민들 사이에서 대잠도 소정방사와 봉수산 성황사 및 그 신격神格이 한데 뒤섞여 받아들여지는 지경이 되었다. 나아가 조선왕조의 예제개혁에 따라 사묘가 일제히 정비되면서, 유사한 기능의 두 사당은 통폐합이 추진되었다. 그리하여 대잠도 소정방사가 폐지되어 대흥 성황사로 통합된 결과, 조선 전기 이후 소정방은 대흥의 성황신으로 기록되어 알려지기에 이르렀다. 그러다가 조선 후기 들어 성황사가 퇴락하면서 더불어 소정방도 점차 지역민들의 기억 속에서 사라져갔다.

(「城隍神 蘇定方과 大興」, 『歷史學硏究』 30, 2007)

종장

전통시기 한국의 산신과 성황신을 지역사회와의 연관 속에서 검토하였다. 산신이나 성황신 내지 그를 향한 신앙 자체라기보다는, 그와 관련을 맺거나 혹은 그러한 신앙행위를 주도하던 인간들이, 그것을 통하여 정치·사회적으로 획득하고자 도모하는 바가 무엇이었던가에 더욱 관심을 기울였다. 언제, 어떠한 성격의 인간들이, 무슨 이유에서 산신이나 성황신을 떠받들며 신앙하였고, 이후의 추이는 어떠하였으며, 그리하여 그들이 얻고자 도모하는 바가 무엇이었는지, 바꿔 말해 전통시기의 한국에서 산신이나 성황신을 숭배하고 신앙하는 행위에 담긴 정치적 사회적인 의미가 무엇이었는지를 더듬어 그 역사적 의의를 헤아리고자 노력하였다.

이제 앞서 살피었던 바를 종합하여, 시기별로 그 특징을 드러내 큰 흐름을 더듬는 것으로 마무리를 지으려 한다. 검토한 내용을 요약해 제시하는 일은 부족하나마 개별 논문에서의 그것으로 미루는 대신, 고대에서 고려 및 조선으로의 변천에 따라 각기 다르게 나타났던 산신·성황신 숭배의 정치 사회적인 함의를 따져, 그 흘러온 형세를 간략히 제시함으로써 연구를 끝맺으려 한다. 아울러 그러는 동안에 자연히, 각 지역별로 혹은 고을의 크기나 토착세력의 강약 및 관련 후손의 번성 여부에 따라, 특정 지역에서 산신이나 성황신으로 추앙된 인물 내지는 그러한 산신이나 성황신을 숭배하고 신앙하는 데 관련된 인물의 성격이나 활동 또는 그러한 현상이 나타난 시기나 배경 및 향후의 추이 등에 차이가 있는지, 그리고 일부에서라도 차이가 나타난다면 그것이 의미하는 바가 무엇인지와 같은 사실들도, 재삼 음미하는 기회가 제공되었으면 하는 바람이 있다.

한국에서 산악을 숭배한 것은 오랜 옛적 이래의 일인 데 비해, 성황의 경우 대략 신라 말에서 고려 초 사이의 어느 때에 들어 비로소 그에 대한 신앙이 나타났다. 그런데 처음 지역사회에서 민간의 자발적인 숭배와 신앙의 대상으로 등장하였던 그와 같은 산신과 성황신이, 집권적인 체제의 정비와 함께 점차 중앙의 주목을 받는 존재로 부상하였다. 왕경王京을 중심으로 각 지역의 산신과 성황신에 위계를 부여하여 편제함으로써, 순조로운 지방통치를 도모하던 중앙정부의 집권화 시책에 따른 자연스러운 결과였다. 말하자면 한국의 산신과 성황신이 중앙과 지방의 관계에서, 지방 내지는 그 주도자인 지역 토착세력을 상징하는 존재로 인식되어 주목을 받고, 마침내 사서史書에 본격적으로 그 모습을 드러내기에 이른 게 그러한 과정을 거치면서의 일이었다는 뜻이다.

한국 고대의 중앙집권적인 국가에서는, 그리하여 지방 통제의 일환으로 산악신앙 등의 체계적인 정비를 추진하곤 하였다. 가령 통일신라에서 오악五岳을 제정한 일과 같은 것이 그러하였다. 나아가 고구려의 고토와 같이 새로이 영토로 편입한 지역의 민심을 위무하고 안정시켜 지방통치에 도움을 얻는 일에도 산악신앙이 활용되었다. 적성현積城縣의 감악산신紺岳山神으로 설인귀薛仁貴를 추앙한 사례와 같은 것이 그러하였다.

감악산은 통일신라시기에 소사小祀 제장祭場이었다. 그 위치에서 말미암은 이 산의 전략적 중요성에다, 적성 일원의 주민들이 오랜 기간 감악산을 숭배해 온 사실에 주목한 신라 중앙의 조치였다. 나아가 신라의 중앙귀족은 설인귀를 신격화하여 그와 같은 감악산을 주재하는 산신으로 추앙하였다. 한강 이북과 임진강 유역 일원의 주민들 사이에서 내연하던 고구려유민의식高句麗遺民意識의 분출을 저지하려는 의도에서였다. 당唐의 장수 설인귀를 내세워 공포감을 불러일으킴으로써 고구려를 향한 회고의 감정을 자제토록 억압하며, 또한 고구려의 멸망이 신라가 아니라 강대국 당에 의한 것이었음을 강조함으로써 불가항력의 사태였던 것으로 체념함과 동시에, 반신라反新羅 감정의 표출을 억제토록 유도하기 위함이었다. 아울러 거기에는 발해渤海의 등장으로 동요하던 고구려 고토의 민심을 안정시키려는 의도도 또한 담겨 있었다. 정신적인 측면에서 고구려부흥의식을 순화시키려는 정책이라 할 수가 있으려니와, 그리하여 고구려의 옛 땅을 제 영역으로 굳히고 그 주민을 신라인으로 흡수하여 해당 지역에 대한 통치를 원활히 하려는 목적에서였다.

산신山神은 아니지만, 충청도 대흥현大興縣의 대잠도大岑島에 자리하였다는 소도독사蘇都督祠의 경우도 그러하기는 매일반이었다. 신라의 중앙귀족은 백제인百濟人으로서의 자의식自意識이 남달랐던 대흥지역 주민들을 억누르며, 또한 그들의 체념을 유도해내기 위해 당장唐將 소정방蘇定方의 신격화를 추진하였다. 설인귀의 경우나 매한가지로 당의 장수인 그를 내세워 백제를 그리워하는 감정의 분출을 자제토록 억압하며, 아울러 백제의 멸망이 어찌할 수 없는 사태였던 것으로 체념하는 동시에, 신라를 향한 반감을 줄이도록 회유하기 위함이었다. 백제 부흥을 기대하는 지역 주민들의 열망을 정신적인 측면에서 순화시키려는 정책이었던 셈이거니와, 그로써 백제의 고토를 제 영역으로 굳히고 그 주민을 신라인으로 흡수하여 해당 지역을 순조롭게 통치하고자 함이었다.

신라 중앙에서는 고구려 고토의 민심을 위무하고 안정시킴으로써 새로이 영토로 편입한 지역을 원활히 통치하는 데 도움을 얻고자 산신을 활용하였다. 백제 고토의 경우도 그와 유사하였거니와, 말하자면 한국 고대사에서는 중앙에 의한 지방세력 견제라든지 장악의 측면과 연관되어 산신의 존재 의미가 부각된 셈이었다. 다만 성황신의 경우 일러야 신라 말에서 고려 초의 즈음에 비로소 등장하는 까닭에 그와는 거의 무관하였다.

그런데 고려왕조에 들어서는 사정이 바뀌었다. 중앙에 의한 지방통제의 측면이 부각되었던 고대의 경우와 달리, 고려시기에는 산신이나 성황신이 지역 토착세력의 존재 과시에 내세워지곤 하는 게 보다 일반적이었다. 그리하여 토착세력이 새로이 성장하거나 혹은 그들의 중앙 진출에 발맞추어, 중앙에 지역사회의 요구를 전달한다든지 혹은 지역 내의 주도권 다툼에서 산신이나 성황신이 앞세워지며, 더불어 주도적인 사회세력의 성쇠가 산신이나 성황신 숭배에 반영되어 나타나기도 하였다.

지역사회의 요구를 전달하는 데 산신이나 성황신이 앞세워진 경우로는, 광주光州와 나주羅州를 들 수가 있다. 두 고을의 토착세력들은 고려 후기 들어 무등산신無等山神과 금성산신錦城山神을 우대해주도록 중앙에 요청하였다. 두 산신이 각기 고려·원 연합군의 일본원정과 삼별초의 난 진압에 남모르는 도움을 주었다는 게 명분이었다. 그리하여 두 고장의 유력한 가문 출신이던 김주정金周鼎과 정가신鄭可臣을 각기 내세워 산신을 봉작하는 등의 우대를 조정에 요구하였다. 고을의 진산인 무등산과 금성산으로 상징되는 광주와 나주 고을의 위상을 강화하며, 더욱이 지역사회를 주도하는 토착 유력계층으로서의 존재를 과시하려는 목적에서였다. 무인정권의 시기 이래 지역 토착세력의 성장과 중앙 진출을 배경으로 가능한 일이었거니와, 가령 광주 김씨나 나주 정씨 가문의 성장과 같은 것이 그러하였다.

토착세력이 산신이나 성황신을 앞세워 자신들의 요구를 대외적으로 드러내는 일은 다른 고을의 경우에도 드물지 않았다. 순천順天 박씨朴氏를 비롯한 토착세력가들은 신라 말과 고려 초에 활동한 고을의 유력자였던 박영규朴英規를 해룡산신海龍山神으로 추앙하면서, 그의 고려왕조에 대한 공헌을 강조하였다. 현종대의 통치체제 정비 과정에서 하락한 읍격邑格의 상승을 중앙에 호소하기 위함이었다. 적성積城의 토착 유력자들은 고려에 침입해 온 거란군을 격퇴하는 데 감악산신이 기여하였음을 내세워, 조정으로 하여금 산신 설인귀의 존재를 인정하도록 요구하였다. 그로써 고을의 위상을 높이는 것은 물론, 산신 설인귀와 연결되는 자신들의 존재를 안팎에 과시하려는 의도에서였다. 양산梁山 김씨金氏를 필두로 한 양산의 토착세력은, 지역사회의 중심이 경주慶州로 옮겨가면서 위축된 고을의 대읍大邑으로서의 위상 회복을 중앙에 요청하고자, 태조 왕건을 도왔던 것으로 전하는 제 선조 김인훈金忍訓을 성황신으로 떠받들었다. 밀양密陽과 의성義城의 토착세력들도 읍격의 하락을 만회하고자, 지역의 유력자로서 태조 왕건을 도와 공을 세운 손긍훈孫兢訓과 김홍술金洪術을 각각 고을의 성황신으로 추앙하였다.

그밖에도 지역의 토착세력이 산신이나 성황신에 의지하여 자신들의 요구와 함께 그 존재를 드러내려 한 사례는 더 있다. 가령 곡성谷城의 토착 유력자들은 개국공신 신숭겸申崇謙이 곡성 신씨와 연고가 있음을 내세우며 그를 고을의 성황신으로 추앙하였다. 명종대의 대대적인 감무監務 증치로 인해 중앙의 지배력이 강화되면서 향촌자치적인 전통에 타격이 가해지자, 자신과 같은 토착세력을 중심으로 한 자율적인 향촌질서의 유지가 중요함을 강조하려는 의도에서였다. 밀양에서는 12세기 말~13세기 초에 손긍훈을 고을의 성황신으로 추앙하였는데, 농민・천민의 봉기가 빈발하던 혼란기를 맞아 손긍훈에 의지하여 고을 수호자로서의 자신의 이미지를 강화할 필요성을 절감하던 토착 유력계층에 의해서였다. 이후 삼별초 난에 호응한 민중봉기가 발생하고 이어 읍격이 강등되었다가 회복되는 격변이 일던 13세기 후반에도, 고을의 유력자들은 성황신 손긍훈에 기대어 자신들을 중심으로 형성된 기존 향촌질서 유지의 중요성을 강조함은 물론 나아가 읍격의 회복을 정당화하는 데 도움을 얻을 수 있었다.

다음으로, 지역 내의 주도권 다툼에서도 산신이나 성황신은 고을 내지 그 주도자인 토착 유력계층의 상징으로 내세워지곤 하는 게 상례였다. 13세기 후반에 광주의 토착세력은 무등산신 우대를 통하여 목사牧使 고을로의 읍격 상승을 도모하였다. 그로써 고려왕조에 들어 이웃 나주에 빼앗겼던 전남 지역사회에서의 주도권을 되찾으려는 의도에서였다. 그러자 나주에서도 금성산신의 우대를 중앙 조정에 요청함으로써 그에 대응하였다. 그 동안 유지해 왔던 지역 내에서의 주도권을 순순히 넘겨주지는 않겠다는 나주 토착세력의 강력한 의지의 표명에 다름 아니었다.

지역 내에서의 주도권 다툼에 산신이나 성황신이 앞세워지는 게 광주나 나주에 국한된 일만이 아니었음은 물론이다. 순천의 토착 유력자들은 해룡산신 박영규를 내세워, 순천을 나주보다 낮은 읍격으로 강등시킨 조치가 고을에 대한 지나친 홀대라며 그 부당함을 호소하였다. 앞서 나주와 동등하게 목사 고을이었던 시절로 돌아가기를 기대하는 순천 주민의 소박한 바람이자, 전남지역에서의 주도권을 두고 나주와의 대립도 마다지 않으려는 순천 토착세력의 의지가 그처럼 표출된 셈이었다. 그밖에 순천의 속현이었다가 현령관縣令官으로 자립한 여수麗水의 토착세력이 김총金惣을 성황신으로 떠받들며 전남 동부지역에서의 주도권에 도전하자 순천의 유력자들 역시 박난봉朴蘭鳳을 인제산신麟蹄山神으로 추앙하며 그에 대응하였던 일이라든지, 혹은 밀양으로 통폐합된 양산의 유력계층이 고을의 자립을 추진하면서 성황신 김인훈을 내세워 밀양 성황신 손긍훈과의 대립 의욕을 드러냈던 일 하며, 안동의 속현으로 격하된 의성의 토착세력이 성황신 김홍술에 의지하여 안동으로 넘겨준 지역 내에서의 주도권을 되찾고자 애를 썼던 일 등도, 또한 그러하기는 모두가 매한가지였다. 하나같이 지역 내에서의 주도권을 둘러싼 다툼에서 산신과 성황신이 으레 앞세워지곤 하던 고려시기의 상황을 보여주는 것으로 이해하여 지나치지 않은 사례들이었다.

셋째, 고려시기에 지역사회를 주도하던 토착세력의 성쇠소장盛衰消長이 산신과 성황신 숭배에 반영되어 나타나기도 하였다. 조선시기에 비해 드물긴 하지만, 고려시기에도 그런 사례가 없지는 않았다. 순천을 포함한 전남 동부지역의 경우가 그러하였거니와, 인제산신으로 박난봉이 추앙된 경위에서 그것을 살필 수가 있었다.

박난봉이 인제산신으로 받들어 모셔진 것은 대략 14세기 후반 즈음이었다. 고려 후기 들어 순천은 전남 동부지역에서 그 위상이 날로 추락하였다. 그 관할 구역이 크게 축소되었고, 순천의 속현이었다가 자립한 여수에서는 김총계金惣系의 성장을 발판으로 순천에 도전하는 자세를 취하였다. 게다가 그 동안 고장의 구심점 역할을 해오던 해룡산신 박영규는 점차 그 정치 사회적 의미를 잃어갔다. 고려 초 중앙에 진출했던 박영규계는 거의 도태되다시피 하였으며, 그나마도 순천과의 연고관계가 희미해지면서 연고의식 또한 자못 미약해졌다. 순천의 주민들에게 새로운 구심점이 필요한 상황이었거니와, 그리하여 고려 후기 들어 크게 성장해서 마침내 중앙에까지 진출하는 데 성공하였던 박난봉계에서 그 선조인 박난봉을 인제산신으로 내세우기에 이르렀다. 인제산은 순천을 상징하는 진산이었다. 따라서 그러한 산을 주재하는 산신으로 추앙된 박난봉이, 이제 순천의 상징적인 구심점으로 부각되는 것은 너무도 당연한 일이었다. 순천의 토착세력은 인제산신 박난봉을 앞세워 지역사회를 주도하는 중심세력으로서의 권위를 강조하며 결속을 다져, 고을에 밀어닥친 위기를 극복하고자 도모하였다. 그러므로 박난봉의 인제산신 추앙에는, 말하자면 박영규계의 퇴조와 함께 여수에서의 김총계 김씨나 순천에서의 박난봉계 박씨와 같은 새로운 사회세력의 성장이라고 하는, 토착세력의 소장성쇠가 반영되었다고 이해하여 지나치지 않은 셈이었다.

고려시기에 산신과 성황신은 그처럼 지역 토착세력을 상징하며 그 존재를 과시하는 데 내세워지곤 하였다. 그런데 조선시기의 산신과 성황신은 그와 달랐다. 조선왕조가 개창되고 뒤이어 유교적인 예제禮制를 확립하는 과정에서, 전래의 다양한 토착신앙은 규제의 대상으로 전락하였으며 그 중 상당수는 음사淫祀로 지목되어 금지되고 억압당하였다. 산신과 성황신의 경우도 예외가 아니었으며, 유교적 제례祭禮의 대상으로 지정된 외에는 일체가 음사로 규정되었다.

하지만 그렇다고 해서 모든 것이 중앙의 의지대로만 곧장 진척된 것은 아니었다. 토착 사회세력의 주도 아래 전해 내려오던 민간에서의 토속적인 신앙 전통이 그만큼 뿌리깊이 남아 전해진 때문이었다. 따라서 지역에 따른 편차가 적지 않았는데, 대개는 유교식화한 제의와 전통적이며 기복적인 그것이 병립 혹은 조화·절충되는 방향으로 정리되어 갔다. 그리고 그러는 가운데 한편에서는 고을 이서吏胥의 주도 아래 무격巫覡이 주제主祭하는, 이를테면 음사적淫祀的 성격의 전통적인 제의가 조선 후기에 이르도록 없어지기는커녕 되레 성행하는 경향마저 없지 않았다. 산신과 성황신의 경우에도 대체로 그러하였다. 그리하여 향리가 주도하는 음사적 제의가 유지되는 한편에서, 제의의 유교화가 추진되거나 혹은 별도로 유교식 사당을 세워 제향받는 인물을 유교적 덕목의 실천자로 재탄생시키는 작업이 진행되기도 하는 등, 다양한 변용을 보였다.

조선사회에서 유교식 제의가 자리를 잡는 데 어려움이 컸던 저간의 사정을 잘 보여주는 게 의성 성황신 김홍술의 사례였다. 의성에서는 조선 후기에 이르도록 봄과 가을이면 고을의 이서吏胥들이 무당을 동원하여 성황신에게 음사적 제의를 드리곤 하였다. 성종대에 고을 수령으로 내려온 유호인兪好仁이 성황제의를 유교화하고자 무진 애를 썼음에도 '음사'는 근절되지 않았다. 숙종대에 가서야 고을 사족인 김석겸金錫兼의 노력으로 김홍술을 위한 유교식 사우가 건립되면서, 마침내 의성 성황신 김홍술을 제향하던 음사적 전통이 자취를 감추기까지는 그러하였다. 다른 고을의 경우에도 사정은 거의 매일반이었다. 시기의 선후는 있었을망정 대체적인 흐름은 그와 유사하였다.

한데 그러한 환경 속에서도 끝내 음사적 전통이 유지된 경우가 있었다. 감악산의 설인귀사당이 그러하였다. 관아에서 유교식 제향을 드리기 위한 감악사紺岳祠를 건립한 뒤에도, 산신山神 설인귀사당薛仁貴祠堂은 상당 기간 살아남아 별도로 유지되었다. 그리하여 설인귀사당에서는 공사公私를 막론하고 소재초복消災招福을 위한 전래의 음사淫祀가 행해지곤 하였다. 양산과 밀양의 경우도 그와 유사하였다. 두 고을에서는 조선 말에 이르도록 김인훈과 손긍훈을 각각 고을의 성황신으로 떠받들었는데, 관아에서 주관하는 공식적인 제향을 제외한 민간의 성황제의는 비유교적非儒教的 다시 말해 음사적인 전래의 방식에 따라 행해지는 게 관행이었다.

그렇지만 조선왕조에서의 산신이나 성황신을 향한 공식적인 제향은 유교식으로 행해지는 게 원칙이었다. 가령 순천 성황신 김총의 경우, 관아에서 유생儒生을 진례산進禮山의 성황사로 보내어 관련 제의를 주관하도록 하였음이 조선 후기의 기록에 전한다. 성황신 김총에게 드리는 제례가 음사에서 탈피하여 유교화하였음을 보여준다. 소정방의 경우에도 대흥현의 성황신으로 좌정한 뒤 언젠가부터는 유교화한 관제官祭를 받았음이 틀림없다. 양산과 밀양의 성황신이었던 김인훈과 손긍훈의 경우도 관제官祭에서는 그와 매일반이었을 터이다.

심지어는 유교식 사우를 건립하여 음사적淫祀的 전통과의 단절을 도모한 경우도 적지 않았다. 곡성 성황신 신숭겸이나 의성 성황신 김홍술이 그에 해당하였으며, 적성의 감악산신도 그러한 사례로 꼽힐 만하였다. 곡성에서는 선조대宣祖代에 덕양사德陽祠를 건립하여 신숭겸을 배향하면서 그를 유교적인 충절의 인물로 재탄생시켰다. 의성에서도 또한 숙종대肅宗代에 충렬사忠烈祠를 건립하여 김홍술을 배향하면서 마찬가지로 그를 충절의 인물로 재탄생시켰다. 유교식 사우를 건립해 배향함으로써 신숭겸과 김홍술을 음사적 제향의 대상에서 벗어나게 하고자, 후손과 향촌사족 및 지방관이 애를 쓴 결과였다. 그리하여 성황신 신숭겸과 김홍술은 유교식 제향을 받는 유교적 선현先賢으로 자리를 잡았다.

감악산신의 경우, 과정이 그와 조금 달랐지만 결과는 매한가지였다. 조정에서 설인귀사당과 별도로 감악사紺岳祠를 건립하여 지방관아의 주도하에 유교식 제향을 받들도록 하였던 것이다. 설인귀를 신체神體로 하는 전래의 감악산신과 별개로 유교적 감악산신을 상정하고는, 그 위패를 봉안하는 사우를 세워 관아에서 공식적으로 제향함으로써, 감악산신을 음사적 전통에서 떼어내는 형식을 취하였다. 유교적 예제를 확립하여 일원화된 제의체계를 수립함으로써, 국왕을 중심으로 한 일원적인 지배체제를 확립하려는 조정의 의지가 그와 같은 방식으로 표출된 셈이었다.

조선 유교사회의 전개와 함께 산신과 성황신 내지 그를 향한 숭배와 신앙에 나타난 변화는 그와 같았다. 그런데 여기에서 궁금해지는 것은, 조선왕조에서 제의를 유교적으로 표준화하려는 정책을 강력히 추진하였음에도 불구하고, 산신과 성황신 내지 그를 향한 숭배와 신앙의 유교적 전환이 일률적이지 않고 그처럼 다양한 형태로 나타난 이유가 무엇이었을까 라고 하는 점이다.

제의를 유교화하는 작업은, 이를 나위 없이 당시까지 자율적으로 전래의 토속신앙을 이끌어 오던 이서吏胥 등 고려 이래의 전통적인 토착세력과는 그 이해利害를 달리하는 일이었다. 음사 배격이라든지 제례의 유교화와 같은 일은, 고려 말에서 조선 전기에 이르도록 성장을 거듭하며 향촌사회의 새로운 주도세력으로 떠오른 향촌사족 및 그와 연결된 지방관에 의해 추진되었다. 향촌사회에서의 주도권을 둘러싼 이서계열吏胥系列과 사족계열士族系列의 갈등이 거의 필연적이었으려니와, 그리하여 두 계열의 역관계力關係에 따라서는 지역 별로 제례의 유교화에 편차가 나타나게 마련이었다. 아울러 산신이나 성황신으로 추앙된 인물의 후손이라든지 혹은 그 중에서도 직계 후손의 소장성쇠에 따라, 그 선조를 유교적인 선현先賢으로 전환하는 작업에 차이가 발생하는 것도 어찌할 수 없는 일이었다. 산신과 성황신 내지 그 숭배와 신앙의 유교적 전환이 다양한 형태로 이뤄진 것은 그러한 속에서의 일이었다.

가령 양산과 밀양의 성황신이던 김인훈과 손긍훈의 경우, 조선 말까지 성황신으로 남겨짐으로써 권위의 추락에도 불구하고 끝내 음사의 대상에서 벗어나는 데 실패하였다. 사족이 번성하지 못한 고장이라는 고을의 여건에다, 종족 내에서의 뚜렷하지 못한 두 사람의 위상 및 극적인 요소가 부족한 자신들의 행적에 말미암은 일이었다. 반면에 곡성과 의성의 성황신이던 신숭겸과 김홍술의 경우, 향리 등 전통적인 토착세력에 대신하여 지방관을 위시한 사족 계열이 향촌에서의 주도권을 장악하였다는 고장의 여건에다 그 후손의 번성이라는 요인이 더해져서, 유교적인 선현으로의 전환에 성공하였다. 나아가 직계를 위시한 내외후손이 크게 번성한 신숭겸의 경우 자못 이른 시기인 임진왜란 이전에 벌써 덕양사에 배향되었던 더 비해, 직계 후손이 거의 사라지다시피 미약했던 김홍술은 훨씬 뒤인 숙종대에 비로소 충렬사에 배향되었다는 차이도 또한 놓치지 말아야 할 점이다. 직계 후손의 소장성쇠에 따라 유교적 선현으로의 전환 시기가 이르거나 또는 늦어진 사실을 이름이다. 아울러 외국인 장수 출신으로서 그 후손이 존재하지 않았을 설인귀와 소정방은 보다 일찍이 세인의 뇌리에서 사라져버렸다는 점도 함께 지적해 두고자 한다.

전통시기의 산신과 성황신은, 그리하여 조선이 유교화하면 할수록 점차 설 자리를 잃어갔다. 민간신앙의 대상으로서 그 명맥은 유지하였지만 점차 그 위상이 추락하는 것은 피할 수 없었으며, 그 사회적 의미가 축소되고 권위도 또한 약화되어갔다. 나아가 일제에 의한 이른바 미신배척은 그와 같은 처지의 산신과 성황신 내지는 그 숭배와 신앙에 결정적인 타격을 가하였다. 그리하여 한국의 다른 민속과 함께 그 전통이 단절되다시피 하여 현재에 이르렀다. 고대사회에서는 중앙의 지방통제에 그리고 고려시기에는 지역 토착세력의 존재 과시에 각각 내세워지며, 나름의 정치 사회적 의미를 지닌 채 공공영역의 한 켠을 차지한 가운데 전승되어 오던 산신과 성황신이, 조선왕조의 유교적 예제 정비에 따라 대부분 음사의 대상으로 추락한 끝에, 일제강점기를 거치면서는 아예 한국의 전통에서 추방되다시피 하며 소외되어 잊힌 존재로 전락하고 말았던 것이다.

찾아보기

ㅁ

ㅂ

ㅈ

저자 약력

변동명(邊東明)

전남대학교 사학과 및 동대학원 졸업
한림대학교 대학원 졸업 (문학박사)
전남대학교 문화전문대학원 교수

저서

『고려후기 성리학수용연구』 (일조각, 1995)
『한국중세의 지역사회연구』 (학연문화사, 2002)
『여수해양사론』 (전남대학교출판부, 2010)

한국 전통시기의
山神·城隍神과 지역사회

인쇄 | 2013년 10월 5일
발행 | 2013년 10월 15일

저자 | 변동명
발행인 | 지병문
발행처 | 전남대학교출판부

등록 | 1981. 5. 21. 제53호
주소 | 500-757 광주광역시 북구 용봉로 77
전화 | (062) 530-0571~2 **마케팅** 530-0573
팩스 | (062) 530-0579
홈페이지 | http://www.cnup.co.kr

값 17,000원

ISBN 978-89-6849-054-5 (93380)

이 도서의 국립중앙도서관 출판시도서목록(CIP)은 서지정보유통지원시스템 홈페이지(http://seoji.nl.go.kr)와 국가자료공동목록시스템(http://www.nl.go.kr/kolisnet)에서 이용하실 수 있습니다.
(CIP제어번호 : CIP2013020300)